Ausführliches Verzeichnis der

Guttentag'schen Sammlung

Deutscher Reichs- und Preußischer Gesetze.

— Textausgaben mit Anmerkungen — Taschenformat —

welches alle wichtigeren Gesetze in absolut zuverlässigen Gesetzestexten und in mustergiltiger Weise erläutert enthält, befindet sich hinter dem Sachregister.

J. Guttentag, Verlagsbuchhandlung, G. m. b. H.
Berlin W 35

Voranzeige

über die Textausgabe mit Anmerkungen und
über den Kommentar der

Reichsversicherungsordnung

nebst Einführungsgesetz.

Unter Mitwirkung der Herren

Direktor im Reichsamt des Innern **F. Caspar** und Geh. Ober-Regierungsrat **W. Spielhagen**, Vortr. Rat i. Reichsamt d. Inn.

herausgegeben von

Geh. Ober-Regierungsrat **B. Jaup**, Vortrag. Rat im Reichsamt des Innern,

Geh. Regierungsrat **A. Radtke**, Senatsvorsitzender im Reichsversicherungsamt,

Geh. Regierungsrat. Professor **Dr. L. Laß**, Senatsvorsitzender im Reichsversicherungsamt, z. Z. Hilfsarbeiter im Reichsamt des Innern,

Geh. Regierungsrat **H. Siefart**, Senatsvorsitzender im Reichsversicherungsamt,

Geh. Regierungsrat **H. Follmann**, Ständiges Mitglied des Reichsversicherungsamts.

Von den an der Vorbereitung der Reichsversicherungsordnung und ihrer Vertretung im

Bundesrate und im Reichstage an erster Stelle beteiligten Herren hat sich eine Anzahl zusammengeschlossen, zu denen sich vielleicht noch ein oder der andere Name gesellen wird, um eine Text-Ausgabe mit Anmerkungen in der Guttentag'schen Sammlung Deutscher Reichsgesetze und demnächst einen Kommentar des neuen Gesetzes herauszugeben. Die Namen der Verfasser bieten Gewähr für eine ausgezeichnete und authentische Bearbeitung des Gesetzes, die hinsichtlich der Zweckmäßigkeit und Zuverlässigkeit der Erläuterungen auch den höchsten Anforderungen entsprechen wird. Die Ausgabe wird in einzelnen Teilen erscheinen — jeder Versicherungszweig von einem mit der Materie besonders vertrauten Kenner bearbeitet — und wird in hervorragendem Maße geeignet sein, den zahlreichen Interessenten sowie den mit der Ausführung des Gesetzes betrauten Behörden als zuverlässiger Führer und Berater zu dienen in der

Reichsversicherungsordnung

(Kranken-, Unfall-,
Invaliden- und Hinterbliebenen-Versicherung).

Guttentag'sche Sammlung
von
Text-Ausgaben ohne Anmerkungen mit Sachregister.

Reichsversicherungsordnung

nebst Einführungsgesetz.

Vom 19. Juli 1911.

Text-Ausgabe mit Sachregister.

Berlin 1911.
J. Guttentag, Verlagsbuchhandlung,
G. m. b. H.

Inhaltsverzeichnis.

Erstes Buch.

Gemeinsame Vorschriften.

Zweites Buch.

Krankenversicherung.

Seite

Drittes Buch.

Unfallversicherung.

Erster Teil. Gewerbe-Unfallversicherung.

Seite

Viertes Buch.

Invaliden- und Hinterbliebenenversicherung.

Fünftes Buch.

Beziehungen der Versicherungsträger zu einander und zu anderen Verpflichteten.

Sechstes Buch.

Verfahren.

A. Feststellung der Leistungen.

B. Andere Spruchsachen.

C. Beschlußverfahren.

D. Kosten und Gebühren.

Reichsversicherungsordnung.

Vom 19. Juli 1911.

(RGBl. 1911 Nr. 42 S. 509—838.)

Wir Wilhelm, von Gottes Gnaden Deutscher Kaiser, König von Preußen 2c.

verordnen im Namen des Reichs, nach erfolgter Zustimmung des Bundesrats und des Reichstags, was folgt:

Erstes Buch.
Gemeinsame Vorschriften.

Erster Abschnitt.
Umfang der Reichsversicherung.

§ 1. Die Reichsversicherung umfaßt
die Krankenversicherung,
die Unfallversicherung,
die Invaliden- und Hinterbliebenenversicherung.

§ 2. Es gelten die besonderen Vorschriften
der §§ 165 bis 536 für die Krankenversicherung,
der §§ 537 bis 1225 für die Unfallversicherung, und zwar der §§ 537 bis 914 für die gewerbliche, der §§ 915 bis 1045 für die landwirtschaftliche und der §§ 1046 bis 1225 für die See-Unfallversicherung,
der §§ 1226 bis 1500 für die Invaliden- und Hinterbliebenenversicherung.

Zweiter Abschnitt.

Träger der Reichsversicherung.

I. Bezeichnung.

§ 3. Träger der Reichsversicherung sind, soweit dieses Gesetz nichts anderes vorschreibt,

für die Krankenversicherung die Krankenkassen,

für die Unfallversicherung die Berufsgenossenschaften,

für die Invaliden- und Hinterbliebenenversicherung die Versicherungsanstalten.

Für diese Versicherungsträger gelten die Vorschriften der §§ 4 bis 34.

II. Rechtsfähigkeit.

§ 4. Die Träger der Versicherung sind rechtsfähig.

III. Organe.

§ 5. Jeder Versicherungsträger hat einen Vorstand. Dieser vertritt ihn gerichtlich und außergerichtlich. Er hat die Stellung eines gesetzlichen Vertreters.

Beschränkungen des Umfanges der Vertretungsmacht, die sich nicht aus dem Gesetz ergeben, kann mit Wirkung gegen Dritte die Satzung bestimmen. Sie kann es nur, soweit dieses Gesetz es zuläßt.

Die Satzung kann bestimmen, daß auch einzelne Vorstandsmitglieder den Versicherungsträger vertreten können.

§ 6. Der Vorstand hat das Ergebnis jeder Wahl und jede Änderung in seiner Zusammensetzung binnen einer Woche seiner Aufsichtsbehörde anzuzeigen.

Soweit der Vorstand eines Ausweises bedarf, genügt eine Bescheinigung seiner Aufsichtsbehörde über seine Zusammensetzung und den Umfang seiner Vertretungsmacht.

§ 7. Der Vorstand kann in eiligen Fällen schriftlich abstimmen.

§ 8. Verstoßen Beschlüsse der Organe des Versicherungsträgers gegen Gesetz oder Satzung, so hat sie der Vorsitzende des Vorstandes durch Beschwerde an die Aufsichtsbehörde zu beanstanden.

Die Beschwerde bewirkt Aufschub.

§ 9. In den Organen hat auch ihr Vorsitzender Stimmrecht; bei Stimmengleichheit gibt seine Stimme den Ausschlag.

§ 10. Für die Mitglieder sind Stellvertreter in der erforderlichen Zahl zu bestellen.

§ 11. Die Sitzungen sind nicht öffentlich.

IV. Ehrenämter.

§ 12. Wählbar zu den Organen der Versicherungsträger sind nur volljährige Deutsche.

Nicht wählbar ist,

1. wer infolge strafgerichtlicher Verurteilung die Fähigkeit zur Bekleidung öffentlicher Ämter verloren hat oder wegen eines Verbrechens oder

Vergehens, das den Verlust dieser Fähigkeit zur Folge haben kann, verfolgt wird, falls gegen ihn das Hauptverfahren eröffnet ist,

2. wer infolge gerichtlicher Anordnung in der Verfügung über sein Vermögen beschränkt ist.

§ 13. Wählbar als Vertreter der Unternehmer oder anderen Arbeitgeber ist, wer regelmäßig mindestens einen Versicherungspflichtigen beschäftigt, der bei dem Versicherungsträger versichert ist.

Den Unternehmern oder anderen Arbeitgebern stehen bevollmächtigte Betriebsleiter, den Arbeitgebern bei den Wahlen zu den Organen der Krankenkassen auch Geschäftsführer und Betriebsbeamte der beteiligten Arbeitgeber (§ 332 Abs. 2), den Unternehmern bei den Wahlen zu den Organen der Berufsgenossenschaften auch die gesetzlichen Vertreter der Genossenschaftsmitglieder gleich.

Nicht wählbar sind Mitglieder einer Behörde, die Aufsichtsbefugnisse über einen Versicherungsträger hat.

§ 14. Wählbar als Vertreter der Versicherten ist nur, wer bei dem Versicherungsträger versichert ist.

Bei der Kranken- sowie der Invaliden- und Hinterbliebenenversicherung werden Versicherte für die Bildung der Organe den Arbeitgebern zugerechnet, wenn sie regelmäßig mehr als zwei Versicherungspflichtige beschäftigen. Bei der Unfallversicherung werden versicherte Mitglieder der Berufsgenossenschaften den Unternehmern zugerechnet, wenn sie regelmäßig mindestens einen Versicherungspflichtigen beschäftigen.

§ 15. Die Vertreter der Unternehmer oder anderen Arbeitgeber und der Versicherten werden nach den Grundsätzen der Verhältniswahl gewählt.

Wird dabei die Stimmabgabe auf Vorschlagslisten beschränkt, so bestimmt die Satzung, bis wann sie einzureichen sind; die Wahl ist, unbeschadet der Vorschlagslisten, geheim.

§ 16. Die Wahlzeit dauert vier Jahre.

Die Gewählten bleiben nach Ablauf dieser Zeit im Amte, bis ihre Nachfolger eintreten.

Wer ausscheidet, kann wiedergewählt werden.

§ 17. Wer als Unternehmer oder anderer Arbeitgeber wählbar ist, kann die Wahl nur ablehnen, wenn er

1. das sechzigste Lebensjahr vollendet hat,
2. mehr als vier minderjährige eheliche Kinder hat; Kinder, die ein anderer an Kindesstatt angenommen hat, werden dabei nicht gerechnet,
3. durch Krankheit oder Gebrechen verhindert ist, das Amt ordnungsmäßig zu führen,
4. mehr als eine Vormundschaft oder Pflegschaft führt. Die Vormundschaft oder Pflegschaft über mehrere Geschwister gilt nur als eine; zwei Gegenvormundschaften stehen einer Vormundschaft, ein Ehrenamt der Reichsversicherung einer Gegenvormundschaft gleich,
5. nur Dienstboten beschäftigt.

Nach mindestens zweijähriger Amtsführung kann eine Wiederwahl für die nächste Wahlzeit abgelehnt werden.

Die Satzung kann noch andere Ablehnungsgründe zulassen.

§ 18. Ein Unternehmer oder anderer Arbeitgeber, der die Wahl ohne zulässigen Grund ablehnt, kann vom Vorsitzenden des Vorstandes mit Geldstrafe bis zu fünfhundert Mark bestraft werden.

§ 19. Der Vorsitzende kann gegen ein Mitglied des Vorstandes, das sich der Erfüllung seiner Pflichten entzieht, eine Geldstrafe bis zu fünfzig Mark und bei Wiederholung eine Geldstrafe bis zu dreihundert Mark, wenn es sich jedoch um eine Krankenkasse handelt, nur bis zu hundert Mark verhängen. Er hat die Strafe zurückzunehmen, wenn nachträglich eine genügende Entschuldigung nachgewiesen wird.

§ 20. In den Fällen der §§ 18, 19 entscheidet auf Beschwerde die Aufsichtsbehörde endgültig.

§ 21. Die Gewählten verwalten ihr Amt unentgeltlich als Ehrenamt.

Der Versicherungsträger erstattet ihnen ihre baren Auslagen und gewährt den Vertretern der Versicherten Ersatz für entgangenen Arbeitsverdienst oder statt dessen einen Pauschbetrag für Zeitverlust. Einen solchen Pauschbetrag kann die Satzung auch den Vertretern der Unternehmer oder anderen Arbeitgeber zubilligen.

Die Festsetzung der Pauschbeträge bedarf der Zustimmung der Behörde, welche die Satzung genehmigt.

Die ehrenamtlichen Mitglieder des Vorstandes dürfen

nicht zugleich besoldete Beamte des Versicherungsträgers sein.

§ 22. Die Vertreter der Versicherten haben ihrem Arbeitgeber jede Einberufung zu den Organen anzuzeigen. Tun sie es rechtzeitig, so gibt das Fernbleiben von der Arbeit dem Arbeitgeber keinen wichtigen Grund, das Arbeitsverhältnis ohne Einhalten einer Kündigungsfrist zu lösen.

§ 23. Die Mitglieder der Organe haften dem Versicherungsträger für getreue Geschäftsverwaltung wie Vormünder ihren Mündeln. Der Versicherungsträger kann auf Ansprüche aus der Haftung nur mit Genehmigung der Aufsichtsbehörde verzichten. Diese kann die Haftung an Stelle und auf Kosten des Versicherungsträgers geltend machen.

Ein Mitglied, das vorsätzlich zum Nachteil des Versicherungsträgers handelt, wird mit Gefängnis bestraft. Daneben kann auf Verlust der bürgerlichen Ehrenrechte erkannt werden. Hat das Mitglied die Handlung begangen, um sich oder einem anderen einen Vermögensvorteil zu verschaffen, so kann neben der Gefängnisstrafe auf Geldstrafe bis zu dreitausend Mark erkannt werden.

Bei Beratung über solche Gegenstände, welche das Privatinteresse eines Mitglieds oder seiner Angehörigen berühren, muß sich das Mitglied der Teilnahme an der Beratung und Abstimmung enthalten, auch sich während der Beratung aus dem Sitzungszimmer entfernen.

§ 24. Werden von einem Gewählten Tatsachen bekannt, die seine Wählbarkeit oder seine Vertrauenswürdigkeit für die Geschäftsführung ausschließen, so hat ihn der Vorstand, wenn es sich jedoch um eine Krankenkasse handelt, die Aufsichtsbehörde seines Amtes durch Beschluß zu entheben.

Vor der Beschlußfassung ist ihm Gelegenheit zur Äußerung zu geben.

Gegen den Beschluß ist die Beschwerde beim Reichsversicherungsamt (Beschlußsenat), wenn es sich jedoch um eine Krankenkasse handelt, beim Oberversicherungsamte (Beschlußkammer) zulässig.

Ein Gewählter wird auf seinen Antrag durch Beschluß des Vorstandes des Amtes enthoben, wenn bei ihm während der Wahlzeit einer der Ablehnungsgründe nach § 17 Abs. 1 Nr. 2 bis 5 eintritt.

V. Vermögen.

§ 25. Die Mittel der Versicherungsträger dürfen nur für die gesetzlich vorgeschriebenen oder zugelassenen Zwecke verwendet werden.

Die Einnahmen und Ausgaben sind gesondert zu verrechnen, die Bestände gesondert zu verwahren.

Die Versicherungsträger dürfen nur die Geschäfte übernehmen, die ihnen das Gesetz überträgt.

§ 26. Das Vermögen muß wie Mündelgeld (§§ 1807, 1808 des Bürgerlichen Gesetzbuchs) verzinslich angelegt werden, soweit dieses Gesetz nichts anderes zuläßt.

Außerdem darf es in Wertpapieren, die landesgesetzlich zur Anlegung von Mündelgeld zugelassen sind, sowie in solchen auf den Inhaber lautenden Pfandbriefen deutscher Hypotheken-Aktienbanken angelegt werden, welche die Reichsbank in Klasse I beleiht.

§ 27. Die oberste Verwaltungsbehörde kann genehmigen, daß das Vermögen auch in Darlehen an Gemeinden und Gemeindeverbände angelegt wird, soweit dies nicht bereits nach § 26 Abs. 1 zulässig ist.

Sie kann die Anlage in einzelnen Gattungen zinstragender Papiere auf einen bestimmten Betrag beschränken.

Erstreckt sich der Bezirk des Versicherungsträgers auf Gebiete oder Gebietsteile mehrerer Bundesstaaten, so ist dazu die Zustimmung ihrer obersten Verwaltungsbehörden erforderlich.

Die oberste Verwaltungsbehörde kann widerruflich gestatten, daß zeitweilig verfügbare Bestände in anderer Weise angelegt werden.

§ 28. Rückstände werden wie Gemeindeabgaben beigetrieben. Nach den landesgesetzlichen Vorschriften regelt sich auch die aufschiebende Wirkung der Einwendungen gegen die Zahlungspflicht.

Soweit es nicht bereits landesgesetzlich vorgeschrieben ist, kann die Satzung des Versicherungsträgers bestimmen, daß dem Beitreibungsverfahren ein Mahnverfahren vorangeht, und daß dafür eine Mahngebühr erhoben wird. Diese wird wie die Rückstände beigetrieben. Die Festsetzung ihres Betrags bedarf der Genehmigung der Aufsichtsbehörde.

Rückstände haben das Vorzugsrecht des § 61 Nr. 1 der Konkursordnung.

§ 29. Der Anspruch auf Rückstände verjährt, soweit sie nicht absichtlich hinterzogen worden sind, in zwei Jahren nach Ablauf des Kalenderjahrs der Fälligkeit.

Der Anspruch auf Rückerstattung von Beiträgen verjährt in sechs Monaten nach Ablauf des Kalenderjahrs, in dem sie entrichtet worden sind, vorbehaltlich des § 1446 Abs. 2 und der §§ 1462, 1464.

Der Anspruch auf Leistungen der Versicherungsträger verjährt in vier Jahren nach der Fälligkeit, soweit dieses Gesetz nichts anderes vorschreibt.

VI. Aufsicht.

§ 30. Das Aufsichtsrecht der Aufsichtsbehörde erstreckt sich darauf, daß Gesetz und Satzung beobachtet werden.

§ 31. Die Aufsichtsbehörde kann jederzeit die Geschäfts- und Rechnungsführung des Versicherungsträgers prüfen.

Die Mitglieder seiner Organe, seine Vertrauensmänner, Beamten und Angestellten haben der Aufsichtsbehörde oder ihren Beauftragten auf Verlangen alle Bücher, Rechnungen, Belege und Verhandlungen sowie die von ihnen verwahrten Urkunden, Wertpapiere und Bestände vorzulegen und alles mitzuteilen, was zur Ausübung des Aufsichtsrechts gefordert wird.

Die Aufsichtsbehörde kann die im Abs. 2 Bezeichneten, vorbehaltlich des § 985 Abs. 2, durch Geldstrafen bis zu eintausend Mark anhalten, das Gesetz und die Satzung zu befolgen.

§ 32. Die Aufsichtsbehörde kann verlangen, daß die Organe zu Sitzungen einberufen werden; wird dem nicht entsprochen, so kann sie die Sitzungen selbst anberaumen und die Verhandlungen leiten.

§ 33. Sie entscheidet, unbeschadet der Rechte Dritter und soweit das Gesetz nichts anderes vorschreibt, bei Streit über Rechte und Pflichten der Organe und ihrer Mitglieder, über die Auslegung der Satzung und über die Gültigkeit der Wahlen.

§ 34. Der Aufsicht unterstehen auch die vom Versicherungsträger errichteten oder unterhaltenen Genesungsheime, Heil- und Pflegeanstalten.

Die Aufsichtsbehörde kann zu ihren Besichtigungen Vertreter der Arbeitgeber und der Versicherten zuziehen.

Dritter Abschnitt.

Versicherungsbehörden.

I. Allgemeines.

§ 35. Die öffentlichen Behörden der Reichsversicherung sind

die Versicherungsämter (§§ 36 bis 60),
die Oberversicherungsämter (§§ 61 bis 82),

das Reichsversicherungsamt und die Landesversicherungsämter (§§ 83 bis 109).

Soweit nicht dieses Gesetz den Geschäftsgang und das Verfahren der Versicherungsbehörden ordnet, geschieht es, vorbehaltlich des § 109 Abs. 1, durch Kaiserliche Verordnung mit Zustimmung des Bundesrats.

II. Versicherungsämter.

1. Errichtung.

§ 36. Bei jeder unteren Verwaltungsbehörde wird eine Abteilung für Arbeiterversicherung (Versicherungsamt) errichtet. Die oberste Verwaltungsbehörde kann bestimmen, daß für die Bezirke mehrerer unterer Verwaltungsbehörden bei einer dieser Behörden ein gemeinsames Versicherungsamt errichtet wird.

Die Landesregierungen mehrerer Bundesstaaten können für ihre Gebiete oder Teile davon die Errichtung eines gemeinsamen Versicherungsamts bei einer unteren Verwaltungsbehörde vereinbaren.

§ 37. Die Versicherungsämter nehmen nach den Vorschriften dieses Gesetzes die Geschäfte der Reichsversicherung wahr und erteilen in Angelegenheiten der Reichsversicherung Auskunft.

Sie können nach den Vorschriften dieses Gesetzes die Versicherungsträger in deren Angelegenheiten unterstützen.

Die Landesregierung kann den Versicherungsämtern noch andere Aufgaben aus der knappschaftlichen Versicherung übertragen.

§ 38. In Bundesstaaten, in denen die Einrichtung der Landesbehörden die Errichtung der Versicherungsämter bei den unteren Verwaltungsbehörden nicht zuläßt und nur ein Oberversicherungsamt besteht, können die Versicherungsämter auch als selbständige Behörden errichtet werden. Das Nähere bestimmt die oberste Verwaltungsbehörde.

2. Zusammensetzung.

§ 39. Der Leiter der unteren Verwaltungsbehörde ist der Vorsitzende des Versicherungsamts. Es werden ein oder mehrere ständige Stellvertreter des Vorsitzenden bestellt. Zum Stellvertreter kann bestellt werden, wer durch Vorbildung und Erfahrung auf dem Gebiete der Arbeiterversicherung geeignet ist.

Die Bestellung bedarf der Zustimmung des Oberversicherungsamts, soweit nicht die ständigen Stellvertreter nach Landesrecht wie die höheren Verwaltungsbeamten bestellt werden.

Ist das Versicherungsamt bei einer gemeindlichen Behörde errichtet, so bestellt die Stellvertreter des Vorsitzenden der Gemeindeverband, dessen Bezirk den des Versicherungsamts umfaßt. Wo das Landesgesetz für die Wahl höherer gemeindlicher Beamter eine Bestätigung vorschreibt, gilt es auch für die Bestellung der Stellvertreter des Vorsitzenden des Versicherungsamts.

§ 40. In den vom Gesetz bestimmten Fällen sind als Beisitzer des Versicherungsamts Versicherungsvertreter beizuziehen.

Sie werden je zur Hälfte aus Arbeitgebern und aus Versicherten entnommen.

§ 41. Ihre Zahl beträgt zusammen mindestens zwölf; sie kann vom Versicherungsamte mit Genehmigung des Oberversicherungsamts sowie von diesem nach Anhören des Versicherungsamts erhöht werden.

Ein Versicherungsvertreter darf nicht zugleich besoldeter Beamter des Versicherungsamts oder Versicherungsvertreter bei einem anderen Versicherungsamt oder Beisitzer bei einem Oberversicherungsamt oder nichtständiges Mitglied des Reichs- oder eines Landesversicherungsamts sein.

§ 42. Die Versicherungsvertreter werden von den Vorstandsmitgliedern der Krankenkassen gewählt, die im Bezirke des Versicherungsamts mindestens fünfzig Mitglieder haben.

An der Wahl nehmen ferner teil die Vorstandsmitglieder der

1. knappschaftlichen Krankenkassen,
2. Ersatzkassen,
3. Seemannskassen und anderen obrigkeitlich genehmigten Vereinigungen von Seeleuten zur Wahrung ihrer Rechte,

soweit sie im Bezirke des Versicherungsamts mindestens fünfzig Mitglieder haben; die Ersatzkassen und die außerhalb des Bezirkes des Versicherungsamts seßhaften Kassen außerdem nur, wenn sie ihre Beteiligung an der Wahl dem Wahlleiter rechtzeitig anmelden und die Zahl ihrer Mitglieder in diesem Bezirke nachweisen.

An Stelle der Vertreter der Versicherten im Vorstande wählen

bei den knappschaftlichen Krankenkassen die für den Bezirk des Versicherungsamts zuständigen Knappschaftsältesten,

bei den Ersatzkassen, die örtliche Verwaltungsstellen haben, die Geschäftsleiter der für den Bezirk des Versicherungsamts zuständigen örtlichen Verwaltungsstellen.

§ 43. Die Stimmenzahl einer Kasse richtet sich nach ihrer Mitgliederzahl im Bezirke des Versicherungsamts und wird von ihm vor jeder Wahl festgesetzt. Diese Stimmenzahl wird auf die Vorstandsmitglieder und die an ihrer Statt nach § 42 Abs. 3 Wahlberechtigten gleichmäßig verteilt.

§ 44. In den Kassenvorständen nehmen die Mitglieder aus den Arbeitgebern nur an der Wahl der Arbeitgebervertreter, die Mitglieder aus den Versicherten nur an der Wahl der Versichertenvertreter teil.

Vorstände, die keine Arbeitgeber enthalten, nehmen nur an der Wahl der Versichertenvertreter teil.

Bei Kassen der im § 42 Abs. 2 bezeichneten Art, die keine Vertreter der Versicherten im Vorstand haben, wählen sonst bei ihnen vorhandene Arbeitervertreter.

Was von den Vorständen gilt, gilt entsprechend von den an ihrer Statt nach § 42 Abs. 3 Wahlberechtigten.

§ 45. Die Wahl geschieht schriftlich und nach den Grundsätzen der Verhältniswahl. Die oberste Verwaltungsbehörde erläßt eine Wahlordnung.

Der Vorsitzende des Versicherungsamts leitet die Wahl.

Bei Streit über die Wahl entscheidet das Oberversicherungsamt endgültig.

§ 46. Für die Versicherungsvertreter werden in der gleichen Weise Stellvertreter nach Bedarf bestimmt.

Für Versicherungsvertreter, die vor Ablauf ihrer Wahlzeit ausscheiden, rücken die Stellvertreter ein.

§ 47. Wählbar sind nur Männer, die im Bezirke des Versicherungsamts wohnen oder ihren Betriebssitz haben oder beschäftigt werden, und die nicht nach § 12 ausgeschlossen sind.

Wählbar sind nur Versicherte, ihre Arbeitgeber und deren bevollmächtigte Betriebsleiter. Versicherte werden den Arbeitgebern zugerechnet, wenn sie regelmäßig mehr als zwei Versicherungspflichtige beschäftigen.

Bei Versicherungsämtern an der Seeküste können zu Vertretern der Versicherten auch befahrene Schiffahrtskundige gewählt werden, die nicht Reeder, Reedereileiter (Korrespondentreeder, §§ 492 bis 499 des Handelsgesetzbuchs) oder Bevollmächtigte sind.

§ 48. Die Versicherungsvertreter sollen mindestens je zur Hälfte an der Unfallversicherung beteiligt sein.

§ 49. Die Versicherungsvertreter sollen mindestens je zu einem Drittel am Sitze des Versicherungsamts selbst oder nicht über zehn Kilometer entfernt wohnen oder beschäftigt sein.

Bei der Wahl sollen die hauptsächlichen Erwerbszweige, insbesondere die Landwirtschaft, und die verschiedenen Teile des Bezirkes berücksichtigt werden.

Die oberste Verwaltungsbehörde kann darüber besonderes oder abweichendes bestimmen.

§ 50. Die §§ 16, 17, 22 gelten entsprechend; jedoch beschließt über die Zulässigkeit anderer Ablehnungsgründe das Versicherungsamt.

Solange und soweit keine Wahl zustande kommt oder die Gewählten die Dienstleistung verweigern, beruft der Vorsitzende des Versicherungsamts Vertreter aus der Zahl der Wählbaren.

§ 51. Wer die Wahl oder die Berufung ohne zulässigen Grund ablehnt, kann vom Vorsitzenden des Versicherungsamts mit Geldstrafe bis zu fünfzig Mark bestraft werden.

Das Versicherungsamt kann einen Vertreter von seinem Amte entbinden, wenn ein wichtiger Grund vorliegt.

Auf Beschwerde entscheidet das Oberversicherungsamt (Beschlußkammer) endgültig.

§ 52. Werden von einem Versicherungsvertreter Tatsachen bekannt, die seine Wählbarkeit ausschließen oder eine grobe Verletzung seiner Amtspflicht darstellen, so enthebt der Vorsitzende ihn seines Amtes.

Auf Beschwerde entscheidet das Oberversicherungsamt (Beschlußkammer) endgültig.

§ 53. Der Vorsitzende verpflichtet die Versicherungsvertreter vor ihrer ersten Dienstleistung auf die gewissenhafte Erfüllung ihrer Pflichten.

Der Vorsitzende kann gegen einen Vertreter, der sich der Erfüllung seiner Pflichten entzieht, eine Geldstrafe bis zu dreißig Mark und im Wiederholungsfalle bis zu einhundert Mark verhängen. Er hat die Strafe zurückzunehmen, wenn nachträglich eine genügende Entschuldigung nachgewiesen wird.

Auf Beschwerde entscheidet das Oberversicherungsamt (Beschlußkammer) endgültig.

§ 54. Die Versicherungsvertreter verwalten ihr Amt unentgeltlich als Ehrenamt.

Das Versicherungsamt erstattet ihnen ihre baren Auslagen.

Daneben gewährt es den Versichertenvertretern Ersatz für entgangenen Arbeitsverdienst oder statt dessen einen Pauschbetrag für Zeitverlust. Einen solchen Pauschbetrag kann es auch den Vertretern der Arbeitgeber zubilligen. Die Pauschbeträge bedürfen der Genehmigung des Oberversicherungsamts (Beschlußkammer).

§ 55. Das Versicherungsamt kann den Vertretern als seinen Vertrauensmännern bestimmte Amtshandlungen auftragen.

3. Ausschüsse.

§ 56. Jedes Versicherungsamt bildet einen oder mehrere Spruchausschüsse für die Sachen, die dieses Gesetz dem Spruchverfahren überweist.

Der Spruchausschuß besteht aus dem Vorsitzenden des Versicherungsamts und je einem Versicherungsvertreter der Arbeitgeber und der Versicherten.

§ 57. Jedes Versicherungsamt bildet einen Beschlußausschuß für die Sachen, die dieses Gesetz dem Beschlußverfahren überweist.

Der Beschlußausschuß besteht aus dem Vorsitzenden des Versicherungsamts und zwei Versicherungsvertretern. Von diesen wählen die Vertreter der Arbeitgeber und der Versicherten je einen nebst mindestens je einem Stellvertreter aus ihrer Mitte in getrennter Wahl nach einfacher Stimmenmehrheit auf vier Jahre.

§ 58. Die oberste Verwaltungsbehörde kann bestimmen, wieweit das Versicherungsamt technische staatliche und gemeindliche Beamte seines Bezirkes als Beiräte mit beratender Stimme zum Beschlußverfahren zuziehen darf.

4. Kosten.

§ 59. Sämtliche Kosten des Versicherungsamts trägt der Bundesstaat. Ist das Versicherungsamt bei einer gemeindlichen Behörde errichtet, so trägt sie der Gemeindeverband, dessen Bezirk den des Versicherungsamts umfaßt. Ist ein Versicherungsamt für die Bezirke mehrerer unterer Verwaltungsbehörden gemeinsam errichtet, so bestimmt die oberste Verwaltungsbehörde die Kostenverteilung.

Die Versicherungsträger haben die in Spruchsachen (§§ 1591 bis 1674) entstehenden Barauslagen des Verfahrens mit Ausnahme der Bezüge der Versicherungsvertreter zu erstatten, soweit die Barauslagen nicht nach Abs. 3 zu erstatten sind.

In die Kasse des Bundesstaats oder des Gemeindeverbandes (Abs. 1) fließen die Geldstrafen nach § 51 Abs. 1, § 53 Abs. 2, § 1577 Abs. 1, § 1617 Abs. 1, § 1626 Abs. 1, § 1652 Abs. 3, § 1664 Abs. 1 sowie die besonders auferlegten Verfahrenskosten (§ 1802) und die Beiträge nach § 60.

§ 60. Sind einem Versicherungsamte nach § 37 Abs. 3 Aufgaben aus der knappschaftlichen Versicherung übertragen, so haben die an diesen Aufgaben beteiligten Knappschaftsvereine oder Knappschaftskassen angemessene Beiträge zu den Kosten des Versicherungsamts zu leisten.

Das Oberversicherungsamt setzt die Beiträge fest; gegen die Festsetzung ist die Beschwerde an die oberste Verwaltungsbehörde zulässig.

III. Oberversicherungsämter.

1. Errichtung.

§ 61. Die Oberversicherungsämter nehmen nach den Vorschriften dieses Gesetzes die Geschäfte der Reichsversicherung als höhere Spruch-, Beschluß- und Aufsichtsbehörde wahr.

Die Landesregierung kann ihnen noch andere Aufgaben aus der knappschaftlichen Versicherung übertragen.

§ 62. Das Oberversicherungsamt wird in der Regel für den Bezirk einer höheren Verwaltungsbehörde errichtet.

Die oberste Verwaltungsbehörde kann den Bezirk anders abgrenzen.

Die Landesregierungen mehrerer Bundesstaaten können für ihre Gebiete oder Teile davon ein gemeinsames Oberversicherungsamt errichten.

§ 63. Oberversicherungsämter können von der obersten Verwaltungsbehörde auch errichtet werden für

1. Betriebsverwaltungen und Dienstbetriebe des Reichs oder der Bundesstaaten, die eigene Betriebskrankenkassen haben,
2. Gruppen von Betrieben, für deren Beschäftigte Sonderanstalten die Invaliden- und Hinterbliebenenversicherung besorgen,
3. Gruppen von Betrieben, die Knappschaftsvereinen oder Knappschaftskassen angehören.

Für diese besonderen Oberversicherungsämter gelten § 62 Abs. 1, §§ 72, 73, 80 nicht. Im übrigen gelten für sie die Vorschriften über die Oberversicherungsämter, soweit die §§ 70, 75, 81 nichts anderes vorschreiben.

Ihre Zuständigkeit bestimmt die oberste Verwaltungsbehörde.

§ 64. Die oberste Verwaltungsbehörde kann die Oberversicherungsämter an höhere Reichs- oder Staatsbehörden angliedern oder als selbständige Staatsbehörden errichten.

§ 65. Die oberste Verwaltungsbehörde bestimmt den Sitz des Oberversicherungsamts.

Bei einem gemeinsamen Oberversicherungsamt ist die Zustimmung der beteiligten Landesregierungen erforderlich.

§ 66. Die oberste Verwaltungsbehörde teilt Sitz und Bezirk aller Oberversicherungsämter ihres Bereichs binnen einem Monat nach deren Errichtung oder Änderung dem Reichsversicherungsamte zur Veröffentlichung mit.

§ 67. Wird das Oberversicherungsamt an eine höhere Reichs- oder Staatsbehörde angegliedert, so ist ihr Leiter zugleich der Vorsitzende. Als sein ständiger Stellvertreter wird ein Direktor des Oberversicherungsamts bestellt.

2. Zusammensetzung.

§ 68. Das Oberversicherungsamt besteht aus Mitgliedern und Beisitzern.

§ 69. Das Oberversicherungsamt hat außer dem Direktor mindestens noch ein Mitglied zugleich als dessen Stellvertreter.

Für jedes Miltgied wird mindestens ein Stellvertreter bestellt.

Die Mitglieder werden im Hauptamt oder für die Dauer des Hauptamts aus der Zahl der öffentlichen Beamten, der Direktor auf Lebenszeit oder nach Landesrecht unwiderruflich ernannt.

§ 70. Die oberste Verwaltungsbehörde kann bestimmen, daß dem Direktor noch andere Dienstgeschäfte übertragen werden, und daß die übrigen Mitglieder sowie bei besonderen Oberversicherungsämtern auch der Direktor das Amt im Nebenberuf ausüben.

§ 71. Die Beisitzer werden je zur Hälfte aus Arbeitgebern und Versicherten gewählt.

Die Zahl der Beisitzer beträgt vierzig; sie kann von der obersten Verwaltungsbehörde erhöht oder vermindert werden.

Ein Beisitzer darf nicht zugleich nichtständiges Mitglied des Reichs- oder eines Landesversicherungsamts sein.

§ 72. Die gewerblichen Berufsgenossenschaften, die See-Berufsgenossenschaft und die Ausführungsbehörden bestimmen für jedes Oberversicherungsamt eine Berufsgenossenschaft oder Ausführungsbehörde, die ihr Wahlrecht (§ 73 Abs. 1) wahrnimmt. Kommt keine Übereinstimmung zustande, so bestimmt das Reichsversicherungsamt das Nähere.

Die Namen dieser Vertrauensberufsgenossenschaften und Vertrauensausführungsbehörden sind dem Reichsversicherungsamt mitzuteilen und von diesem zu veröffentlichen.

§ 73. Die Beisitzer aus den Arbeitgebern werden zur Hälfte von den Arbeitgebermitgliedern im Ausschuß der zuständigen Versicherungsanstalt und zur Hälfte von den Vorständen der zuständigen landwirtschaftlichen und Vertrauensberufsgenossenschaft gewählt; ist eine Vertrauensausführungsbehörde bestimmt, so wählt sie an

Stelle des Vorstandes der Vertrauensberufsgenossenschaft. Das Reichsversicherungsamt erläßt eine Wahlordnung.

Die Beisitzer aus den Versicherten werden von den Versichertenvertretern bei den Versicherungsämtern des Bezirks des Oberversicherungsamts nach den Grundsätzen der Verhältniswahl gewählt. Die Stimmenzahl der Versichertenvertreter wird nach der Zahl der Krankenkassenmitglieder des Bezirks ihres Versicherungsamts (§ 43) von dem Oberversicherungsamte festgesetzt. Die oberste Verwaltungsbehörde erläßt eine Wahlordnung.

§ 74. Die Wahl geschieht schriftlich. Der Direktor des Oberversicherungsamts leitet die Wahl.

Bei Streit über die Wahl entscheidet das Oberversicherungsamt (Beschlußkammer) endgültig.

§ 75. Die Arbeitgeberbeisitzer für ein besonderes Oberversicherungsamt werden von den Arbeitgebervorstandsmitgliedern der Betriebskrankenkasse oder der Sonderanstalt oder der Knappschaftsvereine oder Knappschaftskassen gewählt; sind in einem Vorstand keine Arbeitgebervertreter vorhanden, so wählen die in einem anderen Verwaltungsorgan vorhandenen Arbeitgebervertreter.

Die Versichertenbeisitzer werden nach den Grundsätzen der Verhältniswahl von den Versicherten-Ausschußmitgliedern der Betriebskrankenkasse oder der Sonderanstalt oder von den Knappschaftsältesten gewählt; soweit Knappschaftsvereine oder Knappschaftskassen als

Sonderanstalt zugelassen sind oder zu einer Sonderanstalt gehören, wählen auch hier die Knappschaftsältesten; soweit eine Sonderanstalt keinen Ausschuß hat, wählen die in einem anderen Verwaltungsorgan vorhandenen Versichertenvertreter.

Die oberste Verwaltungsbehörde bestimmt das Nähere.

§ 76. Die §§ 46 bis 48, 49 Abs. 2, 3, §§ 50 bis 54 gelten entsprechend für Wahl, Rechte und Pflichten der Beisitzer sowie ihrer Stellvertreter. Jedoch gehen Beschwerden (§ 51 Abs. 3, § 52 Abs. 2, § 53 Abs. 3) an die oberste Verwaltungsbehörde; Geldstrafen (§ 51 Abs. 1, § 53 Abs. 2) können bis zu dreihundert Mark festgesetzt werden.

3. Kammern.

§ 77. Jedes Oberversicherungsamt bildet eine oder mehrere Spruchkammern für die Sachen, die dieses Gesetz dem Spruchverfahren überweist.

Die Spruchkammer besteht aus einem Mitgliede des Oberversicherungsamts als Vorsitzendem und je zwei Beisitzern der Arbeitgeber und der Versicherten.

§ 78. Jedes Oberversicherungsamt bildet eine oder mehrere Beschlußkammern für die Sachen, die dieses Gesetz dem Beschlußverfahren überweist.

Die Beschlußkammer besteht aus dem Vorsitzenden des Oberversicherungsamts, einem zweiten Mitglied und zwei Beisitzern. Von diesen wählen die Beisitzer der Arbeitgeber und der Versicherten je einen nebst mindestens je einem Stellvertreter aus ihrer Mitte in getrennter Wahl nach einfacher Stimmenmehrheit auf vier Jahre.

Bei Stimmengleichheit gibt der Vorsitzende den Ausschlag.

4. Aufsicht. Kosten.

§ 79. Die oberste Verwaltungsbehörde führt die Aufsicht über das Oberversicherungsamt.

Sie gibt ihm die erforderlichen Hilfskräfte bei und beschafft seine Geschäftsräume.

Die Bureau-, Kanzlei- und Unterbeamten haben die Rechte und Pflichten der Reichs- oder Staatsbeamten, wenn sie im Hauptamt und nicht nur vorübergehend oder zur Vorbereitung beschäftigt werden; das Nähere bestimmt die Landesregierung.

Der Vorsitzende verpflichtet sie auf die gewissenhafte Erfüllung der Amtspflichten, soweit sie nicht bereits durch einen Diensteid verpflichtet sind.

§ 80. Sämtliche Kosten des Oberversicherungsamts trägt der Bundesstaat.

Die Versicherungsträger haben für jede Spruchsache, an der sie beteiligt sind, einen Pauschbetrag zu entrichten; wenn in einem Falle Kosten nach Abs. 4 zu erstatten sind, so vermindert sich der Pauschbetrag entsprechend.

Die Pauschbeträge werden vom Bundesrat für jedes Gebiet der Arbeiterversicherung einheitlich für das Reich festgesetzt und von vier zu vier Jahren nachgeprüft. Sie sollen die tatsächlichen Kosten der Oberversicherungsämter ohne die Bezüge der Mitglieder und ihrer Stellvertreter sowie ohne die Gebühren (§ 1803) zur Hälfte decken.

In die Kasse des Bundesstaats fließen die Gebühren nach § 1803, die Geldstrafen nach den §§ 76, 1679 sowie die besonders auferlegten Verfahrenskosten (§ 1802) und die Beiträge nach § 82.

§ 81. Alle Kosten der für Betriebe des Reichs oder Staates errichteten besonderen Oberversicherungsämter fallen den Verwaltungen der Betriebe zur Last. Diesen fließen die Einnahmen (§ 80 Abs. 4) zu.

Alle Kosten der übrigen besonderen Oberversicherungsämter erhält nach Abzug der Einnahmen (§ 80 Abs. 4) der Bundesstaat von den beteiligten Versicherungsträgern erstattet.

§ 82. Sind einem Oberversicherungsamte nach § 61 Abs. 2 Aufgaben aus der knappschaftlichen Versicherung übertragen, so haben die beteiligten Knappschaftsvereine oder Knappschaftskassen angemessene Beiträge zu seinen Kosten zu leisten. Die oberste Verwaltungsbehörde setzt die Beiträge fest.

IV. Reichsversicherungsamt. Landesversicherungsämter.

1. Geschäftskreis. Sitz.

§ 83. Das Reichsversicherungsamt nimmt nach den Vorschriften dieses Gesetzes die Geschäfte der Reichsversicherung als oberste Spruch-, Beschluß- und Aufsichtsbehörde wahr.

Es hat seinen Sitz in Berlin.

§ 84. Seine Entscheidungen sind endgültig, soweit dieses Gesetz nichts anderes vorschreibt.

2. Zusammensetzung.

§ 85. Das Reichsversicherungsamt besteht aus ständigen und nichtständigen Mitgliedern.

§ 86. Der Kaiser ernennt den Präsidenten und die übrigen ständigen Mitglieder auf Vorschlag des Bundesrats auf Lebenszeit.

Aus den ständigen Mitgliedern ernennt der Kaiser die Direktoren und die Senatspräsidenten.

Die übrigen Beamten ernennt der Reichskanzler.

§ 87. Das Reichsversicherungsamt hat zweiunddreißig nichtständige Mitglieder. Acht von ihnen wählt der Bundesrat, und zwar mindestens sechs aus seiner Mitte; je zwölf werden als Vertreter der Arbeitgeber und der Versicherten gewählt.

Für die Arbeitgeber und Versicherten werden in der gleichen Weise Stellvertreter nach Bedarf gewählt. Für Mitglieder, die vor Ablauf ihrer Wahlzeit ausscheiden, rücken die Stellvertreter in der Reihenfolge ihrer Wahl ein.

§ 88. Die Arbeitgeber und die Versicherten werden unter Leitung des Reichsversicherungsamts in getrennter Wahl schriftlich gewählt, die Versicherten nach den Grundsätzen der Verhältniswahl, die Arbeitgeber nach einfacher Stimmenmehrheit, wobei bei Stimmengleichheit das Los entscheidet.

Der Bundesrat setzt das Stimmenverhältnis der einzelnen Wahlkörper nach der Zahl ihrer Versicherten fest. Er kann bestimmen, wie nach Bezirken zu wählen ist.

Das Reichsversicherungsamt veröffentlicht das Wahlergebnis.

§ 89. Sechs von den zwölf Arbeitgebern werden von den Arbeitgebermitgliedern in den Ausschüssen der Versicherungsanstalten und in den entsprechenden Vertretungen der Sonderanstalten gewählt, und zwar

vier aus dem Bereiche der Gewerbe-Unfallversicherung,

zwei aus dem der landwirtschaftlichen Unfallversicherung.

§ 90. Die übrigen sechs Arbeitgeber werden von den Vorständen der Berufsgenossenschaften und den Ausführungsbehörden gewählt, und zwar je aus ihrem Bereiche

vier von den gewerblichen Berufsgenossenschaften und Ausführungsbehörden, davon einer von der See-Berufsgenossenschaft,

zwei von den landwirtschaftlichen Berufsgenossenschaften und Ausführungsbehörden.

§ 91. Die zwölf Versicherten werden von den Versichertenbeisitzern bei den Oberversicherungsämtern gewählt, und zwar

acht aus dem Bereiche der gewerblichen und der See-Unfallversicherung, davon einer aus dem Bereiche der See-Unfallververſicherung, vier aus dem Bereiche der landwirtschaftlichen Unfallversicherung.

§ 92. Wählbar sind nur Männer, die nicht nach § 12 ausgeschlossen sind.

§ 93. Wählbar als Arbeitgeber sind die stimmberechtigten Mitglieder der Berufsgenossenschaften, deren gesetzliche Vertreter, die bevollmächtigten Leiter ihrer Betriebe und die Beamten der Betriebe, für die eine Ausführungsbehörde bestellt ist.

Wählbar nach § 89 sind außerdem auch Arbeitgeber, die Mitglied im Ausschuß einer Versicherungsanstalt oder in der entsprechenden Vertretung einer Sonderanstalt sind.

§ 94. Wählbar als Versicherte sind die nach diesem Gesetze gegen Unfall Versicherten, ferner Versichertenmitglieder im Ausschuß einer Versicherungsanstalt, auch wenn sie nicht mehr gegen Unfall versichert sind, und für den Bereich der See-Unfallversicherung auch befahrene Schiffahrtskundige, die nicht Reeder, Reedereileiter oder Bevollmächtigte sind.

§ 95. § 49 Abs. 2, §§ 50 bis 52, 53 Abs. 2, 3 gelten entsprechend; für die Bestrafung (§ 51 Abs. 1, § 53 Abs. 2) und die Amtsenthebung (§ 52) ist jedoch das Reichsversicherungsamt (Beschlußsenat) zuständig; Geldstrafen (§ 51 Abs. 1, § 53 Abs. 2) können bis zu fünfhundert Mark festgesetzt werden.

§ 96. Für die Teilnahme an den Arbeiten und Sitzungen des Reichsversicherungsamts erhalten die nichtständigen Mitglieder eine Jahresvergütung und, sofern sie außerhalb Berlins wohnen, außerdem Ersatz der Kosten für Hin- und Rückreise nach den Sätzen, die für die vortragenden Räte der obersten Reichsbehörden gelten.

Die Stellvertreter erhalten dieselbe Reisevergütung und ein Tagegeld von achtzehn Mark.

§ 97. Der Reichskanzler verpflichtet die vom Bundesrate gewählten nichtständigen Mitglieder, die übrigen und ihre Stellvertreter der Präsident des Reichsversicherungsamts vor ihrer ersten Dienstleistung auf die gewissenhafte Erfüllung ihrer Pflichten.

3. Senate.

§ 98. Das Reichsversicherungsamt bildet Spruchsenate für die Sachen, die dieses Gesetz dem Spruchverfahren überweist.

Der Spruchsenat besteht aus einem Vorsitzenden, einem vom Bundesrate gewählten nichtständigen, einem ständigen Mitglied, zwei hinzugezogenen richterlichen Beamten, einem Arbeitgeber und einem Versicherten. An Stelle des vom Bundesrate gewählten kann ein ständiges Mitglied treten.

§ 99. Den Vorsitz im Spruchsenate führt der Präsidenten, ein Direktor oder ein Senatspräsident. Der Reichskanzler kann ein anderes ständiges Mitglied vorübergehend mit dem Vorsitz betrauen.

Der Reichskanzler beruft die richterlichen Beamten zu den Spruchsenaten.

§ 100. Das Reichsversicherungsamt bildet Beschlußsenate für die Sachen, die dieses Gesetz dem Beschlußverfahren überweist.

Der Beschlußsenat besteht aus dem Präsidenten, einem Direktor oder einem Senatspräsidenten als Vorsitzendem, einem vom Bundesrate gewählten nichtständigen, einem ständigen Mitglied, einem Arbeitgeber und einem Versicherten. An Stelle des vom Bundesrate gewählten kann ein ständiges Mitglied treten.

§ 101. Das Reichsversicherungsamt bildet den Großen Senat für die Aufgaben, die diesem das Gesetz zuweist.

Der Große Senat besteht vorbehaltlich einer Verstärkung nach § 1718 Abs. 2 aus dem Präsidenten oder seinem Vertreter, zwei vom Bundesrate gewählten Mitgliedern, zwei ständigen Mitgliedern, zwei richterlichen Beamten, zwei Arbeitgebern und zwei Versicherten.

§ 102. Sind alle vom Bundesrate gewählten Mitglieder des Reichsversicherungsamts verhindert, so werden statt ihrer ständige Mitglieder zugezogen.

Die übrigen Mitglieder des Großen Senats und mindestens je zwei Stellvertreter werden nach näherer Bestimmung der Kaiserlichen Verordnung (§ 35 Abs. 2) für ein Geschäftsjahr im voraus bezeichnet. Dabei sind je zwei ständige Mitglieder und je zwei richterliche Beamte sowie deren Stellvertreter besonders zu bezeichnen für Sachen der

Krankenversicherung,

Unfallversicherung,
Invaliden- und Hinterbliebenenversicherung.

4. Rechnungsstelle. Kosten.

§ 103. Beim Reichsversicherungsamte wird eine Rechnungsstelle errichtet.

Sie führt die Arbeiten aus, die dieses Gesetz ihr zuweist. Sie unterstützt das Reichsversicherungsamt bei seinen rechnerischen und versicherungstechnischen Arbeiten. Das Reichsversicherungsamt bestimmt, was ihr die Versicherungsträger zu diesen Zwecken mitzuteilen haben.

§ 104. Die Kosten des Reichsversicherungsamts einschließlich der Kosten des Verfahrens trägt das Reich.

In die Reichskasse fließen die Geldstrafen nach den §§ 95, 1698 Abs. 1, § 1701 Abs. 1, sowie die besonders auferlegten Verfahrenskosten (§ 1802).

5. Landesversicherungsämter.

§ 105. Ein Landesversicherungsamt, das vor diesem Gesetze für das Gebiet eines Bundesstaats errichtet war, kann bestehen bleiben, solange zu seinem Bereiche mindestens vier Oberversicherungsämter gehören.

Das Landesversicherungsamt tritt für dieses Gebiet an die Stelle des Reichsversicherungsamts, soweit dieses Gesetz es vorschreibt.

Die Kosten des Landesversicherungsamts trägt der Bundesstaat.

§ 106. Das Landesversicherungsamt besteht aus ständigen und nichtständigen Mitgliedern.

Die Landesregierung ernennt die ständigen Mitglieder. Soweit sie im Hauptamt ernannt werden, sind sie auf Lebenszeit oder nach Landesrecht unwiderruflich anzustellen.

Als nichtständige Mitglieder werden in getrennter Wahl unter Leitung des Landesversicherungsamts schriftlich mindestens je acht Vertreter der Arbeitgeber und der Versicherten gewählt. Davon entfällt je die eine Hälfte auf den Bereich der landwirtschaftlichen, die andere auf den der gewerblichen Unfallversicherung.

§ 107. Für Wahl, Rechte und Pflichten der Mitglieder gelten § 87 Abs. 2, §§ 88 bis 97 entsprechend, soweit im § 106 Abs. 3 und nachstehend nichts anderes vorgeschrieben ist.

An die Stelle des Bundesrats und des Reichskanzlers tritt die oberste Verwaltungsbehörde.

Die Arbeitgeber werden gewählt von

1. den Arbeitgebermitgliedern in den Ausschüssen der Versicherungsanstalten und in den entsprechenden Vertretungen der Sonderanstalten, die für das Gebiet des Bundesstaats errichtet sind oder es umfassen,
2. den Vorständen der Berufsgenossenschaften und den Ausführungsbehörden, die Betriebe mit dem Sitze im Gebiete des Bundesstaats umfassen. Wo sich dieses Gebiet mit dem Bezirk einer oder

mehrerer Sektionen deckt, wählen die Sektionsvorstände an Stelle des Genossenschaftsvorstandes.

Die Versicherten werden von den Versichertenbeisitzern der Oberversicherungsämter gewählt, die für das Gebiet des Bundesstaats errichtet sind oder es umfassen.

Das Stimmenverhältnis setzt die Landesregierung nach der Zahl der Versicherten fest.

§ 108. Die Enthebung eines nichtständigen Mitglieds beschließt das Landesversicherungsamt.

Die §§ 98 bis 100, 104 Abs. 2 gelten entsprechend für das Landesversicherungsamt; an die Stelle des Bundesrats und des Reichskanzlers tritt die oberste Verwaltungsbehörde, an die Stelle der Reichskasse die Kasse des Bundesstaats.

§ 109. Soweit nicht dieses Gesetz den Geschäftsgang und das Verfahren des Landesversicherungsamts ordnet, geschieht es durch die Landesregierung.

Sie setzt die Vergütung für die nichtständigen Mitglieder fest.

Vierter Abschnitt.

Sonstige gemeinsame Vorschriften.

I. Behörden.

§ 110. Die oberste Verwaltungsbehörde kann einzelne der Aufgaben und Rechte, die ihr dieses Gesetz zuweist, auf andere Behörden übertragen.

§ 111. Sie bestimmt,

1. welchen Staatsbehörden und welchen Behörden und Vertretungen von Gemeindeverbänden und Gemeinden die Aufgaben zukommen, die dieses Gesetz den höheren und den unteren Verwaltungsbehörden, den Ortspolizeibehörden, den gemeindlichen Behörden, den Gemeindeverbänden und Gemeinden sowie ihren Behörden und Vertretungen zuweist,
2. welche Verbände als Gemeindeverbände zu gelten haben; eine einzelne Gemeinde gilt als Gemeindeverband im Sinne dieses Gesetzes nur dann, wenn es die oberste Verwaltungsbehörde bestimmt,
3. ob und welche örtlichen Geschäfte der Reichsversicherung von den Gemeindebehörden an Stelle der Versicherungsämter erledigt werden sollen.

Die Bestimmungen werden im Reichsanzeiger veröffentlicht.

§ 112. Die oberste Verwaltungsbehörde kann Aufgaben des Versicherungsamts Organen von

Knappschaftsvereinen oder Knappschaftskassen,
Betriebskrankenkassen für Betriebsverwaltungen und Dienstbetriebe des Reichs und der Bundesstaaten,
Sonderanstalten des Reichs und der Bundesstaaten

übertragen, wenn die Organe mindestens zur Hälfte aus Versicherungsvertretern bestehen, die aus geheimer Wahl hervorgegangen sind. Spruchbefugnisse können nicht übertragen werden.

§ 113. Erstreckt sich eine Versicherungsbehörde, ein Versicherungsträger oder ein Betrieb auf Gebiete mehrerer Bundesstaaten, so nimmt die Landesregierung oder die oberste Verwaltungsbehörde des Bundesstaats ihres Sitzes die Befugnisse wahr, die dieses Gesetz der Landesregierung oder der obersten Verwaltungsbehörde beilegt, soweit es nichts anderes vorschreibt.

Wenn sich Landesregierungen oder oberste Verwaltungsbehörden nicht einigen, wo dieses Gesetz ihr Zusammenwirken vorschreibt, so entscheidet zwischen den Landesregierungen der Bundesrat, zwischen den Verwaltungsbehörden der Reichskanzler. Dasselbe gilt, wenn sie sich nicht über ihre Zuständigkeit oder im Falle des Abs. 1 nicht über den Sitz einigen.

Für Betriebe des Reichs und ihre besonderen Versicherungsbehörden und Versicherungsträger übt der Reichskanzler die Rechte der obersten Verwaltungsbehörde aus.

§ 114. Die Vorschriften dieses Gesetzes für Gemeinden gelten auch für die selbständigen Gutsbezirke und Gemarkungen (ausmärkische Bezirke). Die Rechte und Pflichten trägt dort an Stelle der Gemeinden der Gutsherr oder Gemarkungsberechtigte.

II. Rechtshilfe.

§ 115. Die öffentlichen Behörden sind verpflichtet, den im Vollzuge dieses Gesetzes an sie ergehenden Ersuchen der Versicherungs- und anderen öffentlichen

Behörden sowie der Organe der Versicherungsträger zu entsprechen, insbesondere vollstreckbare Entscheidungen zu vollstrecken.

Überwachungshandlungen der in § 347 Abs. 4, § 404 Abs. 3, §§ 888, 1465, 1470 bezeichneten Art können nur unter den dort genannten Voraussetzungen verlangt werden.

§ 116. Diese Rechtshilfe haben auch die Organe der Versicherungsträger einander sowie den Behörden und Armenverbänden zu leisten.

§ 117. Tagegelder, Reisekosten, Gebühren für Zeugen und Sachverständige und alle anderen baren Auslagen, die aus der Rechtshilfe erwachsen, werden von den Versicherungsträgern als eigene Verwaltungskosten erstattet.

III. Leistungen.

§ 118. Leistungen, die nach diesem Gesetz oder ergänzenden Landesgesetzen gewährt werden, und die durch den Übergang des Anspruchs darauf ersetzten Unterstützungen sind keine öffentlichen Armenunterstützungen.

§ 119. Die Ansprüche des Berechtigten können, vorbehaltlich des § 1325, mit rechtlicher Wirkung übertragen, verpfändet und gepfändet werden nur wegen

1. eines Vorschusses, den der Berechtigte auf seine Ansprüche vor Anweisung der Leistungen vom Arbeitgeber oder von einem Organe des Versicherungsträgers oder einem seiner Mitglieder erhalten hat,

2. der im § 850 Abs. 4 der Zivilprozeßordnung bezeichneten Forderungen,
3. der Forderungen der nach § 1531 ersatzberechtigten Gemeinden und Armenverbände sowie Arbeitgeber und Kassen, die an ihre Stelle getreten sind; die Übertragung, Verpfändung und Pfändung ist nur in Höhe der gesetzlichen Ersatzansprüche zulässig,
4. rückständiger Beiträge, die nicht seit länger als drei Monaten fällig sind.

Ausnahmsweise darf der Berechtigte auch in anderen Fällen den Anspruch mit Genehmigung des Versicherungsamts ganz oder zum Teil auf andere übertragen.

§ 120. Trunksüchtigen, die nicht entmündigt sind, können ganz oder teilweise Sachleistungen gewährt werden. Auf Antrag eines beteiligten Armenverbandes oder der Gemeindebehörde des Wohnorts des Trunksüchtigen muß dies geschehen. Bei Trunksüchtigen, die entmündigt sind, ist die Gewährung der Sachleistungen nur mit Zustimmung des Vormundes zulässig. Auf seinen Antrag muß sie geschehen.

Die Sachleistungen gewährt die Gemeinde des Wohnorts. Der Anspruch auf Barleistungen geht im Werte der Sachbezüge auf die Gemeinde über. Die Sachleistung kann auch durch Aufnahme in eine Trinkerheilanstalt oder mit Zustimmung der Gemeinde durch Vermittlung einer Trinkerfürsorgestelle gewährt werden.

Ein Rest der Barleistungen ist dem Ehegatten des Bezugsberechtigten, seinen Kindern oder seinen Eltern und, falls solche nicht vorhanden sind, der Gemeinde zur Verwendung für ihn zu überweisen.

§ 121. Das Versicherungsamt (Beschlußausschuß) erläßt die Anordnung nach Anhören der Gemeindebehörde und des Bezugsberechtigten und teilt sie ihnen und dem Versicherungsträger schriftlich mit. Es entscheidet bei Streit zwischen der Gemeinde und dem Bezugsberechtigten.

Auf Beschwerde entscheidet das Oberversicherungsamt endgültig.

Ist der Anspruch auf Barleistungen endgültig auf die Gemeinde übergegangen, so benachrichtigt der Versicherungsträger die Post, wenn es sich um Barleistungen aus der Unfall- oder aus der Invaliden- und Hinterbliebenenversicherung handelt.

IV. Ärztliche Behandlung.

§ 122. Die ärztliche Behandlung im Sinne dieses Gesetzes wird durch approbierte Ärzte, bei Zahnkrankheiten auch durch approbierte Zahnärzte (§ 29 der Gewerbeordnung) geleistet. Sie umfaßt Hilfeleistungen anderer Personen, wie Bader, Hebammen, Heildiener, Heilgehilfen, Krankenwärter, Masseure u. dgl. sowie Zahntechniker, nur dann, wenn der Arzt (Zahnarzt) sie anordnet oder wenn in dringenden Fällen kein approbierter Arzt (Zahnarzt) zugezogen werden kann.

Die oberste Verwaltungsbehörde kann bestimmen, wieweit auch sonst Hilfspersonen innerhalb der staatlich anerkannten Befugnisse selbständige Hilfe leisten können.

§ 123. Bei Zahnkrankheiten mit Ausschluß von Mund- und Kieferkrankheiten kann die Behandlung außer durch Zahnärzte mit Zustimmung des Versicherten auch durch Zahntechniker gewährt werden. Die oberste Verwaltungsbehörde bestimmt, wie weit auch sonst Zahntechniker bei solchen Zahnkrankheiten selbständige Hilfe leisten können. Sie kann bestimmen, wie weit dies auch Heildiener und Heilgehilfen tun können. Sie bestimmt ferner, wer als Zahntechniker im Sinne dieses Gesetzes anzusehen ist.

V. Fristen.

§ 124. Richtet sich der Anfang einer Frist nach einem Ereignis oder Zeitpunkt, so beginnt die Frist mit dem Tage, der auf das Ereignis oder den Zeitpunkt folgt.

Wird eine Frist verlängert, so beginnt die neue mit Ablauf der alten Frist.

§ 125. Eine nach Tagen bestimmte Frist endigt mit dem Ablauf ihres letzten Tages, eine nach Wochen oder Monaten bestimmte Frist mit dem Ablauf desjenigen Tages der letzten Woche oder des letzten Monats, welcher nach Benennung oder Zahl dem Tage entspricht, in den das Ereignis oder der Zeitpunkt fällt.

Fehlt dem letzten Monat der entsprechende Tag, so endigt die Frist mit dem Monat.

§ 126. Braucht ein Zeitraum von Monaten oder Jahren nicht zusammenhängend zu verlaufen, so wird der Monat zu dreißig, das Jahr zu dreihundertfünfundsechzig Tagen gerechnet.

§ 127. Fällt der für eine Willenserklärung oder Leistung oder den Ablauf einer Frist gesetzte Tag auf einen Sonntag oder einen allgemeinen Feiertag, der am Erklärungs- oder Leistungsorte staatlich anerkannt ist, so gilt dafür der nächstfolgende Werktag.

Für die Dauer von Leistungen, zu denen ein Versicherungsträger verpflichtet ist, gilt diese Vorschrift nicht.

§ 128. Rechtsmittel sind, soweit dieses Gesetz nichts anderes vorschreibt, binnen einem Monat nach Zustellung der angefochtenen Entscheidung einzulegen.

Für Seeleute, die sich außerhalb Europas aufhalten, wird diese Frist von der Stelle bestimmt, welche die angefochtene Entscheidung erlassen hat; sie muß mindestens drei Monate von der Zustellung an betragen.

§ 129. Soweit dieses Gesetz nichts anderes vorschreibt, werden die Rechtsmittel bei der Stelle eingelegt, die zu entscheiden hat.

Die Frist gilt auch dann als gewahrt, wenn das Rechtsmittel rechtzeitig bei einer anderen inländischen Behörde oder bei einem Organ der Versicherungsträger, für die See-Unfallversicherung auch bei einem deutschen Seemannsamte des Auslandes eingegangen ist.

Die Rechtsmittelschrift ist unverzüglich an die zuständige Stelle abzugeben.

§ 130. Die Rechtsmittel bewirken Aufschub nur da, wo das Gesetz es vorschreibt.

§ 131. Ist ein Beteiligter durch Naturereignisse oder andere unabwendbare Zufälle verhindert worden, eine gesetzliche Verfahrensfrist einzuhalten, so wird ihm auf Antrag die Wiedereinsetzung in den vorigen Stand erteilt.

Die Wiedereinsetzung wird auf Antrag auch dann erteilt, wenn das verspätet eingelaufene Schriftstück der Post mindestens drei Tage vor Ablauf der Frist zur Bestellung übergeben worden ist.

§ 132. Die Wiedereinsetzung ist im Falle des § 131 Abs. 1 binnen einer Frist zu beantragen, deren Dauer durch die Dauer der versäumten Frist bestimmt wird. Die Frist beginnt mit dem Tage, an dem das Hindernis gehoben ist.

In den Fällen des § 131 Abs. 2 ist die Wiedereinsetzung binnen einem Monat zu beantragen. Die Frist beginnt mit dem Tage, an welchem dem Beteiligten bekannt wird, daß er die Frist versäumt hat.

Nach Ablauf von zwei Jahren, vom Ende der versäumten Frist an, kann die Wiedereinsetzung nicht mehr beantragt werden.

§ 133. Der Antrag auf Wiedereinsetzung soll

1. die Tatsachen angeben, welche die Wiedereinsetzung begründen,
2. die Mittel bezeichnen, diese Tatsachen glaubhaft zu machen, und
3. die versäumte Handlung nachholen, wenn es nicht bereits geschehen ist.

Er wird bei der Stelle angebracht, bei der die Frist versäumt ist; § 129 Abs. 2, 3 gilt entsprechend. Die

Stelle entscheidet, die über die nachgeholte Handlung zu entscheiden hat.

§ 134. Das Verfahren über den Antrag wird mit dem über die nachgeholte Handlung verbunden, doch kann auch zunächst über den Antrag allein verhandelt und entschieden werden.

Für die Entscheidung über die Zulässigkeit des Antrags und ihre Anfechtung gelten dieselben Vorschriften wie für die nachgeholte Handlung.

VI. Zustellungen.

§ 135. Zustellungen, die eine Frist in Lauf setzen, können durch eingeschriebenen Brief geschehen.

Der Postschein begründet nach zwei Jahren seit seiner Ausstellung die Vermutung dafür, daß in der ordnungsmäßigen Frist nach der Einlieferung zugestellt worden ist.

§ 136. Wer nicht im Inland wohnt, hat auf Verlangen einen Zustellungsbevollmächtigten zu benennen.

Ist der Aufenthalt unbekannt oder wird der Zustellungsbevollmächtigte nicht in der gesetzten Frist benannt, so kann die Zustellung durch einwöchigen Aushang in den Geschäftsräumen der Behörde oder Stelle ersetzt werden; die Frist darf nicht kürzer als ein Monat sein.

VII. Gebühren und Stempel.

§ 137. Gebühren- und stempelfrei sind, soweit dieses Gesetz nichts anderes vorschreibt, alle Verhandlungen und

Urkunden, die bei den Versicherungsträgern und Versicherungsbehörden erforderlich werden, um die Rechtsverhältnisse zwischen den Versicherungsträgern einerseits und den Arbeitgebern oder Versicherten oder ihren Hinterbliebenen anderseits zu begründen oder abzuwickeln.

§ 138. Das Gleiche gilt für die außergerichtlichen Verhandlungen und Urkunden dieser Art, sowie für solche privatschriftlichen Vollmachten und amtlichen Bescheinigungen, welche nach diesem Gesetze zum Ausweis und zu Nachweisungen erforderlich werden.

VIII. Verbote und Strafen.

§ 139. Den Arbeitgebern und ihren Angestellten sowie den Versicherungsträgern ist untersagt, die Versicherten in der Übernahme oder Ausübung eines Ehrenamts der Reichsversicherung zu beschränken oder sie wegen der Übernahme oder der Art der Ausübung eines solchen Ehrenamts zu benachteiligen. Den Arbeitgebern und ihren Angestellten ist ferner untersagt, durch Übereinkunft oder Arbeitsordnung zum Nachteil der Versicherten die Anwendung der Vorschriften dieses Gesetzes ganz oder teilweise auszuschließen.

Vertragsbestimmungen, die dem zuwiderlaufen, sind nichtig.

§ 140. Arbeitgeber oder ihre Angestellten, die gegen § 139 Abs. 1 verstoßen, werden mit Geldstrafe bis zu dreihundert Mark oder mit Haft bestraft, sofern nicht nach anderen gesetzlichen Vorschriften härtere Strafe eintritt.

§ 141. Wer unbefugt offenbart, was ihm in amtlicher Eigenschaft als

Mitglied eines Organs oder Angestelltem eines Versicherungsträgers,

Mitglied oder Angestelltem einer Versicherungsbehörde,

Vertreter oder Beisitzer bei einer Versicherungsbehörde

über Krankheiten oder andere Gebrechen Versicherter oder ihre Ursachen bekannt geworden ist, wird mit Geldstrafe bis zu eintausendfünfhundert Mark oder mit Gefängnis bis zu drei Monaten bestraft. Die Verfolgung tritt nur auf Antrag des Versicherten oder der Aufsichtsbehörde ein.

Den Versicherten stehen andere Personen gleich, für die dieses Gesetz eine Leistung eines Versicherungsträgers vorsieht.

§ 142. Mit Geldstrafe bis zu eintausendfünfhundert Mark oder mit Gefängnis werden bestraft

die im § 141 Abs. 1 Bezeichneten,

die besonderen Sachverständigen nach § 880,

die Mitglieder der Ausschüsse zur Entscheidung über Einsprüche nach § 1000 Abs. 2 und über Widersprüche nach § 1023 Abs. 1,

wenn sie unbefugt Geschäfts- oder Betriebsgeheimnisse offenbaren, die ihnen in amtlicher Eigenschaft bekannt geworden sind.

Tun sie dies, um den Unternehmer zu schädigen oder sich oder anderen einen Vermögensvorteil zu verschaffen, so werden sie mit Gefängnis bestraft. Neben der Gefängnisstrafe kann auf Verlust der bürgerlichen Ehrenrechte und auf Geldstrafe bis zu dreitausend Mark erkannt werden.

Die Verfolgung tritt im Falle des Abs. 1 nur auf Antrag des Unternehmers ein.

§ 143. Die im § 142 Abs. 1 Bezeichneten werden mit Gefängnis bestraft, wenn sie Geschäfts- oder Betriebsgeheimnisse unbefugt verwerten, um den Unternehmer zu schädigen oder sich oder anderen einen Vermögensvorteil zu verschaffen. Neben der Gefängnisstrafe kann auf Verlust der bürgerlichen Ehrenrechte und auf Geldstrafe bis zu dreitausend Mark erkannt werden.

§ 144. Sind in den Fällen des § 142 Abs. 2 oder des § 143 mildernde Umstände vorhanden, so ist auf Geldstrafe bis zu dreitausend Mark zu erkennen.

§ 145. Für Beamte, die der Dienstgewalt einer staatlichen oder gemeindlichen Behörde unterstehen, bewendet es an Stelle der §§ 141 bis 144 bei den für sie geltenden Vorschriften.

§ 146. Die Geldstrafen fließen, vorbehaltlich des § 59 Abs. 3, § 80 Abs. 4, § 104 Abs. 2, § 108 Abs. 2 und der §§ 914, 1045, 1224, in die Kasse des Versicherungsträgers, die gerichtlich erkannten nur, wo es dieses Gesetz vorschreibt.

Die Strafen außer den gerichtlich erkannten, werden wie Rückstände beigetrieben.

§ 147. Zuwiderhandlungen gegen die Strafvorschriften dieses Gesetzes, für welche die Gerichte nicht zuständig sind, verjähren, falls sie nicht mit mehr als dreihundert Mark bedroht sind, in drei Monaten, im übrigen in einem Jahre. Die Verjährung beginnt mit dem Tage, an dem die Handlung begangen ist. Sie wird unterbrochen durch jede gegen den Täter gerichtete Handlung dessen, der zur Verhängung der Strafe zuständig ist. Mit der Unterbrechung beginnt eine neue Verjährung; sie endet spätestens mit Ablauf von zehn Jahren seit dem Tage, an dem die Zuwiderhandlung begangen ist.

§ 148. Endgültig verhängte Strafen, die nicht von den Gerichten erkannt sind, verjähren in zwei Jahren. Die Verjährung beginnt mit dem Tage, an dem die Entscheidung endgültig geworden ist. Sie wird unterbrochen durch jede auf Vollstreckung der Strafe gerichtete Handlung dessen, dem die Vollstreckung obliegt. Mit der Unterbrechung beginnt eine neue Verjährung; sie endet spätestens mit Ablauf von vier Jahren seit dem Tage, an dem die Entscheidung endgültig geworden ist.

IX. Ortslohn.

§ 149. Als Ortslohn gilt der ortsübliche Tagesentgelt gewöhnlicher Tagarbeiter.

Das Oberversicherungsamt setzt den Ortslohn fest und macht ihn öffentlich bekannt. Vorher werden die

Vorstände der beteiligten Versicherungsanstalten gehört; das Versicherungsamt hat sich nach Anhörung der Gemeindebehörden und der Vorstände der beteiligten Krankenkassen gutachtlich zu äußern.

§ 150. Der Ortslohn wird für Männer und Frauen, für Versicherte unter sechzehn Jahren, von sechzehn bis einundzwanzig Jahren und über einundzwanzig Jahre besonders festgesetzt.

Die Versicherten unter sechzehn Jahren (Jugendliche) können dabei in junge Leute von vierzehn Jahren an und Kinder unter vierzehn Jahren geschieden werden; Lehrlinge zählen zu den jungen Leuten.

Im übrigen wird der Ortslohn einheitlich nach dem Durchschnitt für den ganzen Bezirk jedes Versicherungsamts festgesetzt. Ausnahmen sind zulässig, wenn die Lohnhöhe in einzelnen Ortschaften oder zwischen Stadt und Land erheblich abweicht.

§ 151. Die Ortslöhne werden gleichzeitig im ganzen Reiche, und zwar zunächst bis zum 31. Dezember 1914, dann immer auf vier Jahre festgesetzt. Änderungen in der Zwischenzeit gelten nur bis zum nächsten allgemeinen Festsetzung.

Alle Änderungen treten erst zwei Monate nach ihrer Veröffentlichung in Kraft.

§ 152. Der Reichskanzler veröffentlicht im „Zentralblatt für das Deutsche Reich" vor Beginn jedes Jahrvierts eine Liste aller geltenden Festsetzungen sowie mindestens alljährlich eine Liste der inzwischen vorgenommenen Änderungen.

X. Beschäftigungsort.

§ 153. Beschäftigungsort ist der Ort, an dem die Beschäftigung tatsächlich stattfindet.

Für Versicherte, die an einer festen Arbeitstätte (Betrieb-, Dienststätte) beschäftigt werden, gilt diese als Beschäftigungsort auch, während sie außerhalb für den Arbeitgeber einzelne Arbeiten von geringer Dauer ausführen.

Das Gleiche gilt für Versicherte, die von einer festen Arbeitsstätte aus nur mit einzelnen Arbeiten wechselnd in Bezirken verschiedener Orts- oder Landkrankenkassen beschäftigt werden.

Es gilt ferner für Versicherte, die nur für einzelne Arbeiten außerhalb der festen Arbeitstätte angenommen sind, sofern diese und ihr Arbeitsort im Bezirke desselben Versicherungsamts liegen.

§ 154. Für Beschäftigungsverhältnisse ohne feste Betriebstätte gilt als Beschäftigungsort der Sitz des Betriebs.

§ 155. Für Versicherte, die eine Betriebsverwaltung zu einer in verschiedenen Gemeinden wechselnden Beschäftigung angenommen hat, gilt die Gemeinde als Beschäftigungsort, wo die unmittelbare Leitung der Arbeiten ihren Sitz hat. Das Oberversicherungsamt kann anders darüber bestimmen, nachdem es die beteiligten

Verwaltungen und Gemeinden oder Gemeindeverbände gehört hat.

§ 156. Für Versicherte, die zu landwirtschaftlicher, in verschiedenen Gemeinden wechselnder Beschäftigung angenommen sind, gilt der Sitz des Betriebs (§§ 963, 964) als Beschäftigungsort.

XI. Ausländische Gesetzgebung.

§ 157. Soweit andere Staaten eine der Reichsversicherung entsprechende Fürsorge durchgeführt haben, kann der Reichskanzler mit Zustimmung des Bundesrats unter Wahrung der Gegenseitigkeit vereinbaren, in welchem Umfang für Betriebe, die aus dem Gebiete des einen Staates in das des anderen übergreifen, sowie für Versicherte, die zeitweise im Gebiete des anderen Staates beschäftigt werden, die Fürsorge nach der Reichsversicherungsordnung oder nach den Fürsorgevorschriften des anderen Staates geregelt werden soll.

Auf gleichem Wege kann bei entsprechender Gegenleistung die Versicherung von Angehörigen eines ausländischen Staates abweichend von den Vorschriften dieses Gesetzes geregelt und die Durchführung der Fürsorge des einen Staates in dem Gebiete des anderen erleichtert werden. In diesen Vereinbarungen darf die nach diesem Gesetze bestehende Beitragspflicht des Arbeitgebers nicht ermäßigt oder beseitigt werden. Diese Vereinbarungen sind dem Reichstage mitzuteilen.

Diese Vorschriften gelten entsprechend für eine Fürsorge, die an Stelle der Reichsversicherung tritt.

§ 158. Der Reichskanzler kann mit Zustimmung des Bundesrats anordnen, daß gegen Angehörige eines ausländischen Staates und ihre Rechtsnachfolger ein Vergeltungsrecht angewendet wird.

XII. Gemeinsame Begriffsbestimmungen.

1. Versicherungspflichtige Beschäftigung.

§ 159. Die Beschäftigung eines Ehegatten durch den anderen begründet, vorbehaltlich der Vorschriften der §§ 551, 928, 1062, keine Versicherungspflicht.

2. Entgelt.

§ 160. Zum Entgelt im Sinne dieses Gesetzes gehören neben Gehalt oder Lohn auch Gewinnanteile, Sach- und andere Bezüge, die der Versicherte, wenn auch nur gewohnheitsmäßig, statt des Gehaltes oder Lohnes oder neben ihm von dem Arbeitgeber oder einem Dritten erhält.

Der Wert der Sachbezüge wird nach Ortspreisen berechnet, die das Versicherungsamt festsetzt.

3. Landwirtschaft.

§ 161. Die Vorschriften dieses Gesetzes für landwirtschaftliche Betriebe, Arbeitgeber, Unternehmer und Beschäftigte gelten, soweit nichts anderes vorgeschrieben ist, auch für forstwirtschaftliche Betriebe, Arbeitgeber, Unternehmer und Beschäftigte.

4. Hausgewerbtreibende.

§ 162. Als Hausgewerbtreibende im Sinne dieses Gesetzes gelten die selbständigen Gewerbtreibenden, die in eigenen Betriebstätten im Auftrag und für Rechnung anderer Gewerbtreibender gewerbliche Erzeugnisse herstellen oder bearbeiten.

Sie gelten dafür auch dann, wenn sie die Roh- oder Hilfstoffe selbst beschaffen, sowie für die Zeit, in der sie vorübergehend für eigene Rechnung arbeiten.

5. Deutsches Seefahrzeug.

§ 163. Als deutsches Seefahrzeug gilt jedes Fahrzeug, das unter deutscher Flagge fährt und ausschließlich oder vorzugsweise zur Seefahrt benutzt wird. Dadurch, daß Eingeborene der Schutzgebiete die Reichsflagge führen (§ 10 des Schutzgebietgesetzes, Reichs-Gesetzbl. 1900 S. 812), wird das Schiff nicht zu einem deutschen Seefahrzeug im Sinne dieses Gesetzes.

6. Geschäftsjahr.

§ 164. Geschäftsjahr ist das Kalenderjahr.

Zweites Buch.

Krankenversicherung.

Erster Abschnitt.

Umfang der Versicherung.

I. Versicherungspflicht.

§ 165. Für den Fall der Krankheit werden versichert

1. Arbeiter, Gehilfen, Gesellen, Lehrlinge, Dienstboten,
2. Betriebsbeamte, Werkmeister und andere Angestellte in ähnlich gehobener Stellung, sämtlich, wenn diese Beschäftigung ihren Hauptberuf bildet,
3. Handlungsgehilfen und -lehrlinge, Gehilfen und Lehrlinge in Apotheken,
4. Bühnen- und Orchestermitglieder ohne Rücksicht auf den Kunstwert der Leistungen,
5. Lehrer und Erzieher,
6. Hausgewerbtreibende,
7. die Schiffsbesatzung deutscher Seefahrzeuge, soweit sie weder unter die §§ 59 bis 62 der Seemannsordnung (Reichs-Gesetzbl. 1902 S. 175 und 1904 S. 167), noch unter die §§ 553 bis 553 b des Handelsgesetzbuchs fällt, sowie die Besatzung von Fahrzeugen der Binnenschiffahrt.

Voraussetzung der Versicherung ist für die im Abs. 1 unter Nr. 1 bis 5 und Nr. 7 Bezeichneten mit Ausnahme der Lehrlinge aller Art, daß sie gegen Entgelt (§ 160) beschäftigt werden, für die unter Nr. 2 bis 5 Bezeichneten sowie für Schiffer außerdem, daß nicht ihr regelmäßiger Jahresarbeitsverdienst zweitausendfünfhundert Mark an Entgelt übersteigt.

§ 166. Für die Versicherung der in der Landwirtschaft, als Dienstboten, unständig oder im Wandergewerbe Beschäftigten, der Hausgewerbtreibenden und ihrer hausgewerblich Beschäftigten sowie der ohne Entgelt beschäftigten Lehrlinge aller Art gelten die besonderen Vorschriften der §§ 416 bis 494.

§ 167. Sind in einem Bundesstaate beim Inkrafttreten dieses Gesetzes andere Gruppen von Beschäftigten verpflichtet, eine landesrechtliche Versicherung einzugehen, so kann die Landesregierung anordnen, daß sie nach diesem Gesetze für den Fall der Krankheit versichert sind, und näheres darüber bestimmen.

§ 168. Der Bundesrat bestimmt, wieweit vorübergehende Dienstleistungen versicherungsfrei bleiben.

§ 169. Versicherungsfrei sind die in den Betrieben oder im Dienste des Reichs, eines Bundesstaats, eines Gemeindeverbandes, einer Gemeinde oder eines Versicherungsträgers Beschäftigten, wenn ihnen gegen ihren Arbeitgeber ein Anspruch mindestens entweder auf Krankenhilfe in Höhe und Dauer der Regelleistungen der Krankenkassen (§ 179) oder für die gleiche Zeit auf

Gehalt, Ruhegeld, Wartegeld oder ähnliche Bezüge im anderthalbfachen Betrage des Krankengeldes (§ 182) gewährleistet ist.

Das Gleiche gilt für Lehrer und Erzieher an öffentlichen Schulen oder Anstalten.

§ 170. Die in Betrieben oder im Dienste anderer öffentlicher Verbände oder öffentlicher Körperschaften Beschäftigten werden auf Antrag des Arbeitgebers durch die oberste Verwaltungsbehörde von der Versicherungspflicht befreit, wenn ihnen gegen ihren Arbeitgeber einer der im § 169 bezeichneten Ansprüche gewährleistet ist, oder sie lediglich für ihren Beruf ausgebildet werden.

Das Gleiche gilt für Beamte und Bedienstete der landesherrlichen Hof-, Domanial-, Kameral-, Forst- und ähnlichen Verwaltungen, der Herzoglich Braunschweigischen Landschaft und der Fürstlich Hohenzollernschen Fideikommißverwaltung.

§ 171. Die oberste Verwaltungsbehörde kann auf Antrag des Arbeitgebers bestimmen, wieweit auch die in Betrieben oder im Dienste nicht öffentlicher Körperschaften oder als Lehrer und Erzieher an nicht öffentlichen Schulen oder Anstalten Beschäftigten versicherungsfrei sind, wenn ihnen gegen ihren Arbeitgeber einer der im § 169 bezeichneten Ansprüche gewährleistet ist oder sie lediglich für ihren Beruf ausgebildet werden.

§ 172. Versicherungsfrei sind

1. Beamte des Reichs, der Bundesstaaten, der Gemeindeverbände, der Gemeinden und der Ver-

sicherungsträger, Lehrer und Erzieher an öffentlichen Schulen oder Anstalten, solange sie lediglich für ihren Beruf ausgebildet werden,

2. Personen des Soldatenstandes, die eine der im § 165 bezeichneten Tätigkeiten im Dienste oder während der Vorbereitung zu einer bürgerlichen Beschäftigung ausüben, auf die § 169 anzuwenden ist,
3. Personen, die während der wissenschaftlichen Ausbildung für ihren zukünftigen Beruf gegen Entgelt unterrichten,
4. Mitglieder geistlicher Genossenschaften, Diakonissen, Schulschwestern und ähnliche Personen, wenn sie sich aus religiösen oder sittlichen Beweggründen mit Krankenpflege, Unterricht oder anderen gemeinnützigen Tätigkeiten beschäftigen und als Entgelt nicht mehr als den freien Unterhalt beziehen.

§ 173. Auf seinen Antrag wird von der Versicherungspflicht befreit, wer auf die Dauer nur zu einem geringen Teile arbeitsfähig ist, solange der vorläufig unterstützungspflichtige Armenverband einverstanden ist.

§ 174. Auf Antrag des Arbeitgebers werden von der Versicherungspflicht befreit

1. Lehrlinge aller Art, solange sie im Betrieb ihrer Eltern beschäftigt sind,
2. Personen, die bei Arbeitslosigkeit in Arbeiterkolonien oder ähnlichen Wohltätigkeitsanstalten vorübergehend beschäftigt werden.

§ 175. Über den Antrag auf Befreiung (§§ 173, 174) entscheidet der Kassenvorstand. Die Befreiung wirkt vom Eingang des Antrags an.

Wird der Antrag abgelehnt, so entscheidet auf Beschwerde das Versicherungsamt endgültig.

II. Versicherungsberechtigung.

§ 176. 1. Versicherungsfreie Beschäftigte der im § 165 Abs. 1 bezeichneten Art,

2. Familienangehörige des Arbeitgebers, die ohne eigentliches Arbeitsverhältnis und ohne Entgelt in seinem Betriebe tätig sind,

3. Gewerbtreibende und andere Betriebsunternehmer, die in ihren Betrieben regelmäßig keine oder höchstens zwei Versicherungspflichtige beschäftigen,

können der Versicherung freiwillig beitreten, wenn nicht ihr jährliches Gesamteinkommen zweitausendfünfhundert Mark übersteigt.

Der Bundesrat bestimmt, wieweit unter der gleichen Voraussetzung Personen, die nach § 168 versicherungsfrei sind, der Versicherung freiwillig beitreten können.

Die Satzung der Krankenkasse kann das Recht zum Beitritt von einer bestimmten Altersgrenze und von der Vorlegung eines ärztlichen Gesundheitszeugnisses abhängig machen. Die Festsetzung der Altersgrenze bedarf der Zustimmung des Oberversicherungsamts.

§ 177. Haben beim Inkrafttreten dieses Gesetzes in einem Bundesstaate nach Landesrecht noch andere

Gruppen das Recht, der Versicherung freiwillig beizutreten, so bewendet es dabei nach näherer Bestimmung der obersten Verwaltungsbehörde.

§ 178. Die Versicherungsberechtigung erlischt in allen Fällen, wenn das regelmäßige jährliche Gesamteinkommen viertausend Mark übersteigt.

Zweiter Abschnitt.

Gegenstand der Versicherung.

I. Leistungen im allgemeinen.

§ 179. Gegenstand der Versicherung sind die in diesem Buche vorgeschriebenen Leistungen der Krankenkassen (§ 225) an Krankenhilfe, Wochengeld und Sterbegeld.

Diese Leistungen gelten als Regelleistungen der Kassen, und zwar auch dann, wenn die Satzung von den Vorschriften der §§ 188, 192 Gebrauch macht.

Gegenstand der Versicherung sind auch die durch die Satzung bestimmten Mehrleistungen; sie sind nur soweit zulässig, wie es dieses Buch vorsieht.

§ 180. Die baren Leistungen der Kassen werden nach einem Grundlohn bemessen. Als solchen setzt die Satzung den durchschnittlichen Tagesentgelt derjenigen Klassen Versicherter, für welche die Kasse errichtet ist, bis fünf Mark für den Arbeitstag fest.

Die Satzung kann den durchschnittlichen Tagesentgelt

auch nach der verschiedenen Lohnhöhe der Versicherten stufenweise bis sechs Mark festsetzen.

Die Festsetzung bedarf der Zustimmung des Oberversicherungsamts (Beschlußkammer).

Die Satzung kann statt des durchschnittlichen Tagesentgelts den wirklichen Arbeitsverdienst der einzelnen Versicherten bis sechs Mark für den Arbeitstag als Grundlohn bestimmen.

Für freiwillig Beitretende, für die sich hiernach kein Grundlohn ermitteln läßt, bestimmt ihn die Satzung.

§ 181. Bei Landkrankenkassen kann die Satzung den Ortslohn als Grundlohn bestimmen.

Dabei ist jedoch für Betriebsbeamte, Werkmeister und andere Angestellte in ähnlich gehobener Stellung sowie für Facharbeiter der Grundlohn nach § 180 festzusetzen. Das Gleiche gilt in Bezirken ohne allgemeine Ortskrankenkassen für die Versicherten, die einer solchen nach der Art ihrer Beschäftigung anzugehören hätten.

In Bezirken ohne Landkrankenkassen kann die Satzung der allgemeinen Ortskrankenkasse den Ortslohn als Grundlohn für die Versicherten bestimmen, die nach der Art ihrer Beschäftigung einer Landkrankenkasse anzugehören hätten; dabei gilt Abs. 2 Satz 1 entsprechend. Das Oberversicherungsamt kann die Aufnahme einer solchen Bestimmung anordnen.

Für Versicherte, deren Grundlohn hiernach abweichend vom regelmäßigen Grundlohn der Kasse bestimmt ist, hat diese die Beiträge und Leistungen gesondert zu buchen, soweit die oberste Verwaltungsbehörde nichts anderes bestimmt.

II. Krankenhilfe.

§ 182. Als Krankenhilfe wird gewährt

1. Krankenpflege von Beginn der Krankheit an; sie umfaßt ärztliche Behandlung und Versorgung mit Arznei sowie Brillen, Bruchbändern und anderen kleineren Heilmitteln, und
2. Krankengeld in Höhe des halben Grundlohns für jeden Arbeitstag, wenn die Krankheit den Versicherten arbeitsunfähig macht; es wird vom vierten Krankheitstage an, wenn aber die Arbeitsunfähigkeit erst später eintritt, vom Tage ihres Eintritts an gewährt.

§ 183. Die Krankenhilfe endet spätestens mit Ablauf der sechsundzwanzigsten Woche nach Beginn der Krankheit, wird jedoch Krankengeld erst von einem späteren Tag an bezogen, nach diesem. Fällt in den Krankengeldbezug eine Zeit, in der nur Krankenpflege gewährt wird, so wird diese Zeit auf die Dauer des Krankengeldbezuges bis zu dreizehn Wochen nicht angerechnet.

Ist Krankengeld über die sechsundzwanzigste Woche nach Beginn der Krankheit hinaus zu zahlen, so endet mit seinem Bezug auch der Anspruch auf Krankenpflege.

§ 184. An Stelle der Krankenpflege und des Krankengeldes kann die Kasse Kur und Verpflegung in einem Krankenhause (Krankenhauspflege) gewähren. Hat der

Kranke einen eigenen Haushalt oder ist er Mitglied des Haushalts seiner Familie, so bedarf es seiner Zustimmung.

Bei einem Minderjährigen über sechzehn Jahre genügt seine Zustimmung.

Der Zustimmung bedarf es nicht, wenn

1. die Art der Krankheit eine Behandlung oder Pflege verlangt, die in der Familie des Erkrankten nicht möglich ist,
2. die Krankheit ansteckend ist,
3. der Erkrankte wiederholt der Krankenordnung (§ 347) oder den Anordnungen des behandelnden Arztes zuwidergehandelt hat,
4. sein Zustand oder Verhalten seine fortgesetzte Beobachtung erfordert.

In den Fällen des Abs. 3 Nr. 1, 2, 4 soll die Kasse möglichst Krankenhauspflege gewähren.

Wo mehrere geeignete Krankenhäuser zur Verfügung stehen, die bereit sind, die Krankenhauspflege zu gleichen Bedingungen zu übernehmen, soll die Krankenkasse dem Berechtigten, vorbehaltlich des § 371, die Auswahl unter ihnen überlassen.

§ 185. Die Kasse kann mit Zustimmung des Versicherten Hilfe und Wartung durch Krankenpfleger, Krankenschwestern oder andere Pfleger namentlich auch dann gewähren, wenn die Aufnahme des Kranken in ein Krankenhaus geboten, aber nicht ausführbar ist, oder ein wichtiger Grund vorliegt, den Kranken in seinem Haushalt oder in seiner Familie zu belassen.

Die Satzung kann gestatten, dafür bis zu einem Viertel des Krankengeldes abzuziehen.

§ 186. Wird Krankenhauspflege einem Versicherten gewährt, der bisher von seinem Arbeitsverdienst Angehörige ganz oder überwiegend unterhalten hat, so ist daneben ein Hausgeld für die Angehörigen im Betrage des halben Krankengeldes zu zahlen. Das Hausgeld kann unmittelbar an die Angehörigen ausgezahlt werden.

§ 187. Die Satzung kann

1. die Dauer der Krankenhilfe bis auf ein Jahr erweitern,
2. Fürsorge für Genesende, namentlich durch Unterbringung in einem Genesungsheim, bis zur Dauer eines Jahres nach Ablauf der Krankenhilfe gestatten,
3. Hilfsmittel gegen Verunstaltung und Verkrüppelung zubilligen, die nach beendigtem Heilverfahren nötig sind, um die Arbeitsfähigkeit herzustellen oder zu erhalten.

§ 188. Die Satzung kann für Versicherte, die auf Grund der Reichsversicherung oder aus einer knappschaftlichen Krankenkasse oder aus einer Ersatzkasse binnen zwölf Monaten bereits für sechsundzwanzig Wochen hintereinander oder insgesamt Krankengeld oder die Ersatzleistungen dafür bezogen haben, in einem neuen Versicherungsfalle, der im Laufe der nächsten zwölf Monate eintritt, die Krankenhilfe auf die Regelleistungen und auf die Gesamtdauer von dreizehn Wochen beschränken.

Dies gilt nur, wenn die Krankenhilfe durch dieselbe nicht gehobene Krankheitsursache veranlaßt wird.

§ 189. Erhält ein Versicherter Krankengeld gleichzeitig aus einer anderen Versicherung, so hat die Krankenkasse ihre Leistung so weit zu kürzen, daß das gesamte Krankengeld des Mitglieds den Durchschnittsbetrag seines täglichen Arbeitsverdienstes nicht übersteigt.

Die Satzung kann die Kürzung ganz oder teilweise ausschließen.

§ 190. Die Satzung kann die Mitglieder verpflichten, dem Vorstand, wenn sie Krankengeld oder die Ersatzleistungen dafür beanspruchen, die Höhe der Bezüge mitzuteilen, die sie gleichzeitig aus einer anderen Krankenversicherung erhalten. Die Frage, aus welcher Krankenversicherung die Bezüge herrühren, ist nicht gestattet.

§ 191. Die Satzung kann das Krankengeld bis auf drei Viertel des Grundlohns erhöhen und es allgemein für Sonn- und Feiertage zubilligen.

Sie kann es schon vom ersten Tage der Arbeitsunfähigkeit an zubilligen bei Krankheiten, die länger als eine Woche dauern, zum Tode führen oder durch Betriebsunfall verursacht worden sind, sowie mit Zustimmung des Oberverwaltungsgerichts auch bei anderen Krankheiten.

§ 192. Die Satzung kann Mitgliedern das Krankengeld ganz oder teilweise versagen, wenn sie

1. die Kasse durch eine strafbare Handlung geschädigt haben, die mit Verlust der bürgerlichen Ehren-

rechte bedroht ist, für die Dauer eines Jahres nach der Straftat,

2. sich eine Krankheit vorsätzlich oder durch schuldhafte Beteiligung bei Schlägereien oder Raufhändeln zugezogen haben, für die Dauer dieser Krankheit.

§ 193. Die Satzung kann mit Zustimmung des Oberversicherungsamts für kleinere Heilmittel einen Höchstbetrag festsetzen, auch bestimmen, daß die Kasse bis zu dieser Höhe einen Zuschuß für größere Heilmittel gewähren darf.

Sie kann bei der Krankenpflege noch andere als kleinere Heilmittel, insbesondere Krankenkost, zubilligen.

Sie kann Versicherten, die freiwillig Mitglieder der Kasse bleiben (§ 313), statt der Krankenpflege den Betrag mindestens des halben Krankengeldes dann zubilligen, wenn sie sich nicht im Bezirke der Kasse oder des Versicherungsamts aufhalten.

§ 194. Die Satzung kann

1. das Hausgeld bis zum Betrage des gesetzlichen Krankengeldes erhöhen,
2. Versicherten, für die kein Hausgeld zu zahlen ist, neben der Krankenhauspflege ein Krankengeld bis zur Hälfte des gesetzlichen Betrags zubilligen.

III. Wochenhilfe.

§ 195. Wöchnerinnen, die im letzten Jahre vor der Niederkunft mindestens sechs Monate hindurch auf Grund der Reichsversicherung oder bei einer knappschaftlichen Krankenkasse gegen Krankheit versichert gewesen sind, erhalten ein Wochengeld in Höhe des Krankengeldes für acht Wochen, von denen mindestens sechs in die Zeit nach der Niederkunft fallen müssen.

Für Mitglieder der Landkrankenkassen, die nicht der Gewerbeordnung unterstehen, bestimmt die Satzung die Dauer des Wochengeldbezuges auf mindestens vier und höchstens acht Wochen.

Neben Wochengeld wird Krankengeld nicht gewährt; die Wochen nach der Niederkunft müssen zusammenhängen.

§ 196. Mit Zustimmung der Wöchnerin kann die Kasse

1. an Stelle des Wochengeldes Kur und Verpflegung in einem Wöchnerinnenheim gewähren,
2. Hilfe und Wartung durch Hauspflegerinnen gewähren und dafür bis zur Hälfte des Wochengeldes abziehen.

Im Falle der Nr. 1 gilt § 186 entsprechend.

§ 197. Ist die Wöchnerin während des letzten Jahres bei mehreren Krankenkassen, knappschaftlichen Krankenkassen oder Ersatzkassen versichert gewesen, so haben die anderen der leistungspflichtigen Kasse für die Leistungen aus den §§ 195, 196 auf Verlangen den Betrag des Wochengeldes nach Verhältnis der Mitgliedzeit zu erstatten.

§ 198. Die Satzung kann versicherungspflichtigen Ehefrauen oder allen weiblichen Versicherungspflichtigen unter der Voraussetzung des § 195 Abs. 1 Hebammendienste und ärztliche Geburtshilfe, die bei der Niederkunft erforderlich werden, zubilligen.

§ 199. Die Satzung kann Schwangeren, die der Kasse mindestens sechs Monate angehören,

1. wenn sie infolge der Schwangerschaft arbeitsunfähig werden, ein Schwangerengeld in Höhe des Krankengeldes bis zur Gesamtdauer von sechs Wochen zubilligen,
2. auf die Dauer dieser Leistung die Zeit der Gewährung des Wochengeldes vor der Niederkunft anrechnen,
3. Hebammendienste und ärztliche Behandlung, die bei Schwangerschaftsbeschwerden erforderlich werden, zubilligen.

§ 200. Die Satzung kann Wöchnerinnen der im § 195 Abs. 1 bezeichneten Art, so lange sie ihre Neugeborenen stillen, ein Stillgeld bis zur Höhe des halben Krankengeldes und bis zum Ablauf der zwölften Woche nach der Niederkunft zubilligen.

IV. Sterbegeld.

§ 201. Als Sterbegeld wird beim Tode eines Versicherten das Zwanzigfache des Grundlohns gezahlt.

§ 202. Stirbt ein als Mitglied der Kasse Erkrankter binnen einem Jahre nach Ablauf der Krankenhilfe an derselben Krankheit, so wird das Sterbegeld gezahlt, wenn er bis zum Tode arbeitsunfähig gewesen ist.

§ 203. Vom Sterbegeld werden zunächst die Kosten des Begräbnisses bestritten und an den gezahlt, der das Begräbnis besorgt hat. Bleibt ein Überschuß, so sind nacheinander der Ehegatte, die Kinder, der Vater, die Mutter, die Geschwister bezugsberechtigt, wenn sie mit dem Verstorbenen zur Zeit seines Todes in häuslicher Gemeinschaft gelebt haben. Fehlen solche Berechtigten, so verbleibt der Überschuß der Kasse.

§ 204. Die Satzung kann das Sterbegeld bis zum Vierzigfachen des Grundlohns erhöhen, auch den Mindestbetrag auf fünfzig Mark festsetzen.

V. Familienhilfe.

§ 205. Die Satzung kann zubilligen

1. Krankenpflege an versicherungsfreie Familienmitglieder der Versicherten,
2. Wochenhilfe an versicherungsfreie Ehefrauen der Versicherten,
3. Sterbegeld beim Tode des Ehegatten oder eines Kindes eines Versicherten. Es kann für den Ehegatten bis auf zwei Drittel, für ein Kind bis auf die Hälfte des Mitglieder-Sterbegeldes bemessen werden und ist um den Betrag des Sterbegeldes zu kürzen, auf das der Verstorbene selbst gesetzlich versichert war.

VI. Gemeinsame Vorschriften.

§ 206. Für die Versicherungspflichtigen entsteht der

Anspruch auf die Regelleistungen mit ihrer Mitgliedschaft (§§ 306 bis 308).

§ 207. Die Satzung kann bestimmen, daß der Anspruch Versicherungsberechtigter, die der Kasse freiwillig beigetreten sind, erst nach einer Wartezeit von höchstens sechs Wochen entsteht.

§ 208. Sie kann bestimmen, daß der Anspruch auf Mehrleistungen der Kasse erst nach einer Wartezeit von höchstens sechs Monaten nach dem Beitritt entsteht. Eine solche Bestimmung gilt nicht für Mitglieder, die binnen der letzten zwölf Monate bereits für mindestens sechs Monate Anspruch auf Mehrleistungen einer Krankenkasse oder einer knappschaftlichen Krankenkasse gehabt haben.

§ 209. Durch Ausscheiden aus der Mitgliedschaft kann diese Wartezeit auf die Dauer von höchstens sechsundzwanzig Wochen unterbrochen werden.

Die Dauer erhöht sich für Mitglieder, die zur Erfüllung ihrer Dienstpflicht in Heer oder Marine ausscheiden, um diese Dienstzeit.

§ 210. Die Barleistungen mit Ausnahme des Sterbegeldes werden mit Ablauf jeder Woche ausgezahlt.

§ 211. Für Versicherungsfälle, die bereits eingetreten sind, können durch Satzungsänderung die Leistungen erhöht, nicht aber herabgesetzt werden; Änderungen des Grundlohns haben keinen Einfluß.

§ 212. Tritt ein Versicherter, der Kassenleistungen bezieht, zu einer anderen Kasse über, so übernimmt sie die weitere Leistung nach ihrer Satzung. Die Zeit der bereits genossenen Leistung wird angerechnet.

Die Mehrleistungen erhält er nur, wenn er schon in seiner früheren Kasse Anspruch auf Mehrleistungen erworben hatte.

§ 213. Hat eine Kasse für eine Person nach vorschriftsmäßiger und nicht vorsätzlich unrichtiger Anmeldung drei Monate ununterbrochen und unbeanstandet die Beiträge angenommen und stellt sich nach Eintritt des Versicherungsfalles heraus, daß die Person nicht versicherungspflichtig und nicht versicherungsberechtigt gewesen ist, so muß ihr die Kasse gleichwohl die satzungsmäßigen Leistungen gewähren.

§ 214. Scheiden Versicherte wegen Erwerbslosigkeit aus, die in den vorangegangenen zwölf Monaten mindestens sechsundzwanzig Wochen oder unmittelbar vorher mindestens sechs Wochen versichert waren, so verbleibt ihnen der Anspruch auf die Regelleistungen der Kasse, wenn der Versicherungsfall während der Erwerbslosigkeit und binnen drei Wochen nach dem Ausscheiden eintritt. Die Kasse hat dem Berechtigten auf Antrag seinen Anspruch auf diese Leistungen zu bescheinigen.

Sterbegeld wird auch nach Ablauf der drei Wochen gewährt, wenn die Krankenhilfe bis zum Tode geleistet worden ist.

Der Anspruch fällt weg, wenn der Erwerbslose sich im Ausland aufhält und die Satzung nichts anderes bestimmt.

§ 215. Bestimmt der Bundesrat, daß Personen, die nach § 168 versicherungsfrei sind, freiwillig der Versicherung beitreten können, so kann er die Regelleistungen für sie auf Krankenpflege und auf Krankenhauspflege ohne Hausgeld oder deren Ersatz (§ 185) ohne Krankengeld beschränken.

Für diejenigen, welche der Versicherung freiwillig beitreten, kann die Satzung mit Zustimmung des Oberversicherungsamts die Kassenleistungen entweder in gleichem Maße oder auf das Krankengeld beschränken.

Für solche Versicherte sind die Beiträge entsprechend zu ermäßigen.

§ 216. Die Krankenhilfe ruht:

1. solange der Berechtigte eine Freiheitsstrafe verbüßt oder sich in Untersuchungshaft befindet oder in einem Arbeitshaus oder in einer Besserungsanstalt untergebracht ist; ist der Versicherte durch Krankheit arbeitsunfähig geworden und hat er von seinem Arbeitsverdienste bisher Angehörige ganz oder teilweise unterhalten, so ist ihnen das Hausgeld (§ 186) zu gewähren;
2. für Berechtigte, die sich nach Eintritt des Versicherungsfalls freiwillig ohne Zustimmung des Kassenvorstandes ins Ausland begeben, solange sie sich dort ohne diese aufhalten; für bestimmte Grenzgebiete kann der Bundesrat das Ruhen des Anspruchs ausschließen;
3. für berechtigte Ausländer, solange sie wegen Verurteilung in einem Strafverfahren aus dem

Reichsgebiet ausgewiesen sind. Das Gleiche gilt für berechtigte Ausländer, die aus Anlaß der Verurteilung in einem Strafverfahren aus dem Gebiete eines Bundesstaats ausgewiesen sind, solange sie sich nicht in einem anderen Bundesstaat aufhalten.

Hat der Berechtigte im Inland Angehörige, denen die Satzung Familienhilfe zubilligt, so ist diese zu gewähren.

§ 217. Gibt ein Versicherter nach Eintritt des Versicherungsfalls seinen Aufenthalt im Inland auf, ohne daß die Krankenhilfe ruht, so kann ihn die Krankenkasse dafür durch einmalige Zahlung abfinden. Diese muß dem Werte der Kassenleistungen entsprechen, auf die er im Inland nach der voraussichtlichen Dauer der Krankheit Anspruch haben würde; hierbei sind für Krankenpflege drei Achtel des Grundlohns anzusetzen.

Für die Abfindung ist auch bei Streit das Gutachten des Arztes maßgebend, über den die Beteiligten sich einigen, sonst das des beamteten Arztes.

§ 218. Die §§ 216, 217 gelten entsprechend bei Wochenhilfe sowie in den Fällen des § 205 Nr. 1, 2 für die berechtigten Familienmitglieder.

§ 219. Kranke, die außerhalb des Bezirkes ihrer Kasse wohnen, erhalten auf Erfordern ihrer Kasse die ihnen bei ihr zustehenden Leistungen von der allgemeinen Ortskrankenkasse des Wohnorts. Besteht dort für Versicherte ihrer Art eine besondere Ortskrankenkasse oder eine Landkrankenkasse, so hat diese die Leistungen zu gewähren.

Das Gleiche gilt für berechtigte Familienmitglieder sowie für ausgeschiedene Erwerbslose (§ 214).

§ 220. Das Gleiche gilt für einen Versicherten, der während eines vorübergehenden Aufenthalts außerhalb seines Kassenbereichs erkrankt, solange er seines Zustandes wegen nicht nach seinem Wohnort zurückkehren kann. Eines Antrags seiner Kasse bedarf es nicht. Die Kasse, welche die Leistungen gewährt, hat jedoch binnen einer Woche den Eintritt des Versicherungsfalls der Kasse des Versicherten mitzuteilen und soll deren Wünsche wegen der Art der Fürsorge tunlichst befolgen.

§ 221. Erkrankt ein Versicherter im Ausland, so erhält er, solange er seines Zustandes wegen nicht ins Inland zurückkehren kann, die ihm bei seiner Kasse zustehenden Leistungen vom Arbeitgeber. Dieser hat binnen einer Woche den Eintritt des Versicherungsfalls der Kasse mitzuteilen und soll deren Wünsche wegen der Art der Fürsorge tunlichst befolgen; die Kasse kann die Fürsorge selbst übernehmen.

§ 222. In den Fällen der §§ 219 bis 221 hat die Krankenkasse des Versicherten der anderen Kasse und dem Arbeitgeber die Kosten zu erstatten. Dabei gelten drei Achtel des Grundlohns als Ersatz der Kosten für die Krankenpflege.

§ 223. Ansprüche auf Kassenleistungen verjähren in zwei Jahren nach dem Tage der Entstehung.

Die Ansprüche des Berechtigten dürfen nur aufgerechnet werden auf

Ersatzforderungen für Beiträge, die der Berechtigte in den Fällen des § 1542 oder aus der reichsgesetzlichen Unfallversicherung bezog, aber an die Kasse zu erstatten hat,
geschuldete Beiträge,
gezahlte Vorschüsse,
zu Unrecht gezahlte Kassenleistungen,
Kosten des Verfahrens, die der Berechtigte zu erstatten hat,
Geldstrafen, welche die Kassenleitung verhängt hat.

Ansprüche auf Krankengeld dürfen nur bis zur Hälfte aufgerechnet werden.

§ 224. Das Versicherungsamt entscheidet im Spruchverfahren bei Streit über

1. Erstattungsansprüche nach den §§ 197, 222,
2. Ersatz zu Unrecht gewährter Leistungen zwischen Kassen.

Dritter Abschnitt.

Träger der Versicherung.

I. Arten der Krankenkassen.

§ 225. Krankenkassen nach diesem Gesetze sind

die Ortskrankenkassen,
die Landkrankenkassen,
die Betriebskrankenkassen und
die Innungskrankenkassen.

Diesen Krankenkassen können die Mitglieder der nach landesgesetzlichen Vorschriften errichteten knappschaftlichen Krankenkassen nicht angehören.

II. Allgemeine Ortskrankenkassen und Landkrankenkassen.

§ 226. Ortskrankenkassen werden für örtliche Bezirke errichtet (allgemeine Ortskrankenkassen), ebenso Landkrankenkassen.

Orts- und Landkrankenkassen sind in der Regel innerhalb des Bezirkes eines Versicherungsamts zu errichten. Die oberste Verwaltungsbehörde kann Abweichungen anordnen und zulassen.

§ 227. Die Landesgesetzgebung kann für das Gebiet oder für Gebietsteile des Bundesstaats bestimmen, daß keine Landkrankenkassen neben den allgemeinen Ortskrankenkassen errichtet werden.

§ 228. Neben der allgemeinen Ortskrankenkasse wird keine Landkrankenkasse errichtet, wo die Landkrankenkasse nicht mindestens zweihundertundfünfzig Pflichtmitglieder haben würde.

§ 229. Die Errichtung einer Landkrankenkasse neben der allgemeinen Ortskrankenkasse kann mit Genehmigung des Oberversicherungsamts unterbleiben, wo das Versicherungsamt (Beschlußausschuß) nach Anhören beteiligter Arbeitgeber und Versicherungspflichtiger das Bedürfnis verneint.

§ 230. Die Errichtung einer allgemeinen Ortskrankenkasse neben der Landkrankenkasse kann mit Genehmigung der obersten Verwaltungsbehörde unterbleiben, wo die Ortskrankenkasse nicht mindestens zweihundertundfünfzig Pflichtmitglieder haben würde.

§ 231. Allgemeine Ortskrankenkassen und Landkrankenkassen werden durch Beschluß des Gemeindeverbandes errichtet.

Ist es für den Bezirk eines Versicherungsamts zulässig, sowohl eine wie mehrere allgemeine Orts- oder mehrere Landkrankenkassen zu errichten, so haben sich die beteiligten Gemeindeverbände darüber zu einigen. Einigen sie sich nicht, so entscheidet das Oberversicherungsamt und ordnet die Errichtung an.

§ 232. Wird eine allgemeine Orts- oder eine Landkrankenkasse nicht rechtzeitig errichtet, so ordnet das Oberversicherungsamt die Errichtung an.

§ 233. Gegen die Anordnung des Oberversicherungsamts steht den beteiligten Gemeinden und Verbänden die Beschwerde an die oberste Verwaltungsbehörde zu.

Wird die endgültige Anordnung nicht in der gesetzten Frist befolgt, so errichtet das Oberversicherungsamt die Kasse oder beauftragt damit das Versicherungsamt.

§ 234. Versicherungspflichtige, die weder in eine knappschaftliche Krankenkasse noch in eine besondere Orts- oder eine Betriebs- oder eine Innungskrankenkasse gehören, sind Mitglieder der allgemeinen Orts- oder der

Landkrankenkasse ihres Erwerbszweigs und Beschäftigungsorts.

§ 235. Mitglieder der Landkrankenkassen sind

die in der Landwirtschaft Beschäftigten,

die Dienstboten,

die im Wandergewerbe Beschäftigten sowie

die Hausgewerbtreibenden und ihre hausgewerblich Beschäftigten.

Die in der Gärtnerei, im Friedhofsbetrieb, in Park- und Gartenpflege Beschäftigten sind, vorbehaltlich des § 236 Abs. 1 und des § 237 Abs. 1, Mitglieder der Landkrankenkassen nur, wenn sie in Teilen landwirtschaftlicher Betriebe tätig sind.

§ 236. Der Bundesrat kann den Landkrankenkassen noch andere Gruppen von Versicherten zuweisen, die vor diesem Gesetz nicht kraft Gesetzes versicherungspflichtig waren.

Die oberste Verwaltungsbehörde kann für ihr Gebiet oder für Teile davon einzelne Gruppen Landkassenpflichtiger den allgemeinen Ortskrankenkassen zuweisen.

§ 237. Hat ein Bezirk keine allgemeine Ortskrankenkasse, so gehören auch die Ortskassenpflichtigen in die Landkrankenkasse.

Hat ein Bezirk keine Landkrankenkasse, so gehören auch die Landkassenpflichtigen in die allgemeine Ortskrankenkasse.

§ 238. Berechtigte, die sich freiwillig versichern wollen und nicht nach den §§ 243, 244, § 245 Abs. 4, § 250 Abs. 2

Mitglieder einer besonderen Orts- oder einer Betriebs- oder einer Innungskrankenkasse werden, können je nach Art ihrer Beschäftigung entweder der allgemeinen Orts- oder der Landkrankenkasse ihres Beschäftigungsorts beitreten.

III. Besondere Ortskrankenkassen.

§ 239. Wo bei Inkrafttreten dieses Gesetzes eine Ortskrankenkasse für einzelne oder mehrere Gewerbszweige oder Betriebsarten oder allein für Versicherte eines Geschlechts besteht, wird sie neben der allgemeinen Ortskrankenkasse als besondere Ortskrankenkasse zugelassen, solange sie den Anforderungen der §§ 240 bis 242 entspricht.

Sie kann andere und höhere, bisher zulässige Leistungen beibehalten, als § 179 zuläßt, wenn sie ihre Ausgaben deckt, ohne die gesetzlichen Höchstbeiträge zu überschreiten.

§ 240. Eine besondere Ortskrankenkasse wird nur zugelassen, wenn

1. sie mindestens zweihundertundfünfzig Mitglieder zählt (§ 241),
2. ihr Fortbestand den Bestand oder die Leistungsfähigkeit der allgemeinen Orts- und der Landkrankenkasse des Bezirkes nicht gefährdet (§ 242),
3. ihre satzungsmäßigen Leistungen denen der maßgebenden Ortskrankenkasse mindestens gleichwertig sind oder binnen sechs Monaten gemacht werden (§§ 259 bis 263),
4. ihre Leistungsfähigkeit für die Dauer sicher ist und

5. sie nicht über den Bezirk des Versicherungsamts hinausreicht.

§ 241. Die Mindestzahl wird nach dem Durchschnitt der letzten drei Jahre, oder wenn die Kasse erst kürzere Zeit besteht, nach dem Durchschnitt dieser Zeit berechnet.

§ 242. Die allgemeine Ortskrankenkasse oder die Landkrankenkasse gilt insbesondere als gefährdet, wenn die Zahl der Mitglieder, die ihr bei Zulassung besonderer Ortskrankenkassen verbleiben würden, nicht mindestens zweihundertundfünfzig erreicht.

Bis der Mitgliederstand der allgemeinen Ortskrankenkasse oder der Landkrankenkasse diese Zahl erreicht, werden zunächst die Kassen mit der geringsten Mitgliederzahl ausgeschlossen.

§ 243. In die besondere Ortskrankenkasse gehören diejenigen Gruppen von Versicherungspflichtigen, für welche die Kasse nach ihrer Satzung besteht; Versicherungsberechtigte dieser Gruppen können ihr beitreten. Die Satzung kann den Mitgliederkreis nicht erweitern.

§ 244. Besteht für die Gewerbszweige oder Betriebsarten, in denen die Mehrheit der Versicherungspflichtigen eines Betriebs beschäftigt ist, eine besondere Ortskrankenkasse, so gehören ihr alle in dem Betriebe beschäftigten Versicherungspflichtigen an, ebenso können ihr die Versicherungsberechtigten beitreten; andernfalls gehören sie alle in die allgemeine Ortskrankenkasse.

Die Zugehörigkeit zu einer besonderen Ortskrankenkasse, die nur für Mitglieder eines Geschlechts besteht, wird hierdurch nicht berührt.

IV. Betriebskrankenkassen und Innungskrankenkassen.

§ 245. Ein Arbeitgeber kann eine Betriebskrankenkasse errichten für jeden Betrieb, in dem er für die Dauer mindestens einhundertundfünfzig Versicherungspflichtige und für jeden landwirtschaftlichen Betrieb oder Binnenschiffahrtsbetrieb, in dem er für die Dauer mindestens fünfzig Versicherungspflichtige beschäftigt. Er kann auch eine gemeinsame Betriebskrankenkasse für mehrere Betriebe errichten, in denen er für die Dauer zusammen mindestens einhundertundfünfzig oder bei landwirtschaftlichen Betrieben und Binnenschiffahrtsbetrieben mindestens fünfzig Versicherungspflichtige beschäftigt. Beteiligte Versicherungspflichtige sind vorher zu hören.

Soweit ein Arbeitgeber mit seinen Betrieben einer Innung angehört, die eine Innungskrankenkasse hat, kann er für die versicherungspflichtig Beschäftigten, die der Innungskrankenkasse angehören müssen, keine Betriebskrankenkasse errichten.

In die Betriebskrankenkasse gehören alle im Betriebe beschäftigten Versicherungspflichtigen. Ist einer der Betriebe ein landwirtschaftlicher, so gilt § 181.

Versicherungsberechtigte, die im Betriebe tätig sind, können der Kasse als Mitglieder beitreten.

§ 246. Das gleiche Recht (§ 245 Abs. 1) haben die Verwaltungen des Reiches und der Bundesstaaten für ihre Dienstbetriebe. Für die dort Beschäftigten gilt § 245 Abs. 3, 4.

§ **247.** Bei Betrieben, die ihrer Art nach alljährlich regelmäßig eingeschränkt oder zeitweilig eingestellt werden (Saisonbetriebe), muß die Mindestzahl (§ 245 Abs. 1) mindestens für zwei Monate vorhanden sein.

§ **248.** Eine Betriebskrankenkasse darf nur errichtet werden, wenn

1. sie den Bestand oder die Leistungsfähigkeit vorhandener allgemeiner Ortskrankenkassen und Landkrankenkassen nicht gefährdet (§ 242); dabei gilt eine Kasse nicht als gefährdet, wenn sie nach Errichtung der Betriebskrankenkasse mehr als tausend Mitglieder behält,
2. ihre satzungsmäßigen Leistungen denen der maßgebenden Krankenkasse mindestens gleichwertig sind und
3. ihre Leistungsfähigkeit für die Dauer sicher ist.

§ **249.** Beschäftigt ein Bauherr zeitweilig eine größere Zahl von Arbeitern in einem vorübergehenden Baubetriebe, so hat er auf Anordnung des Oberversicherungsamts eine Betriebskrankenkasse zu errichten.

Der Bauherr kann mit Genehmigung des Oberversicherungsamts diese Pflicht bei ausreichender Sicherheit auf einen oder mehrere Arbeitgeber übertragen, die den Bau ganz oder teilweise für eigene Rechnung übernommen haben.

Die Vorschriften über eine Mindestzahl von Mitgliedern sowie § 245 Abs. 2, § 248 gelten nicht; das Oberversicherungsamt bestimmt das Maß der Leistungen.

Wird die Anordnung nicht in der gesetzten Frist befolgt, so errichtet das Oberversicherungsamt selbst die Kasse oder beauftragt damit das Versicherungsamt.

§ 250. Eine Innung kann für die ihr angehörigen Betriebe ihrer Mitglieder eine Innungskrankenkasse errichten.

Dieser Kasse gehören die in den Betrieben beschäftigten Versicherungspflichtigen an, soweit sie nicht nach den §§ 235, 236 landkassenpflichtig sind. Die in den Betrieben beschäftigten Versicherungsberechtigten können ihr beitreten.

Nicht in die Innungskrankenkasse gehören die Beschäftigten eines Betriebs, mit dem ein Arbeitgeber einer Zwangsinnung freiwillig beigetreten ist, oder für den nach § 249 eine Betriebskrankenkasse errichtet ist.

Verlegt ein Innungsmitglied seinen Gewerbebetrieb aus dem Kassenbereiche hinaus, so endet die Mitgliedschaft seiner versicherungspflichtig Beschäftigten bei der Innungskrankenkasse.

§ 251. Eine Innungskrankenkasse darf nur errichtet werden, wenn

1. sie den Bestand oder die Leistungsfähigkeit vorhandener allgemeiner Ortskrankenkassen und Landkrankenkassen nicht gefährdet (§ 242); dabei gilt eine Kasse nicht als gefährdet, wenn sie nach Errichtung der Innungskrankenkasse mehr als tausend Mitglieder behält,

2. ihre satzungsmäßigen Leistungen denen der maßgebenden Ortskrankenkasse mindestens gleichwertig sind und
3. ihre Leistungsfähigkeit für die Dauer sicher ist.

Vor der Errichtung ist der Gesellenausschuß, die Gemeindebehörde des Ortes, an dem die Innung ihren Sitz hat, die Handwerkskammer sowie die Aufsichtsbehörde der Innung zu hören.

§ 252. Der Antrag auf Genehmigung einer Betriebs- oder Innungskrankenkasse ist an das Versicherungsamt zu richten.

Dieses gibt den beteiligten Landkrankenkassen und allgemeinen Ortskrankenkassen Gelegenheit, sich zu äußern, und legt den Antrag mit gutachtlicher Äußerung dem Oberversicherungsamte vor.

§ 253. Betriebskrankenkassen, die nicht nach § 249 angeordnet sind, sowie Innungskrankenkassen können nur mit Genehmigung des Oberversicherungsamts errichtet werden.

Das Oberversicherungsamt (Beschlußkammer) darf für Betriebskrankenkassen die Genehmigung, vorbehaltlich des § 273 Abs. 1 Nr. 2, nur versagen, wenn die Kasse nicht die vorgeschriebene Mitgliederzahl hat oder nicht den Anforderungen des § 248 entspricht.

§ 254. Gegen die Entscheidung des Oberversicherungsamts hat die Beschwerde an die oberste Verwaltungsbehörde der Arbeitgeber oder die Innung, wenn die Genehmigung versagt wird,

jede beteiligte Landkrankenkasse und allgemeine Ortskrankenkasse, wenn die Genehmigung erteilt wird,

der Arbeitgeber, wenn die Kasse nach § 249 angeordnet wird.

§ 255. Eine Betriebskrankenkasse, die vor Inkrafttreten dieses Gesetzes bestand, wird nur zugelassen, wenn

1. sie mindestens einhundert, bei Krankenkassen für landwirtschaftliche oder Binnenschiffahrtsbetriebe mindestens fünfzig Mitglieder hat (§§ 241, 247),
2. ihre satzungsmäßigen Leistungen denen der maßgebenden Krankenkasse mindestens gleichwertig sind oder binnen sechs Monaten gemacht werden und
3. ihre Leistungsfähigkeit für die Dauer sicher ist.

Bestand eine Betriebskrankenkasse gemeinsam für Betriebe mehrerer Arbeitgeber, so kann sie unter denselben Voraussetzungen zugelassen werden.

Diese Anforderungen gelten nicht für Betriebskrankenkassen, die für Betriebe des Reichs oder der Bundesstaaten zugelassen werden.

§ 256. Eine Innungskrankenkasse, die vor Inkrafttreten dieses Gesetzes bestand, wird zugelassen, wenn sie den Anforderungen des § 255 Abs. 1 Nr. 2 und 3 entspricht.

Bestand eine Innungskrankenkasse gemeinsam für mehrere Innungen, so kann sie unter denselben Voraussetzungen zugelassen werden.

§ 257. Eine zugelassene Betriebs- oder Innungskrankenkasse kann andere und höhere, bisher zulässige Leistungen beibehalten, als § 179 zuläßt, wenn sie ihre Ausgaben deckt, ohne die gesetzlichen Höchstbeiträge zu überschreiten.

V. Streitigkeiten.

§ 258. Entsteht zwischen Krankenkassen Streit darüber, welcher von ihnen Betriebe oder Betriebsteile angehören, so entscheidet das Versicherungsamt (Beschlußausschuß). Auf Beschwerde entscheidet das Oberversicherungsamt endgültig.

Das Gleiche gilt, wenn die beteiligten Kassen die Kassenzugehörigkeit ablehnen.

Weist die Entscheidung Betriebe oder Betriebsteile einer anderen Kasse zu, so muß sie auch bestimmen, wann das neue Versicherungsverhältnis in Kraft tritt.

Endgültige Entscheidungen über die Kassenzugehörigkeit sind für alle Behörden und Gerichte bindend.

VI. Gleichwertigkeit der Leistungen.

§ 259. Ob die Kassenleistungen gleichwertig sind, entscheidet das zuständige Versicherungsamt (Beschlußausschuß).

Dabei werden die Gesamtleistungen mit Rücksicht auf den besonderen Mitgliederkreis der einzelnen Kassen nach Billigkeit veranschlagt.

Der Bundesrat kann hierüber näheres bestimmen.

§ 260. Leistungen der maßgebenden Kasse, die noch kein volles Jahr gelten, werden nicht berücksichtigt; ebenso nicht Mehrleistungen, die nur auf Kosten der Rücklage oder durch eine Erhöhung der Beiträge über viereinhalb vom Hundert des Grundlohns hinaus ermöglicht werden.

§ 261. Maßgebend ist die allgemeine Ortskrankenkasse des Bezirks.

Für eine Kasse, deren Bezirk sich über den mehrerer allgemeiner Ortskrankenkassen erstreckt, ist die allgemeine Ortskrankenkasse ihres Sitzes maßgebend. Gleichwertige Leistungen gewährt die Kasse auch, wenn sie gesonderte Mitgliederabteilungen hat und bei jeder von ihnen die Gleichwertigkeit mit der zuständigen allgemeinen Ortskrankenkasse wahrt.

Für landwirtschaftliche Betriebskrankenkassen ist die Landkrankenkasse oder, wo keine errichtet ist, die allgemeine Ortskrankenkasse maßgebend.

§ 262. Die Gleichwertigkeit wird von vier zu vier Jahren festgestellt, wenn Tatsachen vorliegen, welche die frühere Festsetzung als nicht mehr zutreffend erscheinen lassen.

Für eine Krankenkasse, die neu errichtet wird, kann das Versicherungsamt die zuletzt festgestellten Leistungen der maßgebenden Kasse zu Grunde legen.

§ 263. Das Versicherungsamt teilt seine Entscheidung den beteiligten Kassen und, soweit es sich um die Errichtung einer Betriebs- oder Innungskrankenkasse handelt, auch den beteiligten Landkrankenkassen und allgemeinen Ortskrankenkassen mit.

Die Kassen haben die Beschwerde an das Oberversicherungsamt. Dieses entscheidet endgültig. In besonderen Fällen kann es vor der Entscheidung ein Gutachten der Rechnungsstelle des Reichsversicherungsamts einholen.

VII. Vereinigung, Ausscheidung, Auflösung, Schließung.

1. Orts- und Landkrankenkassen.

§ 264. Sinkt der Mitgliederstand einer für den ganzen Bezirk des Versicherungsamts errichteten Landkrankenkasse nicht nur vorübergehend unter zweihundertundfünfzig, so wird sie mit der allgemeinen Ortskrankenkasse des Bezirkes vereinigt.

Dies kann geschehen, wenn das Versicherungsamt (Beschlußausschuß) nach Anhören beteiligter Arbeitgeber und Versicherungspflichtiger das Bedürfnis für ihr Fortbestehen verneint.

Sinkt der Mitgliederstand einer für den ganzen Bezirk des Versicherungsamts errichteten allgemeinen Ortskrankenkasse nicht nur vorübergehend unter zweihundertundfünfzig, so kann sie mit der Landkrankenkasse des Bezirkes vereinigt werden.

§ 265. Sind für den Bezirk eines Versicherungsamts nach § 231 Abs. 2 mehrere allgemeine Ortskrankenkassen errichtet, so können sie auf Beschluß ihrer Ausschüsse und mit Zustimmung der beteiligten Gemeinden oder Verbände miteinander vereinigt werden.

Ebenso können mehrere nach § 231 Abs. 2 errichtete Landkrankenkassen eines Versicherungsamts miteinander vereinigt werden.

§ 266. Eine allgemeine Orts- oder eine Landkrankenkasse wird geschlossen, wenn sich herausstellt, daß sie nicht hätte errichtet werden dürfen.

§ 267. Eine allgemeine Orts- oder eine Landkrankenkasse, die für Bezirksteile eines Versicherungsamts errichtet ist, wird geschlossen, wenn

1. ihr Mitgliederstand nicht nur vorübergehend unter zweihundertundfünfzig sinkt und keine Vereinigung nach § 265 zustande kommt,
2. ihre Beiträge, obwohl sie sechs vom Hundert des Grundlohns (§§ 389, 390) erreicht haben, mit den anderen Einnahmen nicht ausreichen, um die Regelleistungen zu decken, und, falls bei einer Ortskrankenkasse Arbeitgeber und Versicherte sich nicht über eine Erhöhung der Beiträge einigen, oder falls bei einer Landkrankenkasse der Gemeindeverband nicht die erforderliche Beihilfe leistet.

§ 268. Wenn der Bezirk einer besonderen Ortskrankenkasse nicht über den der allgemeinen hinausgeht, können die Ausschüsse beider Kassen die Vereinigung beschließen.

§ 269. Eine besondere Ortskrankenkasse kann auf Beschluß ihres Ausschusses aufgelöst werden.

Sie wird geschlossen, wenn

1. sie nicht den Anforderungen der §§ 240—242 entspricht,
2. sie nach § 267 Nr. 2 leistungsunfähig wird,
3. sich herausstellt, daß sie nicht hätte zugelassen werden dürfen.

2. Betriebs- und Innungskrankenkassen.

§ 270. Mehrere Betriebskrankenkassen für Betriebe desselben Arbeitgebers können auf Beschluß ihrer Ausschüsse zu einer Kasse vereinigt werden.

§ 271. Wird die Organisation einer öffentlichen Verwaltung, die für ihre Betriebe oder Dienstbetriebe Betriebskrankenkassen errichtet hat, geändert, so setzt das Oberversicherungsamt oder, wenn mehrere Oberversicherungsämter beteiligt sind, die oberste Verwaltungsbehörde auf Antrag die Bezirke der Kassen nach Anhören der Kassenorgane anderweit fest.

§ 272. Eine Betriebskrankenkasse kann auf Antrag des Arbeitgebers aufgelöst werden, wenn der Kassenausschuß zustimmt.

§ 273. Eine Betriebskrankenkasse wird geschlossen, wenn

1. die Betriebe eingehen, für die sie errichtet worden ist,

2. der Arbeitgeber nicht für ordnungsmäßige Kassen- und Rechnungsführung sorgt; die Errichtung einer neuen Betriebskrankenkasse kann ihm versagt werden,
3. sich herausstellt, daß sie nicht hätte errichtet oder zugelassen werden dürfen.

Handelt es sich im Falle der Nr. 2 um eine angeordnete Betriebskrankenkasse (§ 249), so kann das Versicherungsamt auf Kosten des Arbeitgebers einen Vertreter zur Führung der Geschäfte bestellen.

§ 274. Eine Betriebskrankenkasse, die nicht angeordnet (§ 249) worden ist, wird geschlossen, wenn

1. ihr Mitgliederstand nicht nur vorübergehend unter die Mindestzahl (§ 245 Abs. 1. § 255 Abs. 1 Nr. 1) sinkt,
2. der Arbeitgeber mit den Betrieben Mitglied einer freien Innung oder Zwangsmitglied einer Zwangsinnung wird, die eine Innungskrankenkasse hat,
3. ihre Leistungen denen der maßgebenden Krankenkasse nicht gleichwertig sind und nicht binnen sechs Monaten gemacht werden,
4. ihre Leistungsfähigkeit nicht mehr für die Dauer sicher ist.

§ 275. Eine nach § 249 angeordnete Betriebskrankenkasse kann vom Oberversicherungsamte geschlossen werden.

§ 276. Innungskrankenkassen werden vereinigt, wenn ihre Innungen vereinigt werden.

§ 277. Wird eine Zwangsinnung errichtet und deshalb eine Innung geschlossen, so gehen die Rechte und Pflichten, die sie ihrer Innungskrankenkasse gegenüber hatte, auf die Zwangsinnung über.

Die Kasse wird geschlossen, wenn diese Zwangsinnung einen anderen Bezirk oder andere Gewerbszweige umfaßt.

§ 278. Eine Innungskrankenkasse kann aufgelöst werden, wenn es die Innungsversammlung nach Anhören des Gesellenausschusses beschließt und der Kassenausschuß zustimmt.

§ 279. Eine Innungskrankenkasse wird geschlossen, wenn

1. die Innung, die sie errichtet hat, aufgelöst oder geschlossen wird, vorbehaltlich des § 277 Abs. 1,
2. ihre Leistungen denen der maßgebenden Ortskrankenkasse nicht gleichwertig sind und nicht binnen sechs Monaten gemacht werden,
3. ihre Leistungsfähigkeit nicht mehr für die Dauer sicher ist,
4. nicht für ordnungsmäßige Kassen- und Rechnungsführung gesorgt ist,
5. sich herausstellt, daß sie nicht hätte errichtet oder zugelassen werden dürfen.

3. Verfahren.

§ 280. Über die Vereinigung, Auflösung und Schließung von Krankenkassen sowie die Ausscheidung aus solchen beschließt da. Oberversicherungsamt (Beschlußkammer), in dessen Bezirk die Kassen ihren Sitz haben. Liegen die Sitze der beteiligten Kassen in Bezirken verschiedener Oberversicherungsämter, so bestimmt die oberste Verwaltungsbehörde das zuständige Oberversicherungsamt.

§ 281. Der Antrag auf Vereinigung, Ausscheidung oder Auflösung ist an das Versicherungsamt zu richten, das für die beteiligten Kassen zuständig ist. Liegen ihre Sitze in Bezirken verschiedener Versicherungsämter, so bestimmt das Oberversicherungsamt das zuständige Versicherungsamt.

§ 282. Jede beteiligte Kasse kann diesen Antrag stellen, bei Orts- oder Landkrankenkassen auch der zuständige Gemeindeverband, bei Betriebskrankenkassen auch der Arbeitgeber, bei Innungskrankenkassen auch die Innung.

Geschieht es in den Fällen des § 264 Abs. 1 oder des § 276 nicht rechtzeitig, so stellt das Versicherungsamt den Antrag von Amts wegen.

Muß eine Kasse geschlossen werden, so leitet das Versicherungsamt das Verfahren von Amts wegen ein. Bei angeordneten Betriebskrankenkassen (§ 249) ist es dazu befugt.

§ 283. Das Versicherungsamt gibt den Beteiligten Gelegenheit, sich über den Antrag zu äußern. Als beteiligt gelten auch die Kassen, denen übergehende Mitglieder künftig anzugehören hätten, sowie die im § 282 Abs. 1 Bezeichneten.

Das Versicherungsamt legt den Antrag mit den Äußerungen und der geänderten Satzung dem Oberversicherungsamte vor und äußert sich dabei gutachtlich, soweit es nicht selbst die Änderung veranlaßt hat.

§ 284. Das Oberversicherungsamt setzt in seinem Beschlusse den Tag fest, mit dem die Änderung in Kraft tritt. Zwischen dem Beschluß und dem festgesetzten Tage müssen mindestens vier Monate liegen; bei Schließung von Kassen kann diese Frist in dringenden Fällen kürzer sein.

Gegen den Beschluß haben die Beteiligten die Beschwerde an die oberste Verwaltungsbehörde.

§ 285. Bei der Vereinigung von Kassen findet eine Auseinandersetzung zwischen den beteiligten Kassen nach den §§ 286 bis 297 statt.

Die oberste Verwaltungsbehörde kann über die Auseinandersetzung näheres bestimmen.

§ 286. Die Auseinandersetzung soll dem Beschluß des Oberversicherungsamts vorangehen.

Zur Auseinandersetzung treten Vertreter der beteiligten Kassen auf Einladung des Versicherungsamts unter Leitung seines Vertreters zusammen.

Wird hierbei eine Vereinbarung erzielt, so bedarf sie der Zustimmung der beteiligten Kassenausschüsse sowie der Genehmigung des Versicherungsamts. Der Beschlußausschuß kann sie aus wichtigen Gründen versagen.

§ 287. Kommt keine Vereinbarung zustande oder stimmt einer der beteiligten Ausschüsse nicht zu oder werden die vom Versicherungsamt erhobenen Anstände nicht beseitigt, so liegt dem Versicherungsamte (Beschlußausschuß) die Auseinandersetzung ob.

§ **288.** Auf die aufnehmende Kasse gehen die Rechte und Pflichten der aufgenommenen über, soweit die §§ 289 bis 296 nicht anderes vorschreiben.

Werden Satzungsänderungen erforderlich, so gilt § 326.

§ **289.** Die versicherungspflichtigen Mitglieder der aufgenommenen Kasse werden Mitglieder der aufnehmenden Kasse. Die versicherungsberechtigten Mitglieder haben das Recht auf Mitgliedschaft bei der aufnehmenden Kasse. Die übergehenden Mitglieder setzen dadurch ihr Versicherungsverhältnis unmittelbar fort.

§ **290.** Die aufnehmende Kasse hat die Beamten und Angestellten der aufgenommenen zu denselben oder gleichwertigen Bedingungen zu übernehmen.

Die Beamten und Angestellten müssen eine ähnliche und ihren Fähigkeiten entsprechende Stellung bei der aufnehmenden Kasse annehmen. Sie müssen sich auch eine andere Beschäftigung im Kassendienste gefallen lassen, die nicht in auffälligem Mißverhältnisse zu ihren Fähigkeiten steht. Sie treten unter die Dienstordnung der aufnehmenden Kasse; ihr Gesamteinkommen darf nicht geschmälert werden.

§ **291.** Den Beschluß des Oberversicherungsamts (§ 284 Abs. 1) hat der Vorstand der aufzunehmenden Kasse den Ärzten und den Zahnärzten, zu denen die Kasse in einem Vertragsverhältnisse steht, unverzüglich mitzuteilen. Der Arzt oder Zahnarzt kann sich darauf binnen vierzehn Tagen der aufnehmenden Kasse gegenüber bereit erklären, für sie tätig zu werden, unter den Bedingungen, die er mit der aufgenommenen Kasse vereinbart hatte, oder unter den Bedingungen der aufnehmenden Kasse mit ihren Ärzten und Zahnärzten. Nimmt die aufnehmende Kasse den Antrag nicht unverzüglich an, so hat sie den Arzt oder Zahnarzt zu entschädigen. Hat sich der Arzt oder Zahnarzt nicht binnen vierzehn Tagen bereit erklärt, so kann von diesem Zeitpunkt ab das Vertragsverhältnis von beiden Seiten unter Einhaltung einer dreimonatigen Kündigungsfrist, jedoch frühestens zu dem Tage der Aufnahme gekündigt werden. Vertragsmäßige Rechte, zu einem früheren Zeitpunkt zu kündigen, werden hierdurch nicht berührt.

Dies gilt entsprechend für Vertragsverhältnisse der Kasse mit Apothekenbesitzern und -verwaltern, Heilanstalten aller Art und den im § 122 aufgeführten Personen sowie mit Lieferanten.

§ 292. Die Vertreter der beteiligten Kassen und das Versicherungsamt können festsetzen, daß eine aufgenommene Kasse im Vorstand der aufnehmenden durch eine bestimmte Zahl der Versicherten und Arbeitgeber für längstens vier Jahre vertreten sein muß.

§ 293. Die aufzunehmende Kasse hat durch eine Bilanz (§§ 39, 40, 261 des Handelsgesetzbuchs) ihr Reinvermögen zu ermitteln und davon für jedes übergehende Mitglied so viel an die aufnehmende Kasse zu überweisen, als bei dieser an Reinvermögen auf ein Mitglied entfällt.

§ 294. Verbleibt noch freies Vermögen, so ist es der aufnehmenden Kasse zu überweisen.

Ist es groß genug, so kann der Ausschuß der aufzunehmenden Kasse daraus ein Sondervermögen für die übergehenden Mitglieder bilden, aus dem sie einen Zuschlag zum Sterbegeld erhalten. Der Zuschlag darf den Betrag des Sterbegeldes nach den §§ 204, 205 Nr. 3 nicht übersteigen.

Der Vorstand der aufnehmenden Kasse hat dieses Sondervermögen bestimmungsmäßig zu verwalten. Ist der letzte übergegangene Versicherte ausgeschieden, so fällt der Rest an die Rücklage der Kasse.

Gewährt die aufnehmende Kasse erheblich höhere Leistungen, so hat ihr die aufzunehmende im voraus den Betrag zu überweisen, der nach billigem Anschlag den Unterschied ausgleicht.

§ 295. Hat der Arbeitgeber oder die Innung nachweisbar einer aufzunehmenden Betriebs- oder Innungskrankenkasse freiwillige Zuwendungen gemacht, so können sie über einen entsprechenden Teil des freien Vermögens zugunsten einer besonderen Unterstützungskasse oder eines Sondervermögens (§ 294 Abs. 3) für die übergehenden Mitglieder verfügen.

§ 296. Besitzt eine aufzunehmende Kasse nicht die vollen Kopfbeträge (§ 293) oder kein Reinvermögen, so hat sie nur die vorhandenen Bestände zu überweisen.

Ergibt die Bilanz einer aufzunehmenden Betriebs- oder Innungskrankenkasse einen Fehlbetrag, so hat ihn der Arbeitgeber oder die Innung zu decken, die für die Beschaffung dieser Beträge haften.

Ergibt sich ein solcher Fehlbetrag bei einer aufzunehmenden Orts- oder Landkrankenkasse, so kann die aufnehmende Kasse auf ein Jahr die Beiträge für die aufgenommenen Versicherten durch einen besonderen Zuschlag bis zum gesetzlichen Höchstbetrage (§ 389) erhöhen.

§ 297. Gegen die vom Versicherungsamte genehmigte oder bewirkte Auseinandersetzung steht den Beteiligten die Beschwerde an das Oberversicherungsamt (Beschlußkammer) zu. Dieses entscheidet endgültig.

Soweit die angefochtene Entscheidung sich auf Vermögensverhältnisse bezieht, kann das Oberversicherungsamt ein Gutachten der Rechnungsstelle des Reichsversicherungsamts einholen.

§ 298. Eine Auseinandersetzung zwischen den beteiligten Kassen findet auch statt, wenn

1. sich Kassenbezirke durch andere Abgrenzung der Verwaltungsbezirke ändern,
2. in einem Bezirk, wo bisher keine allgemeine Orts- oder keine Landkrankenkasse bestand, eine Kasse dieser Art gebildet wird,
3. aus einer allgemeinen Orts- oder einer Landkrankenkasse eine neue Krankenkasse derselben Art ausgeschieden wird,

4. die Angehörigen desselben Gewerbszweigs oder derselben Betriebsart nach Mehrheitsbeschluß beantragen, aus einer zugelassenen besonderen Ortskrankenkasse auszuscheiden,
5. von mehreren Betrieben eines Arbeitgebers, für die eine gemeinsame Betriebskrankenkasse besteht, einer in anderen Besitz übergeht und einer der beteiligten Arbeitgeber das Ausscheiden beantragt,
6. ein Arbeitgeber mit seinen Betrieben aus einer zugelassenen gemeinsamen Betriebskrankenkasse ausscheidet,
7. ein Teil der Mitglieder aus einer Innungskrankenkasse ausscheidet, weil der Mitgliederkreis der Innung anders abgegrenzt oder eine Zwangsinnung errichtet wird,
8. eine Innung beantragt, aus einer zugelassenen gemeinsamen Innungskrankenkasse auszuscheiden.

Für die Auseinandersetzung gelten entsprechend die §§ 286 bis 297.

Bei unerheblichen Änderungen und im Falle des § 271 kann die Auseinandersetzung unterbleiben, wenn die beteiligten Kassen zustimmen; § 288 Abs. 2, § 289 gelten auch dann entsprechend.

§ 299. Bei Auflösung und Schließung von Krankenkassen werden ihre Beziehungen zu anderen nach den §§ 300 bis 305 geregelt.

§ 300. Soweit noch versicherungspflichtige Mitglieder der aufgelösten oder geschlossenen Kasse vorhanden sind, weist sie das Versicherungsamt nach Anhören ihres Kassenvorstandes den zuständigen Krankenkassen zu. Die versicherungsberechtigten Mitglieder haben das Recht auf Mitgliedschaft bei der entsprechenden Kasse. Die übergehenden Mitglieder setzen dadurch ihr Versicherungsverhältnis unmittelbar fort. Dabei gilt § 288 Abs. 2.

Auf Beschwerde über die Zuweisung entscheidet das Oberversicherungsamt (Beschlußkammer) endgültig.

§ **301.** Der Vorstand der aufgelösten oder geschlossenen Kasse wickelt die Geschäfte der Kasse ab. Bis die Geschäfte abgewickelt sind, gilt die Kasse als fortbestehend, soweit es der Zweck der Abwicklung erfordert.

Der Vorstand macht die Auflösung oder Schließung öffentlich bekannt. Die Befriedigung von Gläubigern, die ihre Forderungen nicht binnen drei Monaten nach der Bekanntmachung anmelden, kann verweigert werden; hierauf ist in der Bekanntmachung hinzuweisen. Bekannte Gläubiger sind unter demselben Hinweis zur Anmeldung besonders aufzufordern. Für Ansprüche aus der Versicherung gelten diese Vorschriften nicht.

§ **302.** Den Beschluß des Oberversicherungsamts (§ 284 Abs. 1) hat der Vorstand der Kasse, die aufgelöst oder geschlossen wird, den Angestellten, den Ärzten und den Zahnärzten, mit denen die Kasse in einem Vertragsverhältnisse steht, unverzüglich mitzuteilen. Das Vertragsverhältnis endet drei Monate nach der Mitteilung, jedoch frühestens mit dem Tage der Auflösung oder Schließung. Hierauf ist in der Mitteilung hinzuweisen. Vertragsmäßige Rechte, zu einem früheren Zeitpunkt zu kündigen, werden hierdurch nicht berührt.

Dies gilt entsprechend für Vertragsverhältnisse der Kasse mit Apothekenbesitzern und -verwaltern, Heilanstalten aller Art und den im § 122 aufgeführten Personen sowie mit Lieferanten.

§ **303.** Verbleibt nach Abwicklung der Geschäfte noch ein Vermögensbetrag, so weist ihn das Versicherungsamt unter Berücksichtigung des Mitgliederüberganges den Krankenkassen zu.

Bei Betriebs- und Innungskrankenkassen gilt hierbei § 295 entsprechend.

Auf Beschwerde über die Zuweisung entscheidet das Oberversicherungsamt (Beschlußkammer) endgültig.

§ **304.** Bei Betriebs- und Innungskrankenkassen gilt, falls das Vermögen zur Befriedigung der Gläubiger nicht ausreicht, § 296 Abs. 2 entsprechend.

§ **305.** Reicht das Vermögen einer aufgelösten oder geschlossenen Orts- oder Landkrankenkasse nicht aus, um die Ansprüche der Beamten zu befriedigen, so hat der Gemeindeverband für den Fehlbetrag einzutreten; der Beamte muß eine ihm vom Verband angebotene Stellung annehmen. Diese Vorschrift gilt bei einer Innungskrankenkasse entsprechend für die Innung.

§ 290 gilt entsprechend.

Vierter Abschnitt.

Verfassung.

I. Mitgliedschaft.

1. Beginn und Ende.

§ 306. Die Mitgliedschaft Versicherungspflichtiger beginnt mit dem Tage des Eintritts in die versicherungspflichtige Beschäftigung.

§ 307. Die Mitgliedschaft bei einer neuerrichteten Betriebskrankenkasse beginnt für alle in dem Betriebe beschäftigten Versicherungspflichtigen mit dem Tage, an dem die Kasse ins Leben tritt.

§ 308. Das Gleiche gilt für versicherungspflichtig Beschäftigte in Betrieben, mit denen Innungsmitglieder der Innung angehören, bei Errichtung einer Innungskrankenkasse oder bei späterem Beitritt des Arbeitgebers zur Innung, vorbehaltlich des § 250 Abs. 3.

§ 309. In welche Kasse Versicherte gehören, die gleichzeitig in verschiedenen versicherungspflichtigen Arbeitsverhältnissen stehen, richtet sich nach ihrer überwiegenden Beschäftigung.

Im Zweifel entscheidet das Arbeitsverhältnis, in das sie zuerst eingetreten sind.

Der Bundesrat kann hierüber näheres bestimmen.

§ 310. Die Mitgliedschaft Versicherungsberechtigter beginnt mit dem Tage ihres Beitritts zur Kasse. Der

Beitritt geschieht durch schriftliche oder mündliche Anmeldung beim Vorstand oder bei der Meldestelle (§ 319).

Eine Erkrankung, die beim Beitritt bereits besteht, begründet für diese Krankheit keinen Anspruch auf Kassenleistung. Macht die Satzung das Recht zum Beitritt von der Vorlegung eines ärztlichen Gesundheitszeugnisses abhängig (§ 176 Abs. 3), so muß dieses der Anmeldung beigefügt sein.

Die Kasse kann Versicherungsberechtigte, die sich zum Beitritt melden, ärztlich untersuchen lassen. Sie kann binnen einem Monat den Beitritt Erkrankter und solcher Personen, für die das nach Abs. 2 erforderliche Gesundheitszeugnis nicht genügt, mit Wirkung von der Meldung an zurückweisen.

§ 311. Arbeitsunfähige bleiben Mitglieder, solange die Kasse ihnen Leistungen zu gewähren hat.

§ 312. Die Mitgliedschaft erlischt, sobald der Versicherte Mitglied einer anderen Krankenkasse oder einer knappschaftlichen Krankenkasse wird.

§ 313. Scheidet ein Mitglied, das auf Grund der Reichsversicherung oder bei einer knappschaftlichen Krankenkasse in den vorangegangenen zwölf Monaten mindestens sechsundzwanzig Wochen oder unmittelbar vorher mindestens sechs Wochen versichert war, aus der versicherungspflichtigen Beschäftigung aus, so kann es in seiner Klasse oder Lohnstufe Mitglied bleiben, solange es sich regelmäßig im Inland aufhält und nicht nach

§ 312 ausscheidet. Es kann in eine niedere Klasse oder Lohnstufe übertreten.

Wer Mitglied bleiben will, muß es der Kasse binnen drei Wochen nach dem Ausscheiden oder im Falle des § 311 nach Beendigung der Kassenleistungen anzeigen. Wer jedoch in der zweiten oder dritten dieser Wochen erkrankt, hat für diese Krankheit, vorbehaltlich des § 214, Anspruch auf die Kassenleistungen nur, wenn er die Anzeige in der ersten Woche gemacht hat. Der Anzeige steht es gleich, wenn in der gleichen Frist die satzungsmäßigen Beiträge voll gezahlt werden. Mit Zustimmung des Oberversicherungsamtes kann die Satzung längere Fristen bestimmen.

§ 314. Die Mitgliedschaft Versicherungsberechtigter erlischt, wenn sie zweimal nacheinander am Zahltage die Beiträge nicht entrichten und seit dem ersten dieser Tage mindestens vier Wochen vergangen sind. Die Satzung kann diese Frist bis zum nächstfolgenden Zahltage verlängern.

Erfährt der Vorstand der Kasse glaubhaft, daß das regelmäßige jährliche Gesamteinkommen eines versicherungsberechtigten Mitglieds viertausend Mark übersteigt, so hat er diesem Mitglied alsbald mitzuteilen, daß seine Mitgliedschaft erloschen sei. Die Mitgliedschaft erlischt mit der Zustellung der Mitteilung.

§ 315. Hat eine Kasse für einen Versicherungspflichtigen nach vorschriftsmäßiger Anmeldung drei Monate ununterbrochen und unbeanstandet die Beiträge angenommen, so hat sie ihn, solange sich sein Beschäftigungsverhältnis nicht ändert, als Mitglied mindestens bis zu dem Tage anzuerkennen, wo der Kassenvorstand ihn oder seinen Arbeitgeber schriftlich an eine andere Kasse verweist.

§ 316. Bestreitet die andere Kasse seine Zugehörigkeit, so hat die alte Kasse bis zur Entscheidung, vorbehaltlich späterer Erstattung vorläufig weiter die Beiträge anzunehmen und die Leistungen zu gewähren.

2. Meldungen.

§ 317. Die Arbeitgeber haben jeden von ihnen Beschäftigten, der zur Mitgliedschaft bei einer Orts-, Land- oder Innungskrankenkasse verpflichtet ist, bei der durch die Satzung oder nach § 319 bestimmten Stelle binnen drei Tagen nach Beginn und Ende der Beschäftigung zu melden. Änderungen des Beschäftigungsverhältnisses, welche die Versicherungspflicht berühren, haben sie gleichfalls binnen drei Tagen zu melden.

Die Meldung kann unterbleiben, wenn die Arbeit für kürzere Zeit als eine Woche unterbrochen wird und die Beiträge fortgezahlt werden. Die Satzung kann die Meldefrist über den dritten Tag hinaus bis zum letzten Werktag der Kalenderwoche erstrecken.

Die Kasse kann mit Verwaltungen von Reichs- und Staatsbetrieben Abweichendes über die Meldungen vereinbaren.

Die oberste Verwaltungsbehörde kann über Form und Inhalt der Meldungen Vorschriften erlassen.

§ 318. In der Anmeldung sind auch die Angaben zu machen, die durch die Satzung zur Berechnung der Beiträge gefordert werden.

Änderungen in diesen Verhältnissen sind binnen der Meldefrist anzuzeigen.

Ändert sich der Lohn, so ändert sich die Lohnstufe, wenn nicht die Satzung anders bestimmt, erst mit der nächsten Beitragszahlung.

§ 319. Das Versicherungsamt kann in seinem Bezirke für alle oder mehrere Orts-, Land- und Innungskrankenkassen gemeinsame Meldestellen errichten oder deren Geschäfte mit Genehmigung der Gemeindeaufsichtsbehörde den Ortsbehörden übertragen.

Die Kosten werden auf die beteiligten Kassen nach Verhältnis des Jahreseinganges an Beiträgen umgelegt, sofern nicht das Oberversicherungsamt einen anderen Maßstab bestimmt.

II. Satzung.

§ 320. Für jede Krankenkasse ist, bevor sie ins Leben tritt, eine Satzung zu errichten.

Sie wird errichtet für

Orts- und Landkrankenkassen von dem Gemeindeverband nach Anhören beteiligter Arbeitgeber und Versicherter,

Betriebskrankenkassen von dem Arbeitgeber oder seinem Vertreter nach Anhören von Beschäftigten,

Innungskrankenkassen von der Innungsversammlung unter Beteiligung des Gesellenausschusses nach § 95 der Gewerbeordnung.

Wird eine Kasse nicht in der endgültig angeordneten Frist errichtet, (§ 233 Abs. 2, § 249 Abs. 4), so errichtet für sie das Versicherungsamt die Satzung.

§ 321. Die Satzung muß den Bezirk der Kasse sowie den Kreis ihrer Mitglieder angeben und bestimmen über

1. Namen und Sitz der Kasse,
2. Art und Umfang der Leistungen,
3. Höhe der Beiträge und Zahlungszeit,
4. Zusammensetzung, Rechte und Pflichten des Vorstandes,
5. Zusammensetzung und Berufung des Ausschusses und Art seiner Beschlußfassung, sowie seine Vertretung nach außen im Falle des § 346 Abs. 1,
6. Aufstellung des Voranschlags,
7. Aufstellung und Abnahme der Jahresrechnung,
8. Höhe der Vergütungen nach § 21 Abs. 2, 3,
9. Art der Bekanntmachungen,
10. Änderung der Satzung.

§ 322. Bei Orts-, Land- und Innungskrankenkassen muß die Satzung die Stellen für die Meldungen bezeichnen.

§ 323. Die Satzung darf nichts bestimmen, was gesetzlichen Vorschriften zuwiderläuft oder nicht im Zwecke der Kasse liegt.

§ 324. Die Satzung bedarf der Genehmigung des Oberversicherungsamts, ebenso ihre Änderung. Bei Genehmigung der Satzung bestimmt das Oberversicherungsamt zugleich, wann die Kasse ins Leben tritt.

Die Genehmigung darf nur durch die Beschlußkammer und nur dann versagt werden, wenn die Satzung den gesetzlichen Vorschriften nicht genügt.

Wo das Gesetz für einzelne Bestimmungen der Satzung die Zustimmung des Oberversicherungsamts fordert, darf sie nur durch die Beschlußkammer versagt werden. Die Entscheidung ist endgültig.

Die Gründe der Versagung sind mitzuteilen.

§ 325. Jedes Mitglied erhält unentgeltlich einen Abdruck der Satzung und ihrer Änderung, ebenso auf Antrag jeder Arbeitgeber, der Kassenmitglieder beschäftigt.

§ 326. Ergibt sich nachträglich, daß eine Satzung nach § 324 Abs. 2 nicht hätte genehmigt werden dürfen, so ordnet das Oberversicherungsamt (Beschlußkammer) die erforderliche Änderung an.

Beschließt der Ausschuß nicht binnen einem Monat die endgültig angeordnete Änderung, so vollzieht sie das Oberversicherungsamt (Beschlußkammer) rechtsverbindlich.

Das Gleiche gilt für endgültig angeordnete Änderungen der Satzung, die durch Vorschriften dieses Gesetzes erforderlich werden.

III. Kassenorgane.

1. Zusammensetzung bei Orts- und Landkrankenkassen.

§ 327. Vorstand und Ausschuß besorgen die Geschäfte der Kasse. Die Mitglieder des Ausschusses dürfen nicht dem Vorstand angehören; werden solche in den Vorstand gewählt, so scheiden sie aus dem Ausschuß aus.

§ 328. Die Vorstandsmitglieder der Ortskrankenkasse wählen aus ihrer Mitte den Vorsitzenden des Vorstandes.

Gewählt ist, wer die Mehrheit der Stimmen aus der Gruppe sowohl der Arbeitgeber als auch der Versicherten im Vorstande erhält.

§ 329. Kommt diese Mehrheit nicht zustande, so wird die Wahl auf einen anderen Tag anberaumt.

Kommt die Wahl auch in der zweiten Sitzung nicht zustande, so benachrichtigt der Vorstand das Versicherungsamt. Dieses bestellt einen Vertreter, der bis zu einer gültigen Wahl die Rechte und Pflichten des Vorsitzenden auf Kosten der Kasse ausübt. Auf Beschwerde entscheidet das Oberversicherungsamt endgültig. Ein Arbeitgeber darf nur dann als Vertreter bestellt werden, wenn die Mehrheit der Gruppe der Arbeitnehmer keinen Einspruch erhebt, ein Arbeitnehmer nur, wenn die Mehrheit der Gruppe der Arbeitgeber keinen Einspruch erhebt.

Als Arbeitgeber im Sinne des Abs. 2 gilt nicht, wer nur Dienstboten oder unständige Arbeiter beschäftigt.

§ 330. Die Vorstandsmitglieder der Ortskrankenkasse

wählen aus ihrer Mitte in ungetrennter Wahlhandlung einen oder mehrere Stellvertreter des Vorsitzenden.

§ 331. Bei der Landkrankenkasse wählt die Vertretung des Gemeindeverbandes den Vorsitzenden und die anderen Mitglieder des Vorstandes, darunter einen oder mehrere Stellvertreter des Vorsitzenden. Diese Mitglieder müssen zu einem Drittel den beteiligten Arbeitgebern (§ 332 Abs. 2), zu zwei Dritteln den bei der Kasse Versicherten angehören.

Die oberste Verwaltungsbehörde kann bestimmen, daß der Vorsitzende und die anderen Mitglieder des Vorstandes gewählt werden, wie die Vertreter im Ausschuß nach § 336 Abs. 2.

§ 332. Der Ausschuß besteht zu einem Drittel aus Vertretern der beteiligten Arbeitgeber und zu zwei Dritteln aus Vertretern der Versicherten und zählt höchstens neunzig Vertreter.

Beteiligt ist ein Arbeitgeber, der für seine versicherungspflichtigen Beschäftigten Beiträge an die Kasse zu zahlen hat und nicht nach § 14 Abs. 2 zu den Versicherten zu rechnen ist.

§ 333. Bei der Ortskrankenkasse wählen die beteiligten volljährigen Arbeitgeber und die volljährigen Versicherten ihre Vertreter je aus ihrer Mitte, und zwar getrennt unter Leitung des Vorstandes.

Die erste Wahl nach Errichtung der Kasse leitet ein Vertreter des Versicherungsamts, spätere nur, wenn kein Vorstand vorhanden ist.

Das Stimmrecht der einzelnen Arbeitgeber ist nach der Zahl ihrer versicherungspflichtigen Beschäftigten zu bemessen; die Satzung kann es abstufen und eine Höchstzahl der Stimmen vorschreiben. Abstufung und Höchstzahl bedürfen der Zustimmung des Oberversicherungsamts.

§ 334. Die Frist zwischen der Ausschreibung der Wahl (§ 333) und der Wahl selbst muß mindestens einen Monat betragen; die Satzung kann eine längere Mindestfrist festsetzen.

Die Satzung kann bestimmen, daß nach Bezirken oder Berufsgruppen gewählt wird.

§ 335. Die Vertreter der Arbeitgeber und der Versicherten im Ausschuß wählen getrennt aus ihrer Gruppe die Vorstandsmitglieder, und zwar die Arbeitgeber ein Drittel und die Versicherten zwei Drittel.

§ 336. Bei der Landkrankenkasse wählt die Vertretung des Gemeindeverbandes die Vertreter der beteiligten Arbeitgeber und der bei der Kasse Versicherten je aus deren Mitte.

Die Landesregierung kann in solchen Bezirken von Versicherungsämtern, in welchen nur Stadt- und Landgemeinden, nicht aber selbständige Gutsbezirke und Gemarkungen oder ausmärkische Bezirke vorhanden sind, das Wahlrecht den Vertretungen der einzelnen Gemeinden übertragen und hierüber näheres bestimmen.

Durch Landesgesetz kann für das Gebiet oder Gebietsteile des Bundesstaats angeordnet werden, daß zum Vorstand und Ausschuß wie bei der Ortskrankenkasse gewählt wird.

§ 337. Die Satzung kann die Arbeitgeber, die mit Zahlung der Beiträge im Rückstande sind, von Wählbarkeit und Wahlberechtigung ausschließen.

2. Zusammensetzung bei Betriebs- und Innungskrankenkassen.

§ 338. Für Betriebskrankenkassen gilt § 327 entsprechend.

Vorstand und Ausschuß bestehen aus dem Arbeitgeber oder seinem Vertreter und aus Vertretern der Versicherten; der Ausschuß zählt höchstens fünfzig Vertreter der Versicherten.

Der Arbeitgeber oder sein Vertreter führt den Vorsitz. Er hat die Hälfte der Stimmen, die den Versicherten nach der Satzung zustehen.

§ 339. Bei der Betriebskrankenkasse wählen die volljährigen Versicherten aus ihrer Mitte ihre Vertreter im Ausschuß unter Leitung des Vorstandes. § 333 Abs. 2, § 334 Abs. 1 gelten. Diese Vertreter wählen aus den Versicherten deren Vertreter im Vorstand.

§ 340. Wer die Mitgliedschaft bei einer Betriebskrankenkasse freiwillig fortsetzt, ist weder wählbar noch wahlberechtigt.

§ 341. Die §§ 327, 332, 333, 334 Abs. 1, §§ 335, 337 gelten auch für Innungskrankenkassen; den Vorsitzenden und seine Stellvertreter bestellt die Innung aus den Vorstandsmitgliedern.

Haben nach der Satzung (§ 381 Abs. 2) die Arbeitgeber und die Versicherten je die Hälfte der Beiträge zu tragen, so haben sie je die Hälfte der Vertreter im Ausschusse, diese Vertreter je die Hälfte der Vorstandsmitglieder zu wählen.

3. Pflichten.

§ 342. Der Vorstand verwaltet die Kasse, soweit das Gesetz nichts anderes bestimmt.

§ 343. Der Vorstand ist verpflichtet, den Gewerbeaufsichtsbeamten auf Verlangen Auskunft über Zahl und Art der Erkrankungen zu erteilen.

Die oberste Verwaltungsbehörde kann hierüber näheres bestimmen.

§ 344. Der Vorstand muß den Trägern der Unfall- sowie der Invaliden- und Hinterbliebenenversicherung gestatten, durch Beauftragte in den Kassenräumen während der Geschäftsstunden die Bücher und Listen einzusehen, um Zahl, Beschäftigungszeit und Lohnhöhe ihrer Versicherten zu ermitteln.

§ 345. Der Ausschuß beschließt über alles, was nicht Gesetz, Satzung oder Dienstordnung dem Vorstand zuweist.

Dem Ausschuß bleibt vorbehalten,

1. den Voranschlag festzusetzen,
2. die Jahresrechnung abzunehmen,

3. die Kasse gegenüber den Vorstandsmitgliedern zu vertreten,
4. Vereinbarungen und Verträge mit anderen Kassen zu beschließen,
5. die Errichtung von Melde- und Zahlstellen zu beschließen,
6. die Satzung zu ändern,
7. die Kasse aufzulösen oder mit anderen Krankenkassen freiwillig zu vereinigen.

Die Beschlüsse zu Nr. 6 und 7 bedürfen der Mehrheit sowohl der Arbeitgeber als der Versicherten. Bei Satzungsänderungen genügt ungetrennte Abstimmung, wenn sie nach § 326 angeordnet sind oder wenn sie die Kassenleistungen und Beiträge betreffen und nicht § 388 oder § 389 entgegensteht.

§ **346.** Bei Erwerb, Veräußerung oder Belastung von Grundstücken wird die Kasse durch den Vorstand und den Ausschuß vertreten.

Der Zustimmung des Ausschusses bedürfen
1. die vom Vorstand aufgestellte oder geänderte Dienstordnung für die Angestellten (§ 355),
2. Vorstandsbeschlüsse über Errichtung von Krankenhäusern und Genesungsheimen.

§ **347.** Der Ausschuß regelt Meldung und Überwachung der Kranken, sowie ihr Verhalten durch eine Krankenordnung.

Sie bedarf der Genehmigung des Versicherungsamts. Wird die Genehmigung versagt, so entscheidet auf

Beschwerde das Oberversicherungsamt (Beschlußkammer) endgültig.

Reicht eine Kasse trotz Aufforderung des Versicherungsamts in der gesetzten Frist keine Krankenordnung ein, so stellt das Oberversicherungsamt (Beschlußkammer) diese rechtsverbindlich fest. Das Gleiche gilt für angeordnete Änderungen oder Ergänzungen.

Das Versicherungsamt kann die Krankenkasse mit ihrer Zustimmung und unter Vereinbarung über die Kosten bei der Überwachung der Kranken unterstützen. Hierüber beschließt der Beschlußausschuß. Lehnt er ab, so beschließt auf Beschwerde das Oberversicherungsamt endgültig.

§ 348. Der Ausschuß bestimmt, wie für die Mitglieder, die sich nicht im Kassenbereich aufhalten, die Beiträge einzusenden und die Leistungen auszuzahlen sind, und wie die Krankenüberwachung bei ihnen zu regeln ist.

IV. Angestellte und Beamte.

§ 349. Bei den Krankenkassen werden die aus Mitteln der Kassen bezahlten Stellen der Beamten und derjenigen Angestellten, für welche die Dienstordnung (§ 351) gilt, durch übereinstimmende Beschlüsse beider Gruppen im Vorstande besetzt.

Einigen sich die Gruppen nicht, so wird die Beschlußfassung auf einen anderen Tag anberaumt. Wird auch dann keine Einigung erzielt, so kann die Anstellung beschlossen werden, wenn mehr als zwei Drittel der Anwesenden dafür stimmen; ein solcher Beschluß bedarf der Bestätigung durch das Versicherungsamt. Sie darf nur auf Grund von Tatsachen versagt werden, die darauf schließen lassen, daß dem Vorgeschlagenen die erforderliche Zuverlässigkeit, insbesondere für eine unparteiische Wahrnehmung seiner Dienstgeschäfte, oder Fähigkeit fehlt.

Wird die Bestätigung versagt, so entscheidet auf Beschwerde des Vorstandes das Oberversicherungsamt (Beschlußkammer) endgültig.

§ 350. Kommt kein Anstellungsbeschluß zustande oder wird die Bestätigung endgültig versagt, so bestellt das Versicherungsamt auf Kosten der Kasse widerruflich die für die Geschäfte der Stelle erforderlichen Personen. Haben die Bestellten die Geschäfte ein Jahr lang geführt, so kann ihnen das Versicherungsamt mit Genehmigung des Oberversicherungsamts die Stelle endgültig übertragen, falls nicht inzwischen ein gültiger Anstellungsbeschluß gefaßt worden ist.

§ 351. Für die von den Krankenkassen besoldeten Angestellten, die nicht nach Landesrecht staatliche oder gemeindliche Beamte sind oder nach § 359 deren Rechte und Pflichten haben, wird eine Dienstordnung aufgestellt.

Für Angestellte, die nur auf Probe, zu vorübergehender Dienstleistung oder zur Vorbereitung beschäftigt werden, oder die das Amt ohne Entgelt nebenher ausüben, gilt die Dienstordnung nur, soweit sie es ausdrücklich vorsieht.

§ 352. Die Dienstordnung regelt die Rechts- und die allgemeinen Dienstverhältnisse der Angestellten, insbesondere den Nachweis ihrer fachlichen Befähigung, ihre Zahl, die Art der Anstellung, die Kündigung oder Entlassung und die Festsetzung von Strafen. Die fachliche Befähigung muß auch in anderer Weise als durch die Zurücklegung eines vorgeschriebenen Bildungsganges nachgewiesen werden können.

§ 353. Die Dienstordnung enthält einen Besoldungsplan. Dabei regelt sie:

1. wieweit bei unverschuldeter Arbeitsbehinderung das Gehalt fortgezahlt wird;
2. in welchen Fristen Dienstalterszulagen gewährt werden;
3. unter welchen Bedingungen Ruhegehalt und Hinterbliebenenfürsorge gewährt werden.

Sie regelt ferner, unter welchen Voraussetzungen Beförderung stattfindet.

§ 354. Wer der Dienstordnung unterstehen soll, wird durch schriftlichen Vertrag angestellt.

Die Kündigung oder Entlassung solcher Angestellten darf, vorbehaltlich des Abs. 6, nur auf übereinstimmenden Beschluß der Arbeitgeber und der Versicherten im Vorstand, kommt aber ein solcher Beschluß nicht zustande, auf Beschluß der Vorstandsmehrheit mit Zustimmung des Vorsitzenden des Versicherungsamts ausgesprochen werden; nach zehnjähriger Beschäftigung darf sie nur aus einem wichtigen Grunde stattfinden.

Die Vereinbarungen über das Kündigungsrecht der Kasse dürfen den Angestellten nicht schlechter stellen, als er mangels einer Vereinbarung nach bürgerlichem Recht gestellt sein würde.

Kündigung oder Entlassung darf für Fälle nicht ausgeschlossen werden, in denen ein wichtiger Grund vorliegt.

Geldstrafe darf nur bis zum Betrag eines einmonatigen Diensteinkommens vorgesehen werden.

Angestellte, die ihre dienstliche Stellung oder ihre Dienstgeschäfte zu einer religiösen oder politischen Betätigung mißbrauchen, hat der Vorsitzende des Vorstandes zu verwarnen und bei Wiederholung, nachdem ihnen Gelegenheit zur Äußerung gegeben worden ist, sofort zu entlassen; die Entlassung bedarf der Genehmigung durch den Vorsitzenden des Versicherungsamts. Eine religiöse oder politische Betätigung außerhalb der Dienstgeschäfte und die Ausübung des Vereinigungsrechts dürfen, soweit sie nicht gegen die Gesetze verstoßen, nicht gehindert werden und gelten an sich nicht als Gründe zur Kündigung oder Entlassung.

§ 355. Vor Aufstellung der Dienstordnung hat der Vorstand die volljährigen Angestellten zu hören.

Sowohl im Vorstand als auch im Ausschuß beschließen über die Dienstordnung die Arbeitgeber und die Versicherten getrennt.

Die Dienstordnung bedarf der Genehmigung des Oberversicherungsamts. Der Vorstand hat dem Oberversicherungsamte diejenigen Bestimmungen der Dienstordnung, über welche sich die beiden Gruppen im Vorstand oder im Ausschuß nicht geeinigt haben, unter Angabe des Stimmverhältnisses zu bezeichnen. Über diese Bestimmungen entscheidet das Oberversicherungsamt; im übrigen darf es der Dienstordnung die Genehmigung nur versagen, wenn ein wichtiger Grund vorliegt, insbesondere, wenn Zahl oder Besoldung der Angestellten in auffälligem Mißverhältnisse zu ihren Aufgaben steht.

Wird die Genehmigung versagt, so entscheidet auf Beschwerde die oberste Verwaltungsbehörde.

Das Gleiche gilt für Änderungen der Dienstordnung.

§ **356.** Reicht eine Kasse trotz Aufforderung in der gesetzten Frist keine Dienstordnung ein, so stellt das Oberversicherungsamt die Dienstordnung rechtsverbindlich fest. Das Gleiche gilt für angeordnete Änderungen und Ergänzungen.

§ **357.** Beschlüsse des Vorstandes oder Ausschusses, die gegen die Dienstordnung verstoßen, hat der Vorsitzende des Vorstandes durch Beschwerde an die Aufsichtsbehörde zu beanstanden; die Beschwerde bewirkt Aufschub.

Macht der Vorstand oder sein Vorsitzender, obgleich ein wichtiger Grund dafür vorliegt, gegen einen Angestellten von seinem Kündigungs- oder Entlassungsrechte keinen Gebrauch, so kann ihn das Versicherungsamt dazu anhalten. Über die Anordnung entscheidet auf Beschwerde des Vorstandes das Oberversicherungsamt (Beschlußkammer) endgültig.

Läuft eine Bestimmung des Anstellungsvertrags der Dienstordnung zuwider, so ist sie nichtig.

§ 358. In Streitigkeiten aus dem Dienstverhältnisse der Angestellten, die der Dienstordnung unterstehen, entscheidet das Versicherungsamt (Beschlußausschuß). Auf Beschwerde entscheidet das Oberversicherungsamt endgültig. Die Kaiserlichen Verordnungen (§ 35 Abs. 2) regeln das Nähere über das Verfahren bei Entlassung eines Angestellten wegen Vergehens gegen die Dienstordnung oder im Falle des § 354 Abs. 6 entsprechend den Vorschriften des Reichsbeamtengesetzes über Anschuldigungsschrift, Zulassung eines Verteidigers, Vernehmung des Angeschuldigten, mündliche Verhandlung und freie Beweiswürdigung.

Für vermögensrechtliche Ansprüche gelten folgende besondere Vorschriften.

Der Klage muß die Entscheidung des Oberversicherungsamts vorangehen. Die Klage kann nur binnen einem Monat erhoben werden, nachdem die Entscheidung des Oberversicherungsamts zugestellt ist; die Frist ist eine Notfrist im Sinne des § 223 Abs. 3 der Zivilprozeßordnung.

Soweit es sich um die Festsetzung von Geldstrafen handelt, ist der Rechtsweg ausgeschlossen. An die Entscheidungen der Versicherungsbehörden darüber, ob unter Einhaltung der Kündigungsfrist aus einem wichtigen

Grunde gekündigt werden darf (§ 354 Abs. 2), sind die ordentlichen Gerichte gebunden.

Aus den rechtskräftigen Entscheidungen der Versicherungsbehörden findet die Zwangsvollstreckung nach dem Achten Buche der Zivilprozeßordnung statt.

§ 359. Der Vorstand einer Orts-, Land- oder Innungskrankenkasse kann mit Genehmigung des Oberversicherungsamts Beamte auf Lebenszeit oder nach Landesrecht unwiderruflich oder mit Anrecht auf Ruhegehalt anstellen.

Für Orts-, Land- und Innungskrankenkassen mit mehr als zehntausend Versicherten kann das Oberversicherungsamt nach Anhören des Kassenvorstandes anordnen, daß mindestens die Geschäftsleiter in dieser Weise angestellt werden.

Der Vorstand hat dagegen die Beschwerde an die oberste Verwaltungsbehörde.

Den Beamten, die in dieser Weise angestellt sind, kann die Landesregierung die Rechte und Pflichten der staatlichen oder gemeindlichen Beamten übertragen.

Für die Beamten gilt § 357 Abs. 2 entsprechend.

Für Inhaber des Zivilversorgungsscheins (Militäranwärter) darf kein Vorrecht bei der Stellenbesetzung vorgeschrieben werden.

§ 360. Wo nach Landesgesetz auch die nicht auf Lebenszeit oder unwiderruflich angestellten Beamten der Gemeinden und anderer öffentlicher Körperschaften verpflichtet sind, einer staatlich überwachten Pensionskasse oder ähnlichen Einrichtung beizutreten, kann die Landesregierung die zu diesem Zwecke für die Körperschaften und ihre Angestellten geltenden Vorschriften auf Orts-, Land- und Innungskrankenkassen und deren Angestellte ausdehnen.

§ 361. Für geschäftsleitende Beamte oder Angestellte gilt § 23 Abs. 1 entsprechend.

§ 362. Bei den Betriebskrankenkassen bestellt der Arbeitgeber auf seine Kosten und Verantwortung die für die Geschäfte erforderlichen Personen. Für diese Personen gilt § 24 entsprechend.

Angestellte der Betriebskrankenkassen, die ihre dienstliche Stellung oder ihre Dienstgeschäfte zu einer religiösen oder politischen Betätigung mißbrauchen, hat der Vorsitzende des Vorstandes zu verwarnen und bei Wiederholung, nachdem ihnen Gelegenheit zur Äußerung gegeben worden ist, sofort zu entlassen; § 357 Abs. 2 gilt dann entsprechend.

V. Verwaltung der Mittel.

§ 363. Die Mittel der Kasse dürfen nur zu den satzungsmäßigen Leistungen, zur Füllung der Rücklage, zu den Verwaltungskosten und für allgemeine Zwecke der Krankheitsverhütung verwendet werden.

Nach Bestimmung der obersten Verwaltungsbehörde ist es zulässig, Kassenmittel für den Besuch von Versammlungen zu verwenden, die den gesetzlichen Zwecken der Krankenversicherung dienen sollen.

§ 364. Die Kasse sammelt eine Rücklage mindestens im Betrage der Jahresausgabe je nach dem Durchschnitte der letzten drei Jahre an und erhält sie auf dieser Höhe. Sie benutzt hierzu die Beitragsteile, welche Arbeitgeber ihr für Mitglieder von Ersatzkassen zahlen (§ 517 Abs. 2), und mindestens ein Zwanzigstel des Jahresbetrags der übrigen Kassenbeiträge.

Bei angeordneten Betriebskrankenkassen (§ 249) kann die Satzung mit Zustimmung des Oberversicherungsamts anderes bestimmen.

§ 365. Wertpapiere der Kasse, die nicht lediglich zur Anlegung zeitweilig verfügbarer Betriebsgelder dienen, verwahrt der Gemeindeverband, wenn das Versicherungsamt nichts anderes bestimmt.

§ 366. Art und Form der Rechnungsführung bestimmt der Bundesrat.

§ 367. Die Kasse hat dem Versicherungsamt einen Rechnungsabschluß einzureichen sowie Nachweisungen über die

1. Mitglieder,
2. Krankheits-, sonstigen Leistungs- und Sterbefälle,
3. eingegangenen Beiträge,
4. gewährten Leistungen,
5. Art und Höhe des Entgelts für die ärztlichen Leistungen,
6. Zahl der für die Kasse tätigen Ärzte, Spezialärzte, Zahnärzte, Zahntechniker, Apotheken-

besitzer und -verwalter und anderen solchen Personen, welche Arzneimittel feilhalten.

Der Bundesrat stellt Muster und Einsendungsfristen fest; er kann den Inhalt der Nachweisungen ausdehnen. Mindestens von vier zu vier Jahren sind die Nachweisungen und Abschlüsse einheitlich für das Reich zusammenzustellen.

VI. Verhältnis zu Ärzten, Zahnärzten, Krankenhäusern und Apotheken.

§ 368. Die Beziehungen zwischen Krankenkassen und Ärzten werden durch schriftlichen Vertrag geregelt; die Bezahlung anderer Ärzte kann die Kasse, von dringenden Fällen abgesehen, ablehnen.

§ 369. Soweit es die Kasse nicht erheblich mehr belastet, soll sie ihren Mitgliedern die Auswahl zwischen mindestens zwei Ärzten freilassen. Wenn der Versicherte die Mehrkosten selbst übernimmt, steht ihm die Auswahl unter den von der Kasse bestellten Ärzten frei. Die Satzung kann jedoch bestimmen, daß der Behandelte während desselben Versicherungsfalles oder Geschäftsjahres den Arzt nur mit Zustimmung des Vorstandes wechseln darf.

§ 370. Wird bei einer Krankenkasse die ärztliche Versorgung dadurch ernstlich gefährdet, daß die Kasse keinen Vertrag zu angemessenen Bedingungen mit einer ausreichenden Zahl von Ärzten schließen kann, oder daß die Ärzte den Vertrag nicht einhalten, so ermächtigt das Oberversicherungsamt (Beschlußkammer) die Kasse auf ihren Antrag widerruflich, statt der Krankenpflege oder sonst erforderlichen ärztlichen Behandlung eine bare Leistung bis zu zwei Dritteln des Durchschnittsbetrags ihres gesetzlichen Krankengeldes zu gewähren.

Das Oberversicherungsamt (Beschlußkammer) kann zugleich bestimmen,

1. wie der Zustand dessen, der die Leistungen erhalten soll, anders als durch ärztliche Bescheinigungen nachgewiesen werden darf,
2. daß die Kasse ihre Leistungen solange einstellen oder zurückbehalten darf, bis ein ausreichender Nachweis erbracht ist,
3. daß die Leistungspflicht der Kasse erlischt, wenn binnen einem Jahre nach Fälligkeit des Anspruchs kein ausreichender Nachweis erbracht ist,
4. daß die Kasse diejenigen, denen sie ärztliche Behandlung zu gewähren hat, in ein Krankenhaus verweisen darf, auch wenn die Voraussetzungen des § 184 Abs. 3 nicht vorliegen.

Gegen den Beschluß des Oberversicherungsamts (Abs. 1, 2) hat der Kassenvorstand die Beschwerde bei der obersten Verwaltungsbehörde.

§ 371. Die Satzung kann den Vorstand ermächtigen, die Krankenhausbehandlung nur durch bestimmte Krankenhäuser zu gewähren und, wo die Kasse Krankenhausbehandlung zu gewähren hat, die Bezahlung anderer Krankenhäuser, von dringenden Fällen abgesehen, abzulehnen.

Dabei dürfen Krankenhäuser, die lediglich zu wohltätigen oder gemeinnützigen Zwecken bestimmt oder von öffentlichen Verbänden oder Körperschaften errichtet, und die bereit sind, die Krankenhauspflege zu den gleichen Bedingungen wie die im Abs. 1 bezeichneten Krankenhäuser zu leisten, nur aus einem wichtigen Grunde mit Zustimmung des Oberversicherungsamts ausgeschlossen werden.

§ 372. Genügt bei einer Krankenkasse die ärztliche Behandlung oder Krankenhauspflege nicht den berechtigten Anforderungen der Erkrankten, so kann, vorbehaltlich des § 370, das Oberversicherungsamt nach Anhören der Kasse jederzeit anordnen, daß diese Leistungen noch durch andere Ärzte oder Krankenhäuser zu gewähren sind.

Diese Anordnung soll nur auf solange getroffen werden, wie es ihr Zweck fordert, und bedarf, wenn sie über ein Jahr gelten soll, der Genehmigung der obersten Verwaltungsbehörde.

§ 373. Wird die Anordnung nicht binnen der gesetzten Frist befolgt, so kann das Oberversicherungsamt selbst das Erforderliche auf Kosten der Kasse veranlassen. Verträge, welche die Kasse mit Ärzten oder Krankenhäusern bereits geschlossen hat, bleiben unberührt.

Die Kasse hat gegen diese Anordnungen und Maßnahmen binnen einer Woche die Beschwerde bei der obersten Verwaltungsbehörde.

§ 374. Für die Beziehungen zwischen den Krankenkassen und den Zahnärzten gelten die §§ 368, 372, 373 entsprechend.

§ 375. Die Satzung kann den Vorstand ermächtigen, innerhalb des Kassenbereichs oder mit Genehmigung des Versicherungsamts darüber hinaus wegen Lieferung der Arznei mit einzelnen Apothekenbesitzern oder -verwaltern oder, soweit es sich um die dem freien Verkehr überlassenen Arzneimittel handelt, auch mit anderen Personen, die solche feilhalten, Vorzugsbedingungen zu vereinbaren. Alle Apothekenbesitzer und -verwalter im Bereiche der Kasse können solchen Vereinbarungen beitreten. Der Vorstand kann dann, von dringenden Fällen abgesehen und, vorbehaltlich des § 376 Abs. 3, die Bezahlung der von anderer Seite gelieferten Arznei ablehnen.

Genügt die Arzneiversorgung, die eine Kasse gewährt, nicht den berechtigten Anforderungen der Erkrankten, so gelten die §§ 372, 373 entsprechend.

§ 376. Die Apotheken haben den Krankenkassen für die Arzneien einen Abschlag von den Preisen der Arzneitaxe zu gewähren. Die oberste Verwaltungsbehörde bestimmt seine Höhe; sie kann ihn für die einzelnen Apotheken davon abhängig machen, daß die Kasse aus ihnen mindestens zu einem bestimmten Betrage bezieht.

Die höhere Verwaltungsbehörde setzt unter Rücksicht auf die örtlichen Verhältnisse und die im Handverkauf üblichen Preise die Höchstpreise von solchen einfachen

Arzneimitteln fest, welche sonst ohne ärztliche Verschreibung (im Handverkauf) abgegeben zu werden pflegen. Diese Höchstpreise dürfen einen Betrag nicht überschreiten, der sich nach Abs. 1 ergibt. Die oberste Verwaltungsbehörde kann näheres anordnen.

Beziehen die Berechtigten die im Abs. 2 bezeichneten Arzneimittel zu einem Preise, der die Festsetzung nicht übersteigt, aus einer Apotheke, so kann die höhere Verwaltungsbehörde anordnen, daß die Kasse die Bezahlung nicht deshalb ablehnen darf, weil sie nach § 375 mit Personen, die nicht Apothekenbesitzer oder -verwalter sind, niedrigere Preise vereinbart hat.

Fünfter Abschnitt.

Aufsicht.

§ 377. Die Aufsicht über die Krankenkassen führt, vorbehaltlich der §§ 372 bis 375, das Versicherungsamt. Sie erstreckt sich auch auf die Beobachtung der Dienst- und Krankenordnung.

Wird die Beschwerde gegen eine Anordnung des Versicherungsamts darauf gestützt, daß die Anordnung rechtlich nicht begründet sei und den Beschwerdeführer in einem Rechte verletze oder mit einer rechtlich nicht begründeten Verbindlichkeit belaste, so entscheidet darüber das Oberversicherungsamt (Beschlußkammer).

Bei Betriebskrankenkassen für Reichs- oder Staatsbetriebe kann die oberste Verwaltungsbehörde Aufgaben des Versicherungsamts, die nicht der Spruchausschuß wahrzunehmen hat, anderen Behörden übertragen.

§ 378. Das Versicherungsamt kann Ansprüche einer Betriebskrankenkasse gegen den Arbeitgeber aus seiner Rechnungs- und Kassenführung in Vertretung der Kasse selbst oder durch einen Beauftragten geltend machen.

§ 379. Solange die Wahlberechtigten sich weigern, zu den Kassenorganen zu wählen, bestellt das Versicherungsamt (Beschlußausschuß) die Mitglieder oder Vertreter.

Solange der Vorstand oder sein Vorsitzender oder der Ausschuß sich weigern, die ihnen obliegenden Geschäfte auszuführen, nimmt sie das Versicherungsamt selbst oder durch Beauftragte auf Kosten der Kasse wahr.

Sechster Abschnitt.

Aufbringung der Mittel.

I. Beiträge.

§ 380. Die Mittel für die Krankenversicherung sind von den Arbeitgebern und den Versicherten aufzubringen.

§ 381. Versicherungspflichtige haben zwei Drittel, ihre Arbeitgeber ein Drittel der Beiträge zu zahlen.

Bei Innungskrankenkassen kann die Satzung bestimmen, daß die Arbeitgeber und die Versicherungspflichtigen je die Hälfte der Beiträge zu tragen haben. Wird dies durch Änderung der Satzung bestimmt, so bedarf der Beschluß der Mehrheit der Vertreter sowohl der Arbeitgeber als auch der Versicherten.

Versicherungsberechtigte haben die Beiträge allein zu tragen.

§ 382. Die Satzung kann gestatten, daß Versicherte, die vorübergehend einen geringeren Lohn beziehen, in ihrer alten höheren Lohnklasse versichert bleiben, wenn sie den Mehrbetrag des Beitrags selbst übernehmen oder der Arbeitgeber zustimmt.

§ 383. Bei Arbeitsunfähigkeit sind für die Dauer der Krankenhilfe keine Beiträge zu entrichten.

Das Gleiche gilt während des Bezugs des Wochen- und des Schwangerengeldes.

§ 384. Die Satzung kann die Höhe der Beiträge nach den Erwerbszweigen und Berufsarten der Versicherten abstufen und eine höhere Bemessung der Beitragsteile des Arbeitgebers für einzelne Betriebe zulassen, soweit die Erkrankungsgefahr erheblich höher ist.

Kassen mit Familienhilfe können von den Versicherten mit Familienangehörigen einen Zusatzbeitrag erheben, den die Satzung allgemein festzusetzen hat. Die §§ 381, 382, 385 bis 403 gelten hierfür nicht.

Billigt die Satzung das Krankengeld nicht allgemein für Sonn- und Feiertage zu, so kann sie die Beiträge für solche Mitglieder entsprechend erhöhen, für welche die Sonn- und Feiertage Arbeitstage sind.

Festsetzungen dieser Art bedürfen der Zustimmung des Oberversicherungsamts.

Ordnet der Vorstand für einen Betrieb höhere Beiträge an, so hat der Arbeitgeber die Beschwerde an das Versicherungsamt. Im Rechtszuge entscheidet das Oberversicherungsamt endgültig.

§ 385. Die Beiträge sind in Hundertsteln des Grundlohns so zu bemessen, daß sie, die anderen Einnahmen eingerechnet, für die zulässigen Ausgaben der Kasse ausreichen.

Zu anderen Zwecken darf die Kasse keine Beiträge erheben.

Entstehen Zweifel darüber, ob die Satzung oder ihre Änderung die Beiträge entsprechend dem Abs. 1 bemißt, so läßt sie das Oberversicherungsamt vor der Genehmigung sachverständig prüfen. Sind sie unzulänglich, so hängt die Genehmigung davon ab, daß die Beiträge erhöht oder die Leistungen bis auf die Regelleistungen gemindert werden.

§ 386. Die Beiträge dürfen bei Errichtung der Kasse nur dann höher als viereinhalb vom Hundert des Grundlohns festgesetzt werden, wenn es zur Deckung der Regelleistungen erforderlich ist.

§ 387. Decken die Einnahmen der Kasse ihre Ausgaben einschließlich der Beträge für die Rücklage nicht, so sind durch Satzungsänderung entweder die Leistungen bis auf die Regelleistungen zu mindern oder die Beiträge zu erhöhen.

§ 388. Über viereinhalb vom Hundert des Grundlohns dürfen die Beiträge nur zur Deckung der Regelleistungen oder auf übereinstimmenden Beschluß der Arbeitgeber und Versicherten im Ausschusse erhöht werden.

§ 389. Decken bei einer Ortskrankenkasse auch sechs vom Hundert des Grundlohns als Beiträge die Regelleistungen nicht, so können die Beiträge nur auf übereinstimmenden Beschluß der Arbeitgeber und Versicherten im Ausschusse noch weiter erhöht werden.

Andernfalls veranlaßt das Oberversicherungsamt, vorbehaltlich des § 268, daß die Kasse mit anderen Ortskrankenkassen vereinigt wird. Ist das nicht möglich oder reichen trotz der Vereinigung die Beiträge für die Regelleistungen nicht aus, so hat der Gemeindeverband die erforderliche Beihilfe aus eigenen Mitteln zu leisten. Solange dies geschieht, kann er einem Vertreter das Amt des Kassenvorsitzenden übertragen.

§ 390. Decken bei einer Land-, Betriebs- oder Innungskrankenkasse sechs vom Hundert des Grundlohns als Beiträge die Regelleistungen nicht, so hat bei Landkrankenkassen, vorbehaltlich des § 265 Abs. 2, der Gemeindeverband, bei Betriebskrankenkassen der Arbeitgeber, bei Innungskrankenkassen die Innung die erforderliche Beihilfe aus eigenen Mitteln zu leisten. Solange dieses bei einer Landkrankenkasse geschieht, kann der Gemeindeverband einem Vertreter das Amt des Kassenvorsitzenden übertragen.

§ 391. Muß eine Kasse, um ihre Leistungsfähigkeit zu erhalten oder herzustellen, schleunig ihre Einnahmen vermehren oder ihre Ausgaben vermindern, so kann bis zur satzungsmäßigen Neuregelung das Versicherungsamt (Beschlußausschuß) vorläufig verfügen, daß, soweit erforderlich, die Beiträge erhöht wie auch die Leistungen bis auf die Regelleistungen gemindert werden; laufende Leistungen bleiben unberührt.

Auf Beschwerde entscheidet das Oberversicherungsamt endgültig.

§ 392. Übersteigen die Einnahmen der Kasse die Ausgaben, so sind, falls die Rücklage das Doppelte ihres gesetzlichen Mindestbetrags erreicht hat, durch Änderung der Satzung entweder die Beiträge zu ermäßigen oder die Leistungen zu erhöhen.

II. Zahlung der Beiträge.

§ 393. Die Arbeitgeber haben die Beiträge für ihre Versicherungspflichtigen an den Tagen einzuzahlen, welche die Satzung festsetzt. Die Zahltage dürfen höchstens einen Monat auseinander liegen. An denselben Tagen haben die Versicherungsberechtigten die Beiträge einzuzahlen.

§ 394. Die Versicherungspflichtigen müssen sich bei der Lohnzahlung ihre Beitragsteile vom Barlohn abziehen lassen. Die Arbeitgeber dürfen die Beitragsteile nur auf diesem Wege wieder einziehen.

Die oberste Verwaltungsbehörde kann bestimmen, wie dem Arbeitgeber der Beitragsteil Versicherungspflichtiger aus ihrem Entgelt zu erstatten ist, wenn dieser nur aus Sachbezügen besteht oder von Dritten gewährt wird.

§ 395. Die Abzüge für Beitragsteile sind gleichmäßig auf die Lohnzeiten zu verteilen, auf die sie fallen. Die Teilbeträge dürfen ohne Mehrbelastung der Versicherten auf volle zehn Pfennig abgerundet werden.

Sind Abzüge für eine Lohnzeit unterblieben, so dürfen sie nur bei der Lohnzahlung für die nächste Lohnzeit nachgeholt werden, wenn nicht die Beiträge ohne Verschulden des Arbeitgebers verspätet entrichtet worden sind.

Bei Dienstboten gelten Abschlagszahlungen nicht als Lohnzahlungen.

§ 396. Steht der Versicherte gleichzeitig in mehreren versicherungspflichtigen Arbeitsverhältnissen, so haften die Arbeitgeber als Gesamtschuldner für die vollen Beiträge.

Auf Antrag eines der Arbeitgeber verteilt das Versicherungsamt die Beiträge.

§ 397. Die Beiträge sind bis zur vorschriftsmäßigen Abmeldung fortzuzahlen.

Scheidet der Versicherte zwischen zwei Zahltagen aus der Beschäftigung aus und wird er rechtzeitig abgemeldet, so sind die vorausgezahlten Beiträge nach Verhältnis der Zeit zurückzuzahlen.

Bei Betriebskrankenkassen sind die Beiträge bis zum Ende der Mitgliedschaft fortzuzahlen.

Die Satzung kann bestimmen, daß die Beiträge stets für volle Wochen erhoben und zurückgezahlt werden.

§ 398. Auf Antrag einer Orts-, Land- oder Innungskrankenkasse sowie auf Antrag von Mitgliedern der Organe einer Betriebskrankenkasse kann das Versicherungsamt (Beschlußausschuß) widerruflich anordnen, daß Arbeitgeber, die mit Abführung der Beiträge rückständig sind und sich in einem Zwangsbeitreibungsverfahren als zahlungsunfähig erwiesen haben, nur ihren Beitragsteil einzahlen. Die von ihnen beschäftigten Versicherungspflichtigen haben dann ihren Beitragsteil an den Zahltagen selbst einzuzahlen.

Gegen diese Anordnung hat der Arbeitgeber die Beschwerde an das Oberversicherungsamt (Beschlußkammer). Es entscheidet endgültig.

§ 399. Die Anordnung muß den Arbeitgeber, für den sie gilt, nach Namen, Wohnort und Geschäftsbetrieb bezeichnen. Sie wird ihm sowie der Polizeibehörde seines Wohnorts und des davon etwa getrennten Betriebssitzes schriftlich mitgeteilt. Verlegt der Arbeitgeber seinen Wohnort oder Betriebssitz, so benachrichtigt die Polizeibehörde die für den neuen Wohnort oder Betriebssitz zuständige Behörde.

§ 400. Der Arbeitgeber hat die Anordnung durch dauernden Aushang in den Arbeitsstätten den von ihm beschäftigten Versicherungspflichtigen bekanntzumachen und diese bei jeder Lohnzahlung darauf hinzuweisen, daß sie ihren Beitragsteil selbst einzuzahlen haben.

§ 401. Das Versicherungsamt (Beschlußausschuß) hebt die Anordnung auf, sobald ihm durch Bescheinigung des Kassenvorstandes nachgewiesen wird, daß alle rückständigen und fälligen Verpflichtungen des Arbeitgebers gegen die Kasse erfüllt sind.

§ 402. Solange für Arbeitgeber, die sich im Zwangsbeitreibungsverfahren als zahlungsunfähig erwiesen haben, die Anordnung nicht getroffen ist, haben sie die Lohnabzüge zu machen und den Betrag spätestens binnen drei Tagen an die berechtigte Kasse abzuführen.

§ 403. Die Satzung einer Orts-, Land- oder Innungskrankenkasse kann mit Zustimmung des Oberversicherungsamts bestimmen, unter welchen Voraussetzungen die Kasse Vorschüsse von den Arbeitgebern einfordern soll.

§ 404. Auf Antrag beteiligter Kassen kann das Versicherungsamt (Beschlußausschuß) die gemeinsamen Meldestellen zugleich als Zahlstellen bestimmen, welche Beiträge annehmen und Leistungen auszahlen.

Es kann den Ortsbehörden mit Genehmigung ihrer Aufsichtsbehörden die Geschäfte der Zahlstellen übertragen.

Das Versicherungsamt kann die Krankenkassen mit ihrer Zustimmung und unter Vereinbarung über die Kosten bei der Einziehung der Beiträge unterstützen.

Die Gemeindeaufsichtsbehörde kann die geschäftsleitenden Beamten nach Anhören der Kasse als Vollstreckungsbeamte bestellen.

§ 405. Entsteht zwischen dem Arbeitgeber und seinen Beschäftigten Streit über die Berechnung und Anrechnung ihrer Beitragsteile, so entscheidet endgültig das Versicherungsamt (Beschlußausschuß).

Entsteht zwischen einem Arbeitgeber oder einem Versicherten oder bisher Versicherten oder einem zu Versichernden und einer Kasse Streit über das Versicherungsverhältnis oder über die Verpflichtung, Beiträge zu leisten, einzuzahlen oder zurückzuzahlen, so entscheidet das Versicherungsamt (Beschlußausschuß) und auf Beschwerde endgültig das Oberversicherungsamt.

Endgültige Entscheidungen über das Versicherungsverhältnis sind für alle Behörden und Gerichte bindend. Ist jedoch die Mitgliedschaft eines Versicherten für alle beteiligten Kassen endgültig und aus dem Grunde abgelehnt, daß er einer anderen von ihnen anzugehören habe, so bestimmt auf Antrag das diesen Kassen gemeinsame Versicherungsamt (Beschlußausschuß) oder Oberversicherungsamt (Beschlußkammer) oder, wo ein solches fehlt, die oberste Verwaltungsbehörde die zuständige Kasse, ohne an die früheren Entscheidungen gebunden zu sein.

Siebenter Abschnitt.

Kassenverbände. Sektionen.

§ 406. Krankenkassen können sich durch übereinstimmenden Beschluß ihrer Ausschüsse zu einem Kassenverbande vereinigen, wenn sie ihren Sitz im Bezirke desselben Versicherungsamts haben.

Mit Genehmigung des Oberversicherungsamts (Beschlußkammer) oder, wenn sie versagt wird, mit Genehmigung der obersten Verwaltungsbehörde kann sich ein Kassenverband über die Bezirke oder Bezirksteile mehrerer Versicherungsämter erstrecken. Das Oberversicherungsamt bestimmt endgültig, welches Versicherungsamt die Aufsicht führt.

§ 407. Der Kassenverband kann für die ihm angeschlossenen Kassen gemeinsam

1. Angestellte und Beamte anstellen,
2. Verträge mit Ärzten, Zahnärzten, Zahntechnikern, Apothekenbesitzern und -verwaltern oder anderen Arzneimittelhändlern, Krankenhäusern sowie über Lieferung von Heilmitteln und anderen Bedürfnissen der Krankenpflege vorbereiten oder abschließen,
3. die Kranken nach einheitlichen Grundsätzen überwachen,
4. Heilanstalten und Genesungsheime anlegen und betreiben,
5. die Ausgaben für die Leistungen bis zur Hälfte oder innerhalb dieser Grenze die Ausgaben für bestimmte Krankheitsarten oder Erkrankungsfälle bis zur vollen Höhe tragen.

§ 408. Für den Verband ist eine Satzung durch übereinstimmenden Beschluß der beteiligten Kassenausschüsse zu errichten. Sie bedarf der Genehmigung durch das Oberversicherungsamt. Für die Versagung der Genehmigung gilt § 324 Abs. 2, 4.

Die §§ 4 bis 34 gelten entsprechend.

§ 409. Die Satzung muß bestimmen über

1. Namen und Sitz des Verbandes und der ihm angeschlossenen Kassen,
2. Zwecke des Verbandes,
3. Zusammensetzung, Wahl, Rechte und Pflichten des Vorstandes und des etwa gewählten Ausschusses,
4. Feststellung des Voranschlags und Abnahme der Jahresrechnung,
5. Umlegung der Beiträge zur Deckung der Verbandsausgaben sowie Ausschreibung und Verrechnung etwa erforderlicher Zuschüsse,
6. Änderung der Satzung.

§ 410. Was nach den §§ 368 bis 376 für Krankenkassen gilt, ist auf Kassenverbände entsprechend anzuwenden.

§ 411. Jede Kasse kann mit dem Schlusse des Geschäftsjahrs aus dem Verband ausscheiden, wenn sie es spätestens sechs Monate zuvor bei dem Vorstande beantragt hat.

Die beteiligten Kassenausschüsse können den Verband durch übereinstimmenden Beschluß auflösen.

Für die zur Zeit des Ausscheidens bestehenden Verbindlichkeiten des Kassenverbandes haftet die ausgeschiedene Kasse wie ein Gesamtschuldner. Die Ansprüche gegen die Kasse aus diesen Verbindlichkeiten verjähren in zwei Jahren nach dem Ausscheiden, sofern nicht der Anspruch gegen den Kassenverband einer kürzeren Verjährung unterliegt; wird der Anspruch gegen den Kassenverband erst nach dem Ausscheiden fällig, so beginnt die Verjährung mit dem Zeitpunkte der Fälligkeit.

§ 412. Bei Ausscheiden einer Kasse oder Auflösung des Verbandes erhält von seinem Reinvermögen (§ 293) jede ausscheidende Kasse den Anteil, der für das letzte Geschäftsjahr dem Verhältnis ihrer Beiträge zu den Gesamtbeiträgen an den Verband entspricht. Ergibt sich ein Fehlbetrag, so hat jede ausscheidende Kasse nach demselben Verhältnis zuzuschießen.

Durch die Satzung oder durch Übereinkommen kann anderes bestimmt werden.

§ 413. Die Aufsicht über den Verband führt das Versicherungsamt. Die §§ 377 bis 379 gelten entsprechend.

Für die Angestellten des Verbandes gelten die §§ 349 bis 361 entsprechend; ebenso für die Verwaltung der Mittel die §§ 363, 365. Der Bundesrat kann bestimmen, wie weit die §§ 366, 367 gelten.

Entsteht zwischen dem Verband und den beteiligten Kassen Streit aus dem Verbandsverhältnisse, so entscheidet das Versicherungsamt (Beschlußausschuß).

§ 414. Für Kassenvereinigungen anderer Art, die den allgemeinen Zwecken der Krankenhilfe dienen, dürfen Kassenmittel nur mit Zustimmung beider Gruppen im Vorstande verwendet werden. Mit Genehmigung der obersten Verwaltungsbehörde dürfen solche Kassenvereinigungen auch einzelne der im § 407 bezeichneten Aufgaben übernehmen.

§ 415. Krankenkassen können mit Zustimmung des Oberversicherungsamts für bestimmte Gruppen ihrer Mitglieder oder für bestimmte Bezirke Sektionen errichten und ihnen einen Teil, jedoch höchstens zwei Drittel, der Einnahmen und der Leistungen zuweisen. Das Nähere, namentlich über Verfassung, Verwaltung, Aufgaben und Zuständigkeit bestimmt die Satzung.

Achter Abschnitt.

Besondere Berufszweige.

I. Allgemeine Vorschrift.

§ 416. Die Vorschriften dieses Buches gelten mit den besonderen Vorschriften der

§§ 417 bis 434 für die in der Landwirtschaft Beschäftigten,

§§ 435 bis 440 für Dienstboten,

§§ 441 bis 458 für unständig Beschäftigte,

§§ 459 bis 465 für die im Wandergewerbe Beschäftigten,

§§ 466 bis 493 für Hausgewerbtreibende und ihre hausgewerblich Beschäftigten sowie des

§ 494 für Lehrlinge.

II. Landwirtschaft.

§ 417. Als in der Landwirtschaft Beschäftigter gilt auch, wer

1. in landwirtschaftlichen Nebenbetrieben (§§ 918 bis 921) beschäftigt wird,

2. in landwirtschaftlichen Betrieben beschäftigt wird, die Nebenbetreibe eines gewerblichen Betriebs sind, und nicht nach § 540 durch die Satzung einer gewerblichen Berufsgenossenschaft bei dieser versichert ist.

§ 418. Von der Versicherungspflicht wird auf Antrag des Arbeitgebers befreit, wer an diesen bei Erkrankung Rechtsanspruch auf eine Unterstützung hat, die den Leistungen der zuständigen Krankenkasse gleichwertig ist.

Voraussetzung ist, daß

1. der Arbeitgeber die volle Unterstützung aus eigenen Mitteln deckt,
2. seine Leistungsfähigkeit sicher ist,
3. er den Antrag für seine sämtlichen in der Landwirtschaft Beschäftigten stellt, soweit sie durch Vertrag zur regelmäßigen Arbeit für mindestens zwei Wochen verpflichtet sind.

Dabei gilt § 175 mit der Maßgabe, daß statt des Versicherungsamts das Oberversicherungsamt endgültig entscheidet.

§ 419. Die Befreiung gilt nur für die Dauer des Arbeitsvertrags. Sie erlischt vorher, wenn der Arbeitgeber seine sämtlichen Befreiten zur Kasse anmeldet, oder wenn das Versicherungsamt von selbst oder auf Antrag eines Befreiten feststellt, daß der Arbeitgeber nicht leistungsfähig ist. Für Versicherungsfälle, die bei Ablauf der Befreiung bereits eingetreten sind oder im Falle des § 214 in den ersten drei Wochen nach diesem

Ablauf eintreten, hat die Kasse nichts zu leisten; der Anspruch des Befreiten gegen den Arbeitgeber bleibt unberührt.

Für die Befreiten gilt § 313 sinngemäß so, als ob sie bis zum Ablauf der Befreiung Mitglieder der Kasse gewesen wären; ebenso gelten entsprechend die §§ 195 bis 200, 224.

§ **420.** Auf Antrag des Arbeitgebers werden für die Dauer des Arbeitsvertrags unter Wegfall des Anspruchs der Versicherten auf Krankengeld die Kassenbeiträge entsprechend ermäßigt, wenn erweislich mindestens

1. der Arbeitsvertrag auf ein Jahr abgeschlossen ist,
2. die Versicherten
   entweder für das Jahr Sachleistungen im dreihundertfachen Werte des satzungsmäßigen täglichen Krankengeldes
   oder für den Arbeitstag einen Entgelt im Werte dieses Krankengeldes beziehen und
3. ihnen ein Rechtsanspruch auf diese Leistungen für die Geltungsdauer des Arbeitsvertrags zusteht.

Ist der Versicherte über die Geltungsdauer des Arbeitsvertrags hinaus krank und arbeitsunfähig, so tritt sein Anspruch auf Krankengeld wieder in Kraft. Der Arbeitgeber hat der Kasse das Krankengeld zu erstatten. § 28 gilt entsprechend.

Die Beiträge werden durch die Satzung mit Zustimmung des Oberversicherungsamts nach dem Verhältnis des Krankengeldes zum Werte der anderen Kassenleistungen ermäßigt.

§ 421. Mit Zustimmung des Oberversicherungsamts kann die Satzung für Versicherte, denen in Krankheitsfällen nach ihrem Arbeitsvertrage geringere als die im § 420 Abs. 1 Nr. 2 bezeichneten Leistungen zustehen, das Krankengeld kürzen; die Beiträge sind entsprechend zu ermäßigen.

§ 422. Soweit der Arbeitgeber die Unterstützung (§§ 418, 419) nicht leistet, hat die Kasse auf Antrag dem Befreiten die satzungsmäßigen Leistungen zu gewähren; soweit der Arbeitgeber die vertragsmäßigen Leistungen (§§ 420, 421) nicht erfüllt, hat sie dem erkrankten Mitglied auf Antrag das Krankengeld zu zahlen.

Der Arbeitgeber hat ihr das Geleistete zu erstatten. § 28 gilt entsprechend.

Bei Streit über den Erstattungsanspruch (Abs. 2, § 420 Abs. 2) entscheidet das Versicherungsamt im Spruchverfahren.

§ 423. Die Satzung einer Landkrankenkasse kann mit Zustimmung des Oberversicherungsamts bestimmen, daß Versicherte kein Krankengeld erhalten, denen auf Grund der Reichsversicherung eine dauernde jährliche Rente mindestens im dreihundertfachen Betrage des satzungsmäßigen täglichen Krankengeldes gewährt ist.

Die Beiträge für diese Mitglieder sind entsprechend (§ 420 Abs. 3) zu ermäßigen.

Die Satzung kann mit Zustimmung des Oberversicherungsamts für Beschäftigte, die dauernd nur zu einem geringen Teil arbeitsfähig sind, den Grundlohn niedriger als den Ortslohn festsetzen.

§ 424. Die Satzung einer Landkrankenkasse kann allgemein oder für gewisse Gruppen Versicherter mit Zustimmung des Oberversicherungsamts das Krankengeld für die Zeit vom 1. Oktober bis zum 31. März oder für einen Teil dieser Zeit bis auf ein Viertel des Ortslohns herabsetzen; sie muß entsprechend entweder für dieselbe Zeit die Beiträge ermäßigen oder für die übrige Zeit das Krankengeld in den zulässigen Grenzen erhöhen. Das Gleiche gilt entsprechend für das Hausgeld.

§ 425. Was nach den §§ 420 bis 423 für das Krankengeld gilt, gilt auch für die anderen Barleistungen der Kasse mit Ausnahme des Sterbegeldes.

§ 426. Die oberste Verwaltungsbehörde kann für das Gebiet des Bundesstaats oder Teile davon den Landkrankenkassen gestatten, durch die Satzung für arbeitsunfähig Erkrankte erweiterte Krankenpflege (§ 429) einzuführen.

§ 427. Die Satzung darf dies nur bestimmen, wenn im Bezirke der Landkrankenkasse

1. sonst die Leistungsfähigkeit der in der Landwirtschaft Beschäftigten oder ihrer Arbeitgeber beeinträchtigt werden würde und
2. eine ausreichende Zahl von Krankenhäusern und ähnlichen Heilanstalten die Durchführung der erweiterten Krankenpflege sichert.

§ 428. Die Bestimmung bedarf der Zustimmung des Oberversicherungsamts, jedoch in Bezirken, in denen die in der Landwirtschaft Beschäftigten bereits nach den allgemeinen Vorschriften dieses Buches oder nach dem Krankenversicherungsgesetze versichert sind, derjenigen der obersten Verwaltungsbehörde.

§ 429. Als erweiterte Krankenpflege wird statt der Krankenpflege und des Krankengeldes Kur und Verpflegung in einem Krankenhaus oder einer ähnlichen Heilanstalt gewährt. Diese Leistung gilt als Regelleistung.

§ 430. Der arbeitsunfähig Erkrankte braucht nicht in eine Heilanstalt gebracht zu werden, wenn es nach ärztlichem Gutachten die Heilung nicht fördern würde.

Wenn der arbeitsunfähig Erkrankte ohne sein Verschulden in keine Heilanstalt gebracht wird, so hat die Landkrankenkasse die gesetzliche Krankenhilfe zu gewähren. Die Satzung kann bestimmen, daß unter den Voraussetzungen der §§ 420, 421 das Krankengeld ganz oder teilweise nicht ausgezahlt, sondern auf die demnächst fälligen Beiträge für die Versicherten verrechnet wird.

§ 431. Solange der Erkrankte die Krankenhauspflege da ablehnt, wo sie nach § 184 seiner Zustimmung bedürfen würde, hat er, sofern die Satzung nichts anderes bestimmt, nur auf Krankenpflege und, wenn er bisher von seinem Arbeitsverdienst Angehörige ganz oder überwiegend unterhalten hat, auf das halbe Krankengeld Anspruch.

§ 432. Die Satzung bestimmt, ob und in welcher Höhe bei erweiterter Krankenpflege neben der Krankenhauspflege ein Hausgeld zu gewähren ist.

Schreibt die Satzung erweiterte Krankenpflege vor, so kann sie zugleich für das Sterbegeld einen Höchstbetrag von dreißig Mark festsetzen.

Sie kann die Gewährung erweiterter Krankenpflege auf Versicherungsfälle beschränken, die während der Erwerbslosigkeit und binnen drei Wochen nach dem Ausscheiden aus der Mitgliedschaft eintreten.

Sie hat die Beiträge für die Versicherten, denen bei Erkrankung nur die erweiterte Krankenpflege zusteht, entsprechend zu ermäßigen.

§ 433. Enthält die Satzung einer Landkrankenkasse Bestimmungen nach den §§ 423 bis 432, so können die Satzungen landwirtschaftlicher Betriebskrankenkassen, die ihren Sitz im Bezirke dieser Landkrankenkasse haben, das Gleiche bestimmen.

§ 434. Für die in der Landwirtschaft Beschäftigten mit Ausnahme der Gärtner sowie der vorübergehend in der Landwirtschaft beschäftigten gewerblichen Arbeiter gelten die §§ 503, 517 bis 520 nicht; welche Beschäftigung als vorübergehend gilt, bestimmt der Bundesrat.

III. Dienstboten.

§ 435. Die §§ 418, 419, 422, 426 bis 434 gelten auch für die Versicherung der Dienstboten; jedoch ist die Einführung der erweiterten Krankenpflege nicht an die Voraussetzung des § 427 Nr. 1 gebunden und für die Zustimmung immer das Oberversicherungsamt zuständig. Auf Antrag des Dienstberechtigten oder des Versicherten ist von der Unterbringung in eine Heilanstalt abzusehen, wenn sie nach ärztlichem Gutachten nicht notwendig ist.

§ 436. Der Dienstberechtigte kann das Krankengeld auf den Lohn anrechnen, den er dem Dienstboten während der Krankheit weiterzuzahlen hat.

§ 437. Auch wo die erweiterte Krankenpflege durch die Satzung nicht eingeführt ist, hat die Krankenkasse sie auf Antrag des Dienstberechtigten oder des Dienstboten dem in die häusliche Gemeinschaft aufgenommenen Dienstboten zu gewähren, wenn die Krankheit ansteckend ist, oder wenn er nach ihrer Art in der häuslichen Gemeinschaft nicht oder nur unter erheblicher Belästigung des Dienstberechtigten behandelt oder verpflegt werden kann.

§ 438. Bei Streit zwischen dem Dienstberechtigten und der Kasse über diese Art der Verpflichtung (§ 437) entscheidet endgültig das Versicherungsamt.

Es kann die Kasse auf ihren Antrag von der erweiterten Krankenpflege in Fällen entbinden, in denen sich diese ohne Verschulden der Kasse nicht durchführen läßt.

§ 439. Werden Dienstboten auch in dem Betrieb oder anderen Erwerbsgeschäft des Dienstberechtigten beschäftigt, so ist diese Beschäftigung für ihre Versicherung und die Ansprüche maßgebend, die sie nach Gesetz oder Satzung gegen den Arbeitgeber in Krankheitsfällen haben, sofern sie nicht für sich allein nach § 168 versicherungsfrei ist.

§ 440. Die Landesregierung kann bestimmen, daß Dienstboten nach diesem Gesetze versicherungsfrei sind, wenn für sie bei dessen Verkündung landesrechtlich Fürsorge im Krankheitsfalle getroffen ist.

Diese Fürsorge muß nach Umfang und Dauer mindestens den Regelleistungen der Krankenkassen gleichwertig sein oder binnen sechs Monaten, nachdem dieses Gesetz in Kraft getreten ist, gleichwertig gemacht sein.

Für einen Dienstboten dürfen dabei nicht höhere Beiträge erhoben werden, als nach diesem Gesetz Beitragsteile auf ihn fallen würden.

IV. Unständige Beschäftigung.

§ 441. Unständig ist die Beschäftigung, die auf weniger als eine Woche entweder nach der Natur der Sache beschränkt zu sein pflegt oder im voraus durch den Arbeitsvertrag beschränkt ist.

§ 442. Unständig Beschäftigte, die nicht nach § 168 versicherungsfrei sind, werden bei der allgemeinen Ortskrankenkasse oder, wenn sie überwiegend landwirtschaftlich beschäftigt sind, bei der Landkrankenkasse ihres Wohnorts versichert.

Die Kasse hat über sie ein Mitgliederverzeichnis nach der Buchstabenfolge zu führen und laufend zu halten.

Die Mitgliedschaft bei der Kasse beginnt mit der Eintragung in das Verzeichnis.

§ 443. Sobald die Kasse Kenntnis erhält, daß ein unständig Beschäftigter ihres Bezirkes keiner Krankenkasse angehört, obwohl er versicherungspflichtig ist, trägt sie ihn von selbst in das Verzeichnis ein.

§ 444. Der Versicherungspflichtige soll sich selbst zur Eintragung anmelden.

Das Versicherungsamt, die Gemeinde- und Polizeibehörde, die Ausgabestelle für Quittungskarten (§ 1419) sowie alle Organe und Angestellten der Versicherungsträger haben der zuständigen Kasse jeden Versicherungspflichtigen zu melden, der unständig beschäftigt und nicht schon Mitglied einer Krankenkasse ist.

Die oberste Verwaltungsbehörde kann diese Pflicht näher regeln.

§ 445. Die Kasse kann unständig Beschäftigte zur Feststellung ihrer Versicherungspflicht laden und durch Geldstrafe bis zu zehn Mark anhalten, der Ladung zu folgen.

§ 446. Der Eingetragene bleibt Mitglied auch während der Zeit, in der er vorübergehend nicht gegen Entgelt beschäftigt wird.

§ 447. Der Versicherte wird auf seine Abmeldung im Verzeichnisse gelöscht, wenn er glaubhaft macht, daß er Mitglied einer anderen Kasse geworden ist oder die unständige Beschäftigung nicht nur vorübergehend aufgegeben hat.

Er wird auch dann gelöscht, wenn die Kasse diese Tatsachen anderweit feststellt, oder wenn sie erfährt, daß der Versicherte gestorben oder in den Bezirk einer anderen Kasse verzogen ist.

Wer gelöscht wird, kann nach § 313 Mitglied bleiben.

Die Satzung bestimmt näheres über Beiträge und Leistungen.

§ 448. Scheidet der Versicherte aus der anderen Kasse (§ 447) wieder aus oder nimmt er die unständige Beschäftigung wieder auf, so soll er sich sofort wieder zur Eintragung in das Verzeichnis melden.

Die Kasse hat das Versicherungsverhältnis solcher Personen zu überwachen.

§ 449. Wird der Versicherte bei seiner Kasse nach § 317 durch einen Arbeitgeber angemeldet, so ist dies in dem Verzeichnisse zu vermerken.

Die Mitgliedschaft auf Grund dieser Anmeldung setzt die frühere unmittelbar fort.

Nach Abmeldung durch den Arbeitgeber ist der Vermerk in dem Verzeichnisse zu löschen.

§ 450. Beiträge und Leistungen setzt die Satzung nach dem Ortslohn besonders fest; sie kann dabei für einzelne Gruppen unständig Beschäftigter die Sätze des Ortslohns durch Zuschläge erhöhen. Die Festsetzungen bedürfen der Zustimmung des Oberversicherungsamts.

Abs. 2, 3 des § 423 können angewendet werden.

Die Kasse hat diese Beiträge und Leistungen gesondert zu buchen.

Die unständig Beschäftigten haben ihren Beitragsteil (§ 381 Abs. 1) selbst einzuzahlen.

Auf die satzungsmäßigen Mehrleistungen ihrer Kasse haben sie nur Anspruch, soweit es die Satzung bestimmt.

§ 451. Die Satzung kann bestimmen, daß für unständig Beschäftigte der Anspruch auf Kassenleistungen erst nach einer Wartezeit von höchstens sechs Wochen entsteht.

Liegt eine frühere Mitgliedschaft nicht länger als sechsundzwanzig Wochen zurück, so wird ihre Dauer auf die Wartezeit angerechnet.

§ 452. Hat ein unständig Beschäftigter im Laufe der letzten sechsundzwanzig Wochen vor der Erkrankung für mehr als acht Wochen seinen Beitragsteil nicht geleistet, so erhält er nur Krankenpflege; das Sterbegeld darf dreißig Mark nicht übersteigen.

Das Gleiche gilt für einen Versicherten, dessen Mitgliedschaft noch nicht sechsundzwanzig Wochen besteht, wenn er seinen Beitragsteil für mehr als ein Viertel der Versicherungsdauer nicht geleistet hat.

§ 453. Der Gemeindeverband hat der Kasse am Schlusse jedes Vierteljahrs den Gesamtbetrag der Beitragsteile für die Arbeitgeber auf Grund einer eingereichten Rechnung zu zahlen.

§ 454. Der Verband kann den Betrag umlegen, und zwar entweder auf alle Einwohner des Kassenbezirkes oder getrennt für die Ortskrankenkassen und die Landkrankenkassen des Bezirkes je auf die beteiligten Einwohner.

Dabei soll er solche Einwohner, welche unständig Beschäftigte in größerer Zahl oder für längere Zeit zu beschäftigen pflegen, zur Umlage in höherem Maße heranziehen.

§ 455. Die Satzung der Kasse kann mit Zustimmung des Verbandes und des Oberversicherungsamts bestimmen, daß die unständig Beschäftigten keine Beitragsteile zahlen.

Die Kasse gewährt ihnen dann nur die Leistungen nach § 452 Abs. 1.

§ 456. Die Landesregierung kann bestimmen, wieweit im übrigen die nach den §§ 454, 455 gefaßten Beschlüsse des Verbandes der Genehmigung bedürfen.

Sie kann die gegen die Umlage (§ 454) zulässigen Rechtsmittel bestimmen.

§ 457. Die Arbeitgeber unständig Beschäftigter als solche, sowie unständig Beschäftigte, die nach § 455 keine Beitragsteile zahlen, sind bei der Kasse weder wählbar noch wahlberechtigt.

§ 458. Die Landesregierung kann für den Bundesstaat oder Teile davon Meldung und Beitragsleistung für die unständig Beschäftigten abweichend regeln.

Ebenso kann sie anordnen, daß die unständig Beschäftigten nach den allgemeinen Vorschriften dieses Buchs, soweit sie jedoch in der Landwirtschaft beschäftigt sind, nach den dafür geltenden besonderen Vorschriften versichert werden, wenn sie selbst oder ein Statut des Gemeindeverbandes oder die Kassensatzung dafür sorgt, daß die Versicherung, namentlich das Meldewesen, ordnungsmäßig durchgeführt wird und die Beiträge richtig eingehen.

V. Wandergewerbe.

§ 459. Der Arbeitgeber, der eines Wandergewerbscheines bedarf, hat die in seinem Wandergewerbbetriebe Beschäftigten, soweit er sie von Ort zu Ort mit sich führen will, ihrer Zahl nach bei der Landkrankenkasse des Ortes als Mitglieder anzumelden, bei dessen Polizeibehörde er den Schein beantragt.

Beschäftigte, für die er über die angemeldete Zahl hinaus die Erlaubnis nach § 62 der Gewerbeordnung erst nach Empfang des Scheines nachsucht, hat er durch Vermittlung der für diese Erlaubnis zuständigen Behörde anzumelden.

§ 460. Bei der Anmeldung hat der Arbeitgeber die Beiträge für die Zeit bis zum Ablaufe des Wandergewerbscheins oder mit Erlaubnis des Kassenvorstandes für kürzere Zeit im voraus zu entrichten.

Wird der Schein oder die Erlaubnis (§ 459 Abs. 2) zurückgenommen oder der Betrieb sonst eingestellt, so erstattet der Vorstand auf Antrag die zuviel gezahlten Beiträge zurück, ebenso für volle Kalenderwochen, in denen nachweislich der Arbeitgeber die Personen nicht mit sich geführt hat.

§ 461. Im Falle des § 459 Abs. 1 bescheinigt die Krankenkasse nach einem vom Bundesrate bestimmten Muster die empfangenen oder gestundeten Beiträge unter Angabe des Grundlohns und des Wochenbeitrags. Diese Bescheinigung ist der Polizeibehörde vorzulegen, sobald der Wandergewerbschein beantragt wird.

Im Falle des § 459 Abs. 2 werden die Beiträge an die dort bezeichnete Behörde gezahlt und von ihr der zuständigen Landkrankenkasse übermittelt.

Der Wandergewerbschein darf nur erteilt werden, wenn die Bescheinigung vorgelegt ist, die Erlaubnis nur, wenn die Beiträge entrichtet sind.

Auf dem Wandergewerbschein ist der Grundlohn und der Wochenbeitrag anzugeben.

§ 462. Die Versicherten erhalten die Regelleistungen der Krankenkassen. § 382 gilt für sie nicht. Die Satzung kann bestimmen, daß der Versicherte auf seinen Antrag auch Anspruch auf die Mehrleistungen der Kasse hat, solange die Personen, denen sie zu gewähren sind, sich im Bezirk der Kasse aufhalten.

Gewährt die Kasse ihren anderen Mitgliedern mehr, so kann sie die Beiträge für die im Wandergewerbe Beschäftigten entsprechend kürzen.

§ 463. Der Arbeitgeber kann den Versicherten für Zeiten, die längstens einen Monat zurückliegen, zwei Drittel der von ihm dafür gezahlten Beiträge vom Lohn abziehen.

Bei Streit über Abzüge entscheidet das Versicherungsamt des Aufenthaltsorts.

§ 464. Wer für einen anderen ein Wandergewerbe betreibt (§ 60 d Abs. 2 der Gewerbeordnung), hat die Rechte und Pflichten des Arbeitgebers nach den §§ 459 bis 463.

§ 465. Der Bundesrat kann zur Durchführung der §§ 459 bis 464 näheres bestimmen.

Er kann bestimmen, wieweit Personen versicherungspflichtig sind, die ein Arbeitgeber ohne Wandergewerbschein in seinem Wandergewerbbetriebe beschäftigt (§ 59 der Gewerbeordnung) und von Ort zu Ort mit sich führt, und ihre Versicherung auch abweichend von den §§ 459 bis 464 regeln.

VI. Hausgewerbe.

§ 466. Hausgewerbtreibende, die nicht nach § 168 versicherungsfrei sind, werden, soweit das Gesetz nichts anderes vorschreibt oder zuläßt, ohne Rücksicht auf den Betriebssitz ihrer Auftraggeber bei der Landkrankenkasse versichert, in deren Bezirk sie ihre eigene Betriebsstätte haben.

Bei der gleichen Kasse werden ihre hausgewerblich Beschäftigten versichert.

§ 467. Der Bundesrat kann bestimmen, unter welchen Voraussetzungen Hausgewerbtreibende, denen ein jährliches Gesamteinkommen von mindestens zweitausendfünfhundert Mark sicher ist, auf ihren Antrag für die eigene Person versicherungsfrei werden.

§ 468. Der § 442 Abs. 2, 3 und die §§ 443 bis 449 gelten für die Hausgewerbtreibenden und ihre hausgewerblich Beschäftigten entsprechend (hausgewerbliche Versicherungspflichtige).

Unbeschadet dieser Vorschriften haben Hausgewerbtreibende, die regelmäßig wenigstens zwei hausgewerbliche Versicherungspflichtige, abgesehen von den zur Familie gehörigen Hausgenossen, beschäftigen, sich und alle Beschäftigten bei der Krankenkasse zur Eintragung in das Verzeichnis nach den §§ 317 bis 319 an- und abzumelden.

§ 469. Die Mittel für die Krankenversicherung werden teils durch Zuschüsse derjenigen aufgebracht, in deren Auftrag und für deren Rechnung hausgewerblich gearbeitet wird (Auftraggeberzuschüsse), teils von den Hausgewerbtreibenden selbst und ihren hausgewerblich Beschäftigten (Beiträge).

§ 470. Die Zuschüsse der Auftraggeber bemessen sich nur nach dem Entgelt, den sie dem Hausgewerbtreibenden für die gelieferte Arbeit zahlen; es kommt nicht darauf an, ob der einzelne Hausgewerbtreibende einer Kasse angehört, welcher Kasse er angehört, und welche Beiträge er dort für sich und seine Beschäftigten zahlt.

Der Wert von Roh- und Hilfstoffen, die der Hausgewerbtreibende beschafft hat, kann bei Berechnung des Entgelts außer Ansatz blei ben.

§ 471. Die Zuschüsse der Auftraggeber werden einheitlich für alle Gewerbszweige und für das Gebiet des Reichs in der Weise berechnet, daß jährlich ihre Gesamtsumme die Hälfte der Gesamtlast deckt, die den Landkrankenkassen erwachsen würde, wenn sie die Regelleistungen nach dem Ortslohn als Grundlohn gewährten und ihnen alle hausgewerblichen Versicherungspflichtigen angehörten.

§ 472. Bis zum 31. Dezember 1914 werden die Zuschüsse der Auftraggeber auf zwei vom Hundert des Entgelts festgesetzt.

Demnächst setzt der Bundesrat sie nach Anhören der Rechnungsstelle des Reichsversicherungsamts immer auf vier Jahre fest; für die ersten zehn Jahre nach dem Inkrafttreten dieses Gesetzes ist er an diese Zeitabschnitte nicht gebunden.

§ 473. Der Auftraggeber hat der Landkrankenkasse seines Betriebsitzes in der ersten Woche jedes Monats eine Liste der im abgelaufenen Monate beschäftigten Hausgewerbtreibenden einzureichen.

Besteht für den Betriebsitz des Auftraggebers keine Landkrankenkasse, so ist die Liste der allgemeinen Ortskrankenkasse einzureichen.

§ 474. In der Liste ist der Name und eigene Betriebsitz der Hausgewerbtreibenden sowie der Betrag des Entgelts anzugeben.

Ist der Wert der von dem Hausgewerbtreibenden selbst beschafften Roh- und Hilfstoffe angesetzt worden, so sind auch Menge und Wert dieser Stoffe sowie der nach Abzug ihres Wertes tatsächlich gezahlte Betrag anzugeben.

§ 475. Auf Antrag des Hausgewerbtreibenden setzt das für seinen Wohnsitz zuständige Versicherungsamt den Wert der Roh- und Hilfstoffe endgültig fest.

Für Gewerbe, bei denen im Bezirke der hausgewerbliche Betrieb üblich ist, setzt das Versicherungsamt (Beschlußausschuß) den Durchschnittswert der Roh- und Hilfstoffe von selbst fest und prüft ihn von Zeit zu Zeit nach. Auf Beschwerde entscheidet das Oberversicherungsamt endgültig. Das Versicherungsamt teilt den Durchschnittswert auf Antrag dem Hausgewerbtreibenden, dem Auftraggeber und dessen Krankenkasse (§ 473) mit.

§ 476. Diese Kasse hat die Liste der nicht bei ihr selbst versicherten Hausgewerbtreibenden der Kasse mitzuteilen, als deren Mitglieder sie bezeichnet sind. Bei Zweifel vermittelt das Versicherungsamt, zu dem die Betriebstätte des Hausgewerbtreibenden gehört, die Liste der zuständigen Kasse.

§ 477. Beim Einreichen der Listen zahlt der Auftraggeber die fälligen Zuschüsse ein. Die berechneten Beträge sind auf volle Pfennig aufzurunden.

Die Kasse hat die für andere Kassen eingezahlten Zuschüsse bis zur gegenseitigen Verrechnung (§ 492 Abs. 2) zu verwahren.

§ 478. Die Kasse, deren Mitglied der Hausgewerbtreibende ist, hat ihm die nach den Listen für ihn gezahlten Zuschüsse gutzuschreiben.

Sind Zuschüsse von Auftraggebern für Nichtversicherte gezahlt worden oder können sie aus anderen Gründen keinem Versicherten gutgeschrieben werden, so hat sie die Kasse zur Deckung von Ausfällen zu verwenden, die ihr bei der Versicherung ihrer hausgewerblichen Versicherungspflichtigen entstehen.

Verbleiben nach dem Ergebnisse der letzten drei Geschäftsjahre erhebliche Überschüsse, so dienen sie dazu, für die hausgewerblichen Versicherungspflichtigen entweder die Beiträge zu ermäßigen oder die Leistungen zu erhöhen.

§ 479. Die Vorschriften über Beitragsstreitigkeiten (§ 405) gelten entsprechend bei Streit über Zuschüsse.

Die Auftraggeber stehen für die §§ 137 bis 140 den Arbeitgebern gleich.

§ 480. Die Satzung setzt die Beiträge, welche die Hausgewerbtreibenden für sich und ihre hausgewerblich Beschäftigten einzuzahlen haben, sowie die Kassenleistungen für diese Personen besonders fest.

Als Grundlohn dient der Ortslohn.

§ 481. Die Beiträge sind so zu bemessen, daß sie zusammen mit den Zuschüssen der Auftraggeber die Last decken, die der Kasse durch die Versicherung ihrer hausgewerblichen Mitglieder erwächst.

Solange sich die Höhe der Zuschüsse nicht annähernd feststellen läßt, sind die Beiträge der hausgewerblichen Mitglieder so zu bemessen, daß sie die Hälfte der Last decken, die der Kasse bei Gewährung der Regelleistungen an diese Mitglieder erwachsen würde.

Für die Beiträge, die der Hausgewerbtreibende für sich und seine hausgewerblich Beschäftigten zu leisten hat, gelten die allgemeinen Vorschriften über die Beiträge entsprechend.

§ **482.** Als Krankenhilfe wird neben der Krankenpflege ein Krankengeld gewährt.

Seine Höhe richtet sich nach dem Betrage der dem Hausgewerbtreibenden gutgeschriebenen Auftraggeberzuschüsse. Dabei verhält sich das Krankengeld, wenn die Satzung nichts anderes bestimmt, zum gesetzlichen Krankengeld wie der Betrag der im letzten Geschäftsjahr dem Hausgewerbtreibenden gutgeschriebenen Zuschüsse zu dem aller Beiträge, die der Hausgewerbtreibende für diese Zeit gezahlt hat; höhere als die satzungsmäßigen Leistungen werden nicht gewährt.

Bestand die Versicherung erst kürzere Zeit, so werden nur die Beiträge dieser Zeit der Berechnung zu Grunde gelegt.

§ **483.** Die Satzung kann mit Zustimmung des Oberversicherungsamts bestimmen, wie weit das Krankengeld gekürzt oder einbehalten wird, wenn der Hausgewerbtreibende mit seinen Beiträgen im Rückstand ist.

§ **484.** Was für das Krankengeld gilt, gilt auch für die anderen Barleistungen der Kasse mit Ausnahme des Sterbegeldes.

Die Satzung kann mit Zustimmung des Oberversicherungsamts das Sterbegeld entsprechend dem § 482 Abs. 2, 3 abstufen.

§ **485.** Die Kasse hat dem Hausgewerbtreibenden auf seinen Antrag zu gestatten, daß er die Beiträge in doppeltem Betrage einzahlt. Die Satzung kann näher bestimmen, wann er den Antrag stellen und zurückziehen darf. Der Beitragsteil seiner hausgewerblich Beschäftigten wird dadurch nicht geändert.

In diesem Falle werden dem Hausgewerbtreibenden die für ihn einkommenden Zuschüsse ausgezahlt oder verrechnet. Er und seine versicherungspflichtig Beschäftigten haben Anspruch auf die vollen Leistungen, welche die Satzung für hausgewerbliche Versicherte vorschreibt.

Die Zuschüsse werden auch Hausgewerbtreibenden ausgezahlt oder verrechnet, die wegen anderer versicherungspflichtiger Beschäftigung versichert sind.

§ 486. Sind Hausgewerbtreibende dauernd nur für denselben Auftraggeber beschäftigt, so kann er, wenn sie zustimmen, auch ihre Beiträge einzahlen.

Er kann dann die Beiträge vom Hausgewerbtreibenden in der gleichen Weise einziehen, wie ein Arbeitgeber den Beitragsteil vom Versicherten. Die Zahlung des Entgelts steht dabei der Lohnzahlung gleich.

§ 487. Die §§ 426 bis 432, 451 gelten entsprechend.

§ 488. Ist für einen Bezirk und ein Gewerbe bei Verkündung dieses Gesetzes die Versicherung der Hausgewerbtreibenden bereits durch statutarische Bestimmung geregelt, so kann die oberste Verwaltungsbehörde auf Antrag der beteiligten Gemeinden oder des beteiligten Gemeindeverbandes genehmigen, daß die statutarische Bestimmung in Geltung bleibt.

Voraussetzung der Genehmigung ist, daß Auftraggeber und Hausgewerbtreibende im Bezirke des Versicherungsamts oder in dem von der obersten Verwaltungsbehörde nach örtlichem Bedürfnisse bestimmten größeren Bezirke ihren Betriebssitz haben, und daß die den Hausgewerbtreibenden zugebilligten Leistungen denen dieses Gesetzes mindestens gleichwertig sind.

Änderungen der statutarischen Bestimmung bedürfen der Genehmigung der obersten Verwaltungsbehörde.

Zuschüsse, die für einen solchen Hausgewerbtreibenden von anderen Auftraggebern eingehen, werden ihm ausgezahlt oder verrechnet.

§ **489.** Der Gemeindeverband kann durch Statut die hausgewerblichen Versicherungspflichtigen von der Beitragspflicht befreien und selbst die Kosten übernehmen, soweit die Zuschüsse der Auftraggeber sie nicht decken; § 485 Abs. 1, 2 gilt dann nicht.

Dabei kann bestimmt werden, daß die Kasse diesen Versicherungspflichtigen nur die im § 452 bezeichneten Leistungen gewährt.

Für das Statut ist die Zustimmung des Oberversicherungsamts (Beschlußkammer), für die Bestimmung des Abs. 2 die Genehmigung der obersten Verwaltungsbehörde erforderlich.

§ **490.** Für Bezirke, in denen die Hausgewerbtreibenden außerstande sind, Beiträge zu leisten, kann die Landesregierung anordnen, daß der Gemeindeverband die im § 489 Abs. 1 bezeichneten Kosten übernimmt.

Die hausgewerblichen Versicherten erhalten dann nur die Leistungen nach § 452; § 485 Abs. 1, 2 gilt nicht.

§ 491. Werden Hausgewerbtreibende durch Zwischenpersonen, wie Ausgeber, Faktoren, Zwischenmeister, im Auftrage eines Dritten beschäftigt, so gilt dieser als ihr Auftraggeber.

Der Bundesrat kann die Pflichten des Auftraggebers ganz oder zum Teil den Zwischenpersonen übertragen; der Auftraggeber hat ihnen die ausgelegten Zuschüsse zu erstatten.

§ 492. Der Bundesrat bestimmt, wie die Vorschriften über die hausgewerbliche Krankenversicherung durchzuführen sind.

Er regelt insbesondere, wie Kassen die Zuschüsse untereinander verrechnen. Bei der Verrechnung kann er die Rechnungsstelle des Reichsversicherungsamts beteiligen. Er stellt die Muster für die Listen fest und bestimmt die Unterlagen, die zur Nachprüfung der Zuschüsse einzureichen sind.

§ 493. Der Bundesrat kann bestimmen, wie inländische Auftraggeber ausländischer Hausgewerbtreibender zu Zahlungen für die hausgewerbliche Krankenversicherung so herangezogen werden, wie wenn sie Inländer beschäftigten, und wie diese Zahlungen zu verwenden sind. Er kann Zuwiderhandlungen gegen diese Bestimmungen mit Geldstrafe bis zu dreihundert Mark bedrohen.

VII. Lehrlinge.

§ 494. Krankengeld wird nicht gewährt Lehrlingen aller Art, die ohne Entgelt beschäftigt werden.

Die Beiträge sind entsprechend zu ermäßigen.

Neunter Abschnitt.

Knappschaftliche Krankenkassen.

§ 495. Die knappschaftlichen Krankenkassen müssen ihren Mitgliedern durch die Satzung mindestens die Regelleistungen der Ortskrankenkassen zubilligen.

Das Krankengeld können sie mit Genehmigung der Aufsichtsbehörde anders als wöchentlich, längstens jedoch halbmonatlich zahlen.

§ 496. Von Mitgliedern, die nachweislich bereits einer anderen Krankenkasse angehört haben, dürfen die knappschaftlichen Krankenkassen Eintrittsgeld nur erheben, wenn zwischen Ausscheiden und Beitritt mehr als sechsundzwanzig Wochen liegen.

§ 497. Ein Antrag auf Befreiung von der Versicherungspflicht nach § 173 bedarf der Zustimmung der Mehrheit der Stimmen sowohl aus der Gruppe der Arbeitgeber als auch der Versicherten im Vorstande.

§ 498. Für die Mitglieder gelten die §§ 206, 383.

Bestimmt die Satzung für den Anspruch auf Mehrleistungen eine Wartezeit, so können Mitglieder, die zur Erfüllung ihrer Dienstpflicht im Heere oder der Marine ausscheiden, diese Wartezeit auf die Dauer der Dienstzeit sowie noch auf höchstens sechsundzwanzig Wochen unterbrechen. In diesem Falle darf von ihnen kein neues Eintrittsgeld erhoben werden.

§ 499. Die Vorschriften der §§ 119, 223 Abs. 2, 3 wegen Übertragung, Verpfändung, Pfändung und Aufrechnung der Versicherungsansprüche gelten für alle Leistungen, die den Knappschaftsvereinen oder Knappschaftskassen nach diesem Gesetz oder nach den Landesgesetzen obliegen.

Die oberste Verwaltungsbehörde bestimmt, welche Behörde für die Genehmigung nach § 119 Abs. 2 zuständig ist.

§ 500. Die §§ 211 bis 214, 219 bis 222, 224, 313, 314 gelten entsprechend.

Gehört der Wohnort des Erkrankten zum Bereich einer knappschaftlichen Krankenkasse, so hat, von dringenden Fällen abgesehen, diese die vorläufige Hilfe zu bewilligen.

§ 501. Die Vertreter der Versicherten in der Generalversammlung (Knappschaftsälteste), im Vorstand der knappschaftlichen Krankenkassen, Knappschaftsvereine und Knappschaftskassen müssen in geheimer Wahl gewählt werden. Die Wahl nach den Grundsätzen der Verhältniswahl ist zulässig.

In die Generalversammlung und den Vorstand einer knappschaftlichen Krankenkasse können Knappschaftsinvaliden gewählt werden, auch wenn sie als freiwillige Mitglieder Beiträge zur Krankenkasse zahlen.

§ 502. Die §§ 368 bis 376 gelten.

Im übrigen bleiben, soweit dieses Gesetz nichts anderes vorschreibt, landesgesetzliche Vorschriften über die Knappschaftsvereine und die Knappschaftskassen unberührt.

Zehnter Abschnitt.

Ersatzkassen.

I. Zulassung.

§ 503. Versicherungsvereine auf Gegenseitigkeit, denen als eingeschriebenen Hilfskassen vor dem 1. April 1909 eine Bescheinigung nach § 75 a des Krankenversicherungsgesetzes erteilt worden ist, sind auf ihren Antrag für den an diesem Tage durch die Satzung bestimmten Bezirk und Kreis ihrer versicherungspflichtigen Mitglieder als Ersatzkassen zuzulassen, wenn ihnen dauernd mehr als eintausend Mitglieder angehören und ihre Satzung den §§ 504 bis 513 genügt.

Auf Antrag eines solchen Versicherungsvereins kann für ihn die oberste Verwaltungsbehörde seines Sitzes die Mindestzahl der Mitglieder auf zweihundertundfünfzig herabsetzen.

§ 504. Der Beitritt Versicherungspflichtiger darf von der Beteiligung an anderen Gesellschaften oder Vereinigungen nur abhängig gemacht werden, wenn die Satzung eine solche Beteiligung für alle Mitglieder schon bei Errichtung des Vereins vorgesehen hat.

Im übrigen dürfen die Mitglieder nicht zu Handlungen oder Unterlassungen verpflichtet werden, die den Zweck des Vereins nicht berühren.

§ 505. Gehören Versicherungspflichtige zu dem Personenkreise, für den der Verein nach seiner Satzung errichtet ist, so darf ihnen, vorbehaltlich des § 504 Abs. 1, der Beitritt nicht versagt, insbesondere nicht von ihrem Lebensalter oder Gesundheitszustande abhängig gemacht werden.

Der Verein kann jedoch diejenigen, welche sich zum Beitritt melden, ärztlich untersuchen lassen und den Beitritt Erkrankter zurückweisen.

Der Verein kann Versicherungspflichtige zurückweisen, die sich zum Beitritt melden und aus einer früheren Mitgliedschaft der Ersatzkasse Beiträge schulden oder aus einer anderen Versicherung Anspruch mindestens auf die Leistungen ihrer Krankenkasse haben.

§ 506. Hat der Verein spätestens seit dem 1. Januar 1911 die Beiträge Versicherungspflichtiger nach dem Lebensalter beim Beitritt abgestuft, so kann er diese Stufen beibehalten und mit Zustimmung seiner Aufsichtsbehörde ändern. Jedoch darf die höchste Stufe die niedrigste nicht um mehr, als es bis zum bezeichneten Tage der Fall war, und höchstens um die Hälfte übersteigen. Der Verein kann die Beiträge Versicherungspflichtiger nach ihrem Gesundheitszustande beim Beitritt bis um ein Viertel des Regelsatzes höher bemessen.

Seine Leistungen darf der Verein nicht nach dem Lebensalter oder Gesundheitszustande der Beitretenden abstufen.

§ 507. An Leistungen sind dem Versicherungspflichtigen mindestens die Regelleistungen der Krankenkassen nach dem Grundlohne zu gewähren, der bei seiner Krankenkasse maßgebend ist. Der Verein kann eintretende Versicherungspflichtige auf die niedrigste der Mitgliederklassen beschränken, die dieser Anforderung genügen.

Versicherungspflichtigen dürfen die Leistungen nur im gleichen Umfange, wie bei den Krankenkassen, gekürzt werden. Der Verein hat für sie eine Krankenordnung (§ 347 Abs. 1) zu erlassen; sie bedarf der Genehmigung des für seinen Sitz zuständigen Versicherungsamts.

Versicherungspflichtigen, die vom Rechte des § 517 Abs. 1 keinen Gebrauch machen, kann der Verein das Krankengeld um ein Viertel des Grundlohns (Abs. 1) erhöhen.

§ 508. Der Verein darf seinen Mitgliedern und ihren Angehörigen ohne Beschränkung der Dauer und Höhe alle Leistungen gewähren, die § 179 ihrer Art nach bei den Krankenkassen zuläßt. Die Beihilfe an Hinterbliebene verstorbener Mitglieder darf das Zehnfache der Wochenleistung nicht übersteigen, auf die der Verstorbene Anspruch hatte.

§ 509. Die Mittel des Vereins dürfen nur zu den satzungsmäßigen Leistungen, zur Füllung der Rücklage, zu den Verwaltungskosten und für allgemeine Zwecke der Krankheitsverhütung verwendet werden.

Es ist auch zulässig, sie für den Besuch von Versammlungen zu verwenden, die den gesetzlichen Zwecken der Krankenversicherung und der Ersatzkassen dienen sollen.

Zu anderen Zwecken darf der Verein keine Beiträge von den Versicherungspflichtigen erheben.

Er darf nur die Geschäfte übernehmen, die das Gesetz über die eingeschriebenen Hilfskassen (Reichs-Gesetzbl. 1876 S. 125, 1884 S. 54) zugelassen hat oder dieses Buch zuläßt.

§ 510. Dem Vorstand und dem Aufsichtsrate dürfen nur volljährige Mitglieder angehören, welche die bürgerlichen Ehrenrechte besitzen.

§ 511. Der Verein darf Mitglieder nach dem Beitritt nicht deshalb ausschließen oder in Beiträgen oder Leistungen schlechter stellen, weil sie eine Altersgrenze überschreiten oder ihr Gesundheitszustand sich ändert.

§ 512. Er darf Mitglieder, die ihm bereits zwei Jahre angehören, nicht deshalb ausschließen, weil sie aus einer Gesellschaft oder Vereinigung austreten oder ausgeschlossen werden. Schließt er aus solchem Grunde ein Mitglied vor Ablauf von zwei Jahren aus, so muß er ihm mindestens das etwa gezahlte Eintrittsgeld erstatten.

§ 513. Versicherungspflichtigen darf der Verein ohne Rücksicht darauf, ob sie inzwischen etwa die Beschäftigung gewechselt haben, den Austritt nur mit dem Schlusse des Kalendervierteljahrs gestatten.

§ 514. Beantragt ein Verein seine Zulassung als Ersatzkasse, so entscheidet darüber die höhere Verwaltungsbehörde seines Sitzes. Geht sein Bezirk über die Grenzen des Bundesstaats hinaus, so entscheidet das Reichsversicherungsamt.

Wird dem Antrag stattgegeben, so erhält der Verein darüber eine Bescheinigung und zu seinem Namen den Zusatz „Ersatzkasse".

Die Zulassung darf nur dann versagt werden, wenn der Verein den Vorschriften der §§ 503 bis 513 nicht genügt. Die Gründe der Versagung sind mitzuteilen.

§ 515. Die Bescheinigung der höheren Verwaltungsbehörde wird durch das für ihre amtlichen Bekanntmachungen bestimmte Blatt, die des Reichsversicherungsamts durch den Reichsanzeiger veröffentlicht.

Als Nachweis der Zulassung dient ein Abdruck der Vereinssatzung, der die Bescheinigung nebst Jahrgang, Nummer und Seitenzahl des Blattes angibt.

§ 516. Wenn ein zugelassener Verein den Voraussetzungen der Zulassung nicht oder nicht mehr entspricht, auch trotz Aufforderung seiner Aufsichtsbehörde diesem Mangel nicht in der gesetzten, mindestens sechswöchigen Frist abhilft, so wird die Bescheinigung widerrufen.

Sie wird auch widerrufen, wenn die Satzung den Kreis der Versicherungspflichtigen erweitert, die dem Verein angehören können.

Die Gründe des Widerrufs sind mitzuteilen. Er wird in der gleichen Weise wie die Bescheinigung veröffentlicht.

II. Verhältnis zu Krankenkassen.

§ 517. Für Versicherungspflichtige, die Mitglieder einer Ersatzkasse sind, ruhen auf ihren Antrag die eigenen Rechte und Pflichten als Mitglieder der Krankenkasse, in die sie gehören; sie haben keinen Anspruch auf die Leistungen der Krankenkasse und sind weder wählbar noch wahlberechtigt.

Ihre Arbeitgeber haben nur den eigenen Beitragsteil an die Krankenkasse einzuzahlen; der Anteil des Versicherten fällt weg.

§ 518. Besteht der Mitgliederkreis einer Ersatzkasse überwiegend aus Versicherten der im § 165 Abs. 1 Nr. 3 bis 5 bezeichneten Art oder aus Bureauangestellten oder Zieglern oder anderen Versicherten, in deren Beruf ein häufiger Wechsel der Beschäftigung von Ort zu Ort üblich ist, so kann auf Antrag dieser Ersatzkasse der Bundesrat widerruflich anordnen, daß die Krankenkassen an die Ersatzkasse die bei ihnen für deren Mitglieder nach § 517 Abs. 2 eingehenden Beitragsteile der Arbeitgeber zu vier Fünfteln abzuführen haben.

Der Bundesrat kann hierüber und über die Bekanntgabe der Anordnung näheres bestimmen.

§ 519. Will ein Versicherungspflichtiger vom Recht des § 517 Abs. 1 Gebrauch machen, so hat er den Antrag beim Eintritt in die Krankenkasse oder spätestens am zweiten Zahltage darauf beim Kassenvorstande zu stellen; dabei hat er ihm Namen und Sitz der Ersatzkasse mitzuteilen und seine Zugehörigkeit zu ihr nachzuweisen.

Auf Antrag einer Ersatzkasse kann der Bundesrat es ihr übertragen, die Anträge statt der Versicherungspflichtigen zu stellen.

Den Arbeitgebern des Versicherungspflichtigen soll die Krankenkasse Auskunft nur darüber erteilen, ob seine Rechte und Pflichten ruhen, nicht aber, welcher Ersatzkasse er angehört.

§ 520. Ist der Antrag beim Eintritt in die Krankenkasse nicht rechtzeitig gestellt worden, so kann er frühestens für den Beginn des nächsten Kalendervierteljahrs gestellt werden; es muß mindestens einen Monat zuvor beim Kassenvorstande geschehen; ihm ist auch der Beitritt zur Ersatzkasse nachzuweisen.

Das Gleiche gilt für Mitglieder der Krankenkasse, die erst nach dem Eintritt einer Ersatzkasse beitreten.

§ 521. Die Ersatzkasse hat den Austritt eines versicherungspflichtigen Mitglieds, das vom Rechte des § 517 Abs. 1 Gebrauch gemacht hat, dem Vorstande seiner Krankenkasse oder der für diese errichteten gemeinsamen Meldestelle spätestens bis zum Schlusse des Kalendervierteljahrs anzuzeigen, ebenso spätestens binnen einem Monat den Ausschluß eines solchen Mitglieds oder seinen

Übertritt zu einer Mitgliederklasse, die geringere Leistungen zu beanspruchen hat, als § 507 Abs. 1 angibt.

Kennt die Ersatzkasse diese Krankenkasse oder Meldestelle nicht, so geht die Anzeige an das Versicherungsamt, in dessen Bezirke das Mitglied bei der letzten Beitragszahlung beschäftigt war. Diese Beschäftigung und der damalige Aufenthaltsort sind anzugeben. Das Versicherungsamt überweist die Anzeigen den Vorständen der danach zuständigen Krankenkassen.

§ 522. Die Satzung der Ersatzkasse hat zu bestimmen, welche ihrer Organe oder Angestellten die Anzeigen zu erstatten und die der Kasse nach § 519 Abs. 2 übertragenen Anträge zu stellen haben.

§ 523. Erhöht sich für das Mitglied einer Ersatzkasse das Krankengeld, das ihm bei seiner Krankenkasse zustehen würde, so daß das Krankengeld seiner Mitgliederklasse bei der Ersatzkasse dem § 507 Abs. 1 nicht mehr genügt, so ruhen seine Rechte und Pflichten nach § 517 Abs. 1 noch bis zum Schlusse des Kalendervierteljahrs, mindestens aber noch für zwei Wochen.

§ 524. Die Verpflichtung der Versicherungsträger nach § 116 und der Kassenvorstände nach § 344 gilt auch für Ersatzkassen.

§ 525. Bei Streit zwischen Ersatzkassen und Krankenkassen über den Ersatz zu Unrecht gewährter Leistungen (§ 224 Nr. 2) entscheidet das Versicherungsamt im Spruchverfahren.

Elfter Abschnitt.

Schluß- und Strafvorschriften.

I. Schlußvorschriften.

§ 526. Gemeindeverband im Sinne dieses Buches ist derjenige, dessen Bezirk den Kassenbezirk bildet oder als nächstgrößerer Verband umfaßt.

Die oberste Verwaltungsbehörde kann bestimmen, in welchen Fällen da, wo der Bezirk der Kasse nicht über den der Gemeinde hinausgeht, diese statt des Gemeindeverbandes zuständig ist.

Wo keine Gemeindeverbände bestehen, bestimmt die Landesregierung, wer zuständig ist.

§ 527. Ist eine Orts- oder Landkrankenkasse für mehrere Gemeinden (selbständige Gutsbezirke oder Gemarkungen, ausmärkische Bezirke) errichtet, die zusammen keinen Gemeindeverband bilden, so werden sie nach näherer Bestimmung der Landesregierung zu einem Zweckverbande zusammengeschlossen.

Die Vorschriften dieses Buches für Gemeindeverbände gelten auch für solche Zweckverbände.

§ 528. Überschreitet der Bereich einer Kasse den Bezirk eines Versicherungsamts, so ist für sie das Versicherungsamt ihres Sitzes zuständig.

II. Strafvorschriften.

§ 529. Gegen einen Versicherten, der die Krankenordnung oder die Anordnungen des behandelnden Arztes übertritt oder die ihm nach § 190 obliegende Mitteilung unterläßt, kann der Vorstand der Kasse Strafen bis zum dreifachen Betrage des täglichen Krankengeldes für jeden Übertretungsfall festsetzen.

Die gleiche Befugnis hat der Vorstand einer knappschaftlichen Krankenkasse und einer Ersatzkasse gegen ein versicherungspflichtiges Mitglied, das die Krankenordnung oder die Anordnungen des behandelnden Arztes übertritt.

Auf Beschwerde entscheidet das Versicherungsamt endgültig.

§ 530. Wer seiner Pflicht zuwider Versicherungspflichtige nicht anmeldet (§§ 317, 319, 468 Abs. 2) oder die Listen über beschäftigte Hausgewerbtreibende nicht einreicht (§ 473), kann, falls er vorsätzlich handelt, mit Geldstrafe bis zu dreihundert Mark, und falls er fahrlässig handelt, mit Geldstrafe bis zu einhundert Mark bestraft werden.

Wer die Vorschriften über die Meldung Versicherungspflichtiger oder die Einreichung der Listen der Hausgewerbtreibenden (§§ 317 bis 319, § 468 Abs. 2, §§ 473, 474) in anderer Weise verletzt, kann mit Geldstrafe bis zu zwanzig Mark bestraft werden.

Wer seiner Pflicht zuwider das Stellen von Anträgen nach § 519 Abs. 2, § 522 oder Anzeigen nach § 521 unterläßt, kann mit Geldstrafe bis zu zwanzig Mark bestraft werden.

Diese Strafen verhängt das Versicherungsamt.

Auf Beschwerde entscheidet das Oberversicherungsamt endgültig.

§ 531. Unabhängig von der Strafe hat die Kasse die rückständigen Beiträge nachzuholen.

Sie kann dem Bestraften außerdem die Zahlung des Ein- bis Fünffachen der rückständigen Beiträge auferlegen. Der Betrag wird wie Gemeindeabgaben beigetrieben. Dies gilt nicht für Hausgewerbtreibende, die dem § 468 Abs. 2 zuwiderhandeln.

§ 396 gilt entsprechend.

§ 532. Mit Geldstrafe bis zu dreihundert Mark oder mit Haft werden bestraft, wenn nicht nach anderen gesetzlichen Vorschriften härtere Strafe verwirkt ist, Arbeitgeber und Auftraggeber (§ 486), die vorsätzlich

1. den Beschäftigten höhere Beitragsteile vom Entgelt abziehen, als dieses Gesetz zuläßt, oder im Falle des § 398 Abzüge machen,
2. den Vorschriften des § 402 zuwiderhandeln.

Die gleiche Strafe trifft Arbeitgeber, die der Vorschrift des § 400 zuwiderhandeln.

§ 533. Arbeitgeber und Auftraggeber (§ 486) werden mit Gefängnis bestraft, wenn sie Beitragsteile, die sie den Beschäftigten einbehalten oder von ihnen erhalten haben, der berechtigten Kasse vorsätzlich vorenthalten.

Daneben kann auf Geldstrafe bis zu dreitausend Mark und auf Verlust der bürgerlichen Ehrenrechte erkannt werden.

Bei mildernden Umständen kann ausschließlich auf Geldstrafe erkannt werden.

§ 534. Der Arbeitgeber darf die Pflichten, die ihm dieses Gesetz auferlegt, Betriebsleitern, Aufsichtspersonen oder anderen Angestellten seines Betriebs übertragen.

Handeln solche Stellvertreter den Vorschriften dieses Gesetzes zuwider, so trifft sie die Strafe. Neben ihnen ist der Arbeitgeber strafbar, wenn

1. die Zuwiderhandlung mit seinem Wissen geschehen ist,
2. er bei Auswahl und Beaufsichtigung der Stellvertreter nicht die im Verkehr erforderliche Sorgfalt beobachtet hat; in diesem Falle darf gegen den Arbeitgeber auf keine andere Strafe als auf Geldstrafe erkannt werden.

Das Ein- bis Fünffache der rückständigen Beiträge (§ 531 Abs. 2) kann auch dem Stellvertreter auferlegt und von ihm beigetrieben werden. Neben ihm haftet für diesen Betrag der Arbeitgeber, falls er nach Abs. 2 bestraft ist.

§ 535. Für die geschäftsleitenden Beamten und Angestellten der Kassen und Kassenverbände, bei den Betriebskrankenkassen für den Arbeitgeber und die nach § 362 Abs. 1 bestellten Personen gelten, wenn sie vorsätzlich zum Nachteil der Kasse handeln, die Strafvorschriften des § 23 Abs. 2.

§ 536. Die gleichen Strafvorschriften (§§ 529 bis 535) gelten

1. wenn eine Aktiengesellschaft, ein Versicherungsverein auf Gegenseitigkeit, eine eingetragene Genossenschaft, eine Innung oder andere juristische Person Arbeitgeber ist, für die Mitglieder des Vorstandes,
2. wenn eine Gesellschaft mit beschränkter Haftung Arbeitgeber ist, für die Geschäftsführer,
3. wenn eine andere Handelsgesellschaft Arbeitgeber ist, für alle persönlich haftenden Gesellschafter, soweit sie von der Vertretung nicht ausgeschlossen sind,
4. für die gesetzlichen Vertreter geschäftsunfähiger und beschränkt geschäftsfähiger Arbeitgeber sowie für die Liquidatoren einer Handelsgesellschaft, eines Versicherungsvereins auf Gegenseitigkeit, einer eingetragenen Genossenschaft, einer Innung oder einer anderen juristischen Person.

Drittes Buch.

Unfallversicherung.

Erster Teil.

Gewerbe-Unfallversicherung.

Erster Abschnitt.

Umfang der Versicherung.

§ 537. Der Versicherung unterliegen

1. Bergwerke, Salinen, Aufbereitungsanstalten, Steinbrüche, Gräbereien (Gruben),
2. Fabriken, Werften, Hüttenwerke, Apotheken, gewerbliche Brauereien und Gerbereibetriebe,
3. Bauhöfe, Gewerbebetriebe, in denen Bau-, Dekorateur-, Steinhauer-, Schlosser-, Schmiede- oder Brunnenarbeiten ausgeführt werden, ferner Steinzerkleinerungsbetriebe sowie Bauarbeiten außerhalb eines gewerbsmäßigen Baubetriebs,
4. das Schornsteinfeger-, das Fensterputzer-, das Fleischergewerbe und der Betrieb von Badeanstalten,
5. der gesamte Betrieb der Eisenbahnen und der Post- und Telegraphenverwaltungen sowie die Betriebe der Marine- und Heeresverwaltungen,

6. der Binnenschiffahrts-, der Flößerei-, der Prahm- und der Fährbetrieb, das Schiffziehen (Treidelei), die Binnenfischerei, die Fischzucht, die Teichwirtschaft und die Eisgewinnung, wenn sie gewerbsmäßig betrieben oder vom Reiche, einem Bundesstaat, einer Gemeinde, einem Gemeindeverband oder einer anderen öffentlichen Körperschaft verwaltet werden, der Baggereibetrieb sowie das Halten von Fahrzeugen auf Binnengewässern,
7. der Fuhrwerksbetrieb, der Speditionsbetrieb, der Fahrbetrieb, der Reittier- und der Stallhaltungsbetrieb, wenn sie gewerbsmäßig betrieben werden, das Halten von anderen Fahrzeugen als Wasserfahrzeugen, wenn sie durch elementare oder tierische Kraft bewegt werden, sowie das Halten von Reittieren,
8. der Speicher-, der Lagerei- und der Kellereibetrieb, wenn sie gewerbsmäßig betrieben werden,
9. der Gewerbebetrieb der Güterpacker, Güterlader, Schaffer, Bracker, Wäger, Messer, Schauer, Stauer,
10. Betriebe zur Beförderung von Personen oder Gütern und Holzfällungsbetriebe, wenn sie mit einem kaufmännischen Unternehmen verbunden sind, das über den Umfang des Kleinbetriebs hinausgeht,
11. unter der gleichen Voraussetzung (Nr. 10) Betriebe zur Behandlung und Handhabung der Ware.

Das Reichsversicherungsamt bestimmt, welche kaufmännischen Unternehmen (Nr. 10 und 11) als Kleinbetriebe der Unfallversicherung nicht unterliegen.

§ 538. Als Fabriken im Sinne des § 537 Nr. 2 gelten Betriebe, die

1. gewerbsmäßig Gegenstände bearbeiten oder verarbeiten und hierzu mindestens zehn Arbeiter regelmäßig beschäftigen,
2. gewerbsmäßig Sprengstoffe oder explodierende Gegenstände erzeugen oder verarbeiten oder elektrische Kraft erzeugen oder weitergeben,
3. nicht bloß vorübergehend Dampfkessel oder von elementarer oder tierischer Kraft bewegte Triebwerke verwenden,
4. vom Reichsversicherungsamte den Fabriken gleichgestellt werden.

§ 539. Der Versicherung unterliegen auch andere Betriebe, wenn sie wesentliche Bestandteile oder Nebenbetriebe der in den §§ 537, 538 bezeichneten Betriebe sind.

§ 540. Der § 539 gilt nicht

1. für landwirtschaftliche Betriebe, die Nebenbetriebe sind.

   Die Satzung (§ 675) kann auch Nebenbetriebe dieser Art der gewerblichen Unfallversicherung unterstellen, wenn in ihnen überwiegend Personen aus dem Hauptbetriebe tätig sind. Die Nebenbetriebe scheiden dann mit dem Inkrafttreten einer solchen Bestimmung aus der Versicherung bei der landwirtschaftlichen Berufsgenossenschaft aus. Die Bestimmung kann nur zum Schlusse eines Geschäftsjahrs aufgehoben werden. Bevor eine Bestimmung der Satzung über die Zugehörigkeit landwirtschaftlicher Nebenbetriebe genehmigt wird, sind die beteiligten landwirtschaftlichen Berufsgenossenschaften zu hören. Einigen sich die beteiligten Berufsgenossenschaften nicht, so entscheidet auf Antrag der Bundesrat. Es bedarf jedenfalls der Zustimmung der landwirtschaftlichen Berufsgenossenschaft, wenn die Bestimmung noch nicht mehr als drei Jahre gegolten hat;

2. für Seeschiffahrts- und andere unter die §§ 1046, 1049 fallende Betriebe, die wesentliche Bestandteile der in den §§ 537, 538 bezeichneten Betriebe sind und über den örtlichen Verkehr hinausgreifen, oder die Nebenbetriebe sind.

§ 541. Für welche Betriebe und Tätigkeiten der in den §§ 537, 538 bezeichneten Art als Teile oder Nebenbetriebe eines landwirtschaftlichen Betriebs an Stelle der gewerblichen die landwirtschaftliche Unfallversicherung tritt, regeln die §§ 916, 918 bis 921.

§ 542. Unterliegen von mehreren Betrieben, die ein Unternehmer in dem Bezirke desselben Oberversicherungsamts hat, ihrer Art nach die einen der gewerblichen und andere der landwirtschaftlichen Unfallversicherung und gehören sie nicht schon nach den vorstehenden

Vorschriften derselben Genossenschaft an, so sind sie auf Antrag des Unternehmers einer Genossenschaft zuzuteilen, wenn in den Betrieben zusammen regelmäßig nicht mehr als zehn Versicherungspflichtige beschäftigt werden.

Der Antrag ist an das Oberversicherungsamt zu richten, welches nach Anhörung der beteiligten Genossenschaften über die Zuteilung entscheidet.

Die Beschwerde gegen die Entscheidung des Oberversicherungsamts steht dem Unternehmer und den beteiligten Genossenschaften zu.

Bis zur Endgültigkeit der Entscheidung kann der Unternehmer den Antrag zurücknehmen.

Die Zuteilung kann nur zum Schluß eines Geschäftsjahres und, solange die Voraussetzungen des Abs. 1 zutreffen, nur auf Antrag des Unternehmers aufgehoben werden. Hat sie noch nicht mehr als drei Jahre seit der Endgültigkeit der Entscheidung gegolten, so bedarf die Aufhebung auch der Zustimmung der beteiligten Genossenschaften.

§ 543. Betriebe ohne besondere Unfallgefahr kann der Bundesrat für versicherungsfrei erklären.

Das Reichsversicherungsamt bereitet die Entscheidung des Bundesrats vor; dabei hat sich der Beschlußsenat zu äußern.

§ 544. Gegen Unfälle bei Betrieben oder Tätigkeiten, die nach den §§ 537 bis 542 der Versicherung unterliegen (Betriebsunfälle), sind versichert

1. Arbeiter, Gehilfen, Gesellen, Lehrlinge,
2. Betriebsbeamte, deren Jahresarbeitsverdienst nicht fünftausend Mark an Entgelt übersteigt,

wenn sie in diesen Betrieben oder Tätigkeiten beschäftigt sind.

Verbotwidriges Handeln schließt die Annahme eines Betriebsunfalls nicht aus.

§ **545.** Als Betriebsbeamte gelten auch Werkmeister und Techniker.

§ **546.** Die Versicherung erstreckt sich auf häusliche und andere Dienste, zu denen Versicherte, die hauptsächlich im Betriebe oder bei versicherten Tätigkeiten beschäftigt sind, von dem Unternehmer oder dessen Beauftragten herangezogen werden.

§ **547.** Durch Beschluß des Bundesrats kann die Unfallversicherung auf bestimmte gewerbliche Berufskrankheiten ausgedehnt werden. Der Bundesrat ist berechtigt, für die Durchführung besondere Vorschriften zu erlassen.

§ **548.** Die Satzung kann die Versicherungspflicht erstrecken

1. auf Betriebsunternehmer, deren Jahresarbeitsverdienst nicht dreitausend Mark übersteigt oder die regelmäßig keine oder höchstens zwei Versicherungspflichtige gegen Entgelt beschäftigen,
2. ohne Rücksicht auf die Zahl der beschäftigten Versicherungspflichtigen auf Hausgewerb-

treibende (§ 162), die Unternehmer eines in den §§ 537, 538 bezeichneten Betriebs sind,

3. auf Betriebsbeamte, deren Jahresarbeitsverdienst fünftausend Mark an Entgelt übersteigt.

§ 549. Betriebsunternehmer, die nach der Satzung der Versicherungspflicht unterliegen (§ 548 Nr. 1), aber keiner besonderen Unfallgefahr ausgesetzt sind, kann der Vorstand der Berufsgenossenschaft für versicherungsfrei erklären. Er widerruft die Befreiung, sobald ihre Voraussetzung nicht mehr vorliegt.

Auf Beschwerde entscheidet das Oberversicherungsamt endgültig.

§ 550. Unternehmer (§ 633) sowie Binnenlotsen, die ihr Gewerbe für eigene Rechnung betreiben, können sich gegen die Folgen von Betriebsunfällen selbst versichern, wenn sie nicht mehr als dreitausend Mark Jahresarbeitsverdienst haben, oder wenn sie regelmäßig keine oder höchstens zwei Versicherungspflichtige gegen Entgelt beschäftigen.

Die Satzung kann sie zur Selbstversicherung auch dann zulassen, wenn sie mehr als dreitausend Mark Jahresarbeitsverdienst haben oder regelmäßig wenigstens drei Versicherungspflichtige gegen Entgelt beschäftigen.

§ 551. Die Vorschriften des § 548 Nr. 1, 2 und des § 550 über die Versicherung des Unternehmers gelten auch für seinen im Betriebe tätigen Ehegatten.

§ 552. Die Satzung kann bestimmen, unter welchen Bedingungen gegen Unfälle der in den §§ 544, 546 bezeichneten Art versichert werden können

1. durch den Betriebsunternehmer Personen, die im Betriebe beschäftigt, aber nicht nach den §§ 544, 545, 548 Nr. 3 versichert sind,
2. durch den Betriebsunternehmer oder den Vorstand der Berufsgenossenschaft Personen, die nicht im Betriebe beschäftigt sind, aber die Betriebsstätte besuchen oder auf ihr verkehren,
3. durch den Vorstand der Genossenschaft die Mitglieder ihrer Organe und ihre Beamten.

§ 553. Die Satzung kann bestimmen, daß die freiwillige Versicherung außer Kraft tritt, wenn der Beitrag trotz Mahnung nicht bezahlt worden ist, und daß eine Neuanmeldung so lange unwirksam bleibt, bis der rückständige Beitrag entrichtet worden ist.

§ 554. Versicherungsfrei sind

1. Offiziere und Sanitätsoffiziere, für die das Offizier-Pensionsgesetz (Reichs-Gesetzbl. 1906 S. 565) gilt,
2. Militärpersonen der Unterklassen, für die das Mannschafts-Versorgungsgesetz (Reichs-Gesetzbl. 1906 S. 593) gilt,
3. die anderen Personen, die § 1 des Unfallfürsorgegesetzes für Beamte usw. vom 18. Juni 1901 (Reichs-Gesetzbl. S. 211) bezeichnet,

4. Beamte, die mit festem Gehalt und Anspruch auf Ruhegeld in Betriebsverwaltungen eines Bundesstaats, eines Gemeindeverbandes oder einer Gemeinde angestellt sind,
5. andere Beamte eines Bundesstaats, eines Gemeindeverbandes oder einer Gemeinde, wenn für sie Fürsorge nach § 14 des vorbezeichneten Unfallfürsorgegesetzes getroffen ist.

Bauarbeiten außerhalb eines gewerbsmäßigen Baubetriebs sowie das nicht gewerbsmäßige Halten von Reittieren oder Fahrzeugen (§ 537 Nr. 6, 7) gelten als Betrieb im Sinne des Unfallfürsorgegesetzes.

Zweiter Abschnitt.

Gegenstand der Versicherung.

§ 555. Gegenstand der Versicherung ist der in den folgenden Vorschriften bestimmte Ersatz des Schadens, der durch Körperverletzung oder Tötung entsteht.

§ 556. Dem Verletzten und seinen Hinterbliebenen steht kein Anspruch zu, wenn sie den Unfall vorsätzlich herbeigeführt haben.

§ 557. Hat der Verletzte sich den Unfall beim Begehen einer Handlung, die nach strafgerichtlichem Urteil ein Verbrechen oder vorsätzliches Vergehen ist, zugezogen, so kann der Schadenersatz ganz oder teilweise versagt werden.

Die Verletzung bergpolizeilicher Verordnungen gilt nicht als Vergehen im Sinne des vorstehenden Absatzes.

Die Rente kann den im Inland wohnenden Angehörigen des Verletzten ganz oder teilweise überwiesen werden, wenn sie im Falle seines Todes Anspruch auf Rente haben würden. Deutsche Schutzgebiete gelten im Sinne dieser Vorschrift als Inland.

Der Schadenersatz kann auch versagt werden, wenn wegen des Todes, der Abwesenheit oder eines anderen in der Person des Verletzten liegenden Grundes kein strafgerichtliches Urteil ergeht.

§ 558. Bei Verletzung sind vom Beginne der vierzehnten Woche nach dem Unfall zu gewähren

1. Krankenbehandlung; sie umfaßt ärztliche Behandlung und Versorgung mit Arznei, anderen Heilmitteln sowie mit den Hilfsmitteln, die erforderlich sind, um den Erfolg des Heilverfahrens zu sichern oder die Folgen der Verletzung zu erleichtern (Krücken, Stützvorrichtungen und dergleichen),
2. eine Rente für die Dauer der Erwerbsunfähigkeit.

§ 559. Die Rente beträgt, solange der Verletzte infolge des Unfalls

1. völlig erwerbsunfähig ist, zwei Drittel des nach den §§ 563 bis 570 berechneten Jahresarbeitsverdienstes (Vollrente),
2. teilweise erwerbsunfähig ist, den Teil der Vollrente, der dem Maße der Einbuße an Erwerbsfähigkeit entspricht (Teilrente).

§ 560. Solange der Verletzte infolge des Unfalls so hilflos ist, daß er nicht ohne fremde Wartung und Pflege bestehen kann, ist die Rente entsprechend, jedoch höchstens bis zum vollen Jahresarbeitsverdienste, zu erhöhen.

§ 561. War der Verletzte schon zur Zeit des Unfalls dauernd völlig erwerbsunfähig, so ist nur Krankenbehandlung (§ 558 Nr. 1) zu gewähren.

Solange er infolge des Unfalls so hilflos ist, daß er nicht ohne fremde Wartung und Pflege bestehen kann, ist eine Rente bis zur Hälfte der Vollrente zu gewähren.

§ 562. Solange der Verletzte infolge des Unfalls unverschuldet arbeitslos ist, kann die Genossenschaft auf Zeit die Teilrente bis zur Vollrente erhöhen.

§ 563. Die Rente wird nach dem Entgelt berechnet, den der Verletzte während des letzten Jahres im Betriebe bezogen hat (Jahresarbeitsverdienst).

Soweit der Jahresarbeitsverdienst eintausendachthundert Mark übersteigt, wird er nur mit einem Drittel angerechnet.

§ 564. Als Jahresarbeitsverdienst gilt, wenn der Verletzte ein volles Jahr vor dem Unfall im Betriebe beschäftigt war, das Dreihundertfache des durchschnittlichen Verdienstes für den vollen Arbeitstag, vorbehaltlich des § 569.

Ergibt die übliche Betriebsweise eine höhere oder

niedrigere Zahl von Arbeitstagen, so wird mit dieser Zahl statt mit dreihundert vervielfältigt.

§ 565. War der Verletzte noch kein volles Jahr vor dem Unfall im Betriebe beschäftigt, so wird der Jahresarbeitsverdienst in der Weise berechnet, daß die Zahl der Tage, an denen der Verletzte im Betriebe beschäftigt war, mit dem durchschnittlichen Verdienste für den vollen Arbeitstag vervielfältigt wird; zugezählt wird für die übrigen betriebsüblichen Arbeitstage des Jahres der durchschnittliche Verdienst, den während dieser Zeit Versicherte der gleichen Art und Erwerbsfähigkeit im Betriebe oder in einem benachbarten Betriebe gleicher Art für den vollen Arbeitstag bezogen haben.

§ 566. Läßt sich die Berechnung nach § 565 nicht ausführen, so wird der Jahresarbeitsverdienst durch Vervielfältigung der betriebsüblichen Zahl von Arbeitstagen im Jahre mit dem Entgelt berechnet, den der Verletzte während der Beschäftigung im Betriebe durchschnittlich für den vollen Arbeitstag bezogen hat.

§ 567. Ist die betriebsübliche Zahl der Arbeitstage im Jahre so gering, daß die im Betriebe Beschäftigten regelmäßig noch anderweit Arbeit gegen Entgelt verrichten, so wird in den Fällen der §§ 565, 566 für die an dreihundert fehlende Zahl von Arbeitstagen der Ortslohn für Erwachsene über einundzwanzig Jahre, der zur Zeit des Unfalls für den Beschäftigungsort des

Versicherten festgesetzt ist (§§ 149 bis 152), dem nach § 565 oder § 566 berechneten Betrage zugezählt.

§ 568. War der Verletzte nur stundenweise beschäftigt, so darf der durchschnittliche Verdienst für den vollen Arbeitstag nicht höher bemessen werden als der durchschnittliche Verdienst eines gleichartigen Arbeiters, der während des ganzen Arbeitstags beschäftigt war.

§ 569. Die §§ 564 bis 568 sind entsprechend anzuwenden, wenn sich der Jahresarbeitsverdienst aus mindestens wochenweise bestimmten Beträgen zusammensetzt.

§ 570. Erreicht der Jahresarbeitsverdienst nicht das Dreihundertfache des Ortslohns für Erwachsene über einundzwanzig Jahre (§ 567), so gilt dieses Dreihundertfache als Jahresarbeitsverdienst.

§ 571. Von dem Ortslohn wird für Personen, die schon vor dem Unfall dauernd teilweise erwerbsunfähig waren, derjenige Teil zu grunde gelegt, welcher dem Maße der Erwerbsfähigkeit vor dem Unfall entspricht.

§ 572. Die §§ 563 bis 571 gelten entsprechend für Verletzte, die bei einer versicherten Tätigkeit beschäftigt waren, ohne einem versicherten Betrieb anzugehören.

§ 573. Ist der Verletzte auf Grund der Reichsversicherung oder bei einer knappschaftlichen Krankenkasse gegen Krankheit versichert, so sind ihm mindestens die Regelleistungen der Krankenkassen nach § 179 an Krankenhilfe zu gewähren. Dabei beträgt jedoch das Krankengeld von Beginn der fünften Woche nach dem Unfall bis zum Ablauf der dreizehnten mindestens zwei Drittel des maßgebenden Grundlohns; es darf auch im Falle des § 192 nicht versagt werden, es sei denn, daß der Verletzte sich den Unfall beim Begehen eines Verbrechens oder vorsätzlichen Vergehens (§ 557 Abs. 1, 2) zugezogen hat. Das Entsprechende gilt für das Hausgeld.

Erhält ein Versicherter gleichzeitig aus einer anderen Versicherung Krankengeld, so gilt für die Kürzung des Krankengeldes aus Abs. 1 der § 189 entsprechend.

Maßgebend ist für Mitglieder von Ersatzkassen der Grundlohn ihrer Krankenkasse, für Mitglieder von knappschaftlichen Krankenkassen der Grundlohn, der nach § 180 bestimmt ist.

Ist der gegen Krankheit Versicherte infolge des Unfalls im Ausland erkrankt, so sind die §§ 221, 222 entsprechend anzuwenden.

§ **574.** Als versichert gegen Krankheit im Sinne des § 573 gilt auch, wer

1. nach den §§ 418, 435 versicherungsfrei ist, soweit die Krankenkasse einzutreten hat (§ 422),
2. infolge Erwerbslosigkeit aus der Krankenkasse ausgeschieden ist, aber noch Anspruch an die Kasse hat (§ 214).

§ 575. Fällt bei Personen, die der landwirtschaftlichen Krankenversicherung unterliegen, das Krankengeld oder das Hausgeld nach den §§ 420, 421, 425 wegen vertragsmäßiger Leistungen des Arbeitgebers oder nach § 423 wegen Bezugs einer Rente auf Grund der Reichsversicherung ganz oder teilweise weg, so ist der Wert solcher Leistungen auf die Krankenhilfe aus § 573 anzurechnen, soweit sie auf dieselbe Zeit fallen.

§ 576. Was die Krankenkasse, knappschaftliche Krankenkasse oder Ersatzkasse nach den §§ 573, 575 über die Pflicht hinaus, die sie sonst nach Gesetz oder Satzung hat, gewähren muß, hat, wenn dem Verletzten über die dreizehnte Woche hinaus eine Entschädigung zu leisten ist, die Genossenschaft, andernfalls der Unternehmer (§ 633) zu ersetzen. Die Satzung der Genossenschaft kann bestimmen, daß diese den Mehrbetrag in allen Fällen zu ersetzen hat.

Dies gilt entsprechend, wenn der Verletzte, der gegen Krankheit versichert ist, keinen Anspruch auf Krankenhilfe hat.

§ 577. Ist ein Verletzter, der zu den nach den §§ 544, 545 Versicherten gehört, nicht auf Grund der Reichsversicherung oder bei einer knappschaftlichen Krankenkasse gegen Krankheit versichert, so hat ihm, vorbehaltlich der Abs. 2, 3, der Unternehmer für die ersten dreizehn Wochen Krankenhilfe zu gewähren. Für das Maß der Leistungen und für deren Ersatz gelten die §§ 573 bis 576 entsprechend. Der Unternehmer kann mit Zustimmung des Verletzten auch Pflege nach § 185 Abs. 1 gewähren und dafür bis zu einem Viertel des Krankengeldes abziehen. Als Grundlohn gilt der Ortslohn des Beschäftigungsorts (§§ 149 bis 152). Für Betriebsbeamte gelten diese Vorschriften nur, wenn deren Jahresarbeitsverdienst zweitausendfünfhundert Mark nicht übersteigt.

In den Fällen der §§ 169, 418, 435 hat der Arbeitgeber für die ersten dreizehn Wochen die Leistungen aus Abs. 1 dem Verletzten zu gewähren. Dabei gilt der Grundlohn, der für die Krankenkasse maßgebend ist. Auf diese Leistungen werden die aus den §§ 169, 418, 435 angerechnet. Darüber hinaus ist die Genossenschaft oder der Unternehmer dem Arbeitgeber ersatzpflichtig (§ 576). Das Gleiche gilt im Falle der §§ 170, 171, wenn den dort Bezeichneten die Ansprüche aus § 169 gewährleistet sind.

Ist ein Dienstbote wegen anderer Fürsorge nach § 440 Abs. 1 versicherungsfrei, so gilt für ihn Abs. 2 Satz 1 bis 4 entsprechend, jedoch tritt an die Stelle des Arbeitgebers der Träger der anderen Fürsorge. Dieser hat den Ersatz für die Mehrleistung, wenn nicht die Berufsgenossenschaft ersatzpflichtig ist, von dem Unternehmer zu beanspruchen.

§ 578. Das Nähere zur Ausführung der §§ 573 bis 577 bestimmt das Reichsversicherungsamt.

§ 579. Die Genossenschaft kann die Leistungen des Unternehmers ganz oder teilweise übernehmen.

Er hat ihr insoweit Ersatz zu leisten, als der Verletzte von ihm Krankenhilfe beanspruchen könnte und die Genossenschaft dann nicht selbst ersatzpflichtig wäre. Dabei gelten als Ersatz für Krankenpflege drei Achtel des Grundlohns, nach welchem sich das Krankengeld des Berechtigten bestimmt.

Dies gilt entsprechend, wenn in den Fällen des § 577 Abs. 2, 3 der Arbeitgeber oder der Träger der anderen Fürsorge an Stelle des Unternehmers tritt.

§ 580. Ist bei Verletzten, auf welche die §§ 573 bis 577 nicht zutreffen, zu besorgen, daß eine Unfallentschädigung zu leisten ist, so kann die Genossenschaft schon vor Ablauf der dreizehnten Woche nach dem Unfall ein Heilverfahren eintreten lassen, um die Folgen des Unfalls zu beseitigen oder zu mildern.

Sie kann den Verletzten in einer Heilanstalt unterbringen; dabei gilt § 597 Abs. 2 bis 4.

Sie kann dem Verletzten mit seiner Zustimmung Pflege nach § 185 Abs. 1 gewähren.

Der Verletzte kann von der Genossenschaft angemessenen Ersatz für den Verdienst verlangen, der ihm durch das Heilverfahren entgeht.

§ 581. Die Genossenschaft kann innerhalb der ersten dreizehn Wochen nach dem Unfall den Verletzten, auch ohne ihm ein Heilverfahren zu gewähren, ärztlich untersuchen lassen und von der Krankenkasse, der knappschaftlichen Krankenkasse, der Ersatzkasse, dem behandelnden Arzte oder in den Fällen des § 577 dem Unternehmer Auskunft über die Behandlung und den Zustand des Verletzten verlangen.

Auf Antrag der Genossenschaft kann das Versicherungsamt den Unternehmer zu dieser Auskunft innerhalb einer bestimmten Frist durch Geldstrafen bis zu einhundert Mark anhalten.

Auf Beschwerde gegen die Festsetzung der Strafe entscheidet das Oberversicherungsamt endgültig.

§ 582. Wenn das Krankengeld vor Ablauf der dreizehn Wochen wegfällt, über diese hinaus aber die Erwerbsunfähigkeit fortdauert, so ist die Rente schon von dem Tage ab zu gewähren, mit dem das Krankengeld wegfällt.

Die Satzung kann die Rente auch zubilligen, wenn nach Wegfall des Krankengeldes eine Beschränkung der Erwerbsfähigkeit zwar verblieben ist, aber voraussichtlich vor Ablauf der dreizehn Wochen endigen wird.

§ 583. Hat die Krankenkasse, knappschaftliche Krankenkasse oder Ersatzkasse ihre Leistung vor Ablauf der dreizehn Wochen zu Unrecht eingestellt, so geht der Anspruch des Verletzten auf Krankengeld bis zur Höhe der Rente (§ 582) auf die Genossenschaft über.

Das Gleiche gilt für die Leistung des Unternehmers (§ 577).

§ 584. Hat die Genossenschaft zu einer Zeit, für die sie nach § 558 entschädigungspflichtig ist, die Fürsorge für den Verletzten nicht übernommen, und hat ihm für eine solche Zeit die Krankenkasse, knappschaftliche Krankenkasse oder Ersatzkasse nach den §§ 182, 184, 185 Krankengeld oder Krankenhauspflege gewährt, so gilt der Verletzte für diese Zeit als völlig erwerbsunfähig.

§ 585. Streitigkeiten über Ersatzansprüche aus den §§ 573 bis 577, 579 werden im Spruchverfahren entschieden.

§ 586. Bei Tötung ist außerdem zu gewähren

1. als Sterbegeld der fünfzehnte Teil des Jahresarbeitsverdienstes; jedoch mindestens fünfzig Mark; § 203 ist entsprechend anzuwenden,
2. vom Todestage ab den Hinterbliebenen eine Rente; sie besteht in einem Bruchteil des Jahresarbeitsverdienstes nach Vorschrift der §§ 588 bis 595.

Der Jahresarbeitsverdienst wird in gleicher Weise berechnet wie im Falle der Körperverletzung, dabei gilt jedoch § 571 nicht.

§ 587. Ist dieser Jahresarbeitsverdienst infolge eines früheren Unfalls geringer als der vor ihm bezogene Entgelt, so ist dem Jahresarbeitsverdienste die frühere Rente zuzurechnen; dabei darf jedoch der Betrag nicht überschritten werden, welcher der früheren Rente als Jahresarbeitsverdienst zugrunde liegt.

§ 588. Hinterläßt der Verstorbene eine Witwe oder Kinder, so beträgt die Rente ein Fünftel des Jahresarbeitsverdienstes für die Witwe bis zu ihrem Tode oder ihrer Wiederverheiratung,

für jedes Kind bis zum vollendeten fünfzehnten Lebensjahre, für ein uneheliches Kind jedoch nur, soweit der Verstorbene ihm nach gesetzlicher Pflicht Unterhalt gewährt hat.

§ 589. Heiratet die Witwe wieder, so erhält sie drei Fünftel des Jahresarbeitsverdienstes als Abfindung.

§ 590. Die Witwe hat keinen Anspruch, wenn die Ehe erst nach dem Unfall geschlossen worden ist.

Die Genossenschaft kann unter besonderen Umständen auch dann eine Witwenrente gewähren.

§ 591. Die Vorschriften über die Renten der Kinder gelten auch für Kinder einer weiblichen Person, die nicht Ehefrau ist.

Das Gleiche gilt für voreheliche Kinder einer Ehefrau oder für deren Kinder aus früherer Ehe, wenn sie nicht die rechtliche Stellung von ehelichen Kindern des hinterbliebenen Ehemanns haben.

§ 592. Bei Tötung einer Ehefrau, die wegen Erwerbsunfähigkeit des Ehemanns ihre Familie ganz oder überwiegend aus ihrem Arbeitsverdienst unterhalten hat, ist für die Dauer der Bedürftigkeit an Rente zu gewähren ein Fünftel des Jahresarbeitsverdienstes

dem Witwer bis zu seinem Tode oder seiner Wiederverheiratung,

jedem Kinde bis zum vollendeten fünfzehnten Lebensjahre.

Der Witwer hat keinen Anspruch, wenn die Ehe erst nach dem Unfall geschlossen worden ist.

Hat sich der Ehemann einer Getöteten ohne gesetzlichen Grund von der häuslichen Gemeinschaft ferngehalten und seiner Unterhaltspflicht gegen die Kinder entzogen, so kann die Genossenschaft diesen die Rente gewähren.

§ 593. Hinterläßt der Verstorbene Verwandte der aufsteigenden Linie, die er wesentlich aus seinem Arbeitsverdienst unterhalten hat, so ist ihnen für die Dauer der Bedürftigkeit eine Rente von zusammen einem Fünftel des Jahresarbeitsverdienstes zu gewähren.

Sind aus der aufsteigenden Linie Verwandte verschiedenen Grades vorhanden, so ist die Rente den Eltern vor den Großeltern zu gewähren.

§ 594. Hinterläßt der Verstorbene elternlose Enkel, die er ganz oder überwiegend aus seinem Arbeitsverdienst unterhalten hat, so ist ihnen für die Dauer der Bedürftigkeit bis zum vollendeten fünfzehnten Lebensjahr eine Rente von zusammen einem Fünftel des Jahresarbeitsverdienstes zu gewähren.

§ 595. Die Renten der Hinterbliebenen dürfen zusammen drei Fünftel des Jahresarbeitsverdienstes nicht übersteigen, sonst werden sie gekürzt, und zwar bei Ehegatten und Kindern gleichmäßig; Verwandte der aufsteigenden Linie haben nur Anspruch, soweit Ehegatten oder Kinder, Enkel nur, soweit die Vorgenannten den Höchstbetrag nicht erschöpfen.

Beim Ausscheiden eines Hinterbliebenen erhöhen sich die Renten der übrigen bis zum zulässigen Höchstbetrage.

§ 596. Die Hinterbliebenen eines Ausländers, die sich zur Zeit des Unfalls nicht gewöhnlich im Inland aufhielten, haben keinen Anspruch auf die Rente.

Der Bundesrat kann dies für ausländische Grenzgebiete oder für Angehörige solcher auswärtiger Staaten ausschließen, deren Gesetzgebung eine entsprechende Fürsorge für die Hinterbliebenen durch Betriebsunfall getöteter Deutscher gewährleistet.

Deutsche Schutzgebiete gelten im Sinne des Abs. 1 als Inland.

§ 597. An Stelle der im § 558 vorgeschriebenen Leistungen kann die Genossenschaft freie Kur und Verpflegung in einer Heilanstalt (Heilanstaltpflege) gewähren.

Hat der Verletzte einen eigenen Haushalt oder ist er Mitglied des Haushalts seiner Familie, so bedarf es seiner Zustimmung.

Bei einem Minderjährigen über sechzehn Jahre genügt seine Zustimmung.

Der Zustimmung bedarf es nicht, wenn

1. die Art der Verletzung eine Behandlung oder Pflege verlangt, die in der Familie des Verletzten nicht möglich ist,
2. die Krankheit ansteckend ist,
3. der Verletzte wiederholt den Anordnungen des behandelnden Arztes zuwidergehandelt hat,

4. der Zustand oder das Verhalten des Verletzten eine fortgesetzte Beobachtung erfordert.

In den Fällen des Abs. 4 Nr. 1, 2, 4 soll die Genossenschaft möglichst Heilanstaltpflege gewähren.

§ 598. Gewährt die Genossenschaft die Heilanstaltpflege nach den ersten dreizehn Wochen oder wegen Wegfalls des Krankengeldes schon vorher, so ist den Angehörigen des Verletzten eine Rente zu gewähren, soweit sie ihnen bei seinem Tode zustehen würde (Angehörigenrente). Dieser Anspruch steht auch der Ehefrau zu, deren Ehe mit dem Verletzten erst nach dem Unfall geschlossen worden ist.

§ 599. Die Genossenschaft kann mit Zustimmung des Verletzten Hilfe und Wartung durch Krankenpfleger, Krankenschwestern oder andere Pfleger (Hauspflege) namentlich auch dann gewähren, wenn die Aufnahme des Verletzten in eine Heilanstalt geboten, aber nicht ausführbar ist, oder ein wichtiger Grund vorliegt, den Verletzten in seinem Haushalt oder in seiner Familie zu belassen.

§ 600. Übernimmt die Genossenschaft nach § 579 die Leistungen des Unternehmers, so kann sie an Stelle der Krankenpflege und des Krankengeldes Krankenhauspflege und Hausgeld nach den §§ 184, 286, 577 Abs. 1 gewähren; sie kann mit Zustimmung des Verletzten auch Pflege nach § 187 Abs. 1 gewähren und dafür bis zu einem Viertel des Krankengeldes abziehen.

Der Unternehmer hat der Genossenschaft insoweit Ersatz zu leisten, als der Verletzte von ihm Krankenhilfe beanspruchen könnte und die Genossenschaft nicht selbst ersatzpflichtig wäre. Dabei gelten als Ersatz für Krankenpflege drei Achtel des Grundlohns, nach welchem sich das Krankengeld des Berechtigten bestimmt.

Dies gilt entsprechend, wenn in den Fällen des § 577 Abs. 2, 3 der Arbeitgeber oder der Träger der anderen Fürsorge an Stelle des Unternehmers tritt.

§ 601. Streitigkeiten über Ersatzansprüche aus § 600 werden im Spruchverfahren entschieden.

§ 602. Die Genossenschaft kann durch die Satzung allgemein, sonst bei Bedürftigkeit, dem Verletzten, der in einer Heilanstalt untergebracht ist, und seinen Angehörigen eine besondere Unterstützung gewähren.

§ 603. Die Genossenschaft kann jederzeit ein neues Heilverfahren eintreten lassen, wenn zu erwarten ist, daß es die Erwerbsfähigkeit des Unfallrentners erhöht.

§ 604. Neben dem Verletzten kann auch die Krankenkasse, knappschaftliche Krankenkasse oder Ersatzkasse, der er angehört, die Wiederaufnahme des Heilverfahrens beantragen.

§ 605. Haben Krankenkassen, knappschaftliche Krankenkassen, Ersatzkassen oder Träger der Unfallversicherung einen Verletzten in einer Anstalt mit genügenden Heileinrichtungen untergebracht, so darf er während des Heilverfahrens ohne seine Zustimmung in keine andere Anstalt gebracht werden.

Das Versicherungsamt des Aufenthaltsorts kann die Zustimmung ersetzen.

§ 606. Hat der Verletzte eine Anordnung, die das Heilverfahren betrifft, ohne gesetzlichen oder sonst triftigen Grund nicht befolgt und wird dadurch seine Erwerbsfähigkeit ungünstig beeinflußt, so kann ihm der Schadenersatz auf Zeit ganz oder teilweise versagt werden, wenn er auf diese Folge hingewiesen worden ist.

§ 607. Der Vorstand der Genossenschaft kann einem Rentenempfänger auf Antrag statt der Rente Aufnahme in ein Invalidenhaus, ein Waisenhaus oder eine ähnliche Anstalt gewähren.

Solche Anstalten gelten als Kranken-, Bewahr- und Heilanstalten im Sinne des § 11 Abs. 2 und des § 23 Abs. 2 des Gesetzes über den Unterstützungswohnsitz (Reichs-Gesetzbl. 1908 S. 381).

Die Aufnahme verpflichtet den Rentenempfänger auf ein Vierteljahr und, wenn er nicht einen Monat vor Ablauf dieser Zeit widerspricht, jedesmal auf ein weiteres Vierteljahr zum Verzicht auf die Rente.

§ 608. Tritt in den Verhältnissen, die für die Feststellung der Entschädigung maßgebend gewesen sind, eine wesentliche Änderung ein, so kann eine neue Feststellung getroffen werden.

§ 609. In den ersten zwei Jahren nach dem Unfall darf wegen einer Änderung im Zustand des Verletzten eine neue Feststellung jederzeit vorgenommen oder beantragt werden. Ist jedoch innerhalb dieser Frist eine Dauerrente rechtskräftig festgestellt worden oder ist die Frist abgelaufen, so darf eine neue Feststellung nur in Zeiträumen von mindestens einem Jahre vorgenommen oder beantragt werden. Diese Fristen werden auch durch Einleitung eines neuen Heilverfahrens nicht berührt. Die Zeiträume können durch Übereinkommen gekürzt werden.

§ 610. Ein Bescheid oder Endbescheid, der die Rente herabsetzt oder entzieht, wird mit Ablauf des auf die Zustellung folgenden Monats wirksam.

§ 611. Erhöhung oder Wiedergewährung der Rente kann nur für die Zeit nach Anmeldung des Anspruchs verlangt werden.

§ 612. Kosten des Heilverfahrens und Sterbegelder sind binnen einer Woche nach ihrer Feststellung, Renten im voraus in Monatsbeträgen zu zahlen. Beträgt die Rente für das Jahr sechzig Mark oder weniger, so ist sie in vierteljährlichen Beträgen im voraus zu zahlen, soweit sie nicht voraussichtlich vor Ablauf des Vierteljahrs wegfällt.

Die Genossenschaft kann mit Zustimmung des Berechtigten die Rente in längeren Zeitabschnitten zahlen.

Die Rente wird auf volle fünf Pfennig für den Monat oder das Vierteljahr aufgerundet.

§ 613. Für den Sterbemonat, den Monat der Wiederverheiratung und den Monat, der das Ruhen der Rente bringt, wird die Rente noch gezahlt. Kommt für einen

Monatsteil zur Rente des Verletzten noch die der Hinterbliebenen, so haben sie den höheren Betrag zu beanspruchen.

War die Rente für einen längeren Zeitabschnitt zu entrichten, so kann die Genossenschaft sie auch für diesen noch gewähren.

§ 614. Hat der Berechtigte bei seinem Tode die Entschädigung noch nicht erhalten, so sind nacheinander der Ehegatte, die Kinder, der Vater, die Mutter, die Geschwister bezugsberechtigt, wenn sie mit dem Berechtigten zur Zeit seines Todes in häuslicher Gemeinschaft gelebt haben.

§ 615. Die Rente ruht,

1. solange der Berechtigte eine Freiheitsstrafe von mehr als einem Monat verbüßt oder in einem Arbeitshaus oder einer Besserungsanstalt untergebracht ist.

   Hat er im Inland Angehörige, die bei seinem Tode Anspruch auf Rente haben würden, so ist ihnen die Rente bis zur Höhe seines Anspruchs zu überweisen,

2. solange sich der berechtigte Inländer im Ausland aufhält und es unterläßt,

   der Genossenschaft seinen Aufenthalt mitzuteilen,

   als Verletzter auf Verlangen der Genossenschaft sich von Zeit zu Zeit bei dem zuständigen Konsul oder einer ihm bezeichneten anderen deutschen Behörde vorzustellen.

Das Nähere über Mitteilung und Vorstellung bestimmt das Reichsversicherungsamt.

Weist der Berechtigte nach, daß er ohne sein Verschulden die vorgeschriebene Mitteilung und Vorstellung unterlassen hat, so lebt insoweit das Recht auf die Rente wieder auf,

3. solange sich der berechtigte Ausländer freiwillig gewöhnlich im Ausland aufhält,
4. solange der berechtigte Ausländer wegen Verurteilung in einem Strafverfahren aus dem Reichsgebiet ausgewiesen ist. Das Gleiche gilt für einen berechtigten Ausländer, der aus Anlaß der Verurteilung in einem Strafverfahren aus dem Gebiet eines Bundesstaats ausgewiesen ist, solange er sich nicht in einem anderen Bundesstaat aufhält.

In den Fällen der Nummern 3, 4 kann der Bundesrat das Ruhen der Rente für ausländische Grenzgebiete oder für Angehörige solcher auswärtiger Staaten ausschließen, deren Gesetzgebung Deutschen und ihren Hinterbliebenen eine entsprechende Fürsorge gewährleistet.

Ist die Ausweisung des berechtigten Ausländers (Abs. 1 Nr. 4) nicht wegen Verurteilung oder aus Anlaß der Verurteilung in einem Strafverfahren angeordnet, so gilt für ihn Abs. 1 Nr. 2.

Deutsche Schutzgebiete gelten im Sinne dieser Vorschriften als Inland.

§ 616. Beträgt die Rente eines Verletzten ein Fünftel der Vollrente oder weniger, so kann ihn die Genossenschaft mit seiner Zustimmung nach Anhören des Versicherungsamts mit einem dem Werte seiner Jahresrente entsprechenden Kapital abfinden.

§ 617. Die Genossenschaft kann einen berechtigten Ausländer, der seinen gewöhnlichen Aufenthalt im Inland aufgibt oder sich gewöhnlich im Ausland aufhält, mit seiner Zustimmung mit dem dreifachen Betrag seiner Jahresrente, ohne seine Zustimmung mit einem dem Wert seiner Jahresrente entsprechenden Kapital abfinden.

Der Bundesrat kann dies für ausländische Grenzgebiete ausschließen.

§ 618. Für die Abfindung mit einem entsprechenden Kapital (§§ 616, 617) regelt der Bundesrat die Berechnung des Kapitalwerts.

§ 619. Überzeugt sich die Genossenschaft bei erneuter Prüfung, daß die Leistung zu Unrecht ganz oder teilweise abgelehnt, entzogen oder eingestellt worden ist, so kann sie diese neu feststellen.

§ 620. Die Genossenschaft braucht eine Entschädigung nicht zurückzufordern, die sie vor rechtskräftiger Entscheidung zahlen mußte.

§ 621. Die Entschädigungsansprüche können außer in den Fällen des § 119 mit rechtlicher Wirkung übertragen, verpfändet und gepfändet werden auch wegen

Forderungen der Krankenkassen, Knappschaftsvereine, Knappschaftskassen, Ersatzkassen und Versicherungsanstalten, die nach den §§ 1501, 1522, 1578 ersatzberechtigt sind. Die Übertragung, Verpfändung und Pfändung ist nur in Höhe der gesetzlichen Ersatzansprüche zulässig.

§ 622. Die Ansprüche dürfen nur aufgerechnet werden auf

geschuldete Beiträge,

Vorschüsse, die aus dem Genossenschaftsvermögen geleistet sind,

Entschädigungen die zu Unrecht gezahlt sind,

Kosten des Verfahrens, die zu erstatten sind,

Geldstrafen, die vom Genossenschaftsvorstand verhängt sind,

Ersatzansprüche der Genossenschaft aus den §§ 903, 904.

Dritter Abschnitt.

Träger der Versicherung.

I. Berufsgenossenschaften und andere Träger der Versicherung.

§ 623. Die Berufsgenossenschaften als Träger der Versicherung umfassen die Unternehmer der versicherten Betriebe (§ 633 Abs. 1).

§ 624. Das Reich oder der Bundesstaat ist Träger der Versicherung, wenn der Betrieb für seine Rechnung geht,

1. bei den Post-, Telegraphen-, Marine- und Heeresverwaltungen,
2. bei den Eisenbahnen,

einschließlich der Bauarbeiten und der Tätigkeiten bei nicht gewerbsmäßigem Halten von Reittieren oder Fahrzeugen (§ 537 Nr. 6, 7).

§ 625. Das Reich oder der Bundesstaat ist Träger der Versicherung, wenn der Betrieb für seine Rechnung geht, bei den Baggerei-, Binnenschiffahrts-, Flößerei-, Prahm- und Fährbetrieben, es sei denn, daß die Betriebe nach § 2 Abs. 2 des Gesetzes vom 28. Mai 1885 (Reichs-Gesetzbl. S. 159) den für sie errichteten Genossenschaften angehören.

Der nachträgliche Beitritt solcher Betriebe zur Genossenschaft, der Wiederaustritt oder der Wiedereintritt ist, wenn die Genossenschaft nicht zustimmt, nur mit Genehmigung des Bundesrats und mangels anderer Vereinbarung nur zum Schlusse eines Geschäftsjahrs zulässig.

Bei Wiederaustritt hat das Reich oder der Bundesstaat von da an die Entschädigungsansprüche zu befriedigen, die gegen die Genossenschaft aus Unfällen in den ausgeschiedenen Betrieben entstanden sind, wogegen ein entsprechender Teil der Rücklage und des anderen Vermögens der Genossenschaft dem Reich oder dem Bundesstaate zu überweisen ist. Diese sind dann verpflichtet, einen entsprechenden Teil der Zinsen und

Tilgungsbeträge für die schwebende Schuld (§ 779) zu übernehmen.

Die Genossenschaft und das Reich oder der Bundesstaat können durch Übereinkommen von den Vorschriften des Abs. 3 abweichen; dazu bedarf es des Beschlusses der Genossenschaftsversammlung.

Entsteht bei der Auseinandersetzung über das Vermögen Streit zwischen Genossenschaft und Reich oder Bundesstaat, so können sie schiedsrichterliche Entscheidung vereinbaren; sonst entscheidet das Reichsversicherungsamt (Beschlußsenat).

§ 626. Insoweit durch Gesetz oder Vertrag dem Reiche, einem Bundesstaate, öffentlichen Verbänden oder Körperschaften das alleinige Recht vorbehalten wird, auf einer Wasserstraße Binnenschiffahrt oder einen Teil davon (Schleppschiffahrt und dergleichen) auszuüben, gehören diese Betriebe den für sie gebildeten Berufsgenossenschaften an.

§ 627. Das Reich oder der Bundesstaat ist Träger der Versicherung für andere als die im § 624 erwähnten Bauarbeiten und Tätigkeiten bei nicht gewerbsmäßigem Halten von Reittieren oder Fahrzeugen (§ 537 Nr. 6, 7), wenn diese anderen Bauarbeiten oder Tätigkeiten für seine Rechnung ausgeführt werden. Dies gilt nicht, soweit Reich oder Bundesstaat durch eine Erklärung des Reichskanzlers oder der obersten Verwaltungsbehörde in die Berufsgenossenschaft eintritt, die für Baugewerbtreibende oder für Unternehmer gewerbsmäßiger Fuhrwerks- oder Binnenschiffahrtsbetriebe zuständig ist. Die

Eintrittserklärung bestimmt auch den Zeitpunkt, mit dem der Eintritt wirksam wird.

Der Wiederaustritt und der Wiedereintritt ist, wenn die Genossenschaft nicht zustimmt, nur mit Genehmigung des Bundesrats und mangels anderer Vereinbarung nur zum Schlusse eines Geschäftsjahrs zulässig.

Für den Fall des Wiederaustritts gilt § 625 Abs. 3 bis 5 entsprechend.

§ 628. Eine Gemeinde, ein Gemeindeverband oder eine andere öffentliche Körperschaft ist Träger der Versicherung für solche Bauarbeiten und Tätigkeiten bei nicht gewerbsmäßigem Halten von Reittieren oder Fahrzeugen (§ 537 Nr. 6, 7), welche sie als Unternehmer in anderen als Eisenbahnbetrieben ausführen, wenn die oberste Verwaltungsbehörde sie auf Antrag zur Übernahme der Last für leistungsfähig erklärt. Sonst ist eine solche Körperschaft mit den bezeichneten Arbeiten und Tätigkeiten nach § 629 versichert.

Die oberste Verwaltungsbehörde kann mehrere Gemeinden, Gemeindeverbände oder andere öffentliche Körperschaften zur gemeinsamen Durchführung der Versicherung zu einem Verbande vereinigen und diesen für leistungsfähig erklären.

Eine Gemeinde, ein Gemeindeverband oder eine andere öffentliche Körperschaft kann durch eine Erklärung ihres Vorstandes in die zuständige Genossenschaft (§ 627 Abs. 1) eintreten. Die Eintrittserklärung bestimmt auch den Zeitpunkt, mit dem der Eintritt wirksam wird.

Ist eine solche Körperschaft nicht für leistungsfähig erklärt, so ist ihr Wiederaustritt aus der Genossenschaft und ihr Wiedereintritt mangels anderer Vereinbarung nur zum Schlusse eines Geschäftsjahrs zulässig. Ist sie für leistungsfähig erklärt, so gilt für ihren Wiederaustritt aus der Genossenschaft und ihren Wiedereintritt § 627 Abs. 2, für ihren Wiederaustritt auch § 625 Abs. 3 bis 5 entsprechend.

§ **629.** Bauarbeiten, die andere Unternehmer nicht gewerbsmäßig ausführen, werden auf Kosten der Unternehmer oder der Gemeinden oder Verbände durch besondere Einrichtungen (Zweiganstalten) versichert, die den Genossenschaften der Baugewerbtreibenden angegliedert sind (§§ 783 bis 835). Träger der Zweiganstalt ist die Genossenschaft.

Ebenso werden den Genossenschaften der Unternehmer gewerbsmäßiger Fuhrwerks- und Binnenschiffahrtsbetriebe Zweiganstalten für die Versicherung von Tätigkeiten bei nicht gewerbsmäßigem Halten von Reittieren oder Fahrzeugen (§ 537 Nr. 6, 7) angegliedert (§§ 836 bis 842). Der Bundesrat kann die Zweiganstalten oder Teile von ihnen anderen Berufsgenossenschaften angliedern. Er kann auch an Stelle der Zweiganstalten oder Teile von ihnen Versicherungsgenossenschaften als selbständige Versicherungsträger errichten und regelt dann ihre Verfassung. Ändert er hiernach den Bestand von Zweiganstalten oder Versicherungsgenossenschaften, so bestimmt er auch über den Übergang der Unfallast und des Vermögens.

II. Zusammensetzung der Genossenschaften.

§ 630. Die Berufsgenossenschaften werden nach örtlichen Bezirken gebildet; sie umfassen darin alle Betriebe der Gewerbszweige, für die sie errichtet sind. Von dieser Vorschrift kann bei Genossenschaften für Eisenbahnen oder die im § 537 Nr. 6, 7 bezeichneten Betriebe abgesehen werden.

Der Bundesrat kann die Vereinigung der Unternehmer von Betrieben, die Knappschaftsvereinen oder Knappschaftskassen angehören, zu Knappschafts-Berufsgenossenschaften genehmigen.

Genossenschaften, die nach den früheren Unfallversicherungsgesetzen errichtet sind, bleiben in ihrem Bestande, vorbehaltlich der nach den §§ 635 bis 648 zulässigen Änderungen, erhalten.

§ 631. Umfaßt ein Betrieb wesentliche Bestandteile verschiedenartiger Gewerbszweige, so ist er der Genossenschaft zuzuteilen, welcher der Hauptbetrieb angehört. Das Gleiche gilt, unbeschadet des § 540, von Nebenbetrieben und von solchen versicherten Tätigkeiten, welche Bestandteile eines Betriebs sind.

Binnenschiffahrts- und Flößereibetriebe oder -Tätigkeiten fallen nur dann in die Versicherung des Hauptbetriebs, wenn sie nicht über den örtlichen Verkehr hinausgreifen.

Tätigkeiten, die ihrer Art nach der Versicherung bei einer Zweiganstalt oder Versicherungsgenossenschaft unterliegen, sind bei der Berufsgenossenschaft, welcher der Unternehmer mit Betriebstätigkeiten derselben Art angehört, versichert, wenn diese die anderen Tätigkeiten überwiegen.

§ **632.** Die Vorschrift des § 542 gilt entsprechend für mehrere Betriebe desselben Unternehmers, die sämtlich der gewerblichen Unfallversicherung unterliegen und nicht schon unter § 631 Abs. 1 fallen. Dies gilt nicht für Binnenschiffahrts- und Flößereibetriebe.

§ **633.** Unternehmer eines Betriebs ist derjenige, für dessen Rechnung der Betrieb geht.

Im übrigen ist Unternehmer

1. von Bauarbeiten, die nicht in einem gewerbsmäßigen Baubetrieb ausgeführt werden, derjenige, für dessen Rechnung sie gehen,
2. von Tätigkeiten bei nicht gewerbsmäßigem Halten von Reittieren oder Fahrzeugen (§ 537 Nr. 6, 7), wer das Reittier oder Fahrzeug hält.

§ **634.** Eine Genossenschaft hat Unfälle bei versicherten Tätigkeiten in einem Betriebe, der für Rechnung eines ihr nicht angehörigen Unternehmers geht, dann zu entschädigen, wenn ein ihr angehöriger Unternehmer den Auftrag gegeben und den Entgelt zu zahlen hat.

Dies gilt entsprechend für die Zweiganstalten.

III. Änderung des Bestandes der Berufsgenossenschaften.

§ **635.** Änderungen im Bestande der Berufsgenossenschaften sind mit Beginn eines Geschäftsjahrs nach den §§ 636 bis 648 zulässig.

§ 636. Mehrere Genossenschaften können sich durch übereinstimmenden Beschluß der Genossenschaftsversammlungen vereinigen. Der Beschluß bedarf der Genehmigung des Bundesrats.

§ 637. Die beteiligten Genossenschaftsversammlungen können beschließen, daß einzelne Gewerbszweige oder örtlich begrenzte Teile aus einer Genossenschaft in eine andere übergehen. Der Beschluß bedarf der Genehmigung des Bundesrats.

Die Genehmigung kann versagt werden, wenn das Ausscheiden die Leistungsfähigkeit einer der beteiligten Genossenschaften gefährden würde.

§ 638. Wird auf Grund eines Genossenschaftsbeschlusses beantragt, mehrere Genossenschaften zu vereinigen oder einzelne Gewerbszweige oder örtlich begrenzte Teile aus einer Genossenschaft auszuscheiden und einer anderen zuzuteilen, so entscheidet auf Anrufen der Bundesrat, wenn eine beteiligte Genossenschaft widerspricht.

§ 639. Über den Antrag, für einzelne Gewerbszweige oder örtlich begrenzte Teile eine besondere Genossenschaft zu errichten, beschließt zunächst die Genossenschaftsversammlung. Der Bundesrat entscheidet.

§ 640. Das Reichsversicherungsamt bereitet die Entscheidung des Bundesrats vor; dabei hat sich der Beschlußsenat zu äußern.

§ 641. Der Bundesrat kann die Genehmigung zur Errichtung einer neuen Genossenschaft versagen, wenn

1. die Zahl der Betriebe oder der Versicherten zu gering sein würde, um die dauernde Leistungsfähigkeit zu verbürgen,
2. die Aufnahme von Betrieben in die Genossenschaft verweigert wird, die aus denselben Gründen (Nr. 1) keine eigene leistungsfähige Genossenschaft zu bilden imstande sind und zweckmäßig auch keiner anderen Genossenschaft zugeteilt werden können.

§ **642.** Vereinigen sich mehrere Genossenschaften zu einer neuen Genossenschaft, so gehen alle ihre Rechte und Pflichten auf diese über, sobald die Änderung wirksam wird.

§ **643.** Scheiden Teile einer Genossenschaft aus, um eine andere zu bilden oder in eine andere überzugehen, so hat die andere Genossenschaft von da an die Entschädigungsansprüche zu befriedigen, die gegen die alte Genossenschaft aus Unfällen in den ausgeschiedenen Betrieben erwachsen sind. Dies gilt auch, wenn landwirtschaftliche Nebenbetriebe nach der Satzung in eine gewerbliche Genossenschaft übergehen (§ 540 Nr. 1).

§ **644.** Genossenschaften, denen hiernach die Entschädigungspflicht zufällt, haben Anspruch auf einen entsprechenden Teil der Rücklage und des anderen Vermögens der abgebenden Genossenschaft. Sie sind verpflichtet, einen entsprechenden Teil der Zinsen und Tilgungsbeträge für die schwebende Schuld (§ 779) zu übernehmen.

§ 645. Die beteiligten Genossenschaftsversammlungen können durch übereinstimmenden Beschluß von den Vorschriften der §§ 642 bis 644 abweichen.

§ 646. Entsteht bei der Auseinandersetzung über das Vermögen Streit zwischen den beteiligten Genossenschaften, so können sie schiedsrichterliche Entscheidung vereinbaren; sonst entscheidet das Reichsversicherungsamt (Beschlußsenat).

§ 647. Wird eine Genossenschaft unfähig, ihre gesetzlichen Verpflichtungen zu erfüllen, so kann der Bundesrat sie auflösen, wenn das Reichsversicherungsamt (Beschlußsenat) es beantragt.

Die Gewerbszweige der aufgelösten Genossenschaft werden anderen Genossenschaften zugewiesen. Diese sind vorher zu hören.

Mit Auflösung der Genossenschaft gehen ihre Rechte und Pflichten auf das Reich über.

§ 648. Wird eine Genossenschaft, die der Aufsicht eines Landesversicherungsamts untersteht (§ 723), als leistungsunfähig aufgelöst, so gehen ihre Rechte und Pflichten auf den Bundesstaat über.

Vierter Abschnitt.

Verfassung der Berufsgenossenschaften.

I. Mitgliedschaft und Stimmberechtigung.

§ 649. Mitglied der Berufsgenossenschaft ist jeder Unternehmer, dessen Betrieb zu den ihr zugewiesenen

Gewerbszweigen gehört und in ihrem Bezirke seinen Sitz hat. Das Reich, die Bundesstaaten, Gemeinden, Gemeindeverbände und andere öffentliche Körperschaften sind Mitglieder, soweit die §§ 624 bis 628 nichts anderes vorschreiben.

§ 650. Die Mitgliedschaft beginnt mit der Eröffnung des Betriebs oder mit seiner Versicherungspflicht; für das Reich und die Bundesstaaten, für Gemeinden, Gemeindeverbände und andere öffentliche Körperschaften regelt sich der Beginn der Mitgliedschaft nach den §§ 625 bis 628.

§ 651. In jedem Betriebe hat der Unternehmer durch einen Aushang bekannt zu machen,

1. welcher Genossenschaft und Sektion der Betrieb angehört,
2. wo die Geschäftsstelle des Genossenschafts- und des Sektionsvorstandes ist.

Ist ein landwirtschaftlicher Betrieb der Gewerbe-Unfallversicherung nach § 540 Nr. 1, § 542 unterstellt, so hat der Aushang darauf hinzuweisen.

§ 652. Besitzen Mitglieder oder ihre gesetzlichen Vertreter nicht die bürgerlichen Ehrenrechte, so haben sie kein Stimmrecht.

II. Anmeldung der Betriebe.

§ 653. Wer mit einem Betriebe Mitglied einer Genossenschaft wird, hat binnen einer Woche dem Versicherungsamt, in dessen Bezirke der Betrieb seinen Sitz hat, anzuzeigen

1. den Gegenstand und die Art des Betriebs,
2. die Zahl der Versicherten,
3. die Genossenschaft, welcher der Betrieb angehört,
4. wenn der Betrieb erst nach Inkrafttreten des Gesetzes eröffnet ist, den Eröffnungstag und, wenn der Betrieb erst nach Inkrafttreten des Gesetzes versicherungspflichtig geworden ist, den Tag des Beginns der Versicherungspflicht.

Die Anzeige ist doppelt einzureichen; der Empfang wird bescheinigt.

Ist der Betrieb schon angemeldet und findet nur ein Wechsel in der Person des Unternehmers statt, so ist eine nochmalige Anzeige nach Abs. 1 nicht erforderlich.

§ 654. Das Versicherungsamt überweist jeden Betrieb seines Bezirkes, über den die Anzeige eingeht, binnen einer Woche durch Einsendung der einen Anzeige dem Vorstand der darin bezeichneten Genossenschaft.

§ 655. Gehört der Betrieb nach Ansicht des Versicherungsamts einer anderen als der bezeichneten Genossenschaft an, so benachrichtigt es den Vorstand dieser Genossenschaft sowie den Unternehmer und sendet die Anzeige dem Vorstand der anderen Genossenschaft ein.

§ 656. Ist die Anzeige versäumt oder unvollständig, so kann das Versicherungsamt den Unternehmer durch Geldstrafen bis zu einhundert Mark anhalten, binnen einer gesetzten Frist Auskunft zu geben.

Auf Beschwerde gegen die Festsetzung der Strafe entscheidet das Oberversicherungsamt endgültig.

Das Versicherungsamt überweist den Betrieb binnen einer Woche nach Ablauf der gesetzten Frist, indem es die Angaben (§ 653 Abs. 1) selbst macht.

III. Betriebsverzeichnis.

§ 657. Die Genossenschaftsvorstände haben auf Grund der Verzeichnisse, die ihnen das Reichsversicherungsamt mitteilt, und der späteren Überweisungen (§§ 654, 656) Betriebsverzeichnisse zu führen.

§ 658. Die Mitglieder werden in das Betriebsverzeichnis nach Prüfung ihrer Zugehörigkeit aufgenommen.

§ 659. Den Mitgliedern, die in das Betriebsverzeichnis aufgenommen sind, stellt der Genossenschaftsvorstand Mitgliedscheine zu. Ist die Genossenschaft in Sektionen eingeteilt, so muß der Mitgliedschein die Sektion bezeichnen, welcher der Unternehmer angehört.

Wird die Aufnahme abgelehnt, so ist darüber dem Betriebsunternehmer durch Vermittlung des Versicherungsamts ein Bescheid mit Gründen zuzustellen.

§ 660. Gegen die Aufnahme oder Ablehnung hat der Unternehmer binnen einem Monat nach Zustellung des Mitgliedscheins oder des ablehnenden Bescheids Beschwerde an das Oberversicherungsamt. Sie ist bei dem Versicherungsamt einzureichen. Ergibt sich bei der Verhandlung über die Beschwerde, daß der Betrieb zwar der Unfallversicherung unterliegt, aber keiner der vorhandenen Genossenschaften angehört, so ist die Sache dem Reichsversicherungsamte vorzulegen. Dieses weist den Betrieb der Genossenschaft zu, der er seiner Art nach am nächsten steht.

§ 661. Erhebt der Unternehmer gegen einen ablehnenden Bescheid nicht rechtzeitig Beschwerde, so kann das Versicherungsamt die Sache dem Reichsversicherungsamte vorlegen; auf Antrag der Genossenschaft muß es geschehen.

§ 662. Erkennt im Falle des § 655 der Vorstand der in der Anzeige bezeichneten Genossenschaft die Mitgliedschaft des Unternehmers an, so hat der Vorstand dies dem Vorstand der anderen Genossenschaft mitzuteilen. Dieser kann binnen einem Monat nach Empfang der Mitteilung Beschwerde erheben.

§ 663. Den Vorständen der Sektionen sind über die diesen angehörigen Unternehmer Auszüge aus dem Betriebsverzeichnisse mitzuteilen.

IV. Wechsel des Unternehmers. Änderung im Betrieb und in seiner Zugehörigkeit zur Genossenschaft.

§ 664. Der Unternehmer hat den Wechsel der Person, für deren Rechnung der Betrieb geht, in der durch die Satzung bestimmten Frist dem Genossenschaftsvorstand zur Eintragung in das Betriebsverzeichnis anzuzeigen. Für die Beiträge bis zum Ablauf des Geschäftsjahrs, in welchem der Wechsel angezeigt wird, bleibt er haftbar, ohne dadurch den Nachfolger von der Haftung zu befreien.

§ 665. Jeder Unternehmer hat Änderungen seines Betriebs, die für die Zugehörigkeit zu einer Genossenschaft wichtig sind, ihrem Vorstand in der durch die Satzung bestimmten Frist anzuzeigen.

§ 666. Hält es der Vorstand auf Antrag des Unternehmers oder von Amts wegen für geboten, den Betrieb einer anderen Genossenschaft zu überweisen, so überweist er ihn dieser und teilt es ihr und durch das Versicherungsamt dem Unternehmer unter Angabe der Gründe mit.

§ 667. Gegen die Überweisung können der Unternehmer und der andere Genossenschaftsvorstand bei dem Vorstand, der den Betrieb überwiesen hat, Beschwerde erheben; dieser hat die Beschwerde dem Oberversicherungsamte vorzulegen.

Wird nicht rechtzeitig Beschwerde erhoben, so ist der Betrieb in den Verzeichnissen umzuschreiben und dem Unternehmer ein anderer Mitgliedschein auszustellen.

§ 668. Beansprucht eine Genossenschaft die Überweisung eines Betriebs und widerspricht der Unternehmer oder die Genossenschaft, welcher der Betrieb bisher angehörte, so hat der Vorstand dieser Genossenschaft die Sache dem Oberversicherungsamte zur Entscheidung vorzulegen.

§ 669. Beansprucht ein Unternehmer die Umschreibung seines Betriebs, so kann er bei Widerspruch beider Genossenschaften die Entscheidung des Oberversicherungsamts beantragen.

§ 670. Was die §§ 666, 667 für die Überweisung eines Betriebs vorschreiben, gilt entsprechend für seine Löschung.

§ 671. Wird einem Antrag auf Überweisung oder Löschung Folge gegeben, so wird die Änderung der genossenschaftlichen Zugehörigkeit mit dem Tage wirksam, an dem der Antrag zuerst einem der beteiligten Genossenschaftsvorstände zugegangen ist. Wird der Betrieb von Amts wegen überwiesen oder gelöscht, so ist der Tag maßgebend, an dem die Überweisung oder die Löschung dem Unternehmer mitgeteilt worden ist.

Die beteiligten Vorstände und Unternehmer können einen anderen Tag vereinbaren.

§ 672. Ist die Überweisung oder Löschung dadurch erheblich verzögert worden, daß gesetzliche oder satzungsmäßige Vorschriften nicht beachtet worden sind, so kann das Oberversicherungsamt auf Antrag bestimmen, daß die Änderung der genossenschaftlichen Zugehörigkeit an einem früheren als dem im § 671 Abs. 1 bezeichneten Tage wirksam wird, jedoch nicht vor Beginn des Geschäftsjahrs, für das der Anspruch auf Beiträge noch nicht verjährt ist.

§ 673. Gehen einzelne Betriebe oder Nebenbetriebe von einer Genossenschaft auf eine andere über, so gilt für den Übergang der Unfallast § 643.

Die übernehmende Genossenschaft hat Anspruch auf einen entsprechenden Teil der Rücklage der abgebenden Genossenschaft. Dieser Teil ist nach einem Durchschnittssatze zu berechnen, den das Reichsversicherungsamt nach der Höhe der Rücklagen sämtlicher Genossenschaften, getrennt nach gewerblichen und landwirtschaftlichen, alle fünf Jahre einheitlich festsetzt.

Die §§ 645, 646 sind anzuwenden.

§ 674. Die Meldepflicht bei Betriebsänderungen, die auf die Veranlagung zum Gefahrtarife wirken (§ 711), und das weitere Verfahren sind in der Satzung zu regeln.

Hat ein Ausschuß oder der Vorstand der Genossenschaft den Gefahrtarif aufzustellen und zu ändern (§ 707), so kann ihm die Genossenschaftsversammlung auch übertragen, die Meldepflicht bei diesen Betriebsänderungen zu regeln.

Gegen den Bescheid, den die Genossenschaft auf die Anmeldung der Änderung oder von Amts wegen erläßt, hat der Unternehmer die Beschwerde.

V. Satzung.

§ 675. Die Berufsgenossenschaften regeln ihre innere Verwaltung und ihre Geschäftsordnung durch eine Satzung, welche die Genossenschaftsversammlung beschließt.

§ 676. Der von der Gründungsversammlung gewählte vorläufige Vorstand hat die Versammlung zu leiten und die Geschäfte der Genossenschaft zu führen, bis der auf Grund einer gültigen Satzung gewählte Vorstand die Geschäfte übernimmt.

Der vorläufige Vorstand besteht aus einem Vorsitzenden, einem Schriftführer und mindestens drei Beisitzern.

§ 677. Die Satzung muß bestimmen über

1. Namen, Sitz und Bezirk der Genossenschaft,
2. Zusammensetzung, Rechte und Pflichten des Vorstandes,
3. Form der Willenserklärungen des Vorstandes sowie seiner Unterschrift für die Berufsgenossenschaft, Art der Beschlußfassung des Vorstandes und seine Vertretung nach außen,
4. Berufung der Genossenschaftsversammlung und Art ihrer Beschlußfassung,
5. Stimmrecht der Mitglieder und Prüfung ihrer Vollmachten,
6. Höhe der Sätze für entgangenen Arbeitsverdienst und für Reisekosten, die den Vertretern der Versicherten zu gewähren sind (§ 21),
7. Vertretung der Genossenschaft gegenüber dem Vorstand,
8. Verfahren der Genossenschaftsorgane beim Einschätzen der Betriebe in die Klassen des Gefahrtarifs,
9. Verfahren bei Betriebsänderungen und bei Wechsel der Person des Unternehmers,
10. Folgen von Betriebseinstellung oder von Wechsel

der Person des Unternehmers, besonders Sicherstellung seiner Beiträge, wenn er den Betrieb einstellt,

11. Aufstellung, Prüfung und Abnahme der Jahresrechnung,
12. Handhabung des Erlasses von Vorschriften zur Unfallverhütung und zur Überwachung der Betriebe,
13. Verfahren bei Anmeldung und Ausscheiden versicherter Unternehmer, Lotsen und anderer, nach § 548 Nr. 3, § 552 Versicherter sowie Höhe und Ermittlung des Jahresarbeitsverdienstes der Unternehmer und Lotsen,
14. Art der Bekanntmachungen,
15. Änderung der Satzung.

§ 678. Die Satzung kann bestimmen, daß

1. die Genossenschaftsversammlung aus Vertretern zusammengesetzt wird,
2. die Genossenschaft in örtliche Sektionen eingeteilt wird,
3. besondere Vertrauensmänner als örtliche Organe der Genossenschaft eingesetzt werden.

§ 679. Bestimmt die Satzung solches, so hat sie zugleich zu bestimmen über

Wahl der Vertreter,
Sitz und Bezirk der Sektionen,
Zusammensetzung und Berufung der Sektionsversammlungen und Art ihrer Beschlußfassung,

Zusammensetzung, Rechte und Pflichten der Sektionsvorstände, Wahl, Bezirke, Rechte und Pflichten der Vertrauensmänner und ihrer Stellvertreter.

Die Genossenschaftsversammlung kann die Abgrenzung der Bezirke und die Wahl der Vertrauensmänner und ihrer Stellvertreter dem Genossenschafts- oder Sektionsvorstande, die Wahl der Sektionsvorstände den Sektionsversammlungen übertragen.

§ 680. Die Satzung kann den Genossenschaftsvorstand ermächtigen, gegen Unternehmer und ihnen nach § 912 Gleichgestellte, die ihren satzungsmäßigen Pflichten zuwiderhandeln, Geldstrafen bis zu fünfundzwanzig Mark zu verhängen.

§ 681. Die Satzung bedarf der Genehmigung des Reichsversicherungsamts. Soll die Genehmigung versagt werden, so entscheidet über sie der Beschlußsenat; die Gründe der Versagung sind mitzuteilen. Wird die Genehmigung versagt, so entscheidet auf Beschwerde der Bundesrat.

§ 682. Ist die Genehmigung endgültig versagt, so hat in der vom Reichsversicherungsamte festgesetzten Frist die Genossenschaftsversammlung über eine neue Satzung zu beschließen. Kommt kein Beschluß zustande oder wird auch die neue Satzung endgültig nicht genehmigt, so erläßt das Reichsversicherungsamt die Satzung und ordnet auf Kosten der Genossenschaft das zur Ausführung Erforderliche an.

§ 683. Die Satzung darf nur mit Genehmigung des Reichsversicherungsamts geändert werden. Soll die Genehmigung versagt werden, so entscheidet über sie der Beschlußsenat; die Gründe der Versagung sind mitzuteilen. Wird die Genehmigung versagt, so entscheidet auf Beschwerde der Bundesrat.

§ 684. Ist die Satzung genehmigt, so hat der Genossenschaftsvorstand im Reichsanzeiger Namen und Sitz der Genossenschaft und die Bezirke der Sektionen bekannt zu machen.

Das Gleiche gilt für Änderungen.

VI. Genossenschaftsorgane.

§ 685. Der Vorstand verwaltet die Genossenschaft, soweit Gesetz oder Satzung nichts anderes bestimmen.

§ 686. Der Genossenschaftsversammlung bleibt vorbehalten,

1. die Vorstandsmitglieder zu wählen,
2. die Satzung zu ändern,
3. die Jahresrechnung zu prüfen und abzunehmen, wenn die Genossenschaftsversammlung dazu nicht einen besonderen Ausschuß bestellt,
4. für die Mitglieder der Organe der Genossenschaft die Höhe des Pauschbetrags für Zeitverlust und der Sätze für Reisekosten zu bestimmen.

§ 687. In den Vorstand oder als Vertrauensmann der Genossenschaft oder als Vertreter in der Genossenschaftsversammlung (§ 678 Nr. 1) kann, vorbehaltlich der §§ 13, 14, gewählt werden, wer der Genossenschaft als Mitglied angehört oder den Mitgliedern gleichsteht (§ 13 Abs. 2).

Wählbar zu Mitgliedern des Vorstandes sind auch solche Mitglieder einer Innung oder des Aufsichtsrats einer der Genossenschaft angehörigen Aktiengesellschaft, Kommanditgesellschaft auf Aktien oder Gesellschaft mit beschränkter Haftung, die mindestens fünf Jahre lang Unternehmer oder bevollmächtigte Betriebsleiter eines der Genossenschaft angehörigen Betriebs gewesen sind.

Sind in einer Genossenschaft verschiedenartige Gewerbszweige oder Betriebsarten (große, mittlere, kleine Betriebe) vereinigt, so sollen diese im Vorstand möglichst vertreten sein. Die Satzung bestimmt das Nähere.

Die Satzung einer Genossenschaft kann bestimmen, daß Vertreter der Versicherten ihrem Vorstand oder, wenn die Genossenschaft in Sektionen geteilt ist, dem Sektionsvorstand mit Stimmrecht angehören. Die Knappschaftsberufsgenossenschaft kann durch die Satzung bestimmen, daß die Vertreter der Versicherten Knappschaftsälteste sein müssen. Ihre Wahl erfolgt durch die nach § 858 gewählten Vertreter der Versicherten; für ihre Wählbarkeit gilt § 859.

§ 688. Die Mitglieder der Genossenschaften können sich in der Genossenschaftsversammlung durch andere stimmberechtigte Mitglieder oder durch einen bevollmächtigten Leiter ihres Betriebs vertreten lassen.

§ 689. Solange und soweit die Wahl gesetzlicher Organe einer Genossenschaft nicht zustande kommt oder gesetzliche Organe sich weigern, ihre Geschäfte zu führen, führt sie auf Kosten der Genossenschaft das Reichsversicherungsamt selbst oder durch Beauftragte.

VII. Angestellte.

§ 690. Die Genossenschaftsversammlung hat die allgemeinen Anstellungsbedingungen und die Rechtsverhältnisse der Angestellten der Genossenschaft durch eine Dienstordnung angemessen zu regeln.

Für Angestellte, die nur auf Probe, zu vorübergehender Dienstleistung, zur Vorbereitung oder die nur nebenher ohne Entgelt beschäftigt werden, gilt die Dienstordnung nur, soweit sie es vorsieht.

§ 691. Für die Dienstordnung sind die Grundsätze der §§ 692 bis 699 maßgebend.

§ 692. Die Anstellung ist durch schriftlichen Vertrag zu bewirken.

§ 693. Das Kündigungsrecht der Genossenschaft darf den Angestellten nicht schlechter stellen, als er mangels einer Vereinbarung nach Bürgerlichem Recht gestellt sein würde.

Ein kündbar Angestellter kann ohne Kündigung entlassen werden, wenn ein wichtiger Grund vorliegt. Gegenüber kündbar Angestellten, die länger als zehn Jahre bei der Genossenschaft beschäftigt sind, darf auch die Kündigung nur aus einem wichtigen Grunde ausgesprochen werden. Im letzteren Falle gilt es auch als ein wichtiger Grund, wenn Angestellte infolge Änderung im Bestande der Genossenschaft oder in deren Geschäftsverwaltung nicht bloß vorübergehend entbehrlich werden; dann soll zunächst den Dienstjüngeren der Angestelltenklasse, für welche die Änderung erheblich ist, gekündigt werden.

§ 694. Eine lebenslängliche Anstellung ist zulässig, soweit die Dienstordnung sie vorsieht. Diese hat dann auch die Bedingungen für die lebenslängliche Anstellung, sowie die Rechtsverhältnisse solcher Angestellten zu regeln.

§ 695. Die Dienstordnung hat die Gehälter, die mindestens zu zahlen sind, für die einzelnen Klassen der Angestellten, mit Ausnahme der im § 690 Abs. 2 bezeichneten, sowie Grundsätze über ein Aufsteigen im Gehalt festzusetzen. Sie bestimmt zugleich, wieweit das Gehalt fortzuzahlen ist, wenn der Angestellte ohne sein Verschulden an der Dienstleistung verhindert ist.

§ 696. Angestellte, die ihre dienstliche Stellung oder ihre Dienstgeschäfte zu einer religiösen oder politischen Betätigung mißbrauchen, hat der Vorstand, nachdem ihnen Gelegenheit zur Äußerung gegeben worden ist, zu verwarnen und bei Wiederholung zu entlassen; die Entlassung bedarf der Genehmigung des Reichsversicherungsamts. Eine religiöse oder politische Betätigung außerhalb der Dienstgeschäfte und die Ausübung des Vereinigungsrechts dürfen, soweit sie nicht gegen die Gesetze verstoßen, nicht gehindert werden und gelten an sich nicht als Gründe zur Kündigung oder Entlassung.

§ 697. Gewährt die Dienstordnung ein Recht auf Ruhegehalt oder auf Hinterbliebenenfürsorge, so hat sie auch die Bedingungen für deren Gewährung zu regeln.

§ 698. Die Anstellung kann nur für die im § 690 Abs. 2 bezeichneten Personen den Geschäftsführern überlassen werden. Der Vorsitzende des Vorstandes hat dann binnen einer in der Dienstordnung bestimmten Frist von längstens sechs Monaten über eine weitere Beschäftigung nach § 690 Abs. 2 zu befinden. Er bestimmt für solche Personen auch über Kündigung und Entlassung.

Im übrigen hat der Vorstand über die Anstellung, Kündigung und Entlassung, sowie über die Zuteilung zu einer Angestelltenklasse, das Aufsteigen im Gehalt und die Gewährung und die Versagung von Ruhegehalt und Hinterbliebenenfürsorge zu beschließen.

§ 699. Die Dienstordnung soll die Zuständigkeit zur Verhängung von Strafen und die Rechtsbehelfe dagegen regeln. Geldstrafe darf nur bis zum Betrag eines einmonatigen Diensteinkommens vorgesehen werden.

§ 700. Vor Aufstellung der Dienstordnung hat der Vorstand die volljährigen Angestellten zu hören.

Die Dienstordnung bedarf der Genehmigung des Reichsversicherungsamts.

Wird die Genehmigung versagt, und kommt in der festgesetzten Frist eine andere Dienstordnung nicht zu stande oder wird sie nicht genehmigt, so erläßt das Reichsversicherungsamt die Dienstordnung.

Das Gleiche gilt für Änderungen.

§ 701. Beschlüsse des Genossenschaftsvorstandes oder der Genossenschaftsversammlung, die gegen die Dienstordnung verstoßen, hat der Vorsitzende des Vorstandes durch Beschwerde an das Reichsversicherungsamt zu beanstanden; die Beschwerde bewirkt Aufschub.

Läuft eine Bestimmung des Anstellungsvertrags der Dienstordnung zuwider, so ist sie nichtig.

§ 702. Für Inhaber des Zivilversorgungsscheins (Militäranwärter) darf kein Vorrecht bei der Stellenbesetzung vorgeschrieben werden.

§ 703. Der Genossenschaftsvorstand kann auf eigene Verantwortung bestimmte Aufgaben besoldeten Geschäftsführern übertragen.

Das Nähere bestimmt das Reichsversicherungsamt.

§ 704. Die Gehälter der Angestellten stellt im einzelnen der Haushaltsplan der Genossenschaft fest.

§ 705. In Streitigkeiten aus dem Dienstverhältnis der Angestellten, die der Dienstordnung unterstehen, entscheidet auf Beschwerde das Reichsversicherungsamt (Beschlußsenat), wenn es sich um Kündigung, Entlassung, Geldstrafe von mehr als zwanzig Mark oder vermögensrechtliche Ansprüche handelt.

Für vermögensrechtliche Ansprüche gelten folgende besondere Vorschriften:

Der Rechtsweg ist zulässig. Die Klage kann nur binnen einem Monat erhoben werden, nachdem die Entscheidung des Reichsversicherungsamts zugestellt ist; die Frist ist eine Notfrist im Sinne des § 223 Abs. 3 der Zivilprozeßordnung.

An die Entscheidungen des Reichsversicherungsamts darüber, ob unter Einhaltung der Kündigungsfrist aus einem wichtigen Grunde gekündigt werden darf (§ 693 Abs. 2 Satz 2, 3), sind die ordentlichen Gerichte gebunden.

Soweit es sich um die Festsetzung von Geldstrafen handelt, ist der Rechtsweg ausgeschlossen.

Aus den rechtskräftigen Entscheidungen der Versicherungsbehörden findet die Zwangsvollstreckung nach dem achten Buche der Zivilprozeßordnung statt.

VIII. Bildung der Gefahrklassen.

§ 706. Die Genossenschaftsversammlung hat für die der Genossenschaft zugehörigen Betriebe durch einen Gefahrtarif Gefahrklassen nach dem Grade der Unfallgefahr zu bilden und danach die Höhe der Beiträge abzustufen.

§ 707. Sie kann einem Ausschuß oder dem Vorstand übertragen, den Gefahrtarif aufzustellen und zu ändern.

§ 708. Der Gefahrtarif ist zuerst längstens nach zwei Geschäftsjahren und dann mindestens von fünf zu fünf Jahren mit Rücksicht auf die vorgekommenen Unfälle nachzuprüfen.

Ist die Änderung des Tarifs nicht dem Vorstand

übertragen, so hat er das Ergebnis der Nachprüfung mit einem nach Betriebszweigen geordneten Verzeichnis der entschädigungspflichtigen Unfälle dem zuständigen Genossenschaftsorgane vorzulegen. Dieses hat darüber zu beschließen, ob der Gefahrtarif beizubehalten oder zu ändern ist.

§ 709. Der Gefahrtarif und jede Änderung bedürfen der Genehmigung des Reichsversicherungsamts, dem im Falle des § 708 das Unfallverzeichnis vorzulegen ist.

§ 710. Stellt das zuständige Genossenschaftsorgan den Gefahrtarif in einer ihm gesetzten Frist nicht auf oder wird er nicht genehmigt, so stellt ihn nach Anhören des Genossenschaftsorgans das Reichsversicherungsamt selbst auf.

§ 711. Die Genossenschaft veranlagt die Betriebe für die Tarifzeit nach Bestimmung der Satzung zu den Gefahrklassen.

Nach der Veranlagung kann die Genossenschaft einen Betrieb für die Tarifzeit neu veranlagen, wenn sich herausstellt, daß die Angaben des Unternehmers unrichtig waren, oder wenn eine Änderung im Betriebe eingetreten ist.

Gegen die Veranlagung hat der Unternehmer die Beschwerde.

§ 712. Die Genossenschaftsversammlung kann Unternehmern nach den Unfällen, die in ihren Betrieben vorgekommen sind, für die nächste Tarifzeit oder einen

Teil von ihr Zuschläge auflegen oder Nachlässe bewilligen.

Gegen die Festsetzung von Zuschlägen hat der Unternehmer die Beschwerde.

IX. Teilung und Zusammenlegung der Last.

§ 713. Die Satzung kann bestimmen, daß die Sektionen für Unfälle, die in ihren Bezirken eintreten, die Entschädigung bis zu drei Vierteln, und bei den Knappschafts-Berufsgenossenschaften auch darüber hinaus, tragen.

Die Beträge, die dadurch den Sektionen zur Last fallen, sind auf deren Mitglieder nach der Gefahrklasse und ihrer Beitragshöhe umzulegen.

§ 714. Genossenschaften können vereinbaren, ihre Entschädigungslast ganz oder zum Teil gemeinsam zu tragen.

Dabei ist zu bestimmen, wie die gemeinsame Last auf die beteiligten Genossenschaften zu verteilen ist.

§ 715. Die Vereinbarung bedarf der Zustimmung der beteiligten Genossenschaftsversammlungen und der Genehmigung des Reichsversicherungsamts. Sie darf nur mit Beginn eines Geschäftsjahrs wirksam werden.

§ 716. Die Genossenschaftsversammlung entscheidet, wie der Anteil der Genossenschaft an der gemeinsamen Last auf die einzelnen Mitglieder zu verteilen ist.

Er wird, wenn nichts anderes bestimmt ist, ebenso umgelegt, wie die Entschädigungsbeträge, welche die Genossenschaft nach diesem Gesetze zu leisten hat.

X. Vermögensverwaltung.

§ 717. Das Reichsversicherungsamt kann über die Aufbewahrung von Wertpapieren Bestimmungen erlassen.

§ 718. Die Berufsgenossenschaft muß mindestens ein Viertel ihres Vermögens in Anleihen des Reichs oder der Bundesstaaten anlegen.

Sie kann höchstens die Hälfte ihres Vermögens anders als nach den §§ 26, 27 anlegen. Sie bedarf dazu der Genehmigung des Reichsversicherungsamts.

Will eine Genossenschaft mehr als den vierten Teil ihres Vermögens nach Abs. 2 anlegen, so bedarf sie dazu außerdem der Genehmigung des Bundesrats oder, wenn sie einem Landesversicherungsamt untersteht, der Genehmigung der obersten Verwaltungsbehörde des Bundesstaats.

§ 719. Eine solche Anlage (§ 718 Abs. 2, 3) ist nur in Wertpapieren, in anderer Art nur für Verwaltungszwecke, zur Vermeidung von Vermögensverlusten oder für Unternehmungen zulässig,

1. die entweder ausschließlich oder überwiegend den Versicherungspflichtigen zugute kommen oder
2. soweit sie den genossenschaftlichen Personalkredit der Mitglieder der Berufsgenossenschaft fördern sollen.

Das Nähere für die Fälle des Abs. 1 Nr. 2 bestimmt das Reichsversicherungsamt.

§ 720. Der Genehmigung bedarf es

zum Erwerbe von Grundstücken im Werte von mehr als fünftausend Mark,

zum Errichten von Gebäuden im Werte von mehr als zehntausend Mark,

zum Anschaffen der zugehörigen Einrichtungsgegenstände im Gesamtwerte von mehr als fünftausend Mark.

Der Genehmigung bedarf es nicht zum Erwerbe von Grundstücken, welche die Genossenschaft beliehen hat, in der Zwangsversteigerung.

§ 721. Die Genossenschaften haben dem Reichsversicherungsamte nach seiner Anordnung Übersichten über ihre Geschäfts- und Rechnungsergebnisse einzureichen. Das Reichsversicherungsamt stellt alljährlich über die gesamten Rechnungsergebnisse des abgeschlossenen Geschäftsjahrs einen Nachweis auf. Dieser ist dem Reichstag vorzulegen.

Fünfter Abschnitt.

Aufsicht.

§ 722. Das Reichsversicherungsamt führt die Aufsicht über die Genossenschaften.

§ 723. Ist für einen Bundesstaat ein Landesversicherungsamt errichtet, so führt es die Aufsicht über die Genossenschaften, die nicht über dessen Gebiet hinausreichen.

§ 724. Für diese Genossenschaften tritt das Landesversicherungsamt an die Stelle des Reichsversicherungsamts, wenn es sich handelt um die

Streitigkeiten wegen Zuteilung mehrerer Betriebe zu einer Genossenschaft nach den §§ 542, 632,

Streitigkeiten zwischen der Genossenschaft und einer öffentlichen Körperschaft bei Auseinandersetzung über das Vermögen in den Fällen des § 625 Abs. 5 und der entsprechenden Vorschriften des § 627 Abs. 3 und des § 628 Abs. 4,

Änderung des Bestandes der Genossenschaften (§§ 635 bis 648),

Aufnahme in das Betriebsverzeichnis (§§ 660, 661),

Änderung in der Zugehörigkeit des Betriebs zur Genossenschaft im Falle des § 673 Abs. 1, 3,

Genehmigung und Errichtung der Satzung (§§ 681 bis 683),

Übernahme der Geschäfte der Genossenschaft (§ 689),

Dienstordnung für die Angestellten der Genossenschaft (§§ 690 bis 702) sowie Streitigkeiten aus ihrem Dienstverhältnis (§ 705),

Gefahrtarife (§§ 706 bis 712),

Zusammenlegung der Entschädigungslast (§ 715),

Vermögensverwaltung der Genossenschaften in den Fällen der §§ 717 bis 720 mit Ausschluß des § 719 Abs. 2.

Erhebung von Beiträgen und Prämien (§ 736 Abs. 2, 3) sowie Aufbringung der Rücklage (§§ 741 bis 747),
Sicherheitsleistung des Bauherrn (§ 773),
Deckung der Ansprüche der Post (§§ 781, 782),
Zweiganstalten und Versicherungsgenossenschaften (§§ 783 bis 842) mit Ausschluß der Fälle der §§ 799, 839,
weiteren Einrichtungen der Genossenschaften (§§ 845 bis 847),
Unfallverhütung und Überwachung (§§ 848 bis 891) mit Ausschluß der Fälle des § 883,
Mitteilung der Ausführungsbehörden (§ 893).

§ 725. Handelt es sich um die

Streitigkeiten wegen Zuteilung mehrerer Betriebe zu einer Genossenschaft nach den §§ 542, 632,
Änderung des Bestandes der Genossenschaften in den Fällen der §§ 640, 646,
Aufnahme in das Betriebsverzeichnis (§§ 660, 661),
Änderung in der Zugehörigkeit des Betriebs zur Genossenschaft im Falle des § 673 Abs. 1, 3,
Zusammenlegung der Entschädigungslast (§ 715),

so entscheidet das Reichsversicherungsamt, wenn eine Genossenschaft, die einem anderen Landesversicherungsamt oder dem Reichsversicherungsamt untersteht, mitbeteiligt ist. Das Landesversicherungsamt übergibt dann die Akten dem Reichsversicherungsamte.

Handelt es sich um gemeinsame weitere Einrichtungen mehrerer Genossenschaften (§ 847), so bleibt das Reichsversicherungsamt für diese weiteren Einrichtungen zuständig, wenn nicht die sämtlichen beteiligten Genossenschaften demselben Landesversicherungsamt unterstehen.

Sechster Abschnitt.

Auszahlung der Entschädigung. Aufbringung der Mittel.

I. Auszahlung durch die Post.

§ 726. Die Genossenschaft zahlt die Entschädigung auf Anweisung des Genossenschaftsvorstandes durch die Post, und zwar durch die Postanstalt, in deren Bezirke der Empfänger wohnt.

Die Zahlstelle wird ihm vom Vorstande mitgeteilt.

Verzieht der Empfänger, so kann er bei dem Vorstand oder bei der Postanstalt des alten Wohnorts beantragen, daß die Zahlung an die Postanstalt des neuen Wohnorts überwiesen wird.

§ 727. Jede Person, die berechtigt ist, ein öffentliches Siegel zu führen, ist befugt, die bei den Zahlungen erforderlichen Bescheinigungen zu erteilen und zu beglaubigen.

§ 728. Die obersten Postbehörden können von jeder Genossenschaft einen Vorschuß einziehen. Er wird nach Wahl der Genossenschaft vierteljährlich oder monatlich an die von der Post bezeichneten Kassen abgeführt und darf den Betrag nicht übersteigen, den die Genossenschaft im laufenden Geschäftsjahr voraussichtlich zu zahlen hat.

§ 729. Das Reichsversicherungsamt kann bestimmen, wie an Empfänger zu zahlen ist, die sich gewöhnlich im Ausland aufhalten.

§ 730. Die Knappschafts-Berufsgenossenschaften können durch die Satzung bestimmen, daß Knappschaftsvereine oder Knappschaftskassen statt der Post die Entschädigungen zahlen.

II. Aufbringung der Mittel.

§ 731. Die Berufsgenossenschaften haben die Mittel für ihre Aufwendungen durch Mitgliederbeiträge aufzubringen, die den Bedarf des abgelaufenen Geschäftsjahrs decken.

Bei der Tiefbau-Berufsgenossenschaft müssen die Beiträge neben den anderen Aufwendungen den Kapitalwert der Renten decken, die der Genossenschaft im abgelaufenen Geschäftsjahre zur Last gefallen sind. Die Grundsätze zur Ermittlung des Kapitalwerts stellt das Reichsversicherungsamt fest.

Bei den Zweiganstalten für Bauarbeiten sind feste Prämien sowie Beiträge der Gemeinden und anderen Verbände, bei Zweiganstalten und Versicherungsgenossenschaften für Halten von Reittieren oder Fahrzeugen sind feste Prämien zu erheben (§§ 783 bis 843).

§ 732. Die Mitgliederbeiträge werden nach dem Entgelt, den die Versicherten in den Betrieben verdient haben, mindestens aber nach dem Ortslohn für Erwachsene über einundzwanzig Jahre sowie nach dem Gefahrtarife jährlich umgelegt.

Übersteigt der Entgelt während der Beitragszeit den Jahresbetrag von eintausendachthundert Mark, so wird vom Überschusse nur ein Drittel angerechnet.

§ 733. Die Satzung kann bestimmen, daß für die Umlegung der Beiträge der wirklich verdiente Entgelt angerechnet wird.

§ 734. Für Betriebe, die regelmäßig höchstens fünf Versicherte beschäftigen, kann die Satzung bestimmen, daß und nach welchen Grundsätzen bei Zustimmung des Unternehmers mit einem Pauschbetrage statt des Einzelentgelts gerechnet wird oder daß einheitliche Beiträge nach einem Maßstab, den sie festsetzt, entrichtet werden.

§ 735. Die Satzung kann bestimmen, daß der Auftraggeber des Hausgewerbtreibenden die Beiträge für dessen hausgewerblich Beschäftigte und, wenn der Hausgewerbtreibende selbst nach der Satzung versichert ist, auch für ihn zahlt.

§ 736. Zu anderen Zwecken als

zur Deckung der Entschädigungen und Verwaltungskosten,

zur Ansammlung der Rücklage (§§ 741 bis 748),

zur Zahlung des Postvorschusses (§ 728) und zur Tilgung und Verzinsung der schwebenden Schuld (§ 779),

zur Belohnung für Rettung Verunglückter,

zur Unfallverhütung,

zur Beschaffung von Arbeitsgelegenheit für Unfallverletzte,

zur Errichtung von Heil- oder Genesungsanstalten sowie von Anstalten der im § 607 bezeichneten Art

dürfen weder Beiträge von den Mitgliedern erhoben, noch Mittel aus dem Vermögen der Berufsgenossenschaft verwendet werden.

Soweit es nach § 720 für die dort bezeichneten Zwecke der Genehmigung des Reichsversicherungsamts bedarf, ist sie auch zur Erhebung von Beiträgen für solche Zwecke erforderlich.

Diese Vorschriften gelten entsprechend für Versicherungsgenossenschaften.

§ 737. Neuerrichtete Berufsgenossenschaften können die Mittel, die erforderlich sind, um die Verwaltungskosten zu bestreiten und den Postvorschuß bereitzustellen, von den Mitgliedern für das erste Jahr im voraus erheben.

Wenn die Satzung nichts anderes bestimmt, werden diese Beträge nach der Zahl der Versicherungspflichtigen bemessen, die in den Betrieben der Mitglieder beschäftigt sind.

§ 738. Die Satzung kann bestimmen, daß die Mitglieder Vorschüsse auf die Beiträge (§ 731) zahlen.

Die Satzung kann bestimmen, daß der Vorstand berechtigt sein soll,

a) von Betrieben von voraussichtlich vorübergehender Dauer,

b) von einzelnen Mitgliedern, die mit der Zahlung der Beiträge wiederholt in Verzug gewesen sind,

Vorschüsse einzufordern.

Die Vorschüsse werden von den einzelnen Mitgliedern nach der Höhe derjenigen Beiträge erhoben, welche für das abgelaufene Geschäftsjahr auf sie umgelegt oder nach § 734 gezahlt werden.

Die Vorschüsse neuer Mitglieder richten sich nach dem Betrage, den diese nach dem Umfang ihres Betriebs zu den Lasten des abgelaufenen Geschäftsjahrs als Mitglieder hätten zahlen müssen.

Die Satzung oder die Genossenschaftsversammlung bestimmt die Fälligkeitstage; zwei Wochen danach muß der Vorschuß an den Vorstand eingezahlt sein.

§ 739. Machen die obersten Postbehörden von dem Rechte der Einziehung eines Vorschusses Gebrauch (§ 728), so kann die Satzung bestimmen, daß die erforderlichen Mittel, soweit sie nicht aus der Umlage für das abgelaufene Geschäftsjahr (§ 749) zur Verfügung gestellt werden können, von den Mitgliedern des laufenden Geschäftsjahrs durch Beiträge (§ 731) aufzubringen sind.

§ **740.** Der Genossenschaftsvorstand kann Unternehmer von Betrieben, deren Sitz sich im Ausland befindet, mit Beiträgen bis zur doppelten Höhe und zur Sicherheitsleistung heranziehen, wenn sie vorübergehend im Inland einen versicherungspflichtigen Betrieb ausüben.

Dies ist entsprechend auf Zweiganstalten und Versicherungsgenossenschaften für das Halten von Reittieren oder Fahrzeugen anzuwenden.

§ **741.** Die Berufsgenossenschaften haben Rücklagen anzusammeln.

§ **742.** Die Rücklage wird gebildet durch Zuschläge zu den Entschädigungsbeträgen.

Es werden erhoben bei

der ersten Umlegung dreihundert,
der zweiten zweihundert,
der dritten einhundertfünfzig,
der vierten einhundert,
der fünften achtzig,
der sechsten sechzig vom Hundert;
bei der siebenten bis elften Umlegung werden dann jedesmal zehn vom Hundert weniger erhoben.

Auch die Zinsen fließen der Rücklage zu.

§ **743.** Nach den ersten elf Jahren oder, wenn diese Zeit beim Inkrafttreten des Gewerbe-Unfallversicherungsgesetzes (Reichs-Gesetzbl. 1900 S. 585) schon abgelaufen war, vom Jahre 1901 an werden die Zuschläge so bemessen, daß in den folgenden einundzwanzig Jahren der Kapitalbestand das Dreifache der Entschädigungssumme erreicht, die in dem Jahre des letzten Zuschlags zu zahlen ist.

Müßte eine Genossenschaft in den einundzwanzig Jahren unverhältnismäßig hohe Zuschläge erheben, so kann das Reichsversicherungsamt die Frist um höchstens zehn Jahre verlängern.

Es bestimmt die Höhe des Zuschlags, den die Genossenschaft zu erheben hat.

§ 744. Die Zinsen der Rücklage, die in der Zwischenzeit (§ 743) erwachsen, können zur Deckung der laufenden Ausgaben verwendet werden. Aus den Zinsen nach Ablauf dieser Zeit sind die Beträge zu entnehmen, die erforderlich sind, um zu verhüten, daß die Umlagebeiträge, die nach den Erfahrungen künftig durchschnittlich auf je einhundert Mark des verdienten Entgelts fallen, weiter steigen. Der Rest der Zinsen ist der Rücklage so lange zuzuschlagen, bis diese der Hälfte des Deckungskapitals für die jeweiligen Entschädigungspflichten gleichkommt.

In besonderen Fällen kann das Reichsversicherungsamt bestimmen, welcher Teil der Zinsen zur Minderung der Umlage zu verwenden und welcher der Rücklage zuzuführen ist.

Es bestimmt auch, wie der Kapitalwert der Entschädigungspflichten zu ermitteln ist.

§ 745. Die Wertpapiere der Rücklage sind für die Feststellung des Bestandes mit ihrem Anschaffungspreis anzusetzen.

§ 746. Mit Genehmigung des Reichsversicherungsamts kann im Notfall die Genossenschaft das Kapital der Rücklage und schon vor Ablauf der ersten elf Jahre deren Zinsen angreifen. Die Rücklage ist dann nach Anordnung des Reichsversicherungsamts wieder zu ergänzen.

§ 747. Die Genossenschaftsversammlung kann auf Antrag des Vorstandes jederzeit weitere Zuschläge zur Rücklage beschließen. Der Beschluß bedarf der Genehmigung des Reichsversicherungsamts.

§ 748. Für die Tiefbau-Berufsgenossenschaft gelten die §§ 742 bis 747 nicht. Die vorhandene Rücklage ist aber in ihrer Höhe zu erhalten; ihre Zinsen können zur Deckung der Genossenschaftslasten verwendet werden.

Mit Genehmigung des Reichsversicherungsamts kann im Notfall die Genossenschaft das Kapital der Rücklage angreifen. Es ist dann nach Anordnung des Reichsversicherungsamts wieder zu ergänzen.

III. Umlage- und Erhebungsverfahren.

§ 749. Die Genossenschaftsvorstände haben die Zahlungen, die ihnen die obersten Postbehörden nachweisen (§ 777), samt den anderen Aufwendungen nach dem festgestellten Verteilungsmaßstab auf die Mitglieder umzulegen. Dabei sind die Vorschriften über Teilung und Zusammenlegung der Last (§§ 713 bis 716) zu berücksichtigen und erhobene Vorschüsse zu verrechnen.

Für die Tiefbau-Berufsgenossenschaft gilt § 764, für die Zweiganstalten gelten § 731 Abs. 3, §§ 763, 799 bis 842, für Versicherungsgenossenschaften § 731 Abs. 3, § 842 Abs. 2.

§ 750. Für die Umlegung und Einziehung der Beträge hat jedes Mitglied, soweit nicht Pauschbeträge gelten oder einheitliche Beiträge zu entrichten sind (§ 734), binnen sechs Wochen nach Ablauf des Geschäftsjahrs dem Genossenschaftsvorstand einen Lohnnachweis einzureichen.

Dieser hat zu enthalten

1. die während des abgelaufenen Geschäftsjahrs im Betriebe beschäftigten Versicherten und den von ihnen verdienten Entgelt,
2. wenn nicht der wirklich verdiente Entgelt maßgebend ist, eine Berechnung des Entgelts, der bei der Umlegung der Beiträge anzurechnen ist,
3. die Gefahrklasse, in die der Betrieb eingeschätzt ist.

Die Satzung kann bestimmen, daß der Lohnnachweis statt der einzelnen Versicherten und des von ihnen verdienten Entgelts die Zahl der Versicherten und die Gesamtsumme des Entgelts für das ganze Geschäftsjahr oder für kleinere Zeitabschnitte enthalten soll. (Summarischer Lohnnachweis).

§ 751. Die Satzung kann bestimmen, daß
die Lohnnachweise viertel- oder halbjährlich eingereicht,
fortlaufend Lohnlisten (Lohnbücher), aus denen sich diese Nachweise entnehmen lassen, geführt,
die Lohnlisten (Lohnbücher) drei Jahre lang aufbewahrt werden.

§ 752. Für Mitglieder, die den Lohnnachweis nicht rechtzeitig oder unvollständig einreichen, stellt ihn die Genossenschaft selbst auf oder ergänzt ihn.

§ 753. Auf Grund der Lohnnachweise, Pauschbeträge und einheitlichen Beiträge stellt der Genossenschaftsvorstand einen Gesamtnachweis der Versicherten zusammen, die im abgelaufenen Geschäftsjahr von den Mitgliedern beschäftigt worden sind, und des anrechnungsfähigen Entgelts, den sie verdient haben. Danach berechnet er den Beitrag, der auf jedes Mitglied zur Deckung des Gesamtbedarfs entfällt.

§ 754. Jedem Mitglied ist ein Auszug aus der Heberolle, die für die Verteilung des Jahresbedarfs der Genossenschaft aufzustellen ist, mit der Aufforderung zuzustellen, den festgesetzten Beitrag, auf den erhobene Vorschüsse zu verrechnen sind, zur Vermeidung der Zwangsbeitreibung sowie bei freiwilliger Versicherung zur Vermeidung des Ausschlusses (§ 553), soweit dies die Satzung zuläßt, binnen zwei Wochen einzuzahlen.

Der Auszug muß die Angaben enthalten, die den

Zahlungspflichtigen instand setzen, die Beitragsberechnung zu prüfen.

§ 755. Nach Zustellung des Auszugs darf die Genossenschaft den Beitrag nur dann noch anders feststellen, wenn

die Veranlagung des Betriebs zu den Gefahrklassen nachträglich geändert wird,

eine im Laufe des Geschäftsjahrs eingetretene Änderung des Betriebs nachträglich bekannt wird,

der Lohnnachweis sich als unrichtig ergibt.

Sind der Genossenschaft in solchen Fällen oder wegen unterlassener Anmeldung eines Betriebs Beiträge entgangen, so hat der Unternehmer den Fehlbetrag nachzuzahlen, soweit der Anspruch nicht verjährt ist.

§ 756. Bei der erneuten oder nachträglichen Feststellung des Beitrags ist ebenso zu verfahren wie bei der ersten.

§ 757. Die Mitglieder können gegen die Feststellung ihrer Beiträge binnen zwei Wochen Einspruch bei dem Vorstand erheben, bleiben aber zur vorläufigen Zahlung verpflichtet.

Sie sind zur vorläufigen Zahlung nicht verpflichtet, soweit der Entgelt schon in dem Lohnnachweis für eine andere Genossenschaft enthalten ist und die Beiträge, die auf diesen Entgelt entfallen, an diese Genossenschaft gezahlt sind.

§ 758. Gibt der Vorstand dem Einspruch nicht oder nicht in dem beantragten Umfang Folge, so ist die Beschwerde gegen seine Entscheidung nur vorbehaltlich des § 759 zulässig.

Sie kann nur gegründet werden auf

Rechenfehler,
ungenügende Berücksichtigung der Nachlässe (§ 712),
unrichtigen Ansatz des Entgelts,
irrtümlichen Ansatz einer Gefahrklasse.

Aus den letzten beiden Gründen ist die Beschwerde unzulässig, wenn der Vorstand wegen Säumigkeit des Unternehmers den Nachweis selbst aufgestellt oder ergänzt hat.

§ 759. Soweit der Einspruch auf die Voraussetzungen des § 757 Abs. 2 gegründet wird und die Genossenschaft ihn nicht als berechtigt anerkennt, hat sie die Sache dem Oberversicherungsamt vorzulegen. Dieses entscheidet darüber, welcher Genossenschaft der Entgelt nachzuweisen ist, und hebt eine abweichende Feststellung der Beiträge auf, auch wenn sie schon rechtskräftig geworden ist. Die Beschwerde gegen die Entscheidung des Oberversicherungsamts bewirkt Aufschub.

§ 760. Wird auf Einspruch oder Beschwerde der Beitrag ermäßigt, so ist der Ausfall bei der Umlage des nächsten Geschäftsjahrs zu decken.

Überzahlungen sind zu erstatten oder auf den Beitrag für das nächste Geschäftsjahr zu verrechnen.

§ 761. Ergibt sich nachträglich, daß ein ohne Einspruch bezahlter Beitrag ganz oder teilweise zu Unrecht erhoben worden ist, so gelten die §§ 757 bis 760 entsprechend.

§ 762. Uneinziehbare Beiträge fallen der Gesamtheit der Mitglieder zur Last. Sie werden vorläufig aus den verfügbaren Mitteln der Genossenschaft oder, wenn erforderlich, aus der Rücklage gedeckt und bei der Umlage des nächsten Geschäftsjahrs berücksichtigt.

§ 763. Bei Genossenschaften, denen eine Zweiganstalt angegliedert ist, stellt der Genossenschaftsvorstand fest, welcher Teil der von den obersten Postbehörden nachgewiesenen Zahlungen der Genossenschaft und welcher Teil der Zweiganstalt zur Last fällt.

§ 764. Die Tiefbau-Berufsgenossenschaft hat den Teil, der der Genossenschaft selbst zur Last fällt, aus ihren verfügbaren Mitteln zu entnehmen.

Gleichzeitig hat sie nach § 731 Abs. 2 den Kapitalwert der Lasten zu berechnen, die im vergangenen Geschäftsjahr für die Genossenschaft neu entstanden sind, und ihn mit den anderen Aufwendungen nach dem festgestellten Verteilungsmaßstabe von ihren Mitgliedern einzuziehen. Dabei sind die Vorschriften über Teilung und Zusammenlegung der Last (§§ 713 bis 716) zu berücksichtigen und erhobene Vorschüsse zu verrechnen.

Im übrigen gelten die §§ 750 bis 763.

§ 765. Wenn Unternehmer eines gewerblichen Baubetriebs mit Zahlung der Beiträge rückständig geblieben sind und sich in einem Zwangsbeitreibungsverfahren als zahlungsunfähig erwiesen haben, so kann das Versicherungsamt auf Antrag des Genossenschaftsvorstandes widerruflich anordnen, daß der Bauherr sowie Zwischenunternehmer für die Beiträge während eines Jahres nach deren endgültiger Feststellung insoweit haften, als sie nach Erlaß der Anordnung erwachsen sind. Die Satzung kann für diesen Fall näheres über die Führung von Lohnlisten zum Nachweise der Lohnsummen, für die der Bauherr oder Zwischenunternehmer haftet, bestimmen.

Zwischenunternehmer haften vor dem Bauherrn.

§ 766. Eine Anordnung dieser Art muß den Unternehmer, für den sie gilt, nach Namen, Wohnort und Geschäftsbetrieb deutlich bezeichnen. Sie wird ihm sowie der Polizeibehörde seines Wohnorts und des davon etwa getrennten Betriebssitzes schriftlich mitgeteilt.

Verlegt der Unternehmer seinen Wohnort oder Betriebssitz, so benachrichtigt die Polizeibehörde die für den neuen Wohnort oder Betriebssitz zuständige Behörde.

Die Polizeibehörden haben auf Verlangen jedem Beteiligten von der Anordnung Kenntnis zu geben.

§ 767. Von der Anordnung hat der Unternehmer dem Auftraggeber unverzüglich schriftlich Anzeige zu machen. Übernimmt er einen baugewerblichen Auftrag, so hat er die Anzeige vorher zu erstatten. Zwischenunternehmer haben von der Anzeige unverzüglich ihrem Auftraggeber schriftlich Kenntnis zu geben.

Wer diesen Vorschriften zuwiderhandelt, wird mit Gefängnis bis zu einem Jahre bestraft; daneben kann auf Geldstrafe bis zu dreitausend Mark erkannt werden. Hat er fahrlässig gehandelt, so wird er mit Geldstrafe bis zu einhundert Mark bestraft. Bestrafung tritt nur ein, wenn infolge der Zuwiderhandlung der Auftraggeber geschädigt wird.

§ 768. Das Versicherungsamt hebt die Anordnung auf, sobald ihm durch Bescheinigung des Vorstandes nachgewiesen wird, daß der Unternehmer der Genossenschaft nichts mehr schuldet.

§ 769. Das Oberversicherungsamt entscheidet endgültig auf Beschwerde gegen die

Anordnung des Versicherungsamts,
Versagung der Anordnung,
Entscheidung des Versicherungsamts über Aufhebung der Anordnung.

§ 770. Bei Streit zwischen Genossenschaft und Bauherrn oder Zwischenunternehmer über die Haftung (§ 765) entscheidet das Oberversicherungsamt (Beschlußkammer); der Rechtsweg ist ausgeschlossen.

§ 771. Die §§ 765 bis 770 gelten entsprechend für gewerbliche Fuhrwerks-, Binnenschiffahrts- und Binnenfischereibetriebe. Dabei tritt an Stelle des

Bauherrn und des Auftraggebers der Eigentümer der Betriebsmittel. Mehrere Eigentümer haften als Gesamtschuldner.

§ 772. Die oberste Verwaltungsbehörde des Bundesstaats kann bestimmen, daß die Bauherren vor Beginn des Baues den Baugewerks-Berufsgenossenschaften Sicherheit für die Zahlung der Beiträge oder Prämien leisten.

Sie bestimmt zugleich, für welche Gemeinden und Bauten das gelten soll.

Für solche Bauten darf die Bauerlaubnis erst erteilt werden, wenn die Genossenschaft bescheinigt hat, daß die Sicherheit geleistet ist.

§ 773. Die Art und Höhe der Sicherheit hat die Genossenschaft festzusetzen; die Höhe ist nach dem voraussichtlichen Entgelt für die versicherten Bauarbeiter zu bemessen. Das Reichsversicherungsamt erläßt die allgemeinen Bestimmungen.

§ 774. Der Bauherr kann die Sicherheit von der Genossenschaft zurückfordern, soweit die Bauarbeiten durch Baugewerbtreibende ausgeführt worden sind, für die er nicht haftet (§ 765).

§ 775. Die oberste Verwaltungsbehörde kann ihre Bestimmung (§ 772) zurücknehmen.

§ 776. Bei Streit zwischen Genossenschaft und Bauherrn in Fällen der §§ 772 bis 775 entscheidet das Oberversicherungsamt; der Rechtsweg ist ausgeschlossen.

IV. Abführung der Beträge an die Post.

§ 777. Binnen acht Wochen nach Ablauf jedes Geschäftsjahrs weisen die obersten Postbehörden den Genossenschaftsvorständen die für sie geleisteten Zahlungen nach und bezeichnen die Postkassen, an die sie zu erstatten sind.

Nach Anerkennung des Forderungsnachweises durch den Genossenschaftsvorstand teilen die obersten Postbehörden der Rechnungsstelle des Reichsversicherungsamts die Beträge mit, die für jede Genossenschaft im abgelaufenen Geschäftsjahr gezahlt worden sind.

Die Rechnungsstelle gleicht die tatsächlichen Zahlungen aus, die der Post zu erstatten sind.

§ 778. Hatte eine Genossenschaft keinen Postvorschuß zu zahlen, so hat der Genossenschaftsvorstand die Beträge, die der Post zu erstatten sind, binnen drei Monaten nach Empfang des Forderungsnachweises an die ihm bezeichnete Postkasse abzuführen.

§ 779. Entschädigungsbeträge, welche die Post im Jahre 1909 für die Genossenschaft verauslagt hat, sind als deren schwebende Schuld zu behandeln, die mit $3^1/_2$ vom Hundert zu verzinsen und mit $3^1/_2$ vom Hundert zuzüglich der ersparten Zinsen zu tilgen ist. Zwei Fünftel dieser Beträge an Zinsen und Tilgung trägt das Reich, drei Fünftel haben die Genossenschaften im Juli eines jeden Jahres mit dem dann fälligen Teilbetrage des Postvorschusses an die Post abzuführen.

§ 780. Die Höhe des Postvorschusses und des nach § 776 zu zahlenden Betrags wird für jede Genossenschaft durch die Rechnungsstelle des Reichsversicherungsamts festgestellt und den Genossenschaften sowie den obersten Postbehörden mitgeteilt.

Zur Ermittlung des Postvorschusses teilen die obersten Postbehörden der Rechnungsstelle mit, welche Zahlungen im abgelaufenen Geschäftsjahr von den Genossenschaftsvorständen angewiesen sind. Bis zur Feststellung des neuen Postvorschusses werden die Teilbeträge in bisheriger Höhe weitergezahlt. Diese Beträge werden verrechnet, sobald der neue Vorschuß festgestellt ist.

§ 781. Werden die Ansprüche der Post von den Genossenschaften nicht rechtzeitig gedeckt, so leitet das Reichsversicherungsamt auf Antrag der Post die Zwangsbeitreibung ein.

§ 782. Um die Ansprüche der Post zu decken, kann das Reichsversicherungsamt zunächst über bereite Bestände der Genossenschaftskassen verfügen. Soweit diese Bestände nicht ausreichen, wird die Zwangsbeitreibung gegen die Mitglieder der Genossenschaft eingeleitet und bis zur Deckung der Rückstände durchgeführt.

Siebenter Abschnitt.

Zweiganstalten.

I. Zweiganstalten für Bauarbeiten.

1. Bildung, Umfang und Einrichtung.

§ 783. Bei der Zweiganstalt, die einer Berufsgenossenschaft von Baugewerbtreibenden angegliedert ist, sind die Personen versichert, die ein Unternehmer nicht gewerbsmäßiger Bauarbeiten (§ 633 Abs. 2 Nr. 1) im Bezirke der Genossenschaft bei solchen Arbeiten beschäftigt.

Das Gleiche gilt von den selbstversicherten Unternehmern solcher Bauarbeiten.

§ 784. Andere Versicherungen darf die Zweiganstalt nicht übernehmen.

§ 785. Den Zweiganstalten der Baugewerks-Berufsgenossenschaften werden außer den Bauarbeiten, für die sie errichtet sind, die Eisenbahn-, Kanal-, Wege-, Strom-, Deich- und andere Bauarbeiten ihres Bezirkes zugewiesen, wenn ein Unternehmer nicht gewerbsmäßiger Bauarbeiten (§ 633 Abs. 2 Nr. 1) sie ausführt und für die einzelne Arbeit nicht mehr als sechs Arbeitstage tatsächlich verwendet werden.

§ 786. Die Organe der Genossenschaft verwalten die Zweiganstalt, wenn die Nebensatzung nichts anderes bestimmt (§ 794).

§ 787. Die Einnahmen und Ausgaben der Zweiganstalt sind besonders zu verrechnen und ihre Bestände gesondert zu verwahren.

Für die Zweiganstalt ist eine besondere Rücklage anzusammeln. Sie darf nicht zu Zwecken der Genossenschaft verwendet werden.

§ 788. Das übrige Vermögen, das für die Zweiganstalt bestimmt ist, darf nur mit Genehmigung des Reichsversicherungsamts für die Genossenschaft verwendet werden.

Die Genehmigung hierzu darf nur erteilt werden, wenn der Teil dieses Vermögens, der für die Zweiganstalt verbleibt, zur dauernden Befriedigung der bisher erwachsenen Verbindlichkeiten der Zweiganstalt voraussichtlich ausreicht.

§ 789. Die Genossenschaft hat, soweit nötig, die Mittel für den Geschäftsbetrieb der Zweiganstalt aus ihrer Rücklage vorzuschießen.

§ 790. An Verwaltungskosten hat die Zweiganstalt so viel aufzubringen, wie tatsächlich für ihre besondere Verwaltung erforderlich gewesen ist.

Daneben kann ihr nach Bestimmung des Reichsversicherungsamts ein Pauschbetrag als Anteil an den gemeinsamen Verwaltungskosten auferlegt werden.

§ 791. An dem Vorschuß, den die Genossenschaft an die Post abzuführen hat (§ 728), ist die Zweiganstalt nach dem Verhältnis der Entschädigungsbeträge zu beteiligen, welche die Post im abgelaufenen Geschäftsjahr für die Genossenschaft und die Zweiganstalt gezahlt hat.

§ 792. Die Genossenschaftsversammlung hat für die Zweiganstalt eine Nebensatzung zu errichten.

Bei den Beratungen darüber muß ein Vertreter des Reichsversicherungsamts zugegen sein und auf sein Verlangen jederzeit gehört werden.

§ 793. Die Nebensatzung muß bestimmen über

1. Meldepflicht der im § 633 Abs. 2 Nr. 1 bezeichneten Unternehmer, die sich selbst versichern wollen, sowie Höhe und Ermittlung des Jahresarbeitsverdienstes dieser Unternehmer,
2. Abgrenzung der Rechte des Vorstandes und der Genossenschaftsversammlung bei der Verwaltung der Zweiganstalt,
3. Ansammlung der Rücklage,
4. Aufstellung, Prüfung und Abnahme der Jahresrechnung,
5. Veröffentlichung der Rechnungsabschlüsse,
6. Änderung der Nebensatzung.

§ 794. Die Nebensatzung kann bestimmen, daß die Zweiganstalt durch besondere Organe verwaltet wird.

Sie bestimmt dann auch den Sitz dieser Organe, ihre Zusammensetzung, ihre Bezirke und den Umfang ihrer Rechte.

§ 795. Die Genossenschaftsversammlung kann dem Genossenschaftsvorstand übertragen, die Bezirke der besonderen Organe abzugrenzen und ihre Mitglieder zu wählen.

§ 796. Die Nebensatzung und ihre Änderung bedürfen der Genehmigung des Reichsversicherungsamts. Soll die Genehmigung versagt werden, so entscheidet über sie der Beschlußsenat; die Gründe der Versagung sind mitzuteilen. Wird die Genehmigung versagt, so entscheidet auf Beschwerde der Bundesrat.

§ 797. Der Genossenschaftsvorstand hat die Bezirke und die Zusammensetzung der besonderen Organe im Reichsanzeiger bekannt zu machen.

§ 798. In der Zweiganstalt werden versichert Bauarbeiten

1. auf Kosten des Unternehmers (§ 633 Abs. 2 Nr. 1) gegen feste Prämien nach einem Prämientarif (§§ 799 bis 824), wenn für die einzelne Arbeit mehr als sechs Arbeitstage tatsächlich verwendet worden sind (längere Bauarbeiten),
2. auf Kosten der Gemeinden oder der in den §§ 828 bis 830 bezeichneten Verbände, über deren Bezirke sich die Genossenschaft erstreckt, gegen Beiträge, die auf diese Gemeinden oder Verbände nach dem Bedarfe des abgelaufenen Geschäftsjahrs jährlich umgelegt werden, wenn für die einzelne Arbeit höchstens sechs Arbeitstage verwendet werden (kurze Bauarbeiten).

2. Versicherung auf Kosten der Unternehmer. Prämien.

§ 799. Die Unternehmer längerer Bauarbeiten haben für jeden Monat spätestens drei Tage nach dessen Ablauf der von der obersten Verwaltungsbehörde bestimmten Behörde, in deren Bezirke die Bauarbeiten ausgeführt werden, einen Nachweis vorzulegen über

1. die verwendeten Arbeitstage,
2. den den Versicherten dafür gewährten Entgelt.

Die Form für den Nachweis schreibt das Reichsversicherungsamt vor.

§ 800. Ist der Nachweis versäumt oder unvollständig, so stellt ihn die Behörde selbst auf oder ergänzt ihn nach eigener Kenntnis der Verhältnisse.

Sie kann zu diesem Zwecke den Verpflichteten durch Geldstrafen bis zu einhundert Mark anhalten, binnen einer festgesetzten Frist Auskunft zu geben.

§ 801. Die Behörde hat die Nachweise binnen zwei Wochen nach Ablauf des Kalendervierteljahrs durch Vermittelung des Versicherungsamts an den Genossenschaftsvorstand oder das von diesem bezeichnete Organ der Genossenschaft einzureichen.

Dabei bescheinigt die Behörde (§ 799), daß ihr sonst über die Ausführung von Bauarbeiten, die nachzuweisen waren, in ihrem Bezirke nichts bekannt geworden ist.

§ 802. Der Prämientarif muß ergeben, welcher Einheitssatz an Prämien für jede angefangene halbe Mark des anrechnungsfähigen Entgelts zu entrichten ist.

§ 803. Stuft die Genossenschaft in dem Gefahrtarife die Beiträge nach den Arten der Bauarbeiten ab, so gilt dasselbe Verhältnis auch für die Einheitssätze der Prämien.

§ 804. Das Reichsversicherungsamt setzt den Prämientarif mindestens alle fünf Jahre für jede Genossenschaft nach Anhören ihres Vorstandes im voraus fest.

Als Grundlagen dienen

der Kapitalwert der Leistungen, die der Zweiganstalt aus Unfällen bei längeren Bauarbeiten nach dem Jahresdurchschnitte voraussichtlich erwachsen werden,

die Zuschläge für Bildung der Rücklage,

ein Pauschbetrag für die Verwaltungskosten der Zweiganstalt, der nach dem Jahresdurchschnitte der vorangegangenen Tarifzeit unter Abzug des Anteils für kurze Bauarbeiten (§ 832) zu berechnen ist. Das Nähere bestimmt das Reichsversicherungsamt.

Hierbei sind die Zinsen der Rücklage, soweit sie sie nicht ihr selbst nach der Nebensatzung zufließen, abzurechnen.

§ 805. Das Reichsversicherungsamt veröffentlicht den Prämientarif im Reichsanzeiger und in den Blättern, die für die amtlichen Bekanntmachungen der obersten oder der höheren Verwaltungsbehörden bestimmt sind, in deren Bezirken der Tarif gelten soll.

§ 806. Der Tarif kann frühestens zwei Wochen nach der Veröffentlichung in Kraft treten.

§ 807. Nach jedem Kalendervierteljahre berechnet der Genossenschaftsvorstand auf Grund des Prämientarifs und der Nachweise die Prämie für jeden Unternehmer und stellt die Heberolle auf.

§ 808. Ist der Entgelt des Versicherten für den Tag der Bauarbeit niedriger als der für den Beschäftigungsort festgesetzte Ortslohn für Erwachsene, so ist die Prämie nach diesem zu berechnen.

§ 809. Den Gemeinden sind Auszüge aus der Heberolle mit der Aufforderung zuzustellen, die Prämien von den Unternehmern ihres Bezirkes einzuziehen und binnen einem Monat an das zuständige Organ der Genossenschaft nach Abzug des Postgeldes einzusenden.

§ 810. Die Genossenschaft hat den Gemeinden für die Einziehung der Prämien eine Vergütung zu gewähren, deren Höhe die oberste Verwaltungsbehörde im Einvernehmen mit dem Reichsversicherungsamte festsetzt.

Für eigene Bauarbeiten der Gemeinde wird keine Vergütung gewährt.

§ 811. Die Gemeinde haftet für die Prämien, bei denen sie nicht den wirklichen Ausfall oder die fruchtlose Zwangsvollstreckung nachweisen kann, und hat sie vorschußweise einzusenden.

§ 812. Der Auszug aus der Heberolle muß die Angaben enthalten, die den Zahlungspflichtigen instand setzen, die Prämienberechnung zu prüfen.

Ergibt sich nachträglich, daß der Nachweis des Entgelts unrichtig war, so gelten für die Prämien dieselben Vorschriften wie für die Beiträge an die Genossenschaft (§§ 756, 757).

§ 813. Die Gemeindebehörde legt den Auszug zwei Wochen lang zur Einsicht der Beteiligten aus und macht den Beginn der Frist auf ortsübliche Weise bekannt.

Sie kann auch den Auszug, statt ihn auszulegen, den Beteiligten zustellen.

§ 814. Binnen zwei Wochen nach Ablauf der Frist des § 813 Abs. 1 oder nach Zustellung kann der Zahlungspflichtige gegen die Prämienberechnung bei dem Genossenschaftsvorstand oder dem zuständigen anderen Organ (§ 794) Einspruch erheben; er bleibt aber zur vorläufigen Zahlung verpflichtet. Dabei gelten § 757 Abs. 2, § 759 entsprechend.

§ 815. Der Einspruch kann, vorbehaltlich des § 814 Satz 2, nur gestützt werden auf

Rechenfehler,
unrichtigen Ansatz des Entgelts,
unrichtige Anwendung des Prämientarifs,
die Behauptung, daß keine Pflicht zur Entrichtung von Prämien bestehe.

Auf unrichtigen Ansatz des Entgelts kann der Einspruch nicht gestützt werden, wenn die Behörde wegen Säumigkeit des Verpflichteten den Nachweis selbst aufgestellt oder ergänzt hat.

§ 816. Gegen die Entscheidung, die das Oberversicherungsamt auf Beschwerde erläßt, ist weitere Beschwerde nur zulässig, wenn der Beschwerdeführer geltend macht, daß er zur Entrichtung von Prämien nicht verpflichtet sei.

§ 817. Ergibt sich nachträglich, daß ein ohne Einspruch bezahlter Betrag ganz oder teilweise zu Unrecht erhoben worden ist, so gelten die §§ 814 bis 816 entsprechend.

§ 818. Uneinziehbare Prämien sind im Notfall aus der Rücklage der Zweiganstalt zu decken und bei Festsetzung des nächsten Prämientarifs zu berücksichtigen.

§ 819. Für die Prämien und die übrigen Leistungen zahlungsunfähiger Unternehmer haftet der Bauherr während eines Jahres, nachdem die Verbindlichkeit endgültig festgestellt ist.

Zwischenunternehmer haften vor dem Bauherrn.

§ 820. Hat ein Bauherr nach landesbehördlicher Bestimmung der Genossenschaft Sicherheit geleistet (§ 772), so haftet diese auch für die Prämien und die übrigen Leistungen, die der Bauherr nach § 798 Nr. 1 als Unternehmer oder nach § 819 für zahlungsunfähige Unternehmer zu entrichten hat.

§ 821. Entsteht Streit zwischen Genossenschaft (Zweiganstalt) und Bauherrn oder Zwischenunternehmer über die Haftung, so entscheidet das Oberversicherungsamt (Beschlußkammer); der Rechtsweg ist ausgeschlossen.

§ 822. Außer den Prämien, Strafen und Kosten, die nach diesem Gesetz erhoben werden, kann die Genossenschaft für die Zweiganstalt keine Zahlungen von den Unternehmern fordern.

§ 823. Führen Gemeinden, Gemeindeverbände, öffentliche Körperschaften und andere Bauherren regelmäßig Bauarbeiten aus, ohne sie anderen Unternehmern zu übertragen, so kann auf ihren Antrag für den Entgelt, nach dem die Prämien zu berechnen sind, ein Pauschbetrag nach der durchschnittlichen Zahl der jährlichen Arbeitstage festgesetzt werden.

Zugleich muß festgesetzt werden, wann die Prämien einzuzahlen sind.

Für solche Fälle sind die Vorschriften über die Monatsnachweise (§§ 799 bis 801) und die vierteljährliche Berechnung und die Einziehung der Prämien (§§ 807 bis 811) nicht anzuwenden.

§ 824. Soweit der Anteil der Zweiganstalt an den Beträgen, die der Post zu erstatten sind, aus Unfällen bei längeren Bauarbeiten erwachsen ist, werden die Mittel zur Erstattung aus den verfügbaren Beständen an Prämien entnommen.

3. Versicherung auf Kosten von Gemeinden.

§ 825. Die Mittel zur Deckung der Entschädigungsbeträge und Verwaltungskosten, die der Zweiganstalt aus Unfällen bei kurzen Bauarbeiten erwachsen sind, werden nach Verhältnis der Volkszahl jährlich auf die Gemeinden umgelegt, über deren Bezirke sich die Berufsgenossenschaft erstreckt.

Ist die Zweiganstalt an dem Postvorschuß der Genossenschaft beteiligt, so kann dafür auf die Gemeinden ein Vorschuß in Höhe der Beiträge des abgelaufenen Geschäftsjahrs umgelegt werden.

Maßgebend ist die Zahl von Einwohnern, die bei der letzten Volkszählung amtlich festgestellt ist, von dem Geschäftsjahr an, das auf die Feststellung folgt.

§ 826. Den Gemeinden ist ein Auszug aus der Heberolle mit der Aufforderung zuzustellen, zur Vermeidung der Zwangsbeitreibung den festgesetzten Betrag binnen zwei Wochen einzuzahlen.

§ 827. Der Auszug muß die Angaben enthalten, die den Zahlungspflichtigen instand setzen, die Berechnung zu prüfen.

Für Einspruch und Beschwerde gelten dieselben Vorschriften wie bei der Berufsgenossenschaft (§ 755 Abs. 1, §§ 758, 760, 761), doch ist die Beschwerde nur zulässig, wenn sie sich auf Rechenfehler oder auf Irrtum bei Ansatz der Volkszahl gründet.

§ 828. Die oberste Verwaltungsbehörde kann anordnen, daß Gemeindeverbände an Stelle der Gemeinden treten oder in bestimmten Bezirken mehrere Gemeinden die Last gemeinschaftlich übernehmen, die ihnen aus der Unfallversicherung bei der Zweiganstalt erwächst.

Sie bestimmt zugleich, wie eine solche Vereinigung vertreten und verwaltet wird, und nach welchen Grundsätzen die gemeinsame Last auf die einzelnen Gemeinden zu verteilen ist.

§ 829. Die oberste Verwaltungsbehörde kann ferner bestimmen, daß an Stelle der Gemeinden für die Umlegung Verwaltungsbezirke treten, und wie diese die auf sie umgelegten Beträge auf die einzelnen Gemeinden verteilen.

§ 830. Soweit nicht die oberste Verwaltungsbehörde solche Bestimmungen erlassen hat, können sich Gemeinden durch eigenen Beschluß zur Übernahme der Lasten vereinigen, die ihnen aus Unfällen bei kurzen Bauarbeiten erwachsen.

Sie bestimmen dann zugleich, wie die Vereinigung vertreten und verwaltet wird. Die Vereinbarung bedarf der Genehmigung der obersten Verwaltungsbehörde.

§ 831. Die Anordnungen und Vereinbarungen (§§ 828 bis 830) sind den beteiligten Berufsgenossenschaften und dem Reichsversicherungsamte mitzuteilen.

§ 832. Der Betrag der Verwaltungskosten, die auf die Gemeinden und die Verbände umzulegen sind, wird entsprechend festgesetzt, wie bei der Versicherung auf Kosten der Unternehmer (§ 804).

§ 833. Innerhalb der einzelnen Gemeinden oder Gemeindeverbände werden die Lasten aus der Versicherung kurzer Bauarbeiten wie Gemeindeabgaben aufgebracht.

§ 834. Die Landesgesetzgebung oder die statutarische Bestimmung der einzelnen Gemeinde oder des Gemeindeverbandes kann einen anderen Verteilungsmaßstab feststellen, besonders auch bestimmen, daß die Grund- oder Gebäudebesitzer die Lasten tragen.

Statutarische Bestimmungen dieser Art bedürfen der Genehmigung der höheren Verwaltungsbehörde.

§ 835. Auf die Rücklage der Zweiganstalt haben die Gemeinden und sonstigen Verbände für die Lasten, die ihnen aus der Versicherung kurzer Bauarbeiten erwachsen, keinen Anspruch.

II. Zweiganstalten für Halten von Reittieren und Fahrzeugen.

§ 836. Bei der Zweiganstalt, die einer Berufsgenossenschaft von Unternehmern gewerbsmäßiger Fuhrwerks- oder Binnenschiffahrtsbetriebe angegliedert ist, sind die Personen versichert, die im Bezirke der Genossenschaft bei nicht gewerbsmäßigem Halten von Reittieren oder Fahrzeugen (§ 537 Nr. 6, 7) beschäftigt werden.

Das Gleiche gilt von den selbstversicherten Unternehmern solcher Tätigkeiten.

Die Tätigkeiten werden, wenn es sich um Fahrzeuge zu Wasser handelt, in den Zweiganstalten der Genossenschaften für Binnenschiffahrt versichert, im übrigen in den Zweiganstalten der Genossenschaften für gewerbsmäßigen Fuhrwerksbetrieb, sofern der Bundesrat nicht nach § 629 Abs. 2 andere Bestimmungen trifft.

§ 837. Die Genossenschaftsversammlung kann bestimmen, daß statt einer mehrere Zweiganstalten für einzelne räumliche Gebiete ihres Bezirkes errichtet werden.

Solche Bestimmungen bedürfen der Genehmigung des Reichsversicherungsamts; sie sind im Reichsanzeiger bekannt zu machen.

§ 838. In der Zweiganstalt geht die Versicherung auf Kosten der Unternehmer (§ 633 Abs. 2 Nr. 2) gegen Prämien nach einem Prämientarif.

§ 839. Die Unternehmer haben der von der obersten Verwaltungsbehörde bestimmten Behörde, in deren Bezirke die Tätigkeiten ausgeführt werden, für jedes Kalendervierteljahr, spätestens drei Tage nach dessen Ablauf einen Nachweis vorzulegen über

1. die verwendeten Arbeitstage,
2. den den Versicherten dafür gewährten Entgelt.

Die Form für den Nachweis schreibt das Reichsversicherungsamt vor.

Gegen Säumige wird verfahren wie bei den Zweiganstalten für Bauarbeiten (§ 800).

§ 840. Die Behörde hat die Nachweise binnen zwei Wochen nach Ablauf des Kalendervierteljahrs durch Vermittlung des Versicherungsamts an den Genossenschaftsvorstand oder das von diesem bezeichnete Organ der Genossenschaft einzureichen.

Dabei bescheinigt die Behörde (§ 839), daß ihr sonst über nicht gewerbsmäßiges Halten von Reittieren oder Fahrzeugen (§ 537 Nr. 6, 7) in ihrem Bezirke nichts bekannt geworden ist.

§ 841. Der Prämientarif muß ergeben, welcher Einheitssatz an Prämie für jede angefangene halbe Mark des anrechnungsfähigen Entgelts zu entrichten ist.

§ 842. Im übrigen gelten für diese Zweiganstalten entsprechend die Vorschriften für die Zweiganstalten für Bauarbeiten (§§ 784, 786 bis 797, 803 bis 818, 822 bis 824).

Tritt an Stelle einer Zweiganstalt eine Versicherungsgenossenschaft, so gelten für diese §§ 647, 648, 736 sowie von den Vorschriften für Zweiganstalten §§ 803 bis 818, 822 bis 824, 834 Abs. 1, 2, §§ 838 bis 841 entsprechend. Auch für die Versicherungsgenossenschaft ist eine Rücklage anzusammeln.

Achter Abschnitt.

Weitere Einrichtungen.

§ 843. Die Genossenschaften können einrichten

1. eine Versicherung gegen Haftpflicht für die Unternehmer (§ 633) und die ihnen in der Haftpflicht Gleichstehenden,
2. Rentenzuschuß- und Ruhegeldkassen für Betriebsbeamte, Mitglieder der Genossenschaft, Versicherte, Genossenschaftsbeamte sowie für die Angehörigen dieser Personen,
3. die Beschaffung von Arbeitsgelegenheit für Unfallverletzte.

§ 844. Träger der Einrichtungen ist die Genossenschaft.
Die Teilnahme an diesen Einrichtungen ist freiwillig.

§ 845. Beschlüsse der Genossenschaftsversammlung über Einrichtungen

der im § 843 Nr. 1, 2 bezeichneten Art und deren Satzungen bedürfen der Genehmigung des Bundesrats,

der im § 843 Nr. 3 bezeichneten Art bedürfen der Genehmigung des Reichsversicherungsamts.

§ 846. Das Reichsversicherungsamt führt die Aufsicht.

§ 847. Genossenschaften können vereinbaren, solche Einrichtungen gemeinsam zu treffen.

Die Vereinbarung darf nur mit Beginn eines Geschäftsjahrs wirksam werden.

Für die Genehmigung solcher Vereinbarungen gilt § 845 entsprechend.

Neunter Abschnitt.

Unfallverhütung. Überwachung.

I. Unfallverhütungsvorschriften.

§ 848. Die Berufsgenossenschaften sind verpflichtet, die erforderlichen Vorschriften zu erlassen über

1. die Einrichtungen und Anordnungen, welche die Mitglieder zur Verhütung von Unfällen in ihren Betrieben zu treffen haben,
2. das Verhalten, das die Versicherten zur Verhütung von Unfällen in den Betrieben zu beobachten haben.

Unfallverhütungsvorschriften können auch für einzelne Bezirke, Gewerbszweige und Betriebsarten erlassen werden.

In den Vorschriften ist zu bestimmen, wie sie den Versicherten bekannt zu machen sind.

Wenn in einem Betriebe Arbeiter beschäftigt sind, welche des Deutschen nicht mächtig sind, so sind ihnen, wenn fünfundzwanzig gemeinsam eine andere Muttersprache sprechen, die Unfallverhütungsvorschriften und die diese ersetzenden bergpolizeilichen Verordnungen in dieser bekannt zu machen.

§ 849. Gehören einer Genossenschaft Betriebe an, die ihrer Art nach einer anderen Genossenschaft zuzuteilen wären (§§ 540, 542, 631, 632), so sollen dafür Unfallverhütungsvorschriften erlassen werden, die den Vorschriften derjenigen Berufsgenossenschaft entsprechen, welcher die Betriebe ihrer Art nach angehören würden.

§ 850. Den Mitgliedern ist eine angemessene Frist zu setzen, um die zur Verhütung von Unfällen vorgeschriebenen Einrichtungen zu treffen.

§ 851. Zuwiderhandlungen der Mitglieder gegen die Vorschriften können mit Geldstrafen bis zu eintausend Mark, solche der Versicherten mit Geldstrafen bis zu sechs Mark bedroht werden.

§ 852. Der Entwurf der Vorschriften ist dem Reichsversicherungsamt einzureichen. Ist die Genossenschaft in Sektionen eingeteilt, so haben ihn die Vorstände der beteiligten Sektionen vorher zu begutachten.

§ 853. Zur Beratung und zum Beschluß über die Vorschriften hat der Genossenschaftsvorstand Vertreter der Versicherten mit vollem Stimmrecht und in gleicher Zahl wie die beteiligten Vorstandsmitglieder zuzuziehen.

Dies gilt entsprechend für Gutachten über Schutzvorschriften auf Grund des § 120 e Abs. 2 der Gewerbeordnung.

§ 854. Der Genossenschaftsvorstand hat das Reichsversicherungsamt zu der Sitzung einzuladen, in der über den Entwurf der Vorschriften beraten und beschlossen werden soll.

§ 855. Sollen Unfallverhütungsvorschriften oder sollen Schutzvorschriften auf Grund des § 120 e Abs. 2 der Gewerbeordnung nur für einzelne Sektionen gelten, so haben auch deren Vorstände Vertreter der Versicherten zur Begutachtung zuzuziehen. Dabei gilt § 853 Abs. 1 entsprechend.

§ 856. Der Entwurf der Vorschriften ist den Vertretern der Versicherten zugleich mit der Einladung zu der Sitzung, in der die Vorschriften begutachtet oder beraten und beschlossen werden sollen, mitzuteilen.

§ 857. Alljährlich nimmt der Vorstand unter Hinzuziehung der Vertreter der Versicherten (§ 853 Abs. 1) zu den Berichten der technischen Aufsichtsbeamten Stellung und regt die Maßnahmen an, die zur Verbesserung der Unfallverhütungsvorschriften geboten erscheinen. Dabei gilt § 854.

§ 858. Die Vertreter der Versicherten werden von den Beisitzern der Oberversicherungsämter gewählt, in deren Bezirke die Genossenschaft oder die Sektion Mitglieder hat. Wahlberechtigt sind jedoch nur solche Beisitzer der Oberversicherungsämter, welche als Vertreter der Versicherten berufen sind und nicht dem Bereiche der landwirtschaftlichen Unfallversicherung oder der See-Unfallversicherung angehören.

Die Knappschafts-Berufsgenossenschaft kann durch die Satzung bestimmen, daß die Vertreter der Versicherten Knappschaftsälteste sein müssen. Wird diese Bestimmung getroffen, so werden die Vertreter der Versicherten von den Knappschaftsältesten der beteiligten Knappschaftsvereine und Knappschaftskassen gewählt.

§ 859. Wählbar als Vertreter der Versicherten ist nur, wer selbst nach diesem Gesetze gegen Unfall versichert ist und in einem Betriebe, welcher der Berufsgenossenschaft angehört, beschäftigt wird. Im übrigen gilt § 12.

§ 860. Die Wahlordnung erläßt das Reichsversicherungsamt.

Ein Beauftragter dieses Amtes leitet die Wahl.

§ 861. Für jeden Vertreter der Versicherten wird ein erster und ein zweiter Ersatzmann gewählt. Sie vertreten ihn, wenn er verhindert ist, und ersetzen ihn für den Rest seiner Amtsdauer, wenn er vor der Zeit ausscheidet, nach der Reihe, die sich durch die Wahl ergibt.

§ 862. Bei Streit über die Gültigkeit der Wahlen entscheidet das Reichsversicherungsamt.

§ 863. Der Vorsitzende des Vorstandes setzt die Vergütung (§ 21) für die Vertreter der Versicherten fest.

§ 864. Die Unfallverhütungsvorschriften bedürfen der Genehmigung des Reichsversicherungsamts; der Beschlußsenat entscheidet darüber.

Dem Antrag auf Genehmigung sind die Niederschriften über die Verhandlungen der Vorstände beizufügen. Aus der Niederschrift muß sich ersehen lassen, wie die Vertreter der Versicherten gestimmt haben; sie muß ferner ein Gutachten der Vorstände der beteiligten Sektionen enthalten.

§ 865. Vor der Genehmigung wird den beteiligten obersten Verwaltungsbehörden Gelegenheit gegeben, sich zu äußern.

Unfallverhütungsvorschriften für Betriebe, die unter bergpolizeilicher Aufsicht stehen, dürfen nur genehmigt werden, wenn die oberste Verwaltungsbehörde zustimmt.

§ 866. Auch wenn Unfallverhütungsvorschriften oder Teile von ihnen nicht lediglich für einzelne Sektionen gelten sollen, kann das Reichsversicherungsamt vor der Genehmigung anordnen, daß die Sektionsvorstände die Vertreter der Versicherten zum Gutachten zuziehen.

§ 867. Ändert die Genossenschaftsversammlung die Beschlüsse, die der Vorstand und die Vertreter der Versicherten gefaßt haben, so bestimmt das Reichsversicherungsamt, ob der Vorstand mit den Vertretern der Versicherten nochmals beraten und beschließen soll.

§ 868. Macht das Reichsversicherungsamt seine Genehmigung davon abhängig, daß die Vorschriften geändert werden, so bestimmt es auch, ob zur Beratung und zum Beschlusse die Vertreter der Versicherten zugezogen werden sollen.

§ 869. Der Genossenschaftsvorstand hat die Vorschriften den höheren Verwaltungsbehörden mitzuteilen, deren Bezirke beteiligt sind.

§ 870. Zuständig für die Festsetzung der Geldstrafen gegen Genossenschaftsmitglieder ist der Vorstand der Genossenschaft, gegen Versicherte das Versicherungsamt (Beschlußausschuß). Auf Beschwerde gegen Straffestsetzungen des Genossenschaftsvorstandes entscheidet das Oberversicherungsamt (Beschlußkammer).

§ 871. Anordnungen, welche die Landesbehörden für bestimmte Gewerbszweige oder Betriebsarten zur Verhütung von Unfällen erlassen, sollen, wenn nicht Gefahr im Verzug ist, vorher den beteiligten Genossenschafts- oder Sektionsvorständen zur Begutachtung mitgeteilt werden. Dabei sind die Vertreter der Versicherten in gleicher Weise zuzuziehen wie bei Begutachtung von Unfallverhütungsvorschriften.

§ 872. Die Polizeibehörden teilen Anordnungen, die sie nach § 120 d Abs. 1 der Gewerbeordnung zur Verhütung von Unfällen treffen, der beteiligten Genossenschaft mit.

§ 873. Soweit es sich um den Erlaß von Unfallverhütungsvorschriften handelt, die zugleich den Eisenbahnbetrieb zu sichern bestimmt sind, gelten die §§ 852 bis 856, 866 bis 868, 871, 872 nicht.

II. Überwachung.

§ 874. Die Berufsgenossenschaften haben für die Durchführung der Unfallverhütungsvorschriften zu sorgen.

§ 875. Die Genossenschaften sind berechtigt und auf Verlangen des Reichsversicherungsamts verpflichtet, technische Aufsichtsbeamte in der erforderlichen Zeit anzustellen, um die Befolgung der Unfallverhütungsvorschriften zu überwachen und von den Einrichtungen der Betriebe Kenntnis zu nehemn, soweit dies für die Zugehörigkeit zur Genossenschaft oder für die Einschätzung in die Gefahrklasse von Bedeutung ist. Als solche Beamte können auch Personen angestellt werden, die früher den versicherten Betrieben als Arbeiter angehört haben.

§ 876. Die Genossenschaften können, um die eingereichten Lohnnachweise zu prüfen, durch Rechnungsbeamte die Geschäftsbücher und Listen einsehen, aus denen die Zahl der beschäftigten Arbeiter und Beamten und die Beträge des verdienten Entgelts hervorgehen.

§ 877. Die Geschäfte des technischen Aufsichts- und des Rechnungsbeamten können mit Genehmigung des Reichsversicherungsamts in einer Person vereinigt werden.

§ 878. Die Unternehmer sind verpflichtet, den technischen Aufsichtsbeamten ihrer Genossenschaft den Zutritt zu ihren Betriebsstätten während der Betriebszeit zu gestatten und den Rechnungsbeamten die Bücher und Listen (§ 876) an Ort und Stelle zur Einsicht vorzulegen.

§ 879. Das Versicherungsamt kann die Unternehmer zur Erfüllung ihrer Pflichten aus § 878 auf Antrag jedes an der Überwachung Beteiligten durch Geldstrafen bis zu dreihundert Mark anhalten.

Auf Beschwerde entscheidet das Oberversicherungsamt endgültig.

§ 880. Der Unternehmer kann besondere Sachverständige statt des technischen Aufsichtsbeamten verlangen, wenn er von dessen Besichtigung die Verletzung eines Betriebsgeheimnisses oder Schaden für seine geschäftliche Tätigkeit befürchtet.

§ 881. In diesem Falle hat der Unternehmer dem Genossenschaftsvorstande sobald als möglich einige Personen zu bezeichnen, die geeignet und bereit sind, auf seine Kosten den Betrieb zu besichtigen und die für die Genossenschaft notwendige Auskunft zu geben.

Einigt man sich nicht, so entscheidet auf Anrufen das Reichsversicherungsamt.

§ 882. Die Mitglieder der Genossenschaftsorgane, die technischen Aufsichts- und die Rechnungsbeamten sowie die besonderen Sachverständigen werden von dem Versicherungsamt ihres Wohnorts eidlich verpflichtet, über das, was ihnen durch die Überwachung der Betriebe oder durch die Prüfung der Bücher und Listen bekannt wird, zu schweigen sowie Geschäfts- und Betriebsgeheimnisse nicht unbefugt zu verwerten.

§ 883. Der Genossenschaftsvorstand hat Namen und Wohnsitz der technischen Aufsichts- und der Rechnungsbeamten den beteiligten höheren Verwaltungsbehörden anzuzeigen.

Er hat über die Tätigkeit der technischen Aufsichtsbeamten dem Reichsversicherungsamte zu berichten und den staatlichen Aufsichtsbeamten (§ 139 b der Gewerbeordnung) auf Ersuchen Mitteilung zu machen.

§ 884. Hat der genossenschaftliche Aufsichtsbeamte von Anordnungen, die der staatliche Beamte zur Verhütung von Unfällen getroffen hat, Kenntnis erhalten, so darf er Abweichendes nicht bestimmen.

Hält er eine abweichende Bestimmung für nötig oder eine Anordnung des staatlichen Beamten für unvereinbar mit einer Unfallverhütungsvorschrift, so hat er an den Genossenschaftsvorstand zu berichten. Dieser kann die vorgesetzte Behörde des staatlichen Beamten anrufen.

§ 885. Hält der staatliche Aufsichtsbeamte Anordnungen des genossenschaftlichen für zweckwidrig oder für unvereinbar mit den Unfallverhütungsvorschriften, so hat er es dem Genossenschaftsvorstande mitzuteilen.

Hält dieser den Einspruch für unbegründet, so kann er die vorgesetzte Behörde des staatlichen Beamten anrufen.

§ 886. Der Genossenschaftsvorstand hat dem Reichsversicherungsamte von allen Verhandlungen Kenntnis zu geben, welche Meinungsverschiedenheiten zwischen den beiden Aufsichtsbeamten betreffen.

§ 887. Erwachsen der Genossenschaft durch Pflichtversäumnis eines Unternehmers bare Auslagen für die Überwachung seines Betriebs oder für die Prüfung seiner Bücher und Listen, so kann der Vorstand dem Unternehmer diese Kosten auferlegen und außerdem gegen ihn Geldstrafe bis zu einhundert Mark verhängen. Auch die Kosten werden wie Gemeindeabgaben beigetrieben.

§ 888. Das Versicherungsamt kann die Genossenschaft mit ihrer Zustimmung und unter Vereinbarung über die Kosten bei der Überwachung der Rentenempfänger unterstützen. Hierüber beschließt der Beschlußausschuß. Lehnt er ab, so beschließt auf Beschwerde das Oberversicherungsamt endgültig.

§ 889. Die Unternehmer sind verpflichtet, den vom Reichsversicherungsamt beauftragten ständigen Mitgliedern des Reichsversicherungsamts während der Betriebszeit den Zutritt zu ihren Betriebsstätten zu gestatten, um die Durchführung und Wirkung der erlassenen Unfallverhütungsvorschriften (§ 848) festzustellen. Zur Erfüllung dieser Pflicht kann sie das Reichsversicherungsamt durch Geldstrafen bis zu dreihundert Mark anhalten.

III. Besondere Vorschriften für Bauarbeiten sowie für das Halten von Reittieren und Fahrzeugen.

§ 890. Unfallverhütungsvorschriften sind auch zu erlassen für die Tätigkeit bei nicht gewerbsmäßigen Bauarbeiten und bei nicht gewerbsmäßigem Halten von Reittieren oder Fahrzeugen (§ 537 Nr. 6, 7).

Zuständig ist die Berufsgenossenschaft, in deren Zweiganstalt die bei solchen Tätigkeiten Beschäftigten versichert sind. Sind sie bei einer Versicherungsgenossenschaft versichert, so ist diese zuständig.

§ 891. Die §§ 848 bis 889 gelten, vorbehaltlich der folgenden Vorschriften, auch für diese Tätigkeiten.

Dem Unternehmer von kurzen Bauarbeiten sind im Falle der Zuwiderhandlung gegen die Unfallverhütungsvorschriften Geldstrafen nur bis zu einhundert Mark anzudrohen.

Bei einer Versicherungsgenossenschaft werden die Vertreter der Versicherten von den Beisitzern der Oberversicherungsämter gewählt, auf deren Bezirk sich die Genossenschaft oder Sektion erstreckt; dabei gilt § 858 Abs. 1 Satz 2.

Zehnter Abschnitt.

Betriebe und Tätigkeiten für Rechnung öffentlicher Verbände.

§ 892. Ist das Reich oder ein Bundesstaat Versicherungsträger, so treten sie an Stelle der Genossenschaft und werden Rechte und Pflichten der Genossenschaftsorgane durch Ausführungsbehörden wahrgenommen. Diese bestimmt für die Heeresverwaltungen die oberste Militärverwaltungsbehörde des Heeresteils, im übrigen für die Reichsverwaltungen der Reichskanzler, für die Landesverwaltungen die oberste Verwaltungsbehörde.

Das Gleiche gilt für Gemeinden, Gemeindeverbände und andere öffentliche Körperschaften, die Versicherungsträger sind. Die Ausführungsbehörden bestimmt die oberste Verwaltungsbehörde.

§ 893. Dem Reichsversicherungsamte werden die Ausführungsbehörden mitgeteilt.

Die bisher eingesetzten Ausführungsbehörden bleiben bestehen.

§ 894. Ist das Reich, ein Bundesstaat, ein Gemeindeverband, eine Gemeinde oder eine andere öffentliche Körperschaft Versicherungsträger, so gelten nicht

die Vorschriften über Änderung des Bestandes der Berufsgenossenschaften (§§ 635 bis 648),

von den Vorschriften über die Verfassung der Genossenschaften die §§ 649 bis 720,

die Vorschriften über Aufsicht (§§ 722 bis 725),

die Vorschriften über Aufbringung der Mittel sowie über Umlage- und Erhebungsverfahren (§§ 731 bis 776),

von den Vorschriften über Abführung der Beträge an die Post die §§ 781, 782,

die Vorschriften über Zweiganstalten (§§ 783 bis 842),

die Vorschriften über weitere Einrichtungen (§§ 843 bis 847),

von den Vorschriften über Unfallverhütung und Überwachung die §§ 848 bis 887, 889 bis 891,

von den Strafvorschriften die §§ 908 bis 910, 912, 913.

§ 895. Wer die Ausführungsbehörden bestimmt, erläßt auch die Ausführungsbestimmungen, um die Vorschriften dieses Abschnitts durchzuführen.

§ 896. Die Ausführungsbestimmungen können die Versicherungspflicht auf Betriebsbeamte mit mehr als fünftausend Mark Jahresarbeitsverdienst erstrecken, soweit diese nicht nach § 554 versicherungsfrei sind.

§ 897. Will die Ausführungsbehörde, um Unfälle zu verhüten, Vorschriften mit Strafbestimmungen gegen Versicherte erlassen, so sind mindestens drei Vertreter der Versicherten zur Beratung und zum Gutachten zuzuziehen.

Ein Beauftragter der Behörde leitet die Beratung; er darf kein unmittelbarer Vorgesetzter dieser Vertreter sein.

Soweit es sich um den Erlaß von Vorschriften handelt, die zugleich den Eisenbahnbetrieb zu sichern bestimmt sind, gilt das nicht.

Elfter Abschnitt.

Haftung von Unternehmern und Angestellten.

I. Haftung gegenüber Verletzten und Hinterbliebenen.

§ 898. Der Unternehmer (§ 633) ist Versicherten und deren Hinterbliebenen (§§ 588 bis 594), auch wenn sie keinen Anspruch auf Rente haben, nach anderen gesetzlichen Vorschriften zum Ersatz des Schadens, den ein Unfall der in den §§ 544, 546 bezeichneten Art verursacht hat, nur dann verpflichtet, wenn strafgerichtlich festgestellt worden ist, daß er den Unfall vorsätzlich herbeigeführt hat. Dann beschränkt sich die Verbindlichkeit des Unternehmers auf den Betrag, um den sie die Entschädigung aus der Unfallversicherung übersteigt.

§ 899. Das Gleiche gilt für Ersatzansprüche Versicherter und ihrer Hinterbliebenen gegen Bevollmächtigte oder

Repräsentanten des Unternehmers und gegen Betriebs- und Arbeiteraufseher.

§ 900. Die Ansprüche können auch geltend gemacht werden, wenn wegen des Todes, der Abwesenheit oder eines anderen in der Person des Verpflichteten liegenden Grundes kein strafgerichtliches Urteil ergeht.

§ 901. Hat ein ordentliches Gericht über solche Ansprüche zu erkennen, so ist es an die Entscheidung gebunden, die in einem Verfahren nach diesem Gesetze darüber ergeht,

ob ein entschädigungspflichtiger Unfall vorliegt,

in welchem Umfang und von welchem Versicherungsträger die Entschädigung zu gewähren ist.

Das ordentliche Gericht setzt sein Verfahren so lange aus, bis die Entscheidung in dem Verfahren nach diesem Gesetz ergangen ist. Dies gilt nicht für Arreste und einstweilige Verfügungen.

§ 902. Unternehmer oder ihnen nach § 899 Gleichgestellte, von denen der Verletzte oder seine Hinterbliebenen Schadenersatz fordern, können statt des Berechtigten die Feststellung der Entschädigung nach diesem Gesetz beantragen, auch Rechtsmittel einlegen. Der Ablauf von Fristen, die ohne ihr Verschulden verstrichen sind, wirkt nicht gegen sie; dies gilt nicht für Verfahrensfristen, soweit der Unternehmer oder ein ihm nach § 899 Gleichgestellter das Verfahren selbst betreibt.

II. Haftung gegenüber Genossenschaften, Krankenkassen usw.

§ 903. Wird strafgerichtlich festgestellt, daß Unternehmer oder ihnen nach § 899 Gleichgestellte den Unfall vorsätzlich oder fahrlässig mit Außerachtlassung derjenigen Aufmerksamkeit herbeigeführt haben, zu welcher sie vermöge ihres Amtes, Berufs oder Gewerbes besonders verpflichtet sind, so haften sie für alles, was Gemeinden, Armenverbände, Krankenkassen, Knappschaftsvereine, Knappschaftskassen, Ersatzkassen, Sterbe- und andere Unterstützungskassen infolge des Unfalls nach Gesetz oder Satzung aufwenden müssen. Statt der Rente kann der Kapitalwert gefordert werden.

Sie haften auch,

wenn strafgerichtlich festgestellt worden ist, daß sie bei Leitung oder Ausführung eines Baues wider die allgemein anerkannten Regeln der Baukunst gehandelt haben und

wenn durch diese Zuwiderhandlung der Unfall herbeigeführt worden ist.

Die Vorschrift des § 900 über die Haftung ohne strafgerichtliche Feststellung gilt auch für diese Ansprüche.

Unternehmer und ihnen nach § 899 Gleichgestellte haften der Genossenschaft für deren Aufwand auch ohne strafgerichtliche Feststellung.

§ 904. Als Unternehmer haften auch

1. eine Aktiengesellschaft, ein Versicherungsverein auf Gegenseitigkeit, eine eingetragene Genossen-

schaft, eine Innung oder andere juristische Person für die durch ein Mitglied des Vorstandes,

2. eine Gesellschaft mit beschränkter Haftung für die durch einen Geschäftsführer,
3. eine andere Handelsgesellschaft für die durch einen Gesellschafter, der zur Geschäftsführung berechtigt ist,
4. im Falle der Liquidation eine Handelsgesellschaft, ein Versicherungsverein auf Gegenseitigkeit, eine eingetragene Genossenschaft, eine Innung oder andere juristische Person für die durch einen der Liquidatoren

herbeigeführten Unfälle, wenn diese Personen dabei eine ihnen zustehende Verrichtung ausgeführt haben.

Diese Vorschrift gilt für das Reich, die Bundesstaaten, Gemeinden, Gemeindeverbände sowie andere Körperschaften, Stiftungen und Anstalten des öffentlichen Rechts entsprechend.

§ 905. Ist der Unfall fahrlässig mit Außerachtlassung derjenigen Aufmerksamkeit herbeigeführt, zu welcher der Unternehmer und die ihm Gleichgestellten (§ 899) vermöge ihres Amtes, Berufs oder Gewerbes besonders verpflichtet sind, so kann die Genossenschaftsversammlung auf den Anspruch der Genossenschaft verzichten.

Die Satzung kann dieses Recht auf den Vorstand übertragen.

§ 906. Will der Vorstand den Ersatzanspruch erheben, so hat er den Beschluß dem Ersatzpflichtigen schriftlich mitzuteilen. Dieser kann dagegen binnen einem Monat die Genossenschaftsversammlung anrufen.

Klage darf, wenn der Ersatzpflichtige binnen dieser Frist die Genossenschaftsversammlung anruft, erst nach deren Beschluß, andernfalls erst nach Ablauf eines Monats seit der Mitteilung angestellt werden.

§ 907. Die Ansprüche verjähren in achtzehn Monaten nach dem Tage, an dem das strafgerichtliche Urteil rechtskräftig geworden ist. In denjenigen Fällen, in denen kein strafgerichtliches Urteil erforderlich ist, verjähren sie in einem Jahre nach der ersten rechtskräftigen Feststellung der Entschädigungspflicht der Genossenschaft, spätestens aber in fünf Jahren nach dem Unfall. Wird die Genossenschaftsversammlung angerufen, so unterbricht das die Verjährung. Eine neue Verjährung kann erst beginnen, wenn die Genossenschaftsversammlung Beschluß gefaßt hat oder die Anrufung anderweit erledigt ist.

Die Vorschrift des § 901 Abs. 1 über die Bindung des ordentlichen Gerichts gilt auch für diese Ansprüche.

Zwölfter Abschnitt.

Strafvorschriften.

§ 908. Der Genossenschaftsvorstand kann gegen Unternehmer Geldstrafen bis zu fünfhundert Mark verhängen,

1. wenn sie auf Grund des Gesetzes oder der Satzung Nachweise für die Beitrags- oder Prämien-

berechnung oder für die Veranlagung zu den Gefahrklassen eingereicht haben, die unrichtige tatsächliche Angaben enthalten,

2. wenn in der Betriebsanzeige (§ 653) als Zeitpunkt der Eröffnung des Betriebs oder des Beginns seiner Versicherungspflicht ein späterer Tag angegeben ist als der, an dem der Betrieb eröffnet oder versicherungspflichtig geworden ist,

vorausgesetzt, daß die Unternehmer die Unrichtigkeit der Angaben kannten oder den Umständen nach kennen mußten.

§ **909.** Der Genossenschaftsvorstand kann ferner gegen Unternehmer Geldstrafen bis zu dreihundert Mark verhängen, wenn sie ihren Pflichten

1. zur Anmeldung der Betriebe und Betriebsänderungen sowie zum Aushang in dem Betriebe,
2. zur Führung und Aufbewahrung der Lohnlisten (Lohnbücher),
3. zur Einreichung der Lohnnachweise und der Nachweise für die Berechnung der Prämien,
4. zur Erfüllung der Bestimmungen der Satzung über Betriebseinstellung und Wechsel des Unternehmers

nicht rechtzeitig nachkommen.

§ **910.** Auf Beschwerden gegen Straffestsetzungen der Genossenschaftsvorstände entscheidet das Oberversicherungsamt (Beschlußkammer) endgültig.

Die Beschlußkammer entscheidet nicht endgültig in

den Fällen der §§ 870, 887 sowie des § 891 in Verbindung mit diesen Vorschriften.

§ 911. Unternehmer oder Angestellte, die vorsätzlich Beiträge oder Prämien ganz oder teilweise auf den Entgelt anrechnen oder es wissentlich veranlassen, werden mit Geldstrafe bis zu dreihundert Mark oder mit Haft bestraft, wenn nicht nach anderen gesetzlichen Vorschriften härtere Strafe verwirkt ist.

§ 912. Soweit auf Grund dieses Gesetzes Unternehmer mit Strafen bedroht sind, stehen ihnen gleich:

1. wenn eine Aktiengesellschaft, ein Versicherungsverein auf Gegenseitigkeit, eine eingetragene Genossenschaft, eine Innung oder andere juristische Person Unternehmer ist, die Mitglieder des Vorstandes,
2. wenn eine Gesellschaft mit beschränkter Haftung Unternehmer ist, die Geschäftsführer,
3. wenn eine andere Handelsgesellschaft Unternehmer ist, alle persönlich haftenden Gesellschafter, soweit sie von der Vertretung nicht ausgeschlossen sind,
4. die gesetzlichen Vertreter geschäftsunfähiger und beschränkt geschäftsfähiger Unternehmer sowie die Liquidatoren einer Handelsgesellschaft, eines Versicherungsvereins auf Gegenseitigkeit, einer eingetragenen Genossenschaft, einer Innung, oder einer anderen juristischen Person.

§ 913. Der Unternehmer darf die Pflichten, die ihm auf Grund dieses Gesetzes obliegen, Betriebsleitern, soweit es sich nicht um Einrichtungen auf Grund von Unfallverhütungsvorschriften handelt, auch Aufsichtspersonen oder anderen Angestellten seines Betriebs übertragen.

Handeln solche Stellvertreter den Vorschriften zuwider, die Unternehmer mit Strafe bedrohen, so trifft sie die Strafe. Neben ihnen ist der Unternehmer strafbar, wenn

1. die Zuwiderhandlung mit seinem Wissen geschehen ist,
2. er bei der Auswahl oder Beaufsichtigung der Stellvertreter nicht die im Verkehr erforderliche Sorgfalt beobachtet hat; in diesem Falle darf gegen den Unternehmer auf keine andere Strafe als auf Geldstrafe erkannt werden.

Ist die Geldstrafe, die ein Genossenschaftsvorstand festgesetzt hat, von dem Stellvertreter nicht beizutreiben, so haftet der Unternehmer für sie. Seine Haftung ist in der Straffestsetzung auszusprechen.

§ **914.** Strafgelder der Versicherten fließen, wenn der Bestrafte zur Zeit der Zuwiderhandlung einer Krankenkasse angehört, in diese, sonst aber in die allgemeine Ortskrankenkasse seines Beschäftigungsorts und, wo eine solche nicht besteht, in die Landkrankenkasse. Das gilt auch von Geldstrafen, welche die Ausführungsbehörden gegen Versicherte verhängen (§ 897).

Zweiter Teil.

Landwirtschaftliche Unfallversicherung.

Erster Abschnitt.

Umfang der Versicherung.

§ 915. Der Unfallversicherung unterliegen die landwirtschaftlichen Betriebe (§ 161).

Das Reichsversicherungsamt kann bestimmen, welche Betriebszweige als landwirtschaftliche Betriebe gelten.

§ 916. Als Teile des landwirtschaftlichen Betriebs gelten

laufende Ausbesserungen an Gebäuden, die zum Betriebe der Landwirtschaft dienen,

Bodenkultur- und andere Bauarbeiten für den Wirtschaftsbetrieb, besonders das Herstellen oder Unterhalten von Wegen, Dämmen, Kanälen und Wasserläufen für diesen Zweck,

wenn ein landwirtschaftlicher Unternehmer die Arbeiten auf seinen Grundstücken oder für seinen eigenen landwirtschaftlichen Betrieb auf fremden Grundstücken ausführt, ohne sie an andere Unternehmer zu übertragen.

Führt ein landwirtschaftlicher Unternehmer Arbeiten, die für die Gemeinde zum Herstellen oder Unterhalten von Gebäuden, Wegen, Dämmen, Kanälen und Wasserläufen kraft öffentlich rechtlicher Pflicht zu leisten sind und ihm als Landwirt obliegen, als Unternehmer aus, so rechnen sie zu seinem landwirtschaftlichen Betriebe.

§ 917. Als landwirtschaftlicher Betrieb im Sinne des § 915 Abs. 1 gilt auch die Gärtnerei, die Park- und Gartenpflege, sowie der Friedhofsbetrieb, soweit er nicht der gewerblichen Unfallversicherung unterliegt.

Kleine Haus- und Ziergärten, die nicht regelmäßig und in erheblichem Umfange mit besonderen Arbeitskräften bewirtschaftet werden und deren Erzeugnisse hauptsächlich dem eigenen Haushalt dienen, gelten nicht als landwirtschaftlicher Betrieb.

§ 918. Die Versicherung gilt auch für Unternehmen, die ein landwirtschaftlicher Unternehmer neben seiner Landwirtschaft, aber in wirtschaftlicher Abhängigkeit von ihr betreibt (landwirtschaftliche Nebenbetriebe). Hierher gehören besonders Betriebe, die ganz oder hauptsächlich dazu bestimmt sind,

1. Erzeugnisse der Landwirtschaft des Unternehmers zu be- oder verarbeiten,
2. Bedürfnisse seiner Landwirtschaft zu befriedigen,
3. Bodenbestandteile seines Grundstücks zu gewinnen oder zu verarbeiten.

§ 919. Der § 918 gilt nicht für

1. Bergwerke, Salinen, Aufbereitungsanstalten, Werften, Hüttenwerke, Bauhöfe, sowie für Betriebe, die gewerbsmäßig Sprengstoffe oder explodierende Gegenstände erzeugen oder verarbeiten,
2. Betriebe, die vom Reichsversicherungsamte wegen ihres erheblichen Umfanges,

besonderer Einrichtung mit Maschinen,
der Zahl ihrer gewerblichen Arbeiter
den Fabriken gleichgestellt werden.

§ 920. Binnenschiffahrts- und Flößereibetriebe oder -Tätigkeiten fallen nur dann in die Versicherung des landwirtschaftlichen Hauptbetriebs, wenn sie nicht über den örtlichen Verkehr hinausgreifen.

§ 921. Tätigkeiten, die ihrer Art nach der gewerblichen Unfallversicherung bei einer Zweiganstalt oder einer Versicherungsgenossenschaft unterliegen, sind bei der landwirtschaftlichen Berufsgenossenschaft, welcher der Unternehmer mit Betriebstätigkeiten derselben Art angehört, versichert, wenn diese die anderen Tätigkeiten überwiegen.

§ 922. Für die Zuteilung von landwirtschaftlichen Betrieben und gewerblichen Betrieben desselben Unternehmers zu einer Genossenschaft gilt § 542.

§ 923. Gegen Unfälle bei Betrieben, die nach den §§ 915 bis 922 der Versicherung unterliegen (Betriebsunfälle), sind versichert

1. Arbeiter,
2. Betriebsbeamte, deren Jahresarbeitsverdienst nicht fünftausend Mark an Entgelt übersteigt,

wenn sie in diesen Betrieben beschäftigt sind.

Als Arbeiter gelten auch Gehilfen, Gesellen und Lehrlinge.

Facharbeiter im Unterschiede zum gewöhnlichen landwirtschaftlichen Arbeiter ist, wer für seine Stellung besonderer fachlicher Fertigkeiten bedarf. Dies gilt für Förster, Gärtner, Gärtnergehilfen, Müller, Ziegler, Stellmacher, Schmiede, Maurer, Zimmerer, Brenner, Maschinenführer, Heizer, sowie für Gehilfen und Gesellen, die eine fachmäßige Lehr- und Ausbildungszeit durchgemacht haben. Als Facharbeiter gelten auch die nach § 922 der landwirtschaftlichen Unfallversicherung unterstellten Personen. Wer außerdem noch als Facharbeiter gilt, hat die Satzung festzustellen.

Verbotwidriges Handeln schließt die Annahme eines Betriebsunfalls nicht aus.

§ 924. Die Versicherung erstreckt sich auf häusliche und andere Dienste, zu denen Versicherte, die hauptsächlich im Betriebe oder bei versicherten Tätigkeiten (§§ 920, 921) beschäftigt sind, von dem Unternehmer oder dessen Beauftragten herangezogen werden.

§ 925. Die Satzung kann die Versicherungspflicht erstrecken auf

1. Unternehmer, deren Jahresarbeitsverdienst nicht dreitausend Mark übersteigt oder die regelmäßig keine oder höchstens zwei Versicherungspflichtige gegen Entgelt beschäftigen,
2. Betriebsbeamte, deren Jahresarbeitsverdienst fünftausend Mark an Entgelt übersteigt.

§ 926. Die Satzung kann die Versicherung der Unternehmer, die hauptsächlich in der Landwirtschaft beschäftigt sind, auf die hauswirtschaftliche Tätigkeit erstrecken, die mit der Landwirtschaft zusammenhängt.

§ 927. Unternehmer können sich gegen die Folgen von Betriebsunfällen selbst versichern, wenn sie nicht mehr als dreitausend Mark Jahresarbeitsverdienst haben oder wenn sie regelmäßig keine oder höchstens zwei Versicherungspflichtige gegen Entgelt beschäftigen. Dabei gilt auch § 926.

Die Satzung kann sie zur Selbstversicherung auch dann zulassen, wenn sie mehr als dreitausend Mark Jahresarbeitsverdienst haben oder regelmäßig wenigstens drei Versicherungspflichtige gegen Entgelt beschäftigen.

§ 928. Die Vorschriften der §§ 925 bis 927 über die Versicherung des Unternehmers gelten auch für seinen im Betriebe tätigen Ehegatten.

§ 929. Aus der gewerblichen Unfallversicherung gelten entsprechend

1. für die Versicherung anderer im Betriebe Beschäftigter und Betriebsfremder § 552,
2. für die Folgen nicht rechtzeitiger Entrichtung von Beiträgen bei freiwilliger Versicherung § 553,
3. für die Versicherung von Personen des Soldatenstandes und von Beamten § 554.

Zweiter Abschnitt.

Gegenstand der Versicherung.

§ 930. Für den Gegenstand der Versicherung gelten aus der gewerblichen Unfallversicherung die §§ 555 bis 562 entsprechend.

§ **931.** Bei Berechnung der Rente von Betriebsbeamten und Facharbeitern gelten für den Jahresarbeitsverdienst die §§ 563 bis 566, 568.

Ferner gelten hierfür die §§ 932 bis 935, 941.

§ **932.** Ist die betriebsübliche Zahl von Arbeitstagen im Jahre so gering, daß die im Betriebe Beschäftigten regelmäßig noch anderweit Arbeit gegen Entgelt verrichten, so wird in den Fällen der §§ 565, 566 für die an dreihundert fehlende Zahl von Arbeitstagen der Ortslohn, der zur Zeit des Unfalls für den Beschäftigungsort des Versicherten festgesetzt ist (§§ 149 bis 152), dem nach § 565 oder § 566 berechneten Betrage zugezählt.

§ **933.** Die §§ 564 bis 566, 568, 932 sind entsprechend anzuwenden, wenn sich der Jahresarbeitsverdienst aus mindestens wochenweise bestimmten Beträgen zusammensetzt.

§ **934.** Erreicht der Jahresarbeitsverdienst des Betriebsbeamten oder Facharbeiters nicht das Dreihundertfache des Ortslohns (§ 932), so gilt dieses Dreihundertfache als Jahresarbeitsverdienst.

§ **935.** Die Rente für verletzte Jugendliche, die nach dem Ortslohn berechnet wird, richtet sich zunächst nach der Altersstufe, auf der sie den Unfall erleiden, und ist bei Aufsteigen in eine höhere Altersstufe entsprechend zu erhöhen.

§ **936.** Für Arbeiter, die nicht unter die §§ 931 bis 935 fallen, richtet sich die Rente nach dem Jahresarbeitsverdienste, den landwirtschaftliche Arbeiter zur Zeit des

Unfalls durch landwirtschaftliche und andere Erwerbstätigkeit am Beschäftigungsorte durchschnittlich erzielen.

Den durchschnittlichen Jahresarbeitsverdienst setzt das Oberversicherungsamt nach Anhören der Versicherungsämter fest, und zwar getrennt für Männer und Frauen, für Versicherte unter sechzehn Jahren, für solche von sechzehn bis einundzwanzig Jahren und für die, welche über einundzwanzig Jahre alt sind. Die Versicherten unter 16 Jahren (Jugendliche) können nach § 150 Abs. 2 noch in junge Leute und Kinder geschieden werden. Auch nach Land- und Forstwirtschaft kann getrennt werden.

Das Versicherungsamt hört vor Abgabe seines Gutachtens die hauptsächlich in der Landwirtschaft beschäftigten Versicherungsvertreter.

§ 937. Die Rente richtet sich bei verletzten Jugendlichen zunächst nach dem durchschnittlichen Jahresarbeitsverdienst für die Altersstufe, auf der sie den Unfall erleiden, und ist bei Aufsteigen in eine höhere Altersstufe entsprechend zu erhöhen.

§ 938. Die Rente für Unternehmer sowie für andere im Betriebe Beschäftigte und Betriebsfremde (§ 929 Nr. 1) richtet sich nach dem durchschnittlichen Jahresarbeitsverdienst für landwirtschaftliche Arbeiter (§ 936), der zur Zeit des Unfalls für den Betriebsitz festgesetzt ist. Die Satzung kann anders bestimmen.

§ 939. Soweit der Jahresarbeitsverdienst eintausendachthundert Mark übersteigt, wird er in allen Fällen nur mit einem Drittel angerechnet.

§ 940. Trifft der Unfall einen schon dauernd teilweise Erwerbsunfähigen, dessen Rente sich nach dem durchschnittlichen Jahresarbeitsverdienst (§ 936) richtet, so wird davon nur derjenige Teil zu Grunde gelegt, welcher dem Maße der Erwerbsfähigkeit vor dem Unfall entspricht.

§ 941. Als Ortslohn gilt für den schon dauernd teilweise Erwerbsunfähigen nur derjenige Teil, welcher dem Maße der Erwerbsfähigkeit vor dem Unfall entspricht.

§ 942. Einem verletzten Arbeiter hat während der ersten dreizehn Wochen nach dem Unfall die Gemeinde Krankenhilfe nach § 182 zu gewähren. Sie kann an Stelle der Krankenhilfe Krankenhauspflege und Hausgeld nach den §§ 184, 186 gewähren. Sie kann mit Zustimmung des Verletzten auch Pflege nach § 185 Abs. 1 gewähren und dafür bis zu einem Viertel des Krankengeldes abziehen. Als Grundlohn gilt der Ortslohn des Beschäftigungsorts (Abs. 2).

Verpflichtet ist die Gemeinde des Beschäftigungsorts (§§ 153 bis 156); der Sitz des Betriebs gilt jedoch nicht als Beschäftigungsort, wenn der Verletzte in einem forstwirtschaftlichen Betriebe beschäftigt war, der sich über die Bezirke mehrerer Gemeinden erstreckt.

§ 943. Die Gemeinde ist nicht nach § 942 zur Gewährung von Krankenhilfe verpflichtet,

1. soweit der Verletzte auf Grund der Kranken-

versicherung oder nach anderen gesetzlichen Vorschriften Anspruch auf eine gleiche Fürsorge hat,

2. wenn er auf Grund von Leistungen, die denen der Krankenversicherung gleichwertig sind, versicherungsfrei ist, oder
3. solange er sich im Ausland aufhält.

Gewähren die zunächst Verpflichteten dem Verletzten die Krankenhilfe nicht, so hat die Gemeinde sie zu übernehmen. Den Aufwand der Gemeinde dafür haben die Verpflichteten zu ersetzen.

Dabei gelten als Ersatz für Krankenpflege, auch bei Behandlung im Krankenhause, drei Achtel des Grundlohns, nach welchem sich das Krankengeld des Berechtigten bestimmt, für den Unterhalt im Krankenhause die Hälfte des Grundlohns. Ist kein anderer Grundlohn bestimmt, so gilt der Ortslohn des Beschäftigungsorts (§ 942 Abs. 2).

§ 944. Auf Erfordern der Gemeinde hat die Landkrankenkasse, mangels einer solchen die allgemeine Ortskrankenkasse des Wohn- oder Aufenthaltsorts die Krankenhilfe zu übernehmen.

Den Aufwand dafür hat die Gemeinde zu ersetzen. Dabei gilt, wenn nicht ein höherer Aufwand nachgewiesen wird, § 943 Abs. 3.

§ 945. Die Berufsgenossenschaft kann das Heilverfahren (§ 942) selbst übernehmen.

Die Gemeinde oder, vorbehaltlich der §§ 1513, 1516, der sonst Verpflichtete (§ 943 Abs. 1 Nr. 1, 2) hat der

Genossenschaft insoweit Ersatz zu leisten, als der Verletzte von ihnen Leistungen beanspruchen könnte. Dabei gilt § 943 Abs. 3.

§ 946. Ist bei Verletzten, die nicht auf Grund der Reichsversicherung oder bei einer knappschaftlichen Krankenkasse gegen Krankheit versichert sind und auch nicht den Anspruch auf Krankenhilfe nach § 942 haben, zu besorgen, daß eine Unfallentschädigung zu leisten ist, so kann die Berufsgenossenschaft schon vor Ablauf der ersten dreizehn Wochen nach dem Unfall ein Heilverfahren eintreten lassen, um die Folgen des Unfalls zu beseitigen oder zu mildern.

Sie kann den Verletzten in einer Heilanstalt unterbringen; dabei gilt § 597 Abs. 2 bis 4.

Sie kann dem Verletzten mit seiner Zustimmung Pflege nach § 185 Abs. 1 gewähren.

Der Verletzte kann von der Genossenschaft angemessenen Ersatz für den Verdienst verlangen, der ihm durch das Heilverfahren entgeht.

§ 947. Die Berufsgenossenschaft kann innerhalb der ersten dreizehn Wochen, auch ohne dem Verletzten ein Heilverfahren zu gewähren, die Unfallfolgen feststellen; § 581 Abs. 1 gilt entsprechend.

§ 948. Für die Gewährung von Unfallrente vor Ablauf der dreizehn Wochen,
für den Übergang des Anspruchs auf Krankengeld,
für die Bindung der Genossenschaft an die Stellungnahme des Trägers der Krankenversicherung

gelten die §§ 582, 583 Abs. 1, § 584. Dabei gilt § 583 Abs. 1 auch für die Leistung der Gemeinde (§ 942).

§ 949. Bei Streit zwischen der Gemeinde und der Krankenkasse wegen Übernahme der Krankenpflege (§ 944) entscheidet das Versicherungsamt endgültig, wenn es sich nicht um einen Ersatzanspruch handelt.

Streit über Ersatzansprüche aus den §§ 943 bis 945 wird im Spruchverfahren entschieden.

§ 950. Für den Ersatz des Schadens bei Tötung gelten die §§ 586 bis 596 aus der gewerblichen Unfallversicherung.

Jedoch richtet sich der Jahresarbeitsverdienst nach den Vorschriften, die in der landwirtschaftlichen Unfallversicherung im Falle der Körperverletzung gelten, mit Ausschluß der §§ 940, 941. Der § 587 gilt nur, wenn die Rente nicht nach dem festgesetzten durchschnittlichen Jahresarbeitsverdienst (§ 936) berechnet wird.

§ 951. An Stelle von Krankenbehandlung und Rente (§ 930 in Verbindung mit § 558) kann die Berufsgenossenschaft Heilanstaltpflege gewähren. Für diese gelten § 597 Abs. 2 bis 5, § 598.

§ 952. Aus der gewerblichen Unfallversicherung gelten ferner die Vorschriften über

- Hauspflege (§ 599),
- besondere Unterstützung bei Unterbringung in einer Heilanstalt (§ 602),
- Einleitung eines neuen Heilverfahrens (§§ 603, 604),

Wechsel der Heilanstalt (§ 605),
Nachteile für den Verletzten aus unberechtigtem Verhalten gegen Anordnungen über Heilverfahren (§ 606),
Aufnahme des Rentenempfängers in ein Invalidenhaus oder eine ähnliche Anstalt (§ 607).

§ 953. Gemeinden oder Gemeindeverbände können mit Genehmigung der höheren Verwaltungsbehörde statutarisch bestimmen, daß Renten bis zu zwei Dritteln nicht bar gezahlt, sondern in Sachen gewährt werden. Dies gilt nur für Rentenempfänger, die im Bezirke wohnen, wenn sie oder ihre Ernährer dort als landwirtschaftliche Arbeiter nach Ortsgebrauch ganz oder teilweise in Sachen gelohnt worden und mit der Sachleistung statt Renten einverstanden sind.

Den Wert der Sachen setzt die höhere Verwaltungsbehörde nach Durchschnittspreisen fest.

§ 954. Die Sachbezüge gewährt die Gemeinde des Wohnorts. Der Anspruch auf Rente geht im Werte der Sachbezüge auf die Gemeinde über.

Das Versicherungsamt (Beschlußausschuß) entscheidet bei Streit zwischen der Gemeinde und dem Berechtigten. Auf Beschwerde entscheidet das Oberversicherungsamt endgültig.

Ist der Anspruch auf Rente endgültig auf die Gemeinde übergegangen, so benachrichtigt die Berufsgenossenschaft die Post.

§ 955. Aus der gewerblichen Unfallversicherung gelten ferner die Vorschriften über

neue Feststellung der Rente wegen Änderung der Verhältnisse (§§ 608 bis 611),

Fälligkeit der Leistungen und Dauer des Rentenbezugs (§§ 612, 613),

Bezugsrecht nach dem Tode des Berechtigten (§ 614),

Ruhen der Rente (§ 615),

Kapitalabfindungen (§§ 616 bis 618),

Verzicht auf Rückforderung und Rechtskraft (§§ 619, 620),

Übertragung, Verpfändung, Pfändung und Aufrechnung der Ansprüche (§§ 621, 622).

Dritter Abschnitt.

Träger der Versicherung.

I. Berufsgenossenschaften und andere Träger der Versicherung.

§ 956. Die Berufsgenossenschaften als Träger der Versicherung umfassen die Unternehmer der versicherten Betriebe.

Die Genossenschaften werden nach örtlichen Bezirken gebildet; sie umfassen darin alle Betriebe der Betriebszweige, für die sie errichtet sind.

Genossenschaften, die nach § 18 des Gesetzes, betreffend die Unfall- und Krankenversicherung der in land- und forstwirtschaftlichen Betrieben beschäftigten Personen, vom 5. Mai 1886 (Reichs-Gesetzbl. S. 132) errichtet sind, bleiben in ihrem Bestande, vorbehaltlich der nach § 960 zulässigen Änderungen, erhalten.

§ 957. Das Reich oder der Bundesstaat ist Träger der Versicherung, wenn der Betrieb für seine Rechnung geht, es sei denn, daß die Betriebe nach § 109 des im § 956 bezeichneten Gesetzes den für sie errichteten Genossenschaften angehören.

Für den nachträglichen Beitritt zur Genossenschaft, den Wiederaustritt und den Wiedereintritt gilt § 625 Abs. 2 bis 5 aus der gewerblichen Unfallversicherung.

§ 958. Unternehmer eines Betriebs ist derjenige, für dessen Rechnung der Betrieb geht.

§ 959. Für Betriebe, die Bestandteile oder Nebenbetriebe aus verschiedenen Betriebszweigen enthalten, gilt entsprechend § 631 Abs. 1,

für die Zuteilung mehrerer Betriebe desselben Unternehmers zu einer Genossenschaft § 632,

für die Entschädigung von Unfällen in fremden Betrieben § 634

aus der gewerblichen Unfallversicherung.

II. Änderung des Bestandes der Berufsgenossenschaften.

§ 960. Für Änderungen des Bestandes der Berufsgenossenschaften gelten aus der gewerblichen Unfallversicherung die §§ 635 bis 646.

Erteilt der Bundesrat die Genehmigung, so wird die Satzung für die neue Genossenschaft nach den §§ 20, 21, 24 Abs. 3 des Gesetzes vom 5. Mai 1886 (Reichs-Gesetzbl. S. 132) beschlossen.

§ **961**. Für die Auflösung von Genossenschaften gilt dasselbe wie bei der gewerblichen Unfallversicherung (§§ 647, 648).

Vierter Abschnitt.

Verfassung.

I. Mitgliedschaft und Stimmberechtigung.

§ **962**. Mitglied der Berufsgenossenschaft ist jeder Unternehmer, dessen Betrieb zu den ihr zugewiesenen Betriebszweigen gehört und in ihrem Bezirke seinen Sitz hat.

§ **963**. Alle Grundstücke eines Unternehmers, zu deren landwirtschaftlichem Gesamtbetriebe gemeinsame Wirtschaftsgebäude dienen, gelten als ein einziger Betrieb.

Erstreckt sich ein landwirtschaftlicher Betrieb in die Bezirke mehrerer Gemeinden, so hat er seinen Sitz da, wo die gemeinsamen oder die zu seinen Hauptzwecken dienenden Wirtschaftsgebäude liegen. Der Unternehmer kann sich mit den Gemeinden über einen anderen Betriebssitz einigen.

§ **964**. Mehrere forstwirtschaftliche Grundstücke eines Unternehmers, die derselben unmittelbaren Betriebsleitung (Revierverwaltung) unterstehen, gelten als ein einziger Betrieb.

Forstwirtschaftliche Grundstücke verschiedener Unternehmer gelten als Einzelbetriebe, auch wenn sie zusammen derselben Betriebsleitung unterstehen.

Erstreckt sich ein forstwirtschaftlicher Betrieb über die Bezirke mehrerer Gemeinden, so hat er seinen Sitz da, wo der größte Teil der Forstgrundstücke liegt. Der Unternehmer kann sich mit den Gemeinden über einen anderen Betriebssitz einigen.

§ 965. Die Mitgliedschaft beginnt mit der Eröffnung des Betriebs oder mit seiner Versicherungspflicht; für das Reich und die Bundesstaaten regelt sich der Beginn der Mitgliedschaft nach § 957.

§ 966. Besitzen Mitglieder oder ihre gesetzlichen Vertreter nicht die bürgerlichen Ehrenrechte, so haben sie kein Stimmrecht.

II. Anmeldung der Betriebe.

§ 967. Jeden neueröffneten Betrieb hat die Gemeindebehörde durch Vermittlung des Versicherungsamts dem Genossenschaftsvorstand anzumelden.

Dieser hat die Zugehörigkeit zur Genossenschaft zu prüfen.

Verneint er die Zugehörigkeit, so teilt er das dem Versicherungsamte mit. Dieses kann die Entscheidung des Reichsversicherungsamts anrufen; auf Antrag der Genossenschaft muß das geschehen.

III. Wechsel des Unternehmers. Änderung im Betrieb und in seiner Zugehörigkeit zur Genossenschaft.

§ 968. Der Unternehmer hat jeden Wechsel der Person, für deren Rechnung der Betrieb geht, in der durch di: Satzung bestimmten Frist dem Genossenschaftsvorstand anzuzeigen. Für die Beiträge bis zum Ablauf des Geschäftsjahrs, in welchem der Wechsel angezeigt wird, bleibt er haftbar, ohne dadurch den Nachfolger von der Haftung zu befreien.

§ 969. Für die Meldepflicht des Unternehmers bei Änderungen seines Betriebs, die für die Zugehörigkeit zu einer Genossenschaft wichtig sind, für die Überweisung und Löschung eines Betriebs sowie für den Übergang der Unfallast und eines Teiles der Rücklage gelten die §§ 665 bis 673 aus der gewerblichen Unfallversicherung entsprechend.

§ 970. Die Meldepflicht bei Betriebsänderungen, die für die Umlagen wichtig sind, und das weitere Verfahren sind in der Satzung zu regeln.

Für die Anfechtung der Entscheidung, welche die Genossenschaft auf die Anmeldung der Änderung oder von Amts wegen erläßt, gelten die §§ 999, 1000 entsprechend.

IV. Satzung.

§ 971. Die Berufsgenossenschaften regeln ihre innere Verwaltung und ihre Geschäftsordnung durch eine Satzung, welche die Genossenschaftsversammlung beschließt.

§ 972. Die Satzung muß bestimmen über

1. Namen, Sitz und Bezirk der Genossenschaft,
2. Zusammensetzung, Rechte und Pflichten des Vorstandes,
3. Form der Willenserklärungen des Vorstandes sowie seiner Unterschrift für die Berufsgenossenschaft, Art der Beschlußfassung des Vorstandes und seine Vertretung nach außen,
4. Bildung des Genossenschaftsausschusses zur Entscheidung über Einsprüche (§§ 1000, 1023),
5. Zusammensetzung und Berufung der Genossenschaftsversammlung und Art ihrer Beschlußfassung,
6. Stimmrecht der Mitglieder und Prüfung ihrer Vollmachten,
7. Vertretung der Genossenschaft gegenüber dem Vorstand,
8. Höhe der Sätze für entgangenen Arbeitsverdienst und für Reisekosten, die den Vertretern der Versicherten zu gewähren sind (§ 21),
9. Maßstab für das Umlegen der Beiträge und, soweit diese nicht nach Steuern umgelegt werden, Verfahren beim Abschätzen und Veranlagen,
10. Verfahren bei Eröffnung neuer Betriebe, bei Betriebsänderungen und bei Wechsel der Person des Unternehmers,
11. Folgen von Betriebseinstellung oder von Wechsel der Person des Unternehmers, besonders Sicherstellung seiner Beiträge, wenn er den Betrieb einstellt,

12. Aufstellung, Prüfung und Abnahme der Jahresrechnung,
13. Handhabung des Erlasses von Vorschriften zur Unfallverhütung und zur Überwachung der Betriebe,
14. Verfahren bei Anmeldung und Ausscheiden versicherter Unternehmer und anderer, nach § 925 Nr. 2, § 929 Nr. 1 Versicherter sowie Höhe und Ermittlung des Jahresarbeitsverdienstes der Unternehmer,
15. Art der Bekanntmachungen,
16. Änderung der Satzung sowie darüber,
17. wer als Facharbeiter gilt.

§ **973.** Aus der gewerblichen Unfallversicherung gelten die Vorschriften über

Einteilung in Sektionen und Einsetzung von Vertrauensmännern (§ 678 Nr. 2, 3, § 679),
Strafbefugnis des Genossenschaftsvorstandes (§ 680),
Errichtung der Satzung (§§ 681 bis 683).

§ **974.** Ist die Satzung genehmigt, so hat der Genossenschaftsvorstand Namen und Sitz der Genossenschaft und die Bezirke der Sektionen im Reichsanzeiger oder, wenn der Bezirk der Genossenschaft nicht über das Gebiet eines Bundesstaats hinausreicht, im Amtsblatt der obersten Verwaltungsbehörde bekannt zu machen.

Das Gleiche gilt für Änderungen.

V. Genossenschaftsorgane.

§ 975. Für die Genossenschaftsorgane gelten aus der gewerblichen Unfallversicherung die §§ 685 bis 687, 689.

Das Reichsversicherungsamt ist jedoch nicht berechtigt, an Stelle der Genossenschaften Unfallverhütungsvorschriften zu erlassen und technische Aufsichtsbeamte anzustellen.

§ 976. Die Genossenschaftsversammlung besteht aus Vertretern der Mitglieder.

Sie ist mindestens jährlich einmal einzuberufen.

§ 977. Die Genossenschaftsversammlung kann für eine bestimmte Zeit die Prüfung und Abnahme der Jahresrechnung und die Vorstandsgeschäfte ganz oder teilweise an Organe der Selbstverwaltung übertragen. Dazu ist deren Einverständnis und die Genehmigung der obersten Verwaltungsbehörde nötig.

Die Rechte und Pflichten der Organe der Genossenschaft gehen dann auf die Organe der Selbstverwaltung über.

VI. Angestellte.

§ 978. Für die Angestellten der Genossenschaft, die nicht staatliche oder gemeindliche Beamte sind, und für die Übertragung von Geschäften an besoldete Geschäftsführer gelten die Vorschriften der gewerblichen Unfallversicherung (§§ 690 bis 705).

VII. Bildung der Gefahrklassen.

§ 979. Für die Bildung der Gefahrklassen (§§ 990 bis 1004, 1008) gelten aus der gewerblichen Unfallversicherung die §§ 706 bis 710, 712. Genossenschaften, deren Betriebe sich in der Unfallgefahr nur wenig unterscheiden, können beschließen, keine Gefahrklassen aufzustellen. Der Beschluß bedarf der Genehmigung des Reichsversicherungsamts. Sie kann zurückgenommen werden, wenn die Unfallverzeichnisse für die einzelnen Betriebszweige wesentliche Verschiedenheit aufweisen.

VIII. Teilung und Zusammenlegung der Last.

§ 980. Die Satzung kann bestimmen, daß die Sektionen für Unfälle, die in ihren Bezirken eintreten, die Entschädigung bis zu drei Vierteln tragen.

Die Beträge, die dadurch den Sektionen zur Last fallen, sind auf deren Mitglieder nach ihrer Beitragshöhe umzulegen.

§ 981. Werden die Umlagen nach der Grundsteuer berechnet und dabei Sektionen mit mehr als dem Doppelten des Betrags belastet, der wirklich für sie an Entschädigungen und Verwaltungskosten aufgewendet worden ist, so kann die Genossenschaftsversammlung beschließen, das Mehr nach der Grundsteuer auf alle Sektionen zu verteilen.

§ 982. Für die gemeinsame Tragung der Last gelten die Vorschriften der gewerblichen Unfallversicherung (§§ 714 bis 716).

IX. Vermögensverwaltung.

§ 983. Das Reichsversicherungsamt kann über die Aufbewahrung von Wertpapieren Bestimmungen erlassen, soweit nicht staatliche Behörden oder Organe der Selbstverwaltung die Geschäfte führen.

§ 984. Für
die Anlegung des Vermögens,
den Nachweis der Geschäfts- und Rechnungsergebnisse
gelten die Vorschriften der gewerblichen Unfallversicherung (§§ 718 bis 721).

Fünfter Abschnitt.

Aufsicht.

§ 985. Für die Aufsicht über die Berufsgenossenschaften gelten aus der gewerblichen Unfallversicherung die §§ 722, 723.

Diese Aufsicht erstreckt sich nicht auf die dienstlichen Verhältnisse von staatlichen Behörden oder von Organen der Selbstverwaltung, welche die Genossenschaft verwalten.

§ 986. Für Genossenschaften, die der Aufsicht des Landesversicherungsamts unterliegen, tritt dieses an die Stelle des Reichsversicherungsamts, wenn es sich handelt um die

Streitigkeiten wegen Zuteilung mehrerer Betriebe zu einer Genossenschaft nach § 922, § 959 in Verbindung mit § 632,

Streitigkeiten zwischen der Genossenschaft und dem Reiche oder einem Bundesstaate bei Auseinandersetzung über das Vermögen in den Fällen des § 957 in Verbindung mit § 625 Abs. 5,

Änderung des Bestandes der Genossenschaften (§§ 960, 961),

Zugehörigkeit eines Betriebs zur Genossenschaft und Änderung in der Zugehörigkeit (§ 967, § 969 in Verbindung mit § 673 Abs. 1, 3),

Genehmigung und Errichtung der Satzung (§ 973),

Übernahme der Geschäfte der Genossenschaft (§ 975),

Dienstordnung für die Angestellten der Genossenschaft sowie Streitigkeiten aus ihrem Dienstverhältnis (§ 978),

Gefahrtarife (§ 979),

Zusammenlegung der Entschädigungslast (§ 982),

Vermögensverwaltung der Genossenschaften in den Fällen des § 983 und des § 984 in Verbindung mit den §§ 718, 719 Abs. 1, § 720,

Erhebung von Beiträgen (§ 1011 in Verbindung mit § 736 Abs. 2, 3) sowie Aufbringung der Rücklage (§ 1013),

Deckung der Ansprüche der Post (§ 1028 in Verbindung mit den §§ 781, 782), weiteren Einrichtungen der Genossenschaften (§ 1029),

Unfallverhütung und Überwachung in den Fällen des § 1030 in Verbindung mit den §§ 848 bis 889, 890 Abs. 1 mit Ausschluß der Fälle des § 883,

Mitteilung der Ausführungsbehörden (§ 1033 in Verbindung mit § 893).

§ 987. Handelt es sich um die

Streitigkeiten wegen Zuteilung mehrerer Betriebe zu einer Genossenschaft nach § 922, § 959 in Verbindung mit § 632,

Änderung des Bestandes der Genossenschaften in den Fällen des § 960,

Zugehörigkeit eines Betriebs zur Genossenschaft und Änderung in der Zugehörigkeit (§ 967, § 969 in Verbindung mit § 673 Abs. 1, 3),

Zusammenlegung der Entschädigungslast (§ 982),

so entscheidet das Reichsversicherungsamt, wenn eine Genossenschaft, die einem anderen Landesversicherungsamt oder dem Reichsversicherungsamt untersteht, mitbeteiligt ist. Das Landesversicherungsamt übergibt dann die Akten dem Reichsversicherungsamte.

Handelt es sich um gemeinsame weitere Einrichtungen mehrerer Genossenschaften (§ 1029), so bleibt das Reichsversicherungsamt für diese weiteren Einrichtungen zuständig, wenn nicht die sämtlichen beteiligten Genossenschaften demselben Landesversicherungsamt unterstehen.

Sechster Abschnitt.

Auszahlung der Entschädigung. Aufbringung der Mittel.

I. Auszahlung durch die Post.

§ 988. Für die Auszahlung durch die Post gelten die Vorschriften der gewerblichen Unfallversicherung (§§ 726 bis 729).

II. Aufbringung der Mittel.

1. Allgemeine Vorschrift.

§ 989. Die Berufsgenossenschaften haben die Mittel für ihre Aufwendungen durch Mitgliederbeiträge aufzubringen, die den Bedarf des abgelaufenen Geschäftsjahrs decken.

2. Maßstab des Arbeitsbedarfs und der Gefahrklassen.

§ 990. Die Beiträge werden umgelegt nach

dem abgeschätzten Durchschnittsmaß der menschlichen Arbeit (Arbeitsbedarf) und ihrem Werte gemäß diesem Gesetz,

dem Entgelt von Betriebsbeamten und Facharbeitern sowie dem Jahresarbeitsverdienst von Unternehmern, soweit die Arbeitsleistungen solcher Versicherten nicht mit abgeschätzt sind, und nach

der Höhe der Unfallgefahr (Gefahrklasse).

§ 991. Für jeden Unternehmer wird die Zahl der Arbeitstage abgeschätzt, die zum Bewirtschaften seines Betriebs im Jahresdurchschnitt erforderlich sind; dabei sind die Zahl der Arbeiter im Betrieb und die Dauer ihrer Beschäftigung zu berücksichtigen.

Die Satzung kann bestimmen, daß die hauswirtschaftlichen und anderen Dienste dabei gesondert zu rechnen sind.

§ 992. Beim Abschätzen ist das Unternehmerverzeichnis zu Grunde zu legen, das bei Errichtung der Genossenschaft (§ 34 des Gesetzes vom 5. Mai 1886, Reichs-Gesetzbl. S. 132) oder später aufgestellt ist.

Betriebsänderungen sind zu berücksichtigen.

§ 993. Dauernd beschäftigte Arbeiter sind mit dreihundert Arbeitstagen anzusetzen, weibliche nach Verhältnis des durchschnittlichen Jahresarbeitsverdienstes auf männliche umzurechnen.

Die Arbeitsleistung von Betriebsbeamten und Facharbeitern, von Unternehmern und ihren nicht versicherten Angehörigen ist beim Abschätzen nicht mitzurechnen.

Die Satzung kann anders bestimmen.

§ 994. Für Betriebe, in denen regelmäßig höchstens fünf Versicherte voll beschäftigt werden, kann die Satzung einheitliche Beiträge nach einem Maßstab, den sie festsetzt, bestimmen.

§ 995. Die Organe der Genossenschaft haben das Abschätzen zu besorgen und die Betriebe zu den Gefahrklassen zu veranlagen. Das Nähere hat die Satzung zu bestimmen.

§ 996. Die Gemeindebehörde kann den Unternehmer zu einer Auskunft über die Verhältnisse, die für das Abschätzen des Arbeitsbedarfs maßgebend sind, durch Geldstrafen bis zu einhundert Mark anhalten.

Erteilt der Unternehmer die Auskunft nicht rechtzeitig oder unvollständig, so hat die Gemeindebehörde nach eigener Kenntnis das Verzeichnis zu berichtigen.

§ 997. Die Unternehmer haben den Organen der Genossenschaft auf Verlangen binnen zwei Wochen über ihre Betriebs- und Arbeiterverhältnisse die weitere Auskunft zu geben, die für das Abschätzen und Veranlagen erforderlich ist.

§ 998. Die Genossenschaft hat den Gemeindebehörden Verzeichnisse mitzuteilen, in denen
die ihr zugehörigen Betriebe in der Gemeinde,
die wesentlichen Grundlagen und das Ergebnis des Abschätzens und Veranlagens
angegeben sind.

Die Gemeindebehörde hat diese Verzeichnisse zwei Wochen lang zur Einsicht der Beteiligten auszulegen und den Beginn der Frist auf ortsübliche Weise bekannt zu machen.

§ 999. Binnen einem Monat nach Ablauf der Frist können die Unternehmer bei dem Genossenschaftsorgane, das abgeschätzt oder veranlagt hat, Widerspruch dagegen erheben, daß ihr Betrieb in das Verzeichnis aufgenommen oder nicht aufgenommen ist,

daß oder wie der Arbeitsbedarf abgeschätzt oder der Betrieb veranlagt ist.

§ 1000. Das Genossenschaftsorgan bescheidet den Unternehmer auf seinen Widerspruch schriftlich.

Der Unternehmer kann Einspruch an den Genossenschaftsausschuß (§ 972 Nr. 4) und gegen dessen Entscheidung Beschwerde an das Oberversicherungsamt erheben.

§ 1001. Die Mitglieder des Genossenschaftsausschusses dürfen bei dem ersten Abschätzen und Veranlagen nicht mitwirken.

§ 1002. In den Fristen, in denen der Gefahrtarif nachzuprüfen ist, sind auch die Veranlagung und die Abschätzung nachzuprüfen (§ 979 in Verbindung mit § 708).

§ 1003. Schon vor der regelmäßigen Nachprüfung kann die Genossenschaft den Arbeitsbedarf eines Betriebs neu abschätzen oder den Betrieb neu veranlagen, wenn sich herausstellt, daß die Angaben des Unternehmers unrichtig waren.

§ 1004. Für die neue Abschätzung und die neue Veranlagung gelten die §§ 990 bis 1001 entsprechend.

3. Maßstab des Steuerfußes.

§ 1005. Wenn das Landesgesetz die Angehörigen des Unternehmers von der Versicherung nicht ausschließt und der Maßstab des Arbeitsbedarfs und der Gefahrklassen unzweckmäßig ist, so kann die Satzung bestimmen, daß die Beiträge der Berufsgenossen durch Zuschläge zu direkten Staats- oder Gemeindesteuern aufgebracht werden.

Für eine solche Vorschrift ist mindestens die Zweidrittelmehrheit der Genossenschaftsversammlung nötig. Die Satzung muß dann auch bestimmen, wie Mitglieder zu den Genossenschaftslasten heranzuziehen sind, welche die zugrunde gelegte Steuer für ihren gesamten Betrieb oder einen Teil nicht zu zahlen haben.

§ 1006. Die Satzung kann einen einheitlichen Mindestbeitrag, höchstens eine Mark und, wenn Unternehmer versichert oder mitversichert sind (§§ 925 bis 928), höchstens zwei Mark jährlich, bestimmen.

§ 1007. Für Betriebsbeamte und Facharbeiter sind zu den Beiträgen besondere Zuschläge zu erheben. Das Nähere hat die Satzung zu bestimmen. Sie hat auch die Anmeldung zu ordnen und die Zuwiderhandlung mit Strafe zu bedrohen.

Das Gleiche gilt für Unternehmer, wenn für ihre Rente ein höherer als der durchschnittliche Jahresarbeitsverdienst landwirtschaftlicher Arbeiter angesetzt wird.

§ 1008. Für Betriebe nach § 917, für landwirtschaftliche Nebenbetriebe und für andere Betriebe, die ihrer Art nach der gewerblichen Unfallversicherung unterliegen würden, sowie für Tätigkeiten der im § 921 bezeichneten Art sind die Beiträge nach der Unfallgefahr abzustufen.

Die Satzung hat die Voraussetzungen hierfür sowie die Höhe dieser Beiträge und das Verfahren zu regeln.

§ 1009. Bestimmt die Satzung als Maßstab die Grundsteuer, so kann sie die Zahlung der Zuschläge dem auflegen, der gesetzlich zur Grundsteuer für die Grundstücke der genossenschaftlichen Betriebe veranlagt ist oder veranlagt sein würde, wenn die Grundstücke nicht von der Steuer befreit wären.

Zahlt danach ein anderer den Beitrag als der Unternehmer, so hat dieser ihn zu erstatten.

Bei Streit über die Erstattung entscheidet das Versicherungsamt, in dessen Bezirk der versicherungspflichtige Betrieb seinen Sitz hat. Auf Beschwerde entscheidet das Oberversicherungsamt endgültig.

4. Andere Maßstäbe.

§ 1010. Die Satzung kann, wenn die Voraussetzungen nach § 1005 Abs. 1 vorliegen, für die Aufbringung der Beiträge einen anderen angemessenen Maßstab bestimmen, zum Beispiel

die Kulturart,

die Fläche in Verbindung mit der Grundsteuer,

den Reinertrag, den die Grundstücke als solche, einschließlich der dazu gehörenden, denselben Zwecken dienenden Gebäude und des Zubehörs, nach ihrer bisherigen wirtschaftlichen

Bestimmung bei gemeinüblicher Bewirtschaftung im Durchschnitt nachhaltig gewähren können,
den Ertragswert, der sich aus dem Fünfundzwanzigfachen dieses Reinertrages ergibt.

Die §§ 996 bis 1009 sind entsprechend anzuwenden; das nähere bestimmt die Satzung.

5. Gemeinsame Vorschriften.

§ 1011. Aus der gewerblichen Unfallversicherung gelten die Vorschriften über

Zwecke, zu denen Beiträge erhoben und Mittel verwendet werden dürfen (§ 736),
Vorschüsse auf die Beiträge sowie Vorauszahlung von Beiträgen (§§ 737 bis 739).

§ 1012. Die Satzung kann Unternehmer kleiner Betriebe mit geringer Unfallgefahr, die nur ausnahmsweise Versicherungspflichtige gegen Entgelt beschäftigen, von Beiträgen ganz oder teilweise befreien und zugleich das Verfahren für die Ermittlung solcher Unternehmer bestimmen.

Mit Genehmigung der obersten Verwaltungsbehörde kann das auch die Genossenschaftsversammlung tun.

Bei Streit zwischen der Genossenschaft und dem Unternehmer über Befreiung entscheidet das Oberversicherungsamt endgültig.

§ 1013. Die Genossenschaften haben Rücklagen anzusammeln.

Bis diese das Doppelte des Jahresbedarfs erreichen,

werden jährlich zwei vom Hundert der jeweiligen Umlage zugeschlagen. Die Satzung kann einen höheren Betrag bestimmen.

Für die Rücklage gelten entsprechend die §§ 745 bis 747 aus der gewerblichen Unfallversicherung.

III. Umlage- und Erhebungsverfahren.

§ 1014. Für das Umlegen des Bedarfs auf die Mitglieder gilt § 749 Abs. 1 aus der gewerblichen Unfallversicherung entsprechend.

§ 1015. Bei der Umlage der Beiträge nach der Steuer ist die Steuer für den Zeitraum zu Grunde zu legen, für den die Beiträge umgelegt werden.

§ 1016. Bei der Umlage der Beiträge nach Arbeitsbedarf und Gefahrklassen hat jedes Mitglied, das im verflossenen Geschäftsjahr Betriebsbeamte oder Facharbeiter beschäftigt hat, binnen sechs Wochen nach Ablauf des Geschäftsjahrs dem Vorstand einen Nachweis darüber einzureichen, wieviel jeder von ihnen während dieser Zeit an Entgelt tatsächlich bezogen hat oder wieviel für ihn anzurechnen ist.

Die Satzung kann einen summarischen Lohnnachweis nach § 750 Abs. 3 zulassen.

Für Mitglieder, die den Lohnnachweis nicht rechtzeitig oder unvollständig einreichen, stellt ihn der Genossenschafts- oder Sektionsvorstand selbst auf oder ergänzt ihn.

§ 1017. Zum Berechnen der Beiträge werden angesetzt für

einen Betriebsbeamten und einen Facharbeiter der Entgelt, den er im Betriebe tatsächlich bezogen hat oder der für ihn anzurechnen ist,

einen Arbeitstag eines Arbeiters der dreihundertste Teil des festgesetzten durchschnittlichen Jahresarbeitsverdienstes für erwachsene Männer über einundzwanzig Jahre am Betriebssitze,

den Unternehmer der gleiche Jahresarbeitsverdienst, wenn die Satzung nichts anderes bestimmt.

Soweit der Jahresarbeitsverdienst eintausendachthundert Mark übersteigt, wird er nur mit einem Drittel angerechnet.

§ 1018. Wird beim Abschätzen die Arbeitsleistung der Betriebsbeamten und Facharbeiter nach der Satzung mitgerechnet (§ 993 Abs. 3), so ist von dem Entgelt dieser Versicherten nur der Betrag anzusetzen, der den durchschnittlichen Jahresarbeitsverdienst eines Arbeiters übersteigt.

§ 1019. Der Genossenschaftsvorstand berechnet, in den Fällen der §§ 994, 1006 unter Beachtung der einheitlichen Beiträge, den Beitrag, der auf jeden Unternehmer zur Deckung des Gesamtbedarfs entfällt, und stellt die Heberolle auf.

§ 1020. Jeder Gemeindebehörde sind über die in ihren Bezirk gehörigen Mitglieder Auszüge aus der Heberolle mit der Aufforderung mitzuteilen, die Beiträge unter Verrechnung erhobener Vorschüsse einzuziehen und in ganzer Summe binnen vier Wochen an den Genossenschaftsvorstand einzusenden.

Die Genossenschaft zahlt dafür eine Vergütung, deren Höhe die oberste Verwaltungsbehörde festsetzt.

§ **1021.** Der Auszug aus der Heberolle muß die Angaben enthalten, die den Zahlungspflichtigen instand setzen, die Beitragsberechnung zu prüfen.

Die Gemeindebehörde legt den Auszug zwei Wochen lang zur Einsicht der Beteiligten aus und macht den Beginn dieser Frist auf ortsübliche Weise bekannt. An Stelle der Auslegung des Auszugs kann die Zustellung an die Beteiligten treten.

Bestimmt die Satzung, daß die freiwillige Versicherung außer Kraft tritt, wenn der Beitrag nicht rechtzeitig bezahlt worden ist, und daß eine Neuanmeldung solange unwirksam bleibt, bis der rückständige Beitrag entrichtet worden ist (§ 929 Nr. 2), so ist in dem Auszug oder in der Zustellung darauf hinzuweisen.

§ **1022.** Für eine neue Feststellung des Beitrags, nachdem der Auszug aus der Heberolle zugestellt worden ist, gelten die §§ 755, 756 aus der gewerblichen Unfallversicherung. Die neue Feststellung ist auch zulässig, wenn wegen unrichtiger Angaben des Unternehmers der Arbeitsbedarf nachträglich neu abgeschätzt worden ist (§ 1003).

§ **1023.** Binnen zwei Wochen nach Ablauf der

Frist oder nach Zustellung (§ 1021 Abs. 2) kann der Unternehmer gegen die Beitragsberechnung bei dem Genossenschaftsvorstande Widerspruch erheben; er bleibt aber zur vorläufigen Zahlung verpflichtet. Dabei gilt § 757 Abs. 2.

Die Veranlagung und die Abschätzung können dadurch nicht angefochten werden. Das weitere Verfahren richtet sich nach § 1000. Für den Einspruch gilt dabei § 759 entsprechend.

§ 1024. Wird auf Widerspruch, Einspruch oder Beschwerde der Beitrag ermäßigt, so gilt für die Deckung des Ausfalls und den Ausgleich der Überzahlung § 760.

§ 1025. Ergibt sich nachträglich, daß ein ohne Widerspruch bezahlter Beitrag ganz oder teilweise zu Unrecht erhoben worden ist, so gelten die §§ 1023, 1024 entsprechend.

§ 1026. Kann die Gemeinde den wirklichen Ausfall der Beiträge oder die fruchtlose Zwangsvollstreckung nicht nachweisen, so haftet sie für die Beiträge und muß sie mit einsenden.

§ 1027. Für das Aufbringen uneinziehbarer Beiträge gilt § 762 entsprechend. Solche Beiträge sind der Gemeinde, die sie schon eingesandt hat, zu erstatten.

IV. Abführung der Beträge an die Post.

§ 1028. Für die Abführung der Beträge an die Post gelten die Vorschriften der gewerblichen Unfallversicherung (§§ 777 bis 782).

Siebenter Abschnitt.

Weitere Einrichtungen.

§ 1029. Für weitere Einrichtungen der Berufsgenossenschaften gelten die Vorschriften der gewerblichen Unfallversicherung (§§ 843 bis 847).

Achter Abschnitt.

Unfallverhütung. Überwachung.

§ 1030. Für Unfallverhütung und Überwachung gelten aus der gewerblichen Unfallversicherung die §§ 848 bis 857, 859 bis 889, 890 Abs. 1, § 891 Abs. 2 entsprechend.

Die Vertreter der Versicherten werden von den Versicherungsvertretern der Versicherungsämter gewählt, auf deren Bezirk sich die Genossenschaft oder die Sektion erstreckt. Wahlberechtigt sind jedoch nur solche Versicherungsvertreter der Versicherungsämter, welche als Vertreter der Versicherten berufen sind und dem Bereiche der landwirtschaftlichen Unfallversicherung zugehören.

§ 1031. Verwalten staatliche Behörden oder Organe der Selbstverwaltung die Berufsgenossenschaft, so ziehen sie zur Beratung und zum Beschluß über Unfallverhütungsvorschriften Vertreter der Arbeitgeber und Vertreter der Versicherten in gleicher Zahl zu.

Die Vertreter der Arbeitgeber werden aus den landwirtschaftlichen Arbeitgeberbeisitzern bei den Oberversicherungsämtern des Bezirks der Genossenschaft in einer Sitzung des Organs der Selbstverwaltung oder der Behörde durch das Los bestimmt, das der Vorsitzende zieht.

Für diese Vertreter gelten die §§ 861, 863 entsprechend; für sie und ihre Ersatzmänner gilt ferner entsprechend, was die §§ 16 bis 21, 24 für Vertreter der Arbeitgeber vorschreiben.

§ **1032.** Die Unternehmer sind verpflichtet, den von ihrer Genossenschaft beauftragten Mitgliedern der Genossenschaftsorgane während der Betriebszeit den Zutritt zu ihren Betriebsstätten zu gestatten. § 879 gilt entsprechend.

Neunter Abschnitt.

Reichs- und Staatsbetriebe.

§ **1033.** Ist das Reich oder ein Bundesstaat Versicherungsträger, so gelten aus der gewerblichen Unfallversicherung die §§ 892, 893, 895 bis 897.

Aus der landwirtschaftlichen Unfallversicherung gelten nicht

die Vorschriften über Änderung des Bestandes der Berufsgenossenschaften (§§ 960, 961),

von den Vorschriften über die Verfassung die §§ 962 bis 983 und der § 984 in Verbindung mit den §§ 718 bis 720,

die Vorschriften über Aufsicht (§§ 985 bis 987),

die Vorschriften über Aufbringung der Mittel

sowie über Umlage- und Erhebungsverfahren (§§ 989 bis 1027),

von den Vorschriften über Abführung der Beträge an die Post der § 1028 in Verbindung mit den §§ 781, 782,

die Vorschriften über weitere Einrichtungen (§ 1029),

von den Vorschriften über Unfallverhütung und Überwachung der § 1030 in Verbindung mit den §§ 848 bis 887, 889, 890 Abs. 1 und dem § 891 Abs. 2 sowie die §§ 1031, 1032,

von den Strafvorschriften die §§ 1043, 1044 und der § 1045 in Verbindung mit den §§ 910, 912, 913.

Die Ausführungsbestimmungen setzen an Stelle der Satzung fest, wer als Facharbeiter gilt.

Zehnter Abschnitt.

Landesgesetzliche Regelung.

§ 1034. Die Landesgesetzgebung kann bestimmen, wieweit und unter welchen Voraussetzungen

1. Unternehmer, einschließlich der Ehegatten, versichert,
2. andere Angehörige des Unternehmers versicherungsfrei

sein sollen. Weitergehende Bestimmungen der Satzung im Falle der Nr. 1 werden dadurch nicht ausgeschlossen.

§ **1035.** Auch die Landesgesetzgebung kann Unternehmer wegen geringer Unfallgefahr oder wegen geringen Umfanges des Betriebs ganz oder teilweise von Beiträgen befreien und das Verfahren für die Ermittlung solcher Unternehmer bestimmen.

Bei Streit zwischen der Genossenschaft und dem Unternehmer über Befreiung entscheidet das Oberversicherungsamt endgültig.

§ **1036.** Ebenso kann die Landesgesetzgebung höhere Rücklagen vorschreiben (§ 1013).

§ **1037.** Die Landesgesetzgebung kann
die Abgrenzung der Berufsgenossenschaften,
ihre Verfassung und Verwaltung,
das Verfahren bei Betriebsänderungen,
den Maßstab für das Umlegen der Beiträge,
das Verfahren bei dem Umlegen und Erheben
abweichend von den Vorschriften
der §§ 5 bis 7 über Organe,
der §§ 12, 13, 14 Abs. 2 Satz 2, der §§ 17 bis 21, 23, 24 über Ehrenämter,
des § 28 Abs. 1, 2, des § 29 Abs. 1, 2 über Vermögen,
des § 967 über Betriebsanmeldung,
des § 968, des § 969 in Verbindung mit den §§ 665, 666, 667 Abs. 2, §§ 669 bis 672, des § 970 über Wechsel des Unternehmers, über Anmeldung von Änderungen im Betrieb und über das weitere Verfahren,

der §§ 971 bis 974 über die Satzung,
des § 975 Abs. 1 in Verbindung mit den §§ 685, 686 Nr. 3, 4, §§ 687 bis 689, des § 976 Abs. 1, des § 977 Abs. 1 über Genossenschaftsorgane,
des § 978 über Angestellte der Genossenschaft,
des § 979 über Bildung von Gefahrklassen,
der §§ 980 bis 982 über Teilung und Zusammenlegung der Last,
der §§ 990 bis 1010 über Aufbringung der Mittel,
der §§ 1014 bis 1027 über Umlage- und Erhebungsverfahren

regeln, auch abweichend von den Vorschriften dieses Gesetzes

die Organe bezeichnen, welche die Genossenschaften verwalten und die Rechte und Pflichten wahrnehmen, die dieses Gesetz den Vorständen überträgt, sowie
die Aufklärung des Sachverhalts bei Unfällen dem Versicherungsamt übertragen.

§ 1038. Gebraucht die Landesgesetzgebung das Recht aus § 1037, so bestimmt sie über

1. die Vertretung der Genossenschaft bei der Unfalluntersuchung (§ 1562),
2. das Organ, bei dem der Entschädigungsanspruch anzumelden ist (§§ 1546, 1548, 1584, 1585) und das die Entschädigung feststellt und darüber den Bescheid oder Endbescheid erteilt (§§ 1568, 1569, 1583, 1606),

3. die Vermögensverwaltung (§ 25 Abs. 2, §§ 26, 27, 983 und § 984 in Verbindung mit den §§ 718 bis 720)

sowie darüber,

4. welche Personen außer den technischen Aufsichtsbeamten und den besonderen Sachverständigen (§ 1030 in Verbindung mit den §§ 875, 880, 881) den Strafvorschriften über Verletzung von Betriebsgeheimnissen (§§ 142 bis 144) unterliegen.

§ 1039. Hat die Landesgesetzgebung ihr Recht zur Abgrenzung von Berufsgenossenschaften gebraucht, so tritt bei Änderung im Bestande von Genossenschaften die oberste Verwaltungsbehörde an Stelle des Bundesrats, wenn die beteiligten Betriebe sämtlich ihren Sitz in dem Bundesstaate haben.

§ 1040. Wenn eine nach Landesgesetz gebildete Genossenschaft wegen Leistungsunfähigkeit aufzulösen ist und ihre Betriebe anderen Genossenschaften zugeteilt werden sollen, deren Betriebe sämtlich ihren Sitz in dem Bundesstaate haben, so ist dessen oberste Verwaltungsbehörde für die Auflösung und Zuteilung zuständig.

Mit Auflösung der Genossenschaft gehen ihre Rechte und Pflichten auf den Bundesstaat über.

§ 1041. Hat ein Bundesstaat sein Gebiet ganz oder teilweise der Genossenschaft eines anderen Bundesstaats, der sein Recht aus § 1037 gebraucht hat, mit dessen Einverständnis angeschlossen, so gelten für die Genossenschaft die landesgesetzlichen Vorschriften des bezeichneten anderen Bundesstaats.

Hat auch der angeschlossene Bundesstaat sein Recht aus § 1037 gebraucht, so gelten die Vorschriften des Bundesstaats, in dem die Genossenschaft ihren Sitz hat. Diesen vereinbaren die beiden Landesregierungen.

Löst der Bundesrat eine Genossenschaft dieser Art als leistungsunfähig auf, so gehen ihre Rechte und Pflichten auf die beteiligten Bundesstaaten nach dem Verhältnis der Beiträge, die im letzten Geschäftsjahr gezahlt worden sind, über.

Einigen sich die beteiligten Bundesstaaten nicht, so entscheidet auf Anrufen der Bundesrat.

Elfter Abschnitt.

Haftung von Unternehmern und Angestellten.

§ 1042. Für die Haftung von Unternehmern und Angestellten gelten die Vorschriften der gewerblichen Unfallversicherung (§§ 898 bis 907).

Ansprüche auf Ersatz des durch den Unfall erlittenen Schadens, die der Verletzte nach Gesetz für die ersten dreizehn Wochen nach dem Unfall hat, bleiben vorbehalten, wenn nicht der Verletzte gegen eine Krankenkasse, eine knappschaftliche Krankenkasse oder eine Ersatzkasse Anspruch auf die Leistungen der Krankenversicherung hat oder wegen gleichwertiger Leistungen versicherungsfrei ist.

Zwölfter Abschnitt.

Strafvorschriften.

§ 1043. Der Genossenschaftsvorstand kann gegen Unternehmer Geldstrafen bis zu fünfhundert Mark verhängen, wenn

1. Gehalt- oder Lohnnachweise, die sie nach § 1016 für das Umlegen der Beiträge eingereicht haben,
2. Erklärungen, die den zuständigen Genossenschaftsorganen für das Veranlagen zu den Gefahrklassen abgegeben sind,
3. eine Auskunft, die sie nach § 996 für das Abschätzen des Arbeitsbedarfs oder nach § 997 über ihre Betriebs- und Arbeiterverhältnisse erteilt haben,
4. eine Anzeige oder Anmeldung, die nach § 968 über Wechsel des Unternehmers oder nach den §§ 969, 970 über Betriebsänderungen erstattet worden ist,

tatsächliche Angaben enthalten, deren Unrichtigkeit sie kannten oder den Umständen nach kennen mußten.

Abs. 1 gilt entsprechend für Nachweise, Erklärungen und Auskünfte, die Unternehmer für das Veranlagen zu den Beiträgen bei einem Maßstab nach § 1010 zu geben haben.

§ 1044. Der Genossenschaftsvorstand kann ferner gegen Unternehmer Geldstrafen bis zu dreihundert Mark verhängen, wenn sie ihren Pflichten,

1. die im § 1043 Abs. 1 Nr. 1, 3, 4, Abs. 2 bezeichneten Äußerungen abzugeben,

2. die Bestimmungen der Satzung über Betriebseinstellungen und Wechsel des Unternehmers zu erfüllen,

nicht rechtzeitig nachkommen.

§ 1045. Aus der gewerblichen Unfallversicherung gelten entsprechend die Vorschriften

des § 910 über Beschwerden gegen Straffestsetzungen der Genossenschaftsvorstände,

des § 911 über Anrechnen von Beiträgen auf den Entgelt,

des § 912 über Bestrafung der den Unternehmern Gleichgestellten,

des § 913 über Bestrafung bei Übertragung der Pflichten des Unternehmers,

des § 914 über die Kassen, denen die Strafgelder zufließen.

Dritter Teil.

Seeunfallversicherung.

Erster Abschnitt.

Umfang der Versicherung.

§ 1046. Gegen Unfall versichert sind Personen die

1. auf deutschen Seefahrzeugen als Schiffer, Schiffsleute, Maschinisten, Aufwärter oder in anderer Eigenschaft zur Schiffsbesatzung gehören (See-

leute), Schiffer jedoch nur, wenn sie gegen Entgelt beschäftigt werden,

2. auf deutschen Seefahrzeugen in inländischen Häfen oder auf inländischen Kanälen oder Flüssen beschäftigt werden, ohne zur Schiffsbesatzung zu gehören, wenn sie nicht anderweit auf Grund der Reichsversicherung gegen Unfall versichert sind,
3. in inländischen Betrieben schwimmender Docks und ähnlicher Einrichtungen sowie in inländischen Betrieben für den Lotsendienst, für Retten oder Bergen von Menschen oder Sachen bei Schiffbrüchen, für Bewachen, Beleuchten oder Instandhalten von Gewässern beschäftigt sind, die dem Seeverkehr dienen.

§ 1047. Als Seefahrt (§ 163) gilt

1. der Verkehr auf See außerhalb der Grenzen, die § 1 der Ausführungsbestimmungen vom 10. November 1899 zum § 25 des Flaggengesetzes vom 22. Juni 1899 festsetzt,
2. die Fahrt auf Buchten, Haffen und Watten der See.

§ 1048. Nicht als Seefahrt gilt die Fahrt auf anderen Gewässern, die mit der See verbunden sind, auch wenn sie von Seeschiffen befahren werden.

§ 1049. Gegen Unfall ist auch versichert die Besatzung von Fahrzeugen, die zur Fischerei auf Gewässern der im § 1048 bezeichneten Art innerhalb der vom Bundesrate festgesetzten Grenze dienen.

§ 1050. Ist es zweifelhaft, ob Betriebe der See-Unfallversicherung unterliegen, so bestimmt darüber nach Anhören des Genossenschaftsvorstandes das Reichsversicherungsamt.

§ 1051. Für Seeschiffahrts- und andere unter die §§ 1046, 1049 fallende Betriebe, die als wesentliche Bestandteile anderer Betriebe der gewerblichen Unfallversicherung unterliegen, gilt die See-Unfallversicherung nicht (§ 540 Nr. 2).

§ 1052. Die Versicherung gilt für Unfälle beim Betrieb einschließlich der Unfälle, die während des Betriebs durch Elementarereignisse eintreten (Betriebsunfälle).

Verbotwidriges Handeln schließt die Annahme eines Betriebsunfalls nicht aus.

§ 1053. Die Versicherung gilt für die Zeit von Anfang bis Ende des Dienstverhältnisses einschließlich der Beförderung vom Lande zum Fahrzeug und vom Fahrzeug zum Lande.

§ 1054. Die Versicherung erstreckt sich auch auf

1. Unfälle, welche die nach den §§ 1046, 1049 Versicherten auf einem der See-Unfallversicherung unterliegenden Fahrzeug, auf dem sie beschäftigt sind, ohne zu dessen Besatzung zu gehören, bei dem Betrieb erleiden,
2. Unfälle deutscher Seeleute bei freier Zurückbeförderung oder Mitnahme auf deutschen See-

fahrzeugen, die ihnen nach dem Handelsgesetzbuch oder nach der Seemannsordnung (Reichs-Gesetzbl. 1902 S. 175), oder nach dem Gesetz, betreffend die Verpflichtung der Kauffahrteischiffe zur Mitnahme heimzuschaffender Seeleute (Reichs-Gesetzbl. 1902 S. 212) gewährt wird.

§ 1055. Bei Flaggenwechsel gilt das Dienstverhältnis in dem Zeitpunkt als beendet, in welchem der Versicherte seine Entlassung verlangen durfte. Der Flaggenwechsel ist dem Versicherten mitzuteilen. Die Mitteilung hat der Kapitän ins Schiffstagebuch einzutragen, und die Versicherten haben den Eintrag zu bestätigen.

§ 1056. Ausgeschlossen von der Versicherung sind Unfälle, die der Versicherte erleidet, während er

1. sich pflichtwidrig von Bord entfernt hält,
2. in eigener Sache an Land beurlaubt ist.

§ 1057. Die Versicherung erstreckt sich auch auf

1. häusliche oder andere Dienste, zu denen Versicherte, die hauptsächlich im Betriebe beschäftigt sind, von dem Unternehmer oder dessen Beauftragten herangezogen werden,
2. Dienstleistungen Versicherter bei Retten oder Bergen von Menschen oder Sachen.

§ 1058. Versichert sind auch Unternehmer gewerblicher Betriebe der

1. Seeschiffahrt, wenn das Seefahrzeug nicht mehr als fünfzig Raummeter Gesamtraum hält und weder Zubehör eines größeren Fahrzeugs noch

zur Fortbewegung durch Dampf oder andere Maschinenkräfte eingerichtet ist,

2. Seefischerei mit Fahrzeugen, die der Bundesrat nicht schon nach § 1 Abs. 5 des Gesetzes vom 13. Juli 1887 (Reichs-Gesetzbl. S. 329) als Hochseefischereidampfer oder Heringslogger der Unfallversicherung unterstellt hat,
3. Fischerei der im § 1049 bezeichneten Art.

Die Versicherungspflicht besteht nur, wenn der Unternehmer zur Besatzung des Fahrzeugs gehört und bei dem Betriebe regelmäßig keine oder höchstens zwei Versicherungspflichtige gegen Entgelt beschäftigt.

§ 1059. Die Satzung kann die Versicherungspflicht auch sonst auf Reeder erstrecken, die zur Besatzung des Fahrzeugs gehören und bei dem Betriebe regelmäßig keine oder höchstens zwei Versicherunsgpflichtige gegen Entgelt beschäftigen.

§ 1060. Reeder sind die Eigentümer der Seefahrzeuge, sofern eine Reederei besteht (§ 489 des Handelsgesetzbuchs), die Reederei.

§ 1061. Solche Unternehmer versicherter Betriebe, welche nicht schon nach diesen Vorschriften versichert sind, und Lotsen, die ihr Gewerbe für eigene Rechnung betreiben, können sich selbst gegen die Folgen von Betriebsunfällen versichern.

§ 1062. Die Vorschriften der §§ 1058, 1059, 1061 über die Versicherung des Unternehmers gelten auch für seinen im Betriebe tätigen Ehegatten.

§ 1063. Die Versicherung erstreckt sich auf einen Jahresarbeitsverdienst bis einschließlich fünftausend Mark. Die Satzung kann sie darüber hinaus erstrecken.

§ 1064. Aus der gewerblichen Unfallversicherung gelten entsprechend

1. für die Versicherung anderer im Betriebe Beschäftigter und Betriebsfremder § 552,
2. für die Folgen nicht rechtzeitiger Entrichtung von Beiträgen bei freiwilliger Versicherung § 553,
3. für die Versicherung von Personen des Soldatenstandes und von Beamten § 554.

Zweiter Abschnitt.

Gegenstand der Versicherung.

§ 1065. Für den Gegenstand der Versicherung gelten aus der gewerblichen Unfallversicherung entsprechend die §§ 555 bis 562; die Verletzung des § 93 Abs. 2, 3, der §§ 95 bis 97 der Seemannsordnung gilt nicht als Vergehen im Sinne des § 557 Abs. 1.

Soweit die gesetzliche Pflicht des Reeders zur Krankenfürsorge besteht, tritt die Entschädigungspflicht der Berufsgenossenschaft mit dem Ende der Pflicht des Reeders ein.

§ 1066. Bei der Berechnung der Rente der Versicherten, die zur Berufsgenossenschaft gehören (§ 1118), bestimmt sich der Jahresarbeitsverdienst nach den §§ 1067 bis 1079, 1081, 1082.

§ 1067. Als Jahresarbeitsverdienst der Personen,

die zur Besatzung von Seefahrzeugen gehören, mit Ausnahme der in Schlepper- und Leichterbetrieben Beschäftigten, gilt das Elffache des Durchschnittsatzes, der zur Zeit des Unfalls bei Anmustern oder Anwerben an barem Entgelt (Heuer) für den Monat gewährt wird; dazu werden zwei Fünftel des Durchschnittsatzes für Vollmatrosen als Geldwert der auf Seefahrzeugen gewährten Beköstigung gerechnet.

§ 1068. Den monatlichen Durchschnitt setzt der Reichskanzler nach Anhören der obersten Verwaltungsbehörden einheitlich für die ganze deutsche Küste fest, und zwar nach den Lohnsätzen, die Vollmatrosen auf deutschen Fahrzeugen während der letzten drei Kalenderjahre, in denen deutsche Streitkräfte nicht mobil gemacht worden sind, erhalten haben.

Für die Klassen der Schiffsbesatzung, die neben Lohn oder Gehalt regelmäßige Nebeneinnahmen haben, wird auch deren durchschnittlicher Geldwert bei Festsetzung des Durchschnitts eingerechnet.

§ 1069. Der Durchschnitt wird für Vollmatrosen, Steuerleute, Maschinisten, andere Schiffsoffiziere und für Schiffer besonders festgesetzt. Er kann auch noch nach der Gattung der Schiffe oder nach Klassen der Schiffsbesatzung abgestuft werden.

§ 1070. Bei Personen der Schiffsbesatzung, für die kein besonderer Durchschnitt festgesetzt ist, werden drei Viertel des für Vollmatrosen festgesetzten Durchschnitts gerechnet.

§ 1071. Mindestens alle fünf Jahre wird die Festsetzung nachgeprüft.

§ 1072. Die Rente ist vom Ablauf des siebzehnten Lebensjahrs nach dem Durchschnittsatze für Leichtmatrosen und vom Ablauf des neunzehnten Lebensjahrs nach dem für Vollmatrosen zu erhöhen, wenn sie nach einem geringeren Durchschnittsatz berechnet war.

§ 1073. Soweit der Jahresarbeitsverdienst eintausendachthundert Mark übersteigt, wird er nur mit einem Drittel angerechnet.

§ 1074. Für den Jahresarbeitsverdienst der übrigen nach § 1046 Versicherten, die zur Berufsgenossenschaft gehören, gelten die §§ 563 bis 566, 568 aus der gewerblichen Unfallversicherung.

Ferner gelten hierfür die §§ 1075 bis 1078, 1082.

§ 1075. Ist die betriebsübliche Zahl von Arbeitstagen im Jahre so gering, daß die im Betriebe Beschäftigten regelmäßig noch anderweit Lohnarbeit verrichten, so wird in den Fällen der §§ 565, 566 für die an dreihundert fehlende Zahl von Arbeitstagen der Ortslohn, der zur Zeit des Unfalls für den Beschäftigungsort des Versicherten festgesetzt ist (§§ 149 bis 152), dem nach § 565 oder § 566 berechneten Betrage zugezählt.

§ 1076. Die §§ 1074, 1075 gelten entsprechend, wenn sich der Jahresarbeitsverdienst aus mindestens wochenweise bestimmten Beträgen zusammensetzt.

§ 1077. Erreicht der nach den §§ 1074 bis 1076 berechnete Jahresarbeitsverdienst nicht das Dreihundertfache des Ortslohns (§ 1075), so gilt dieses Dreihundertfache als Jahresarbeitsverdienst.

§ 1078. Die Rente für verletzte Jugendliche, die nach dem Ortslohn berechnet wird, richtet sich zunächst nach der Altersstufe, auf der sie den Unfall erleiden, und ist bei Aufsteigen in eine höhere Altersstufe entsprechend zu erhöhen.

§ 1079. Über die Ermittlung des Jahresarbeitsverdienstes von Unternehmern und Lotsen sowie von anderen im Betriebe Beschäftigten und Betriebsfremden (§ 1064 Nr. 1), die zur Berufsgenossenschaft gehören, hat die Satzung zu bestimmen. Soweit der Jahresarbeitsverdienst eintausendachthundert Mark übersteigt, wird er auch hier nur mit einem Drittel angerechnet.

§ 1080. Bei Berechnung der Rente von Versicherten, die zur Zweiganstalt (§ 1120) gehören, gilt als Jahresarbeitsverdienst das Dreihundertfache des Ortslohns, der zur Zeit des Unfalls für den Sitz des Betriebs festgesetzt ist. Bei Jugendlichen steigt die Rente nach § 1078.

§ 1081. Trifft der Unfall einen schon dauernd teilweise Erwerbsunfähigen, dessen Rente sich nach dem festgesetzten monatlichen Durchschnitt (§ 1068) richtet, so wird davon nur derjenige Teil zu Grunde gelegt, welcher dem Maße der Erwerbsfähigkeit vor dem Unfall entspricht.

§ 1082. Als Ortslohn gilt für den schon dauernd

teilweise Erwerbsunfähigen nur derjenige Teil, welcher dem Maße der Erwerbsfähigkeit vor dem Unfall entspricht.

§ 1083. Ist der Verletzte auf Grund der Reichsversicherung oder bei einer knappschaftlichen Krankenkasse gegen Krankheit versichert, so sind auf die Fürsorge während der ersten dreizehn Wochen nach dem Unfall entsprechend die §§ 573 bis 576, 578 aus der gewerblichen Unfallversicherung anzuwenden. Dabei gilt die Verletzung des § 93 Abs. 2, 3, der §§ 95 bis 97 der Seemannsordnung nicht als Vergehen im Sinne des § 557 Abs. 1.

§ 1084. Wenn die nach den §§ 1046, 1049 Versicherten nicht auf Grund der Reichsversicherung oder bei einer knappschaftlichen Krankenkasse gegen Krankheit versichert sind und auch keinen gesetzlichen Anspruch gegen den Reeder auf Krankenfürsorge während der dreizehn Wochen nach dem Unfall haben, so hat der Unternehmer während dieser Zeit Fürsorge zu gewähren. Dies gilt nicht für Versicherte, deren Jahresarbeitsverdienst zweitausendfünfhundert Mark übersteigt.

§ 1085. Das Maß der Fürsorge des Unternehmers richtet sich

1. bei Seeleuten nach den §§ 553, 553a des Handelsgesetzbuchs und den §§ 59 bis 61 der Seemannsordnung,
2. bei anderen nach § 577 Abs. 1, § 578 aus der gewerblichen Unfallversicherung.

Für den Ersatzanspruch des Unternehmers gegen die Berufsgenossenschaft gilt entsprechend § 576.

An Stelle des Unternehmers tritt der Arbeitgeber oder der Träger der anderen Fürsorge nach § 577 Abs. 2, 3.

§ 1086. Die Berufsgenossenschaft kann die Leistungen des Unternehmers ganz oder teilweise übernehmen.

Bei Seeleuten hat der Unternehmer den Aufwand der Genossenschaft zu ersetzen. Dabei gilt als Ersatz für die Kosten der Heilbehandlung (§ 553 des Handelsgesetzbuchs, § 59 der Seemannsordnung) die Hälfte des Betrags, der für Heilanstaltpflege am Sitze der zuständigen Sektion aufzuwenden wäre.

Bei anderen als Seeleuten ist auf den Ersatz § 579 Abs. 1 Satz 2, 3 anzuwenden.

Dies gilt entsprechend, wenn in den Fällen des § 1085 Abs. 3 in Verbindung mit § 577 Abs. 2, 3 der Arbeitgeber oder der Träger der anderen Fürsorge an Stelle des Unternehmers tritt.

§ 1087. Bei Verletzten, die zur Zweiganstalt gehören, richtet sich die Fürsorge für die ersten dreizehn Wochen nach dem Unfall nicht nach den §§ 1083 bis 1086.

Solchen Verletzten hat die Gemeinde, in deren Bezirk der Betrieb seinen Sitz hat, Krankenhilfe nach § 182 zu gewähren. Sie kann an Stelle der Krankenhilfe Krankenhauspflege und Hausgeld nach den §§ 184, 186 gewähren; sie kann mit Zustimmung des Verletzten auch Pflege nach § 185 Abs. 1 gewähren und dafür bis zu einem Viertel des Krankengeldes abziehen. Als Grundlohn gilt der Ortslohn des Betriebsitzes.

§ 1088. Die Gemeinde ist nicht nach § 1087 zur Gewährung von Krankenhilfe verpflichtet,

1. soweit der Verletzte auf Grund der Krankenversicherung oder nach anderen gesetzlichen Vorschriften Anspruch auf eine gleiche Fürsorge hat,
2. wenn er auf Grund von Leistungen, die denen der Krankenversicherung gleichwertig sind, versicherungsfrei ist, oder
3. solange er sich im Ausland aufhält.

Gewähren die zunächst Verpflichteten dem Verletzten die Krankenhilfe nicht, so hat die Gemeinde sie zu übernehmen. Den Aufwand der Gemeinde dafür haben die Verpflichteten zu ersetzen.

Dabei gelten als Ersatz für Krankenpflege, auch bei Behandlung im Krankenhause, drei Achtel des Grundlohns, nach welchem sich das Krankengeld des Berechtigten bestimmt, für den Unterhalt im Krankenhause die Hälfte des Grundlohns. Ist kein anderer Grundlohn bestimmt, so gilt der Ortslohn des Betriebsitzes.

§ 1089. Auf Erfordern der Gemeinde hat die allgemeine Ortskrankenkasse, mangels einer solchen die Landkrankenkasse des Wohn- oder Aufenthaltsorts die Krankenhilfe zu übernehmen.

Den Aufwand dafür hat die Gemeinde zu ersetzen. Dabei gilt, wenn nicht ein höherer Aufwand nachgewiesen wird, § 1088 Abs. 3.

§ 1090. Die Zweiganstalt kann das Heilverfahren (§ 1087) selbst übernehmen.

Die Gemeinde oder, vorbehaltlich der §§ 1513, 1516, der sonst Verpflichtete (§ 1088 Abs. 1 Nr. 1, 2) hat der Zweiganstalt insoweit Ersatz zu leisten, als der Verletzte von ihnen Leistungen beanspruchen könnte. Dabei gilt § 1088 Abs. 3.

§ 1091. Die Zweiganstalt kann die Fürsorge für den Verletzten der Gemeinde, die zur Gewährung von Krankenhilfe für die ersten dreizehn Wochen verpflichtet ist, oder der Krankenkasse (§ 1089) bis zum Ende des Heilverfahrens übertragen.

Den Aufwand dafür hat die Zweiganstalt der Gemeinde oder der Krankenkasse zu ersetzen. Dabei gilt, wenn nicht ein höherer Aufwand nachgewiesen wird, § 1088 Abs. 3.

§ 1092. Ist bei Verletzten, die nicht auf Grund der Reichsversicherung oder bei einer knappschaftlichen Krankenkasse gegen Krankheit versichert sind und auch nicht den Anspruch auf Krankenhilfe nach § 1087 haben, zu besorgen, daß eine Unfallentschädigung zu leisten ist, so kann die Berufsgenossenschaft schon vor Ablauf der ersten dreizehn Wochen nach dem Unfall ein Heilverfahren eintreten lassen, um die Folgen des Unfalls zu beseitigen oder zu mildern.

Sie kann den Verletzten in einer Heilanstalt unterbringen; dabei gilt § 597 Abs. 2 bis 4.

Sie kann dem Verletzten mit seiner Zustimmung Pflege nach § 185 Abs. 1 gewähren.

Der Verletzte kann von der Genossenschaft angemessenen Ersatz für den Verdienst verlangen, der ihm durch das Heilverfahren entgeht.

§ 1093. Die Berufsgenossenschaft kann innerhalb der ersten dreizehn Wochen, auch ohne dem Verletzten ein Heilverfahren zu gewähren, die Unfallfolgen feststellen. § 581 Abs. 1 gilt entsprechend.

§ 1094. Für die Gewährung von Unfallrente vor Ablauf der dreizehn Wochen

für den Übergang des Anspruchs auf Krankengeld,

für die Bindung der Genossenschaft an die Stellungnahme des Trägers der Krankenversicherung

gelten die §§ 582, 583 Abs. 1, § 584. Dabei gilt § 583 Abs. 1 auch für die Leistung der Gemeinde (§ 1087).

§ 1095. Bei Tötung ist außerdem zu gewähren

1. ein Sterbegeld nach den §§ 1096, 1097,
2. vom Todestage ab den Hinterbliebenen eine Rente.

§ 1096. Das Sterbegeld wird gewährt, falls

1. nicht der Reeder nach § 554 des Handelsgesetzbuchs oder § 64 der Seemannsordnung die Beerdigungskosten zu tragen hat, und
2. der Verstorbene an Land bestattet wird.

Der § 203 ist entsprechend anzuwenden.

§ 1097. Das Sterbegeld beträgt

1. bei der Berufsgenossenschaft
   a) für Seeleute zwei Drittel des monatlichen Durchschnitts (§§ 1067 bis 1073),

b) für andere den fünfzehnten Teil des Jahresarbeitsverdienstes. Dieser wird in gleicher Weise berechnet wie im Falle der Körperverletzung; dabei gilt jedoch nicht § 1082;

2. bei der Zweiganstalt das Zwanzigfache des Ortslohns nach § 1080.

In allen Fällen beträgt das Sterbegeld mindestens fünfzig Mark.

§ **1098.** Die Hinterbliebenenrente besteht in einem Bruchteil des Jahresarbeitsverdienstes (§§ 1067 bis 1073, 1097 Abs. 1 Nr. 1 b, § 1080).

Im übrigen gelten für sie die §§ 588 bis 596 aus der gewerblichen Unfallversicherung; dabei steht der Aufenthalt an Bord eines deutschen Schiffes dem Aufenthalt im Inland gleich.

§ **1099.** Ist der Versicherte auf einem Fahrzeug in See gegangen, so haben seine Hinterbliebenen auch dann Anspruch auf die Rente, wenn das Fahrzeug untergegangen oder nach den §§ 862, 863 des Handelsgesetzbuchs als verschollen anzusehen und während eines vollen Jahres nach dem Untergang oder nach den letzten Nachrichten über das Fahrzeug keine glaubhafte Kunde vom Leben des Vermißten eingegangen ist.

Das Versicherungsamt kann von den Hinterbliebenen die eidesstattliche Versicherung verlangen, daß sie von dem Leben des Vermißten keine anderen als die angezeigten Nachrichten erhalten haben.

§ **1100.** In solchen Fällen beginnt die Rente mit

dem Tage des Unterganges des Fahrzeugs oder, wenn es verschollen war, einen halben Monat von dem Tage ab, bis zu dem die letzte Nachricht über das Fahrzeug reicht (§ 53 der Seemannsordnung).

Der Anspruch auf fernere Rentenbezüge erlischt, wenn nachgewiesen wird, daß der Totgeglaubte noch lebt.

§ 1101. Ist der Jahresarbeitsverdienst (§ 1097 Abs. 1 Nr. 1b, § 1080) infolge eines früheren Unfalls geringer als der vor ihm bezogene Entgelt, so ist dem Jahresarbeitsverdienste die frühere Rente zuzurechnen, dabei darf jedoch der Betrag nicht überschritten werden, welcher der früheren Rente als Jahresarbeitsverdienst zugrunde liegt.

Dies gilt nicht, wenn die Rente nach dem festgesetzten monatlichen Durchschnitt (§ 1068) berechnet wird.

§ 1102. An Stelle von Krankenbehandlung und Rente (§ 1065 in Verbindung mit § 558) kann die Berufsgenossenschaft Heilanstaltpflege gewähren. Für diese gelten § 597 Abs. 2 bis 5, § 598.

Die Genossenschaft kann mit Zustimmung des Verletzten an Stelle der Heilanstaltpflege freie Kur und Verpflegung an Bord eines Fahrzeugs gewähren.

§ 1103. Für Hauspflege gilt § 599.

§ 1104. Übernimmt die Genossenschaft nach § 1086 die Leistungen des Unternehmers, so kann sie an Stelle der in den §§ 1084, 1085 bezeichneten Fürsorge Kur und Verpflegung in einem Krankenhaus sowie in den

Fällen des § 1085 Abs. 1 Nr. 2 Hausgeld nach den §§ 186, 577 Abs. 1 gewähren. Dabei gilt § 1102 Abs. 2 entsprechend.

Bei Seeleuten hat der Unternehmer für die Kur und Verpflegung den Betrag zu ersetzen, der für Heilanstaltpflege am Sitze der zuständigen Sektion aufzuwenden wäre.

Bei anderen als Seeleuten ist auf den Ersatz § 579 Abs. 1 Satz 2, 3 anzuwenden.

Dies gilt entsprechend, wenn in den Fällen des § 1085 Abs. 3 in Verbindung mit § 577 Abs. 2, 3 der Arbeitgeber oder der Träger der anderen Fürsorge an Stelle des Unternehmers tritt.

Die Genossenschaft kann mit Zustimmung des Verletzten auch Pflege nach § 185 Abs. 1 gewähren und dafür bis zu einem Viertel des Krankengeldes abziehen.

§ 1105. Für besondere Unterstützung bei Unterbringung in einer Heilanstalt gilt § 602.

§ 1106. Die Berufsgenossenschaft kann die Erfüllung ihrer Pflichten gegen den Verletzten und dessen Angehörige dem Unternehmer, der die Pflicht zur Fürsorge für die ersten Wochen nach dem Unfall hatte oder noch hat, bis zum Ende des Heilverfahrens in dem Umfang übertragen, den sie für geboten hält. Dies gilt nicht, wenn der Betrieb bei der Zweiganstalt versichert ist.

Sie hat dem Unternehmer die daraus erwachsenden Kosten zu ersetzen. Als Ersatz sind zu gewähren, aufs

Jahr berechnet, für die Leistungen, die der Krankenbehandlung (§ 558 Nr. 1) entsprechen, drei Achtel des Jahresarbeitsverdienstes (§§ 1067 bis 1073, § 1097 Abs. 1 Nr. 1 b) und außerdem bei Heilanstaltspflege oder bei Kur und Verpflegung an Bord eines Fahrzeugs für den Unterhalt die Hälfte des Jahresarbeitsverdienstes, wenn nicht ein höherer Aufwand nachgewiesen wird.

§ 1107. Entsteht im Ausland Streit über freie Kur und Verpflegung in einer Heilanstalt oder an Bord eines Fahrzeugs, so trifft das Seemannsamt, das zuerst angerufen wird, eine vorläufige Regelung. Jeder Teil hat die Anordnung des Seemannsamts bis zur Entscheidung der zuständigen Stelle zu befolgen.

Die Freiheit von Gebühr und Stempel (§§ 137, 138) gilt auch hier.

§ 1108. Bei Streit über Ansprüche von Seeleuten aus den §§ 1083 bis 1086, 1092, 1104 sowie aus § 1106, wenn dieser Streit nicht im Feststellungsverfahren der Unfallversicherung zu erledigen ist, entscheidet das Seemannsamt. Es entscheidet auch bei Streit über Ansprüche von Seeleuten auf Krankengeld, die nach § 1094 auf die Berufsgenossenschaft übergegangen sind.

Zuständig ist, wenn es sich darum handelt, Fürsorge zu gewähren, das Seemannsamt, das zuerst angerufen wird, und, wenn es sich um eine Erstattung handelt, das Seemannsamt des Heimathafens.

Die Freiheit von Gebühr und Stempel gilt auch hier.

§ 1109. Die Entscheidung des Seemannsamts steht einem Urteil des Versicherungsamts gleich; die Berufung bewirkt keinen Aufschub, wenn es sich darum handelt, Fürsorge zu gewähren.

Zuständig in zweiter Instanz ist das Oberversicherungsamt, in dessen Bezirk das Fahrzeug seinen Heimathafen oder, wenn ein deutscher Heimathafen nicht vorhanden ist, der Betrieb seinen Sitz hat.

Für die Zulässigkeit der Revision gelten die im § 1108 Abs. 1 bezeichneten Ansprüche als Ansprüche auf Leistungen der Krankenversicherung.

§ 1110. Bei Streit zwischen dem Unternehmer und der Berufsgenossenschaft aus der Übertragung ihrer Leistungen (§ 1106) entscheidet das Versicherungsamt endgültig, wenn es sich nicht um einen Ersatzanspruch handelt.

Streit über Ersatzansprüche aus den §§ 1083 bis 1086, 1104, 1106 wird im Spruchverfahren entschieden.

§ 1111. Bei Streit zwischen der Gemeinde und der Krankenkasse wegen Übernahme der Krankenhilfe (§ 1089) sowie bei Streit zwischen der Zweiganstalt und der Gemeinde oder der Krankenkasse aus der Übertragung der Fürsorge (§ 1091) entscheidet das Versicherungsamt endgültig, wenn es sich nicht um einen Ersatzanspruch handelt.

Streit über Ersatzansprüche aus den §§ 1088 bis 1091 wird im Spruchverfahren entschieden.

§ 1112. Für ein neues Heilverfahren gelten die §§ 603, 604 aus der gewerblichen Unfallversicherung und § 1106.

§ 1113. Für den Wechsel der Heilanstalt gilt § 605. Jedoch kann bei Seeleuten in ausländischen Krankenhäusern das Seemannsamt, in dessen Bezirk das Krankenhaus liegt, ihre Zustimmung ersetzen.

§ 1114. Aus der gewerblichen Unfallversicherung gelten die Vorschriften über

Nachteile für den Verletzten aus unberechtigtem Verhalten gegen Anordnungen über Heilverfahren (§ 606),

Aufnahme des Rentenempfängers in ein Invalidenhaus oder eine ähnliche Anstalt (§ 607).

§ 1115. Aus der gewerblichen Unfallversicherung gelten ferner die Vorschriften über

neue Feststellung der Rente wegen Änderung der Verhältnisse (§§ 608 bis 611),

Fälligkeit der Leistungen und Dauer des Rentenbezugs (§§ 612, 613),

Bezugsrecht nach dem Tode des Berechtigten (§ 614),

Ruhen der Rente bei Freiheitsstrafe oder Unterbringung in einem Arbeitshaus oder einer Besserungsanstalt (§ 615 Abs. 1 Nr. 1, Abs. 4).

§ 1116. Das Recht auf den Bezug der Rente ruht auch, solange der Berechtigte

1. auf fremden Kriegsschiffen Dienste tut,
2. ohne auf einem deutschen Schiffe angemustert zu sein, sich freiwillig gewöhnlich im Ausland aufhält und es unterläßt,

   der Berufsgenossenschaft seinen Aufenthalt mitzuteilen,

   als Verletzter auf Verlangen der Genossenschaft sich von Zeit zu Zeit bei einem Seemannsamt vorzustellen.

   Das Nähere über Mitteilung und Vorstellung bestimmt das Reichsversicherungsamt.

   Weist der Berechtigte nach, daß er ohne sein Verschulden die vorgeschriebene Mitteilung und Vorstellung unterlassen hat, so lebt insoweit das Recht auf die Rente wieder auf.
3. als Ausländer wegen Verurteilung in einem Strafverfahren aus dem Reichsgebiet ausgewiesen ist. Das Gleiche gilt für einen berechtigten Ausländer, der aus Anlaß der Verurteilung in einem Strafverfahren aus dem Gebiete eines Bundesstaats ausgewiesen ist, solange er sich nicht in einem anderen Bundesstaat aufhält.

   Der Bundesrat kann das Ruhen der Rente für ausländische Grenzgebiete oder für Angehörige solcher auswärtiger Staaten ausschließen, deren Gesetzgebung Deutschen und ihren Hinterbliebenen eine entsprechende Fürsorge gewährleistet.

Ist die Ausweisung des berechtigten Ausländers

(Abs. 1 Nr. 3) nicht wegen Verurteilung oder aus Anlaß der Verurteilung in einem Strafverfahren angeordnet, so gilt für ihn Abs. 1 Nr. 2.

Deutsche Schutzgebiete gelten im Sinne dieser Vorschriften als Inland.

§ 1117. Aus der gewerblichen Unfallversicherung gelten ferner die Vorschriften über

Kapitalabfindungen (§§ 616 bis 618),
Verzicht auf Rückforderung und auf Rechtskraft (§§ 619, 620),
Übertragung, Verpfändung, Pfändung und Aufrechnung der Ansprüche (§§ 621, 622).

Dritter Abschnitt.

Träger der Versicherung.

§ 1118. Die Berufsgenossenschaft als Träger der Versicherung umfaßt die Unternehmer der versicherten Betriebe, die nicht bei der Zweiganstalt versichert sind (§ 1120).

§ 1119. Das Reich oder der Bundesstaat ist Träger der Versicherung, wenn der Betrieb für seine Rechnung geht. Dies gilt nicht, soweit Reich oder Bundesstaat durch eine Erklärung des Reichskanzlers oder der obersten Verwaltungsbehörde in die Genossenschaft eintritt. Die Eintrittserklärung bestimmt auch den Zeitpunkt, mit dem der Eintritt wirksam wird.

Für den Wiederaustritt aus der Genossenschaft und den Wiedereintritt gilt § 627 Abs. 2, für den Wiederaustritt auch § 625 Abs. 3 bis 5 aus der gewerblichen Unfallversicherung.

§ 1120. Betriebe der
1. Seeschiffahrt mit Fahrzeugen der im § 1058 Abs. 1 Nr. 1 bezeichneten Art (Kleinbetrieb der Seeschiffahrt),
2. Seefischerei mit Fahrzeugen, die der Bundesrat nicht schon als Hochseefischereidampfer oder Heringslogger der Unfallversicherung unterstellt hat (§ 1058 Abs. 1 Nr. 2),
3. Fischerei mit Fahrzeugen der im § 1049 bezeichneten Art

werden durch eine besondere Einrichtung (Zweiganstalt) versichert, die der Genossenschaft angegliedert ist. Träger der Zweiganstalt ist die Genossenschaft.

§ 1121. Als Unternehmer gilt derjenige, für dessen Rechnung der Betrieb geht, bei Seeschiffahrtsbetrieben der Reeder.

§ 1122. Aus der gewerblichen Unfallversicherung gelten die Vorschriften des

§ 630 Abs. 3 über Erhaltung des Bestandes der Genossenschaft,

§ 634 über Entschädigung von Unfällen in fremden Betrieben,

§ 647 Abs. 1, 3 über Auflösung der Genossenschaft.

Die Organe der aufgelösten Genossenschaft wickeln unter Aufsicht des Reichsversicherungsamts die Geschäfte ab.

Vierter Abschnitt.

Verfassung.

I. Mitgliedschaft und Stimmberechtigung. Bevollmächtigte.

§ **1123.** Mitglied der Berufsgenossenschaft ist jeder Unternehmer eines bei ihr versicherten Betriebs.

§ **1124.** Die Mitgliedschaft beginnt mit der Eröffnung des Betriebs oder mit seiner Versicherungspflicht; für das Reich und die Bundesstaaten regelt sich der Beginn der Mitgliedschaft nach § 1119.

§ **1125.** Auf jedem Fahrzeug und in jedem anderen Betriebe hat der Unternehmer durch einen Aushang bekannt zu machen,

welcher Sektion das Fahrzeug oder der Betrieb angehört,

wo die Geschäftsstelle des Genossenschafts- und des Sektionsvorstandes ist.

§ **1126.** Besitzen Mitglieder oder ihre gesetzlichen Vertreter nicht die bürgerlichen Ehrenrechte, so haben sie kein Stimmrecht.

§ **1127.** Die Satzung hat die Stimmenzahl der Reeder nach der Personenzahl, die nach § 1148 abgeschätzt ist, zu bestimmen.

§ 1128. Hat der Reeder seinen Wohnsitz nicht im Heimathafen des Fahrzeugs, so hat er für dieses im Heimathafen einen Bevollmächtigten zu bestellen.

Der Name des Bevollmächtigten und Wechsel in der Person sind der Genossenschaft mitzuteilen. Stimmrecht und Wählbarkeit des Reeders ruhen, bis er dies tut. So lange wird er auch nicht zu den Genossenschaftsversammlungen geladen und können ihm in Sachen der Genossenschaft deren Organe oder Behörden Schriftstücke dadurch zustellen, daß sie diese eine Woche lang öffentlich in ihren Geschäftsräumen aushängen. Ist sein Name unbekannt, so kann dieser im Aushang durch Bezeichnung des Fahrzeugs ersetzt werden. Die Satzung kann den Reeder in der Ausübung seiner Mitgliedsrechte weiter beschränken.

§ 1129. Der Bevollmächtigte vertritt den Reeder in dessen Eigenschaft als Mitglied der Genossenschaft dieser gegenüber gerichtlich und außergerichtlich. Eine Beschränkung des Umfanges der Vertretungsmacht ist der Genossenschaft gegenüber unwirksam.

Zustellungen an den Bevollmächtigten in Sachen der Genossenschaft wirken unmittelbar für und gegen den Reeder.

§ 1130. Mitreeder haben gemeinschaftlich einen Bevollmächtigten zu bestellen, auch wenn sie ihren Wohnsitz sämtlich im Heimathafen haben. § 1128 ist anzuwenden.

Ein von den Mitreedern bestellter Reedereileiter

gilt der Genossenschaft gegenüber als Bevollmächtigter, solange kein solcher bestellt wird.

§ 1131. Die §§ 1128 bis 1130 gelten nicht für die Zweiganstalt.

II. Anmeldung der Betriebe.

§ 1132. Von Vermessungen und Eintragungen neuer Fahrzeuge haben die Schiffsregister- und Schiffsvermessungsbehörden dem Genossenschaftsvorstande, von Eröffnung anderer Betriebe die Unternehmer dem Versicherungsamte des Betriebsitzes unverzüglich Mitteilung zu machen.

III. Betriebsverzeichnis.

§ 1133. Der Genossenschaftsvorstand hat ein Betriebsverzeichnis zu führen auf Grund

des Verzeichnisses deutscher Kauffahrteischiffe in der neuesten Ausgabe des Handbuchs für die deutsche Handelsmarine,

der Unternehmerverzeichnisse, die ihm das Reichsversicherungsamt nach § 22 des Gesetzes vom 13. Juli 1887 (Reichs-Gesetzbl. S. 329) mitgeteilt hat,

der Mitteilungen über die Eröffnung neuer Betriebe (§ 1132).

Für die Zweiganstalt wird kein Betriebsverzeichnis geführt.

§ 1134. Für das Betriebsverzeichnis gelten aus der gewerblichen Unfallversicherung die §§ 658, 659, 660 Satz 1, 2, §§ 661, 663.

IV. Änderungen in den Verhältnissen des Betriebs.

§ 1135. Die Schiffsregisterbehörden teilen dem Genossenschaftsvorstand alle Veränderungen und Löschungen im Schiffsregister mit.

§ 1136. Für die nach § 1046 versicherten Fahrzeuge, die nicht im Schiffsregister eingetragen sind, haben die Reeder, Reedereileiter und Bevollmächtigten in einer durch die Satzung bestimmten Frist dem Genossenschaftsvorstand anzuzeigen

den Verlust (§ 1174),
Änderungen des Heimathafens, des Namens, der Gattung und Größe,
Wechsel der Person und der Staatsangehörigkeit der Reeder oder Mitreeder.

§ 1137. Unterbleibt diese Anzeige an den Vorstand oder die Anzeige an die Registerbehörde (§ 14 des Flaggengesetzes, Reichs-Gesetzbl. 1899 S. 319), so haftet der Reeder oder Mitreeder, der in das Betriebsverzeichnis eingetragen ist, für die Beiträge, die auf die Mitglieder umzulegen sind. Seine Haftung umfaßt noch das Geschäftsjahr, in welchem die Anzeige erstattet wird.

Der neue Reeder wird dadurch von der Haftung nicht befreit.

§ 1138. Die Unternehmer von schwimmenden Docks,

Lotsenbetrieben und anderen im § 1046 Nr. 3 bezeichneten Betrieben haben jeden Wechsel der Person, für deren Rechnung der Betrieb geht, und alle Änderungen des Betriebs, die für seine Zugehörigkeit zur Genossenschaft von Bedeutung sind, dem Genossenschaftsvorstand anzuzeigen. Die Anzeige ist in der Frist zu erstatten, die nach der Satzung für Anzeigen gemäß § 1136 gilt. Unterbleibt die Anzeige, so erleiden sie dieselben Rechtsnachteile wie die Reeder nach § 1137.

§ 1139. Hält der Vorstand der Genossenschaft auf die Mitteilung oder Anzeige hin oder von Amts wegen für geboten, den Betrieb einer anderen Genossenschaft zu überweisen oder wegen Einstellung zu löschen, so gelten für die Überweisung und die Löschung sowie für den Übergang der Unfallast und eines Teiles der Rücklage die §§ 666 bis 673 aus der gewerblichen Unfallversicherung entsprechend.

§ 1140. Die Meldepflicht bei Betriebsänderungen, die für die Abschätzung (§ 1148) von Bedeutung sind, und das weitere Verfahren sind in der Satzung zu regeln.

Gegen den Bescheid, den die Genossenschaft auf die Anmeldung der Änderung oder von Amts wegen erläßt, hat der Unternehmer die Beschwerde.

§ 1141. Hat die Genossenschaft einen Gefahrtarif, so gilt für die Meldepflicht bei Betriebsänderungen, die auf die Einschätzung des Betriebs zu den Gefahrklassen wirken, und für das weitere Verfahren § 674.

V. Satzung.

§ 1142. Die Berufsgenossenschaft regelt ihre innere Verwaltung und ihre Geschäftsordnung durch eine Satzung, welche die Genossenschaftsversammlung beschließt.

§ 1143. Die Satzung muß bestimmen über

1. Namen und Sitz der Genossenschaft,
2. Zusammensetzung, Rechte und Pflichten des Vorstandes,
3. Form der Willenserklärungen des Vorstandes sowie seiner Unterschrift für die Berufsgenossenschaft, Art der Beschlußfassung des Vorstandes und seine Vertretung nach außen,
4. Berufung der Genossenschaftsversammlung und Art ihrer Beschlußfassung,
5. Stimmrecht der Mitglieder und Prüfung ihrer Vollmachten,
6. Vertretung der Genossenschaft gegenüber dem Vorstand,
7. Höhe der Sätze für entgangenen Arbeitsverdienst und für Reisekosten, die den Vertretern der Versicherten zu gewähren sind (§ 21),
8. Verfahren der Genossenschaftsorgane beim Abschätzen der Seefahrzeuge,
9. Verfahren bei Betriebsänderungen und bei Wechsel der Person des Unternehmers,
10. Folgen von Betriebseinstellung oder von Wechsel der Person des Unternehmers, besonders Sicher-

stellung seiner Beiträge, wenn er den Betrieb einstellt,

11. Aufstellung, Prüfung und Abnahme der Jahresrechnung,
12. Handhabung des Erlasses von Vorschriften zur Unfallverhütung und zur Überwachung der Betriebe,
13. Verfahren bei Anmeldung und Ausscheiden von Unternehmern, Lotsen und anderen nach § 1064 Nr. 1 Versicherten, die zur Berufsgenossenschaft gehören, sowie Höhe und Ermittlung des Jahresarbeitsverdienstes der Unternehmer und Lotsen,
14. Art der Bekanntmachungen,
15. Änderung der Satzung.

§ 1144. Aus der gewerblichen Unfallversicherung gelten die Vorschriften über

Zusammensetzung der Genossenschaftsversammlung aus Vertretern, Einteilung der Genossenschaft in Sektionen und Einsetzung von Vertrauensmännern (§§ 678, 679),
Strafbefugnis des Genossenschaftsvorstandes (§ 680),
Errichtung der Satzung (§§ 681 bis 683).

§ 1145. Ist die Satzung in bezug auf

1. den Namen oder den Sitz der Genossenschaft,
2. die Bezirke der Sektionen

mit Genehmigung des Reichsversicherungsamts geändert, so hat der Genossenschaftsvorstand dies durch den Reichsanzeiger bekannt zu machen.

VI. Genossenschaftsorgane.

§ 1146. Für die Genossenschaftsorgane gelten die Vorschriften der gewerblichen Unfallversicherung (§§ 685 bis 689).

Wählbar zu den Genossenschaftsorganen sind auch die Reedereileiter.

VII. Angestellte.

§ 1147. Für die Angestellten der Genossenschaft und für die Übertragung von Geschäften an besoldete Geschäftsführer gelten die Vorschriften der gewerblichen Unfallversicherung (§§ 690 bis 705).

VIII. Abschätzung. Gefahrtarif. Besondere Belastung.

§ 1148. Für jedes Seefahrzeug wird die durchschnittliche Zahl der Seeleute abgeschätzt, die als Besatzung erforderlich sind.

Abgeschätzt wird nach Klassen (§§ 1067 bis 1071) auf Grund

des Handbuchs für die deutsche Handelsmarine,

der Unternehmerverzeichnisse, die nach den §§ 21, 22 des Gesetzes vom 13. Juli 1887 (Reichs-Gesetzbl. S. 329) bei Errichtung der Berufsgenossenschaft aufgestellt sind,

der Änderungen in den Verhältnissen des Betriebs.

Dies gilt nicht für die Zweiganstalt.

§ 1149. Die Satzung kann bestimmen, daß Gefahrklassen gebildet werden. Dann gelten aus der gewerblichen Unfallversicherung die §§ 706 bis 709. Die Satzung muß dann auch über das Verfahren beim Veranlagen zu den Gefahrklassen bestimmen.

§ 1150. Die Genossenschaftsorgane haben die Fahrzeuge abzuschätzen und die Betriebe zu den Gefahrklassen zu veranlagen, wie es die Satzung bestimmt.

§ 1151. Die Mitglieder haben den Organen der Genossenschaft auf Verlangen binnen zwei Wochen die Auskunft zu erteilen, die für das Abschätzen und Veranlagen erforderlich ist. Dies gilt auch für den Reedereileiter, den Bevollmächtigten und den Führer des Fahrzeugs.

§ 1152. In den Fristen, in denen der Gefahrtarif nachzuprüfen ist, sind regelmäßig auch Abschätzung und Veranlagung nachzuprüfen.

§ 1153. Jedem Mitglied ist seine Veranlagung zu Gefahrklassen und jedem Reeder das Ergebnis des Abschätzens seiner Schiffahrtsbetriebe mitzuteilen.

Schon vor der regelmäßigen Nachprüfung kann die Genossenschaft die Schiffsbesatzung neu abschätzen und den Betrieb neu veranlagen, wenn sich herausstellt, daß die Angaben des Unternehmers unrichtig waren oder wenn eine Änderung im Betriebe eingetreten ist.

Gegen die Abschätzung und die Veranlagung hat der Unternehmer die Beschwerde.

§ 1154. Die Genossenschaftsversammlung kann auf Antrag des Vorstandes Unternehmern nach den Unfällen, die auf ihren Fahrzeugen vorgekommen sind, für die nächste Tarifzeit oder für einen Teil von ihr Zuschläge auflegen oder Nachlässe bewilligen.

Gegen die Festsetzung von Zuschlägen hat der Unternehmer die Beschwerde.

§ 1155. Die Satzung kann bestimmen, daß für Reisen mit besonders gefährlicher Ladung oder in besonders gefährlichen Gewässern oder Jahreszeiten höhere Beiträge gezahlt werden.

Über die Grundsätze dafür und über das Anmelden und Feststellen der maßgebenden Tatsachen hat die Genossenschaftsversammlung zu bestimmen.

Diese kann das auch einem Ausschuß oder dem Vorstand übertragen.

Die Bestimmungen bedürfen der Genehmigung des Reichsversicherungsamts. Für die Nachprüfung gelten entsprechend die §§ 708, 709 aus der gewerblichen Unfallversicherung.

§ 1156. Für die einzelne Reise (§ 1155) erhöhen die Genossenschaftsorgane die Beiträge nach Verhältnis der Reisen, die in jedem Geschäftsjahre zurückgelegt sind. Das Nähere bestimmt die Satzung.

Für die Auskunftpflicht gilt § 1151.

Die Auflegung solcher Beiträge kann im Wege des Widerspruchs gegen die Festsetzung der Beiträge (§§ 1178 bis 1182) angefochten werden.

IX. Vermögensverwaltung.

§ 1157. Für die Vermögensverwaltung gelten die Vorschriften der gewerblichen Unfallversicherung (§§ 717 bis 721).

Fünfter Abschnitt.
Aufsicht.

§ 1158. Das Reichsversicherungsamt führt die Aufsicht über die Berufsgenossenschaft.

Sechster Abschnitt.
Auszahlung der Entschädigung. Aufbringung der Mittel.

I. Auszahlung durch die Post.

§ 1159. Die Berufsgenossenschaft zahlt die Entschädigung auf Anweisung des Genossenschaftsvorstandes durch deutsche Postanstalten, und zwar in der Regel durch diejenige, in deren Bezirk der Heimathafen des Schiffes liegt, auf dem der Unfall sich ereignet hat.

Die Zahlstelle wird dem Empfänger vom Vorstand mitgeteilt.

Er kann bei dem Vorstand oder bei der ihm mitgeteilten Zahlstelle beantragen, daß die Zahlung an die Postanstalt seines Wohnorts überwiesen wird.

§ 1160. Auf die für die Zahlungen erforderlichen Bescheinigungen ist § 727, auf die Einziehung eines Vorschusses durch die Post § 728

aus der gewerblichen Unfallversicherung anzuwenden.

§ **1161.** Das Reichsversicherungsamt kann bestimmen, wie an Empfänger zu zahlen ist, die sich gewöhnlich im Ausland aufhalten.

II. Aufbringung der Mittel.

§ **1162.** Die Berufsgenossenschaft hat die Mittel für ihre Aufwendungen und für die Verwaltungskosten der Zweiganstalt (§ 1192) durch Mitgliederbeiträge aufzubringen, die den Bedarf des abgelaufenen Geschäftsjahrs decken.

§ **1163.** Bei der Zweiganstalt haben Gemeindeverbände und die ihr angehörigen Unternehmer feste, im voraus bemessene Beiträge aufzubringen (§§ 1195 bis 1197).

Diese müssen neben den anderen Aufwendungen, welche die Zweiganstalt zu tragen hat, den Kapitalwert der Renten decken, die ihr voraussichtlich zur Last fallen.

§ **1164.** Aus der gewerblichen Unfallversicherung gelten die Vorschriften über

Zwecke, zu denen Beiträge erhoben und Mittel verwendet werden dürfen (§ 736),

Vorschüsse auf die Beiträge sowie Vorauszahlung von Beiträgen (§§ 738, 739),

Ansammlung einer Rücklage (§§ 741 bis 747).

Diese Vorschriften, mit Ausnahme des § 736, gelten nicht für die Zweiganstalt.

III. Umlage- und Erhebungsverfahren.

§ 1165. Der Genossenschaftsvorstand stellt fest, welcher Teil der von den obersten Postbehörden nachgewiesenen Zahlungen der Berufsgenossenschaft, und welcher Teil der Zweiganstalt zur Last fällt.

Für das Umlegen und Erheben der Mitgliederbeiträge gelten die §§ 1166 bis 1184.

§ 1166. Jedes Mitglied der Genossenschaft hat binnen sechs Wochen nach Ablauf des Geschäftsjahrs dem Genossenschaftsvorstand einen Lohnnachweis einzureichen.

Dieser hat zu enthalten

1. für jedes Seefahrzeug die nicht zur Besatzung gehörigen während des abgelaufenen Geschäftsjahrs auf dem Fahrzeug beschäftigten Versicherten (§ 1046 Nr. 2),
2. für Betriebe schwimmender Docks, Lotsenbetriebe und andere in § 1046 Nr. 3 bezeichnete Betriebe die während des abgelaufenen Geschäftsjahrs im Betriebe beschäftigten Versicherten;

ferner für alle diese

den von ihnen verdienten Entgelt,

wenn nicht der wirklich verdiente Entgelt maßgebend ist, eine Berechnung des Entgelts, der beim Umlegen der Beiträge anzurechnen ist.

Die Satzung kann einen summarischen Lohnnachweis nach § 750 Abs. 3 zulassen.

§ 1167. Für
früheres Einreichen der Lohnnachweise,
Führen und Aufbewahren von Lohnlisten
gelten die Vorschriften der gewerblichen Unfallversicherung (§ 751).

§ 1168. Für Mitglieder, die den Lohnnachweis nicht rechtzeitig oder unvollständig einreichen, stellt ihn die Genossenschaft selbst auf oder ergänzt ihn.

§ 1169. Die Beiträge der Mitglieder werden umgelegt nach deren Veranlagung zu Gefahrklassen und

1. für Seefahrzeuge nach den Beträgen, die sich je aus der Summe des durchschnittlichen Entgelts (§§ 1067 bis 1070) für die abgeschätzte Mannschaftszahl und aus dem Lohnnachweis ergeben; Zuschläge, Nachlässe oder Beitragserhöhungen (§§ 1154, 1155) sind dabei zu berücksichtigen,
2. für andere Betriebe nach dem Lohnnachweis.

§ 1170. Übersteigt der Entgelt während der Beitragszeit im Jahresbetrag eintausendachthundert Mark, so wird vom Überschusse nur ein Drittel angerechnet; übersteigt er fünftausend Mark, so wird der Überschuß nur angerechnet, soweit die Satzung die Versicherung auf einen höheren Jahresarbeitsverdienst erstreckt hat.

§ 1171. Fahrzeugen, die erweislich ununterbrochen länger als vierzehn Tage außer Betrieb gewesen sind, ist der Beitrag für diejenige Dauer der Untätigkeit, welche über die vierzehn Tage hinausgeht, verhältnismäßig zu kürzen.

Er wird für das Geschäftsjahr gekürzt, in welchem das Fahrzeug außer Betrieb war. Reicht die Untätigkeit ununterbrochen in das folgende Geschäftsjahr hinüber, so wird die Kürzung, soweit nötig, auf dieses verschoben.

§ **1172.** Der Beitrag wird nur gekürzt, wenn der Reeder, Reedereileiter oder Bevollmächtigte binnen sechs Wochen nach Ablauf des Geschäftsjahrs dem Genossenschaftsvorstand in glaubhaft bescheinigter Form die ununterbrochene Dauer der Untätigkeit nachweist.

Kehrt das Fahrzeug erst nach Ablauf des Geschäftsjahrs in den Heimathafen zurück, so kann der Nachweis noch sechs Wochen nach der Rückkehr erbracht werden; der Beitrag ist aber vorläufig voll zu entrichten.

§ **1173.** Bei Fahrzeugen, die im Laufe des Geschäftsjahrs verloren gegangen oder verschollen sind (§§ 862, 863 des Handelsgesetzbuchs), hat der Genossenschaftsvorstand von Amts wegen zu kürzen, sobald ihm die maßgebenden Tatsachen bekannt werden.

Die Kürzung beginnt mit dem Tage des Verlustes oder einen halben Monat nach dem Tage, bis zu dem die letzte Nachricht über das Fahrzeug reicht.

Werden bei Verlust eines Schiffes deutsche Seeleute auf deutschen Seefahrzeugen frei zurückbefördert oder mitgenommen (§ 1054 Nr. 2), so wird für diese Zeit der Beitrag nicht gekürzt.

War der Beitrag schon gezahlt, so ist er nach Verhältnis zurückzuerstatten.

§ 1174. Als verloren gilt ein Fahrzeug auch dann, wenn es untergegangen, als reparaturunfähig oder reparaturunwürdig kondemniert und deswegen unverzüglich öffentlich verkauft wird, wenn es geraubt, aufgebracht oder angehalten und für gute Prise erklärt worden ist.

§ 1175. Der Genossenschaftsvorstand berechnet den Beitrag, der auf jedes Mitglied zur Deckung des Gesamtbedarfs entfällt.

§ 1176. Für den Auszug aus der Heberolle, seine Zustellung und die Zahlungsaufforderung gelten die Vorschriften der gewerblichen Unfallversicherung (§ 754); ist ein Reedereileiter oder Bevollmächtigter bestellt, so ist diesem zuzustellen.

§ 1177. Für eine neue Feststellung des Beitrags, nachdem der Auszug zugestellt worden ist, gelten die §§ 755, 756 entsprechend. Die neue Feststellung ist auch zulässig, wenn nachträglich wegen unrichtiger Angaben des Unternehmers die Schiffsbesatzung neu abgeschätzt worden ist (§ 1153) oder Tatsachen bekannt werden, wegen deren einzelne Reisen besonders zu belasten sind (§ 1155).

§ 1178. Der Bevollmächtigte oder der Reedereileiter nnd, wenn solche nicht bestellt sind, das Mitglied, hat gegen die Festsetzung der Beiträge den Einspruch. Die §§ 757, 758 Abs. 1, § 759 aus der gewerblichen Unfallversicherung gelten entsprechend.

Die Veranlagung und Abschätzung (§§ 1150, 1152) können auf diesem Wege nicht angefochten werden.

§ 1179. Die Beschwerde gegen die Entscheidung des Vorstandes kann nur gegründet werden auf

Rechenfehler,

irrtümlichen Ansatz des abgeschätzten Bedarfs an Besatzung,

irrtümlichen Ansatz einer anderen Klasse des Gefahrtarifs, als zu welcher der Betrieb veranlagt ist,

ungenügende Berücksichtigung der Nachlässe (§ 1154),

unrichtige Feststellung der Beschäftigungsdauer und des Jahresarbeitsverdienstes Versicherter, die in anderen als Seeschiffahrtsbetrieben beschäftigt sind,

ungenügende Abzüge wegen Untätigkeit des Fahrzeugs.

Aus den letzten beiden Gründen ist die Beschwerde unzulässig, wenn wegen Säumigkeit des Verpflichteten der Vorstand den Lohnnachweis selbst aufgestellt oder ergänzt oder den Beitrag nicht gekürzt hat.

§ 1180. Sind einzelne Reisen besonders belastet worden (§ 1155), so kann die Beschwerde darauf gegründet werden, daß die tatsächlichen Voraussetzungen für den höheren Beitrag nicht vorliegen.

Dies gilt nicht, wenn der Verpflichtete die angeordneten Nachweise versäumt hat.

§ 1181. Wird auf Einspruch oder Beschwerde der Beitrag ermäßigt, so gilt für die Deckung des Ausfalls und den Ausgleich der Überzahlung § 760. Dies gilt auch, wenn der Verlust eines Fahrzeugs erst nachträglich festgestellt wird.

§ 1182. Ergibt sich nachträglich, daß ein ohne Einspruch bezahlter Beitrag ganz oder teilweise zu Unrecht erhoben worden ist, so gelten die §§ 1178 bis 1181 entsprechend.

§ 1183. Für die Beiträge, für die Vorschüsse auf sie und für die Beträge zur Sicherstellung (§ 1143 Nr. 10) haftet der Reeder nicht nur mit Schiff und Fracht, sondern auch persönlich. Mitreeder haften nach dem Verhältnis ihrer Anteile am Schiffe.

§ 1184. Für die Aufbringung uneinziehbarer Beiträge gilt § 762.

Die Genossenschaft kann das Beitreiben der Beträge, die einer Reederei oder einem Mitreeder zur Last fallen, dem Reedereileiter oder Bevollmächtigten übertragen.

IV. Abführung der Beträge an die Post.

§ 1185. Für die Abführung der Beträge an die Post gelten die Vorschriften der gewerblichen Unfallversicherung (§§ 777 bis 782).

Siebenter Abschnitt.

Zweiganstalt für den Kleinbetrieb der Seeschiffahrt sowie See- und Küstenfischerei.

§ 1186. Bei der Zweiganstalt sind die Personen versichert, die in Schiffahrts- und Fischereibetrieben der im § 1120 bezeichneten Art beschäftigt sind.

§ 1187. Bei der Zweiganstalt sind auch versichert
1. die nach § 1058 versicherungspflichtigen Unternehmer gewerblicher Schiffahrts- und Fischereibetriebe,
2. solche Unternehmer von Schiffahrts- und Fischereibetrieben der im § 1120 bezeichneten Art, welche sich selbst versichert haben.

§ 1188. Andere Versicherungen darf die Zweiganstalt nicht übernehmen.

§ 1189. Die Organe der Genossenschaft verwalten die Zweiganstalt, wenn die Nebensatzung nichts anderes bestimmt (§ 1194).

§ 1190. Die Einnahmen und Ausgaben der Zweiganstalt sind besonders zu verrechnen und ihre Bestände gesondert zu verwahren.

Die Genossenschaft hat, soweit nötig, die Mittel für den Geschäftsbetrieb der Zweiganstalt aus ihrer Rücklage vorzuschießen.

§ 1191. Das Vermögen, das für die Zweiganstalt bestimmt ist, darf nicht für die Genossenschaft verwendet werden.

§ 1192. Die Verwaltungskosten der Zweiganstalt trägt die Genossenschaft.

§ 1193. Für die Beteiligung der Zweiganstalt an dem Postvorschuß gilt § 791.

§ 1194. Die Genossenschaftsversammlung hat für die Zweiganstalt eine Nebensatzung zu errichten. Für diese gelten entsprechend aus der gewerblichen Unfallversicherung § 792 Abs. 2, § 793 Nr. 1, 2, 4, 6, §§ 794, 796. Der § 793 Nr. 1 ist auch auf versicherungspflichtige Unternehmer entsprechend anzuwenden.

§ 1195. Das Reichsversicherungsamt stellt im voraus mindestens alle fünf Jahre die Beiträge fest.

Sie sind von denjenigen Gemeindeverbänden der Seeuferstaaten, welche Küstenbezirke umfassen, zu entrichten und werden auf die Verbände nach der Zahl der Versicherten, die in ihren Bezirken tätig sind, verteilt. Das Nähere bestimmt die oberste Verwaltungsbehörde.

Der Bundesrat kann anordnen, daß bei der Verteilung der Beiträge die Dauer der Beschäftigung und die Verschiedenheit der ortsüblichen Tagelöhne zu berücksichtigen sind.

§ 1196. Der einzelne Verband bringt die Beiträge zur Hälfte wie seine übrigen Lasten auf.

Die andere Hälfte bringen die beteiligten Unternehmer unter Vermittelung des Verbandes oder der Gemeinden auf. Das Nähere bestimmt der Verband.

Die Gemeindeverbände oder Gemeinden haften für uneinziehbare Beiträge. Sie können mit Genehmigung ihrer Aufsichtsbehörde die Lasten ganz oder teilweise aus eigenen Mitteln bestreiten.

Sie können bestimmen, daß der Unternehmer ihrem Vorstand jeden Wechsel der Person, für deren Rechnung der Betrieb geht, anzeigt. Unterbleibt die Anzeige, so haftet der Unternehmer nach § 1137.

§ 1197. Gegen die Heranziehung zu Beiträgen hat der Unternehmer Beschwerde an das Oberversicherungsamt.

Achter Abschnitt.

Weitere Einrichtungen.

§ 1198. Für weitere Einrichtungen der Berufsgenossenschaft gelten die Vorschriften aus der gewerblichen Unfallversicherung (§§ 843 bis 847).

Neunter Abschnitt.

Unfallverhütung. Überwachung.

I. Unfallverhütungsvorschriften.

§ 1199. Die Berufsgenossenschaft ist verpflichtet, die erforderlichen Vorschriften zu erlassen

1. für die Unternehmer über Einrichtungen und Anordnungen zur Verhütung von Unfällen sowie über Ausrüstung von Fahrzeugen,
2. über das Verhalten, das die Versicherten zur Verhütung von Unfällen in den Betrieben zu beobachten haben.

Die Unfallverhütungsvorschriften können auch für einzelne Bezirke oder für bestimmte Klassen von Fahrzeugen oder Betrieben erlassen werden.

§ 1200. Den Unternehmern ist eine angemessene Frist zu setzen, um die zur Verhütung von Unfällen vorgeschriebenen Einrichtungen zu treffen.

§ 1201. Zuwiderhandlungen der Unternehmer gegen die Vorschriften können mit Geldstrafen bis zu eintausend Mark, solche der Versicherten mit Geldstrafen bis zu sechs Mark bedroht werden. Der Versicherte ist straflos, wenn er in Ausführung eines Befehls seines Vorgesetzten den Vorschriften zuwidergehandelt hat.

§ 1202. Die Genossenschaft kann neben dem Reeder auch den Schiffsführer dafür verantwortlich erklären, daß die erlassenen Vorschriften befolgt werden. Sie kann ihm für jede Nachlässigkeit Geldstrafen bis zu dreihundert Mark androhen.

§ 1203. Für die Beschlüsse über die Vorschriften und für die Vorbereitung gelten die §§ 852 bis 856,
für die Stellungnahme zu den Berichten der technischen Aufsichtsbeamten gilt § 857
aus der gewerblichen Unfallversicherung.

§ 1204. Die Vertreter der Versicherten bestimmt aus den für die Seeschiffahrt berufenen Beisitzern der Oberversicherungsämter das Los, das in einer Sitzung des Vorstandes der Vorsitzende zieht.

§ 1205. Aus der gewerblichen Unfallversicherung sind entsprechend anzuwenden auf
die Berufung der Vertreter der Versicherten § 859,
die Berufung von Ersatzmännern für die Vertreter der Versicherten § 861,
die Vergütung für die Vertreter der Versicherten § 863,

die Genehmigung der Vorschriften und das vorbereitende Verfahren die §§ 864 bis 868.

Ferner gilt für diese Vertreter der Versicherten und ihre Ersatzmänner entsprechend, was die §§ 16, 19 bis 22, 24 für gewählte Vertreter der Versicherten vorschreiben.

§ 1206. Der Genossenschaftsvorstand hat die genehmigten Vorschriften den beteiligten höheren Verwaltungsbehörden und sämtlichen Seemannsämtern mitzuteilen und in den Geschäftsräumen dieser und in den Mannschaftsheimen öffentlich auszuhängen.

§ 1207. Zuständig für die Festsetzung der Geldstrafen gegen Unternehmer ist der Genossenschaftsvorstand.

§ 1208. Die Geldstrafen gegen den Schiffsführer setzt das Seemannsamt fest, dem die Nachlässigkeit (§ 1202) zuerst bekannt wird, und trägt sie in das Schiffstagebuch ein. Sie sind sofort vollstreckbar.

Gegen die Straffestsetzung hat der Schiffsführer und der Reeder, Reedereileiter oder Bevollmächtigte binnen einem Monat nach dem Ende der Reise die Beschwerde an die Aufsichtsbehörde des Seemannsamts.

Dasselbe oder ein anderes Seemannsamt kann nochmals eine Strafe festsetzen, wenn die Anordnung inzwischen nicht befolgt ist, ohne daß dies nachweisbar unmöglich war.

Zuständig für die Festsetzung der Geldstrafen gegen Versicherte (§ 1199 Abs. 1 Nr. 2) ist das Versicherungsamt.

II. Überwachung.

§ 1209. Für die Durchführung der Unfallverhütungsvorschriften gelten die §§ 874, 875 aus der gewerblichen Unfallversicherung.

§ 1210. Die Genossenschaft kann, um die nach Gesetz oder Satzung eingereichten Nachweise durch Rechnungsbeamte zu prüfen, die Schiffstagebücher, Musterrollen, Ausweise (Zertifikate), Meßbriefe und anderen Schiffspapiere und die Listen einsehen, aus denen die Zahl der Versicherten sowie der Umfang und die Dauer der zurückgelegten Reisen ersichtlich werden.

Auch das Versicherungsamt kann diese Prüfung vornehmen.

§ 1211. Die Geschäfte des technischen Aufsichts- und des Rechnungsbeamten können mit Genehmigung des Reichsversicherungsamts in einer Person vereinigt werden.

§ 1212. Die Behörden sind verpflichtet, in ihren Geschäftsräumen den Rechnungsbeamten der Genossenschaft die Verhandlungen und Urkunden, die sich auf die Verhältnisse des Fahrzeugs und der Besatzung beziehen, zur Einsicht vorzulegen.

§ 1213. Die Reeder, Reedereileiter und Bevollmächtigten, auch die Schiffsführer haben den technischen Aufsichtsbeamten den Zutritt zu den Fahrzeugen und deren Besichtigung zu gestatten und den Rechnungsbeamten die Schiffspapiere und Listen an Ort und Stelle zur Einsicht vorzulegen.

Ebenso haben die anderen Unternehmer die Besichtigung ihres Betriebs zu gestatten und die Listen zur Einsicht vorzulegen.

§ 1214. Die Seemannsämter können die Fahrzeuge auf die Befolgung der Unfallverhütungsvorschriften untersuchen lassen.

Die Pflichten aus den §§ 1212, 1213 gelten auch dem Seemannsamt gegenüber. Dem Seemannsamte muß gestattet werden, die von ihm verhängten Strafen in das Schiffstagebuch einzutragen.

§ 1215. Das Seemannsamt kann die nach den §§ 1210, 1213, 1214 Verpflichteten auf Antrag der technischen Aufsichts- oder der Rechnungsbeamten durch Geldstrafen bis zu dreihundert Mark anhalten, ihre Pflicht zu erfüllen.

§ 1216. Aus der gewerblichen Unfallversicherung gelten die Vorschriften über

Vereidigung (§ 882),

Mitteilung von Name und Wohnsitz der technischen Aufsichtsbeamten, sowie deren Tätigkeit (§ 883).

Jedoch treten für die Mitteilung an Stelle des staatlichen Aufsichtsbeamten die höheren Verwaltungsbehörden oder die von ihnen bezeichneten Behörden oder Beamten.

§ 1217. Aus der gewerblichen Unfallversicherung gelten ferner die Vorschriften über die

Nachteile für den Unternehmer bei Pflichtversäumnis in der Überwachung (§ 887),

Überwachung durch das Versicherungsamt und das Reichsversicherungsamt (§§ 888, 889).

Auch ist die Berufsgenossenschaft berechtigt, bei der Überholung unklassifizierter Fahrzeuge von deren Reedern diejenigen Kosten, welche durch die Feststellung des Zustandes des Schiffskörpers und der Maschinenanlagen erwachsen und ein Mehr gegenüber den Kosten der Besichtigung klassifizierter Fahrzeuge darstellen, wieder einzuziehen. Derartige Kosten werden gleichfalls wie Gemeindeabgaben beigetrieben.

Zehnter Abschnitt.

Reichs- und Staatsbetriebe.

§ 1218. Soweit das Reich oder ein Bundesstaat an die Stelle der Berufsgenossenschaft tritt, sind die §§ 892, 893, 895, 897 entsprechend anzuwenden.

Aus der See-Unfallversicherung gelten nicht

die Vorschriften über Auflösung der Berufsgenossenschaft (§ 1122 in Verbindung mit § 647 Abs. 1, 3),

von den Vorschriften über die Verfassung die §§ 1123 bis 1156 und der § 1157 in Verbindung mit den §§ 717 bis 720,

die Vorschrift über Aufsicht (§ 1158),

die Vorschriften über Aufbringung der Mittel sowie über Umlage- und Erhebungsverfahren (§§ 1162 bis 1184), von den Vorschriften über Abführung der Beträge an die Post der § 1185 in Verbindung mit den §§ 781, 782,

die Vorschriften über die Zweiganstalt (§§ 1186 bis 1197),

die Vorschriften über weitere Einrichtungen (§ 1198),

von den Vorschriften über Unfallverhütung und Überwachung die §§ 1199 bis 1216 und der § 1217 Abs. 1 in Verbindung mit §§ 887, 889 sowie der § 1217 Abs. 2,

von den Strafvorschriften die §§ 1220 bis 1223 und der § 1224 in Verbindung mit § 910.

Elfter Abschnitt.

Haftung von Unternehmern und Angestellten.

§ 1219. Für die Haftung von Unternehmern und Angestellten gelten die Vorschriften aus der gewerblichen Unfallversicherung (§§ 898 bis 907).

Dabei sind den Unternehmern auch gleichgestellt (§ 899) Mitreeder, Lotsen und Personen der Schiffsbesatzung.

Diese Vorschriften gelten bei Zusammenstoß mehrerer Fahrzeuge, die unter die See-Unfallversicherung fallen, für die Reeder aller dabei beteiligten Fahrzeuge und für alle diesen Reedern Gleichgestellten.

Ansprüche auf Ersatz des durch den Unfall erlittenen Schadens, die ein bei der Zweiganstalt Versicherter bei

Körperverletzung nach Gesetz für die ersten dreizehn Wochen nach dem Unfall hat, bleiben vorbehalten, wenn nicht der Verletzte gegen eine Krankenkasse, eine knappschaftliche Krankenkasse oder eine Ersatzkasse Anspruch auf die Leistungen der Krankenversicherung hat oder wegen gleichwertiger Leistungen versicherungsfrei ist.

Unberührt bleibt die Fürsorgepflicht des Reeders auf Grund der §§ 553 bis 553 b des Handelsgesetzbuchs und der §§ 59 bis 62 der Seemannsordnung.

Zwölfter Abschnitt.

Strafvorschriften.

§ 1220. Der Genossenschaftsvorstand kann gegen Unternehmer, Mitreeder, Reedereileiter, Bevollmächtigte und Schiffsführer Geldstrafen bis zu fünfhundert Mark verhängen, wenn

1. Nachweise der nicht im § 1581 bezeichneten Art, die sie nach Gesetz oder Satzung eingereicht haben,
2. eine Auskunft, die nach Gesetz oder Satzung von ihnen erfordert ist,
3. Erklärungen, die den zuständigen Genossenschaftsorganen für das Veranlagen zu den Gefahrklassen abgegeben sind,

tatsächliche Angaben enthalten, deren Unrichtigkeit sie kannten oder den Umständen nach kennen mußten.

§ 1221. Der Genossenschaftsvorstand kann ferner gegen die im § 1220 bezeichneten Personen Geldstrafen bis zu dreihundert Mark verhängen, wenn sie ihren gesetzlichen oder satzungsmäßigen Pflichten,

1. Bevollmächtigte zu ernennen oder deren Namen oder Wechsel dem Genossenschaftsvorstande mitzuteilen,
2. Betriebsänderungen anzumelden,
3. Nachweise einzureichen,
4. Auskunft zu erteilen,
5. die Bestimmungen der Satzung über Betriebseinstellungen zu erfüllen,

nicht rechtzeitig nachkommen.

§ 1222. Soweit auf Grund dieses Gesetzes Unternehmer oder Mitreeder mit Strafen bedroht sind, stehen ihnen gleich

1. wenn eine Aktiengesellschaft, ein Versicherungsverein auf Gegenseitigkeit, eine eingetragene Genossenschaft, eine Innung oder andere juristische Person Unternehmer oder Mitreeder ist, alle Mitglieder des Vorstandes,
2. wenn eine Gesellschaft mit beschränkter Haftung Unternehmer oder Mitreeder ist, die Geschäftsführer,
3. wenn eine andere Handelsgesellschaft Unternehmer oder Mitreeder ist, alle persönlich haftenden Gesellschafter, soweit sie von der Vertretung nicht ausgeschlossen sind,
4. die gesetzlichen Vertreter geschäftsunfähiger und beschränkt geschäftsfähiger Unternehmer sowie die

Liquidatoren einer Handelsgesellschaft, eines Versicherungsvereins auf Gegenseitigkeit, einer eingetragenen Genossenschaft, einer Innung oder einer anderen juristischen Person.

§ 1223. Der Reeder haftet für die Strafen, die ihm oder dem Schiffsführer auf Grund der §§ 1220 bis 1222 auferlegt sind, nach § 1183.

§ 1224. Aus der gewerblichen Unfallversicherung gelten entsprechend die Vorschriften

des § 910 über Beschwerden gegen Straffestsetzungen,

des § 911 über Anrechnen von Beiträgen auf den Entgelt, und zwar auch für Mitreeder, Schiffsführer und ihre Angestellten,

des § 914 über die Kassen, denen die Strafgelder zufließen, jedoch tritt an Stelle der Krankenkasse ihres Beschäftigungsorts die Krankenkasse, in deren Bezirk der Betrieb seinen Sitz hat.

§ 1225. Auch für Mitreeder, Schiffsführer und ihre Angestellten gilt das Verbot, die Versicherten in ihren Rechten aus diesem Gesetze zu beschränken (§ 139), und die Strafvorschrift wegen Zuwiderhandlung (§ 140).

Viertes Buch.

Invaliden- und Hinterbliebenenversicherung.

Erster Abschnitt.

Umfang der Versicherung.

I. Versicherungspflicht.

§ 1226. Für den Fall der Invalidität und des Alters sowie zu Gunsten der Hinterbliebenen werden vom vollendeten sechzehnten Lebensjahr an versichert

1. Arbeiter, Gehilfen, Gesellen, Lehrlinge, Dienstboten,
2. Betriebsbeamte, Werkmeister und andere Angestellte in ähnlich gehobener Stellung, sämtlich, wenn diese Beschäftigung ihren Hauptberuf bildet,
3. Handlungsgehilfen und -lehrlinge, Gehilfen und Lehrlinge in Apotheken,
4. Bühnen- und Orchestermitglieder ohne Rücksicht auf den Kunstwert der Leistungen,
5. Lehrer und Erzieher,
6. die Schiffsbesatzung deutscher Seefahrzeuge und die Besatzung von Fahrzeugen der Binnenschiffahrt.

Voraussetzung der Versicherung ist für alle diese Personen, daß sie gegen Entgelt (§ 160) beschäftigt werden, für die unter Nr. 2 bis 5 Bezeichneten sowie für Schiffer außerdem, daß nicht ihr regelmäßiger Jahresarbeitsverdienst zweitausend Mark an Entgelt übersteigt.

§ 1227. Eine Beschäftigung, für die als Entgelt nur freier Unterhalt gewährt wird, ist versicherungsfrei.

§ 1228. Versichert sind auch Deutsche, die bei einer amtlichen Vertretung des Reichs oder eines Bundesstaats im Ausland oder bei deren Leitern oder Mitgliedern beschäftigt sind.

§ 1229. Der Bundesrat kann allgemein oder in einzelnen Bezirken die Versicherungspflicht für bestimmte Berufszweige erstrecken auf

1. Gewerbtreibende und andere Betriebsunternehmer, die in ihren Betrieben regelmäßig keine oder höchstens einen Versicherungspflichtigen beschäftigen,
2. Hausgewerbtreibende (§ 162) ohne Rücksicht auf die Zahl ihrer hausgewerblich Beschäftigten.

§ 1230. Der Bundesrat kann bestimmen, wieweit Gewerbtreibende (Auftraggeber, § 469) die Pflichten der Arbeitgeber zu erfüllen haben für

1. die in ihrem Auftrag und für ihre Rechnung arbeitenden Hausgewerbtreibenden und deren hausgewerblich Beschäftigte,
2. die in ihrem Auftrag von Zwischenpersonen, Ausgebern, Faktoren, Zwischenmeistern hausgewerblich Beschäftigten.

§ 1231. Der Bundesrat kann bestimmen, wieweit die deutschen Bediensteten ausländischer Staaten und solcher Personen, welche nicht der inländischen Gerichtsbarkeit unterstehen, die Pflichten der Arbeitgeber zu erfüllen haben.

§ 1232. Der Bundesrat bestimmt, wieweit vorübergehende Dienstleistungen versicherungsfrei bleiben.

§ 1233. Der Bundesrat kann bestimmen, daß Ausländer versicherungsfrei sind, denen die Behörde den Aufenthalt im Inland nur für eine bestimmte Dauer gestattet hat.

Die Arbeitgeber zahlen dann nach Anordnung des Reichsversicherungsamts so viel an die Versicherungsanstalt, wie sie sonst aus eigenen Mitteln zahlen müßten.

§ 1234. Versicherungsfrei sind die in Betrieben oder im Dienste des Reichs, eines Bundesstaats, eines Gemeindeverbandes, einer Gemeinde oder eines Versicherungsträgers Beschäftigten, wenn ihnen Anwartschaft auf Ruhegeld im Mindestbetrage der Invalidenrente nach den Sätzen der ersten Lohnklasse sowie auf Witwenrente nach den Sätzen der gleichen Lohnklasse und auf Waisenrente gewährleistet ist.

Das Gleiche gilt für Lehrer und Erzieher an öffentlichen Schulen oder Anstalten.

§ 1235. Versicherungsfrei sind

1. Beamte des Reichs, der Bundesstaaten, der Gemeindeverbände, der Gemeinden und der Versicherungsträger, Lehrer und Erzieher an

öffentlichen Schulen oder Anstalten, solange sie lediglich für ihren Beruf ausgebildet werden,

2. Personen des Soldatenstandes, die eine der im § 1226 bezeichneten Tätigkeiten im Dienste oder während der Vorbereitung zu einer bürgerlichen Beschäftigung ausüben, auf die § 1234 anzuwenden ist,
3. Personen, die während der wissenschaftlichen Ausbildung für ihren zukünftigen Beruf gegen Entgelt unterrichten.

§ 1236. Versicherungsfrei ist, wer eine reichsgesetzliche Invaliden- oder Hinterbliebenenrente bezieht oder invalide ist (§§ 1255, 1258).

§ 1237. Auf seinen Antrag wird von der Versicherungspflicht befreit,

wem von dem Reiche, einem Bundesstaat, einem Gemeindeverband, einer Gemeinde oder einem Versicherungsträger, oder

wem auf Grund früherer Beschäftigung als Lehrer oder Erzieher an öffentlichen Schulen oder Anstalten

Ruhegeld, Wartegeld oder ähnliche Bezüge im Mindestbetrage der Invalidenrente nach den Sätzen der ersten Lohnklasse bewilligt sind und daneben Anwartschaft auf Hinterbliebenenfürsorge (§ 1234) gewährleistet ist.

§ 1238. Auf ihren Antrag werden von der Versicherungspflicht befreit Versicherungspflichtige, die während oder nach der Zeit eines Hochschulunterrichts zur Ausbildung für ihren künftigen Beruf oder in einer Stellung beschäftigt werden, die den Übergang zu einer der Hochschulbildung entsprechenden versicherungsfreien Beschäftigung bildet.

§ 1239. Auf seinen Antrag wird von der Versicherungspflicht befreit, wer im Laufe eines Kalenderjahrs Lohnarbeit nur in bestimmten Jahreszeiten für nicht mehr als zwölf Wochen oder überhaupt für nicht mehr als fünfzig Tage übernimmt, im übrigen aber seinen Unterhalt selbständig erwirbt oder ohne Entgelt tätig ist. Die Befreiung ist nur zulässig, solange nicht einhundert nach § 1279 anrechnungsfähige Wochenbeiträge entrichtet worden sind.

Der Bundesrat kann näheres bestimmen.

§ 1240. Über den Antrag entscheidet das für den Wohnsitz des Antragstellers zuständige Versicherungsamt (Beschlußausschuß). Hat der Antragsteller im Inland keinen Wohnsitz, so entscheidet das Versicherungsamt seines dauernden Aufenthalts. Auf Beschwerde entscheidet das Oberversicherungsamt endgültig.

Die Befreiung wirkt vom Eingang des Antrags an.

§ 1241. Das Versicherungsamt (Beschlußausschuß) widerruft die Befreiung, sobald ihre Voraussetzungen nicht mehr vorliegen. Auf Beschwerde entscheidet das Oberversicherungsamt endgültig.

Bei Verzicht auf die Befreiung und bei ihrem endgültigen Widerruf tritt die Versicherungspflicht wieder in Kraft.

§ 1242. Der Bundesrat kann auf Antrag des Arbeitgebers bestimmen, wieweit §§ 1234, 1235 Nr. 1, §§ 1237, 1240, 1241 gelten für

1. die in Betrieben oder im Dienste anderer öffentlicher Verbände oder von Körperschaften oder als Lehrer und Erzieher an nicht öffentlichen Schulen oder Anstalten Beschäftigten, wenn ihnen die im § 1234 bezeichneten Anwartschaften gewährleistet sind, oder sie lediglich für ihren Beruf ausgebildet werden,
2. Personen, denen auf Grund früherer Beschäftigung bei solchen Verbänden oder Körperschaften, Schulen oder Anstalten Ruhegeld, Wartegeld oder ähnliche Bezüge im Mindestbetrage der Invalidenrente nach den Sätzen der ersten Lohnklasse bewilligt sind und daneben eine Anwartschaft auf Hinterbliebenenfürsorge (§ 1234) gewährleistet ist,
3. Beamte und Bedienstete der landesherrlichen Hof-, Domanial-, Kameral-, Forst- und ähnlichen Verwaltungen, der Herzoglich Braunschweigischen Landschaft und der Fürstlich Hohenzollernschen Fideikommißverwaltung.

II. Versicherungsberechtigung.

§ 1243. Zum freiwilligen Eintritt in die Versicherung (Selbstversicherung) sind bis zum vollendeten vierzigsten Lebensjahre berechtigt

1. die im § 1226 unter Nr. 2 bis 5 Bezeichneten und Schiffer, wenn ihr regelmäßiger Jahres-

arbeitsverdienst mehr als zweitausend Mark, aber nicht über dreitausend Mark beträgt,

2. Gewerbtreibende und andere Betriebsunternehmer, die in ihren Betrieben regelmäßig keine oder höchstens zwei Versicherungspflichtige beschäftigen, sowie Hausgewerbtreibende,
3. Personen, die nach den §§ 1227, 1232 versicherungsfrei sind.

Die Berechtigten können die Selbstversicherung beim Ausscheiden aus dem Verhältnis, das die Berechtigung begründet hat, fortsetzen oder später nach § 1283 erneuern.

§ 1244. Wer aus einem versicherungspflichtigen Verhältnis ausscheidet, kann die Versicherung freiwillig fortsetzen oder später nach § 1283 erneuern (Weiterversicherung).

III. Lohnklassen.

§ 1245. Nach der Höhe des Jahresarbeitsverdienstes werden für die Versicherten folgende Lohnklassen gebildet:

Klasse	I	bis zu 350 Mark,				
"	II	von mehr als	350	bis zu	550	Mark,
"	III	" " "	550	" "	850	"
"	IV	" " "	850	" "	1150	"
"	V	" " "	1150 Mark.			

§ 1246. Soweit die folgenden Vorschriften nichts anderes bestimmen, ist für die Zugehörigkeit zu den Lohnklassen statt des tatsächlichen Jahresarbeitsverdienstes ein Durchschnittsbetrag maßgebend.

Im einzelnen gilt als Jahresarbeitsverdienst

1. für Mitglieder einer Krankenkasse oder knappschaftlichen Krankenkasse das Dreihundertfache des Grundlohns (§§ 180, 181),
2. für die nach § 1046 Nr. 1 versicherten Seeleute, soweit der Reichskanzler für sie einen Durchschnittsbetrag festgesetzt hat (§§ 1067 bis 1071), dieser Betrag,
3. im übrigen der dreihundertfache Betrag des Ortslohns, soweit das Oberversicherungsamt für einzelne Berufszweige nichts anderes bestimmt.

Landwirtschaftliche Betriebsbeamte gehören zur dritten, Lehrer und Erzieher zur vierten Klasse, soweit nicht jene einen Jahresarbeitsverdienst von mehr als 850, diese von mehr als 1150 Mark nachweisen.

§ **1247.** Wenn im voraus für Wochen, Monate, Vierteljahre oder Jahre eine feste bare Vergütung vereinbart ist, die den Durchschnittsbetrag übersteigt, so ist diese maßgebend.

§ **1248.** Die Versicherung in einer höheren Lohnklasse ist erlaubt, der Arbeitgeber aber zum höheren Beitrag nur verpflichtet, wenn er sie mit dem Versicherten vereinbart hat.

§ **1249.** Die Versicherungsanstalt veröffentlicht für die einzelnen Orte ihres Bezirkes und für jede Gruppe der Versicherten die Lohnklassen und Beiträge.

Zweiter Abschnitt.

Gegenstand der Versicherung.

I. Allgemeines.

§ 1250. Gegenstand der Versicherung sind Invaliden- oder Altersrenten sowie Renten, Witwengeld und Waisenaussteuer für Hinterbliebene.

§ 1251. Invaliden- oder Altersrente erhält, wer die Invalidität oder das gesetzliche Alter nachweist sowie die Wartezeit erfüllt und die Anwartschaft aufrecht erhalten hat.

§ 1252. Hinterbliebenenfürsorge wird gewährt, wenn der Verstorbene zur Zeit seines Todes die Wartezeit für die Invalidenrente erfüllt und die Anwartschaft aufrechterhalten hat, Witwengeld und Waisenaussteuer nur, wenn außerdem die Witwe zur Zeit der Fälligkeit der Bezüge selbst die Wartezeit für die Invalidenrente erfüllt und die Anwartschaft aufrechterhalten hat.

§ 1253. Länger als auf ein Jahr rückwärts, vom Eingang des Antrags gerechnet, wird keine Rente gezahlt, sofern nicht der Berechtigte durch Verhältnisse, die außerhalb seines Willens liegen, verhindert worden ist, den Antrag rechtzeitig zu stellen. Der Antrag ist in diesem Falle binnen drei Monaten zu stellen, nachdem das Hindernis weggefallen ist.

§ 1254. Wer sich vorsätzlich invalide macht, verliert den Anspruch auf die Rente.

Hat sich der Versicherte oder die Witwe die Invalidität beim Begehen einer Handlung, die nach strafgerichtlichem Urteil ein Verbrechen oder vorsätzliches Vergehen ist, zugezogen, so kann die Rente ganz oder teilweise versagt werden. Die Verletzung bergpolizeilicher Verordnungen oder des § 93 Abs. 2, 3 und der §§ 95 bis 97 der Seemannsordnung gilt nicht als Vergehen im Sinne des vorstehenden Satzes. Die Invaliden- oder Witwenrente kann den im Inland wohnenden Angehörigen ganz oder teilweise zugewiesen werden, wenn der Versicherte oder die Witwe sie bisher ganz oder überwiegend aus seinem Arbeitsverdienst unterhalten haben. Deutsche Schutzgebiete gelten im Sinne dieser Vorschrift als Inland.

Die Rente kann auch versagt werden, wenn wegen des Todes, der Abwesenheit oder eines anderen in der Person des Antragstellers liegenden Grundes kein strafgerichtliches Urteil ergeht.

II. Invalidenrente.

§ 1255. Invalidenrente erhält ohne Rücksicht auf das Lebensalter der Versicherte, der infolge von Krankheit oder anderen Gebrechen dauernd invalide ist.

Als invalide gilt, wer nicht mehr imstande ist, durch eine Tätigkeit, die seinen Kräften und Fähigkeiten entspricht und ihm unter billiger Berücksichtigung seiner Ausbildung und seines bisherigen Berufs zugemutet werden kann, ein Drittel dessen zu erwerben, was körperlich und geistig gesunde Personen derselben Art mit ähnlicher Ausbildung in derselben Gegend durch Arbeit zu verdienen pflegen.

Invalidenrente erhält auch der Versicherte, der nicht dauernd invalide ist, aber während sechsundzwanzig Wochen ununterbrochen invalide gewesen ist oder der nach Wegfall des Krankengeldes invalide ist, für die weitere Dauer der Invalidität (Krankenrente).

§ 1256. Die Invalidenrente beginnt, unbeschadet des § 1253 und des § 1255 Abs. 3, mit dem Tage, an dem die Invalidität eingetreten ist. Als dieser gilt, wenn sich der Beginn der Invalidität nicht feststellen läßt, der Tag, an dem der Antrag auf Rente beim Versicherungsamt eingegangen ist.

III. Altersrente.

§ 1257. Altersrente erhält der Versicherte vom vollendeten siebzigsten Lebensjahr an, auch wenn er noch nicht invalide ist.

IV. Bezüge der Hinterbliebenen.

§ 1258. Witwenrente erhält die dauernd invalide Witwe nach dem Tode ihres versicherten Mannes.

Als invalide gilt die Witwe, die nicht imstande ist, durch eine Tätigkeit, die ihren Kräften und Fähigkeiten entspricht und ihr unter billiger Berücksichtigung ihrer Ausbildung und bisherigen Lebensstellung zugemutet werden kann, ein Drittel dessen zu erwerben, was körperlich und geistig gesunde Frauen derselben Art mit ähnlicher Ausbildung in derselben Gegend durch Arbeit zu verdienen pflegen.

Witwenrente erhält auch die Witwe, die nicht dauernd invalide ist, aber während sechsundzwanzig Wochen ununterbrochen invalide gewesen ist, oder die nach Wegfall des Krankengeldes invalide ist, für die weitere Dauer der Invalidität (Witwenkrankenrente).

§ 1259. Waisenrente erhalten nach dem Tode des versicherten Vaters seine ehelichen Kinder unter fünfzehn Jahren und nach dem Tode einer Versicherten ihre vaterlosen Kinder unter fünfzehn Jahren. Als vaterlos gelten auch uneheliche Kinder.

§ 1260. Nach dem Tode der versicherten Ehefrau eines erwerbsunfähigen Ehemannes, die den Lebensunterhalt ihrer Familie ganz oder überwiegend aus ihrem Arbeitsverdienste bestritten hat, steht den ehelichen Kindern unter fünfzehn Jahren Waisenrente und dem Manne Witwerrente zu, solange sie bedürftig sind.

Für die Waisenrente gilt dies auch, wenn zur Zeit des Todes der Versicherten die Ehe nicht mehr bestand.

§ 1261. Nach dem Tode einer versicherten Ehefrau, deren Ehemann sich ohne gesetzlichen Grund von der häuslichen Gemeinschaft ferngehalten und seiner väterlichen Unterhaltspflicht entzogen hat, steht den ehelichen Kindern unter fünfzehn Jahren Waisenrente zu, solange sie bedürftig sind.

Dies gilt auch, wenn zur Zeit des Todes der Versicherten die Ehe nicht mehr bestand und der Ehemann sich seiner väterlichen Unterhaltspflicht entzogen hat.

§ 1262. Hinterläßt der Versicherte elternlose Enkel unter fünfzehn Jahren, deren Unterhalt er ganz oder überwiegend bestritten hat, so steht ihnen Waisenrente zu, solange sie bedürftig sind.

§ 1263. Die Renten der Hinterbliebenen beginnen mit dem Todestage des Ernährers. War die Witwe an diesem Tage noch nicht invalide, so bestimmt sich der Beginn der Rente nach § 1256 oder § 1258 Abs. 3.

§ 1264. Das Witwengeld wird beim Tode des Ehemanns fällig, die Waisenaussteuer bei Vollendung des fünfzehnten Lebensjahrs der Kinder.

§ 1265. Die gesetzlichen Leistungen werden auch dann gewährt, wenn der Versicherte verschollen ist. Er gilt als verschollen, wenn während eines Jahres keine glaubhaften Nachrichten von ihm eingegangen sind und die Umstände seinen Tod wahrscheinlich machen.

Das Versicherungsamt kann von den Hinterbliebenen die eidesstattliche Erklärung verlangen, daß sie von dem Leben des Vermißten keine anderen als die angezeigten Nachrichten erhalten haben.

§ 1266. Den Todestag Verschollener stellt die Versicherungsanstalt nach billigem Ermessen fest. Für die auf See Verschollenen gilt § 1100 Abs. 1.

§ 1267. Hinterbliebene haben keinen Anspruch auf die Fürsorge, wenn sie den Tod des Versicherten vorsätzlich herbeigeführt haben.

§ 1268. Der Anspruch der Hinterbliebenen eines Ausländers, die sich zur Zeit seines Todes nicht gewöhnlich im Inland aufhielten, beschränkt sich auf die Hälfte der Bezüge ohne Reichszuschuß.

Der Bundesrat kann diese Beschränkung für ausländische Grenzgebiete oder für Angehörige solcher auswärtiger Staaten ausschließen, deren Gesetzgebung eine entsprechende Fürsorge gewährleistet.

Deutsche Schutzgebiete gelten im Sinne des Abs. 1 als Inland.

V. Heilverfahren.

§ 1269. Um die infolge einer Erkrankung drohende Invalidität eines Versicherten oder einer Witwe abzuwenden, kann die Versicherungsanstalt ein Heilverfahren einleiten.

§ 1270. Die Versicherungsanstalt kann insbesondere den Erkrankten in einem Krankenhaus oder in einer Anstalt für Genesende unterbringen.

Ist er verheiratet und lebt er mit seiner Familie zusammen oder hat er einen eigenen Haushalt oder ist er Mitglied des Haushalts seiner Familie, so bedarf es seiner Zustimmung.

Bei einem Minderjährigen genügt seine Zustimmung.

§ 1271. Angehörige des Erkrankten, deren Unterhalt er ganz oder überwiegend aus seinem Arbeitsverdienste bestritten hat, erhalten während des Heilverfahrens (§ 1270) ein Hausgeld auch dann, wenn er an keine Krankenkasse, keine knappschaftliche Krankenkasse oder

Ersatzkasse Ansprüche hat. Es beträgt ein Viertel des Ortslohns für erwachsene Tagearbeiter. Unterlag jedoch der Erkrankte bis zum Eingreifen der Versicherungsanstalt der Krankenversicherung, so richtet sich das Hausgeld auch für die Zeit, für welche die Verpflichtung der Krankenkasse nicht mehr besteht, nach den Vorschriften über Krankenversicherung. Eine Invaliden- oder Witwenrente kann für die Dauer des Heilverfahrens ganz oder teilweise versagt werden. Das Hausgeld fällt weg, solange und soweit Lohn oder Gehalt auf Grund eines Rechtsanspruchs gezahlt wird.

§ 1272. Entzieht sich ein Erkrankter ohne gesetzlichen oder sonst triftigen Grund dem Heilverfahren (§ 1269), und wäre die Invalidität durch das Heilverfahren voraussichtlich verhütet worden, so kann die Rente auf Zeit ganz oder teilweise versagt werden, wenn der Erkrankte auf diese Folge hingewiesen worden ist.

§ 1273. Über Streitigkeiten, die nicht bei der Rentenfeststellung erledigt werden, entscheidet auf Beschwerde das Oberversicherungsamt endgültig.

§ 1274. Die Versicherungsanstalt kann mit Genehmigung der Aufsichtsbehörde Mittel aufwenden, um allgemeine Maßnahmen zur Verhütung des Eintritts vorzeitiger Invalidität unter den Versicherten oder zur Hebung der gesundheitlichen Verhältnisse der versicherungspflichtigen Bevölkerung zu fördern oder durchzuführen. Die Genehmigung kann auch für Pauschbeträge erteilt werden.

VI. Sachleistungen statt Renten.

§ 1275. Gemeinden oder Gemeindeverbände können mit Genehmigung der höheren Verwaltungsbehörde statutarisch bestimmen, daß Renten bis zu zwei Dritteln nicht bar gezahlt, sondern in Sachen gewährt werden. Dies gilt nur für die Rentenempfänger, die im Bezirke wohnen, wenn sie oder ihre Ernährer dort als landwirtschaftliche Arbeiter nach Ortsgebrauch ganz oder teilweise in Sachen gelohnt worden und mit der Sachleistung statt Renten einverstanden sind.

Bei Waisenrenten bedarf es außerdem der Zustimmung des Vormundes. Dieser bedarf der Genehmigung des Vormundschaftsgerichts.

Den Wert der Sachen setzt die höhere Verwaltungsbehörde nach Durchschnittspreisen fest.

§ 1276. Die Sachbezüge gewährt die Gemeinde des Wohnorts. Der Anspruch auf Rente geht im Werte der Sachbezüge auf die Gemeinde über.

Das Versicherungsamt (Beschlußausschuß) entscheidet bei Streit zwischen der Gemeinde und dem Berechtigten. Auf Beschwerde entscheidet das Oberversicherungsamt endgültig.

Ist der Anspruch auf Rente endgültig auf die Gemeinde übergegangen, so benachrichtigt die Versicherungsanstalt die Post.

§ 1277. Die Satzung der Versicherungsanstalt kann den Vorstand ermächtigen, den Rentenempfänger auf Antrag in einem Invaliden- oder Waisenhaus oder einer ähnlichen Anstalt unterzubringen und dazu die Rente ganz oder teilweise zu verwenden.

Invalidenhäuser und ähnliche Anstalten gelten als Kranken-, Bewahr- und Heilanstalten im Sinne des § 11 Abs. 2 und des § 23 Abs. 2 des Gesetzes über den Unterstützungswohnsitz (Reichs-Gesetzbl. 1908 S. 381).

Die Aufnahme verpflichtet den Rentenempfänger auf ein Vierteljahr und, wenn er nicht einen Monat vor Ablauf dieser Zeit widerspricht, jedesmal auf ein weiteres Vierteljahr zum Verzicht auf die Rente.

VII. Wartezeit.

§ 1278. Die Wartezeit dauert

1. bei der Invalidenrente, wenn für den Versicherten auf Grund der Versicherungspflicht mindestens hundert Beiträge geleistet worden sind, zweihundert, andernfalls fünfhundert Beitragswochen,
2. bei der Altersrente eintausendzweihundert Beitragswochen.

§ 1279. Die Beiträge für die freiwillige Versicherung werden auf die Wartezeit für die Invalidenrente nur dann angerechnet, wenn mindestens hundert Beiträge auf Grund der Versicherungspflicht oder der Selbstversicherung geleistet worden sind.

Dieses gilt nicht für Beiträge, die der Versicherte in den ersten vier Jahren freiwillig geleistet hat, nachdem sein Berufszweig versicherungspflichtig geworden ist.

VIII. Erlöschen der Anwartschaft.

§ 1280. Die Anwartschaft erlischt, wenn während zweier Jahre nach dem auf der Quittungskarte verzeichneten Ausstellungstag (§ 1416) weniger als zwanzig Wochenbeiträge auf Grund der Versicherungspflicht oder der Weiterversicherung entrichtet worden sind.

§ 1281. Als Wochenbeiträge im Sinne des § 1280 zählen auch

1. Militärdienst- und Krankheitszeiten (§§ 1393, 1394),
2. Zeiten ohne versicherungspflichtige Beschäftigung, während deren der Anwärter oder der Verstorbene Invaliden- oder Altersrente aus einer Kasse oder einer Sonderanstalt der in den §§ 1321, 1360, 1375 bezeichneten Art oder eine Unfallrente von mindestens einem Fünftel der Vollrente bezog.

§ 1282. Bei der Selbstversicherung und ihrer Fortsetzung müssen zur Aufrechterhaltung der Anwartschaft während der im § 1280 bezeichneten Frist mindestens vierzig Beiträge entrichtet werden. Dieses gilt nicht, wenn auf Grund der Versicherungspflicht mehr als sechzig Beiträge geleistet worden sind.

§ 1283. Die Anwartschaft lebt wieder auf, wenn der Versicherte wieder eine versicherungspflichtige Beschäftigung aufnimmt oder durch freiwillige Beitragsleistung das Versicherungsverhältnis erneuert und danach eine Wartezeit von zweihundert Beitragswochen zurücklegt.

Hat der Versicherte bei der Wiederaufnahme der versicherungspflichtigen Beschäftigung oder bei der Erneuerung des Versicherungsverhältnisses durch freiwillige Beitragsleistung das sechzigste Lebensjahr vollendet, so lebt die Anwartschaft nur auf, wenn er vor dem Erlöschen der Anwartschaft mindestens tausend Beitragsmarken verwendet hatte.

Hat der Versicherte das vierzigste Lebensjahr vollendet, so lebt die Anwartschaft durch freiwillige Beitragsleistung nur auf, wenn er vor dem Erlöschen der Anwartschaft mindestens fünfhundert Beitragsmarken verwendet hatte und danach eine Wartezeit von fünfhundert Beitragswochen zurücklegt.

IX. Berechnung der Versicherungsleistungen.

§ 1284. Die Versicherungsleistungen bestehen aus einem festen Reichszuschuß und einem Anteil der Versicherungsanstalt.

Werden nicht die vollen Rentenbeträge ausgezahlt, so werden die Anteile des Reichs und der Versicherungsträger entsprechend gekürzt.

§ 1285. Der Reichszuschuß beträgt jährlich fünfzig Mark für jede Invaliden-, Alters-, Witwen- und Witwerrente und fünfundzwanzig Mark für jede Waisenrente, einmalig fünfzig Mark für jedes Witwengeld und sechzehnzweidrittel Mark für jede Waisenaussteuer.

§ 1286. Der Anteil der Versicherungsanstalten richtet sich nach den gezahlten Beiträgen und den Militärdienst- und Krankheitszeiten, die als Beitragswochen gelten.

§ 1287. Die Versicherungsanstalt leistet bei den Invalidenrenten einen Grundbetrag und die Steigerungssätze, bei den Renten der Hinterbliebenen, bei den Witwengeldern und Waisenaussteuern einen Teil des Grundbetrags und der Steigerungssätze, bei den Altersrenten einen festen Jahresbetrag.

§ 1288. Der Grundbetrag der Invalidenrente wird stets nach fünfhundert Beitragswochen berechnet. Sind weniger nachgewiesen, so gilt für die fehlenden die Lohnklasse I; sind es mehr, so scheiden die überzähligen Beiträge der niedrigsten Lohnklassen aus.

Für jede Beitragswoche werden angesetzt

in der Lohnklasse I	12	Pfennig,
" " " II	14	"
" " " III	16	"
" " " IV	18	"
" " " V	20	"

§ 1289. Der Steigerungssatz der Invalidenrente beträgt für jede Beitragswoche

in der Lohnklasse I	3	Pfennig,
" " " II	6	"
" " " III	8	"
" " " IV	10	"
" " " V	12	" .

§ 1290. Für jede Beitragswoche zählt nur ein Beitrag. Sind mehr Beitragswochen belegt und die überzähligen Marken nicht festzustellen, so scheiden die Beiträge der niedrigsten Lohnklassen aus, bis die zulässige Höchstzahl übrig bleibt.

§ 1291. Hat der Empfänger der Invalidenrente Kinder unter fünfzehn Jahren, so erhöht sich die Invalidenrente für jedes dieser Kinder um ein Zehntel, bis zu dem höchstens anderthalbfachen Betrage.

§ 1292. Der Anteil der Versicherungsanstalt beträgt

bei Witwen- und Witwerrenten drei Zehntel,
bei Waisenrenten für eine Waise drei Zwanzigstel,
für jede weitere Waise ein Vierzigstel

des Grundbetrags und der Steigerungssätze der Invalidenrente, die der Ernährer zur Zeit seines Todes bezog oder bei Invalidität bezogen hätte.

§ 1293. Der Anteil der Versicherungsanstalt an den Altersrenten beträgt

in der Lohnklasse	I	60	Mark,
" " "	II	90	"
" " "	III	120	"
" " "	IV	150	"
" " "	V	180	"

Für Beiträge verschiedener Lohnklassen wird der entsprechende Durchschnitt gewährt. Sind über eintausendzweihundert Beitragswochen nachgewiesen, so scheiden die überzähligen Beiträge der niedrigsten Lohnklassen aus.

§ 1294. Die Renten der Hinterbliebenen dürfen zusammen nicht mehr betragen als das Anderthalbfache der Invalidenrente, die der Verstorbene zur Zeit seines Todes bezog oder bei Invalidität bezogen hätte.

Waisenrenten allein dürfen zusammen nicht mehr betragen als diese Invalidenrente.

Ergeben die Renten einen höheren Betrag, so werden sie im Verhältnis ihrer Höhe gekürzt.

Enkel haben nur soweit einen Anspruch, als nicht der zulässige Höchstbetrag den Kindern zufließt.

§ 1295. Beim Ausscheiden eines Hinterbliebenen erhöhen sich die Renten der übrigen bis zum zulässigen Höchstbetrage.

§ 1296. Als Witwengeld wird der zwölffache Monatsbetrag der Witwenrente, als Waisenaussteuer der achtfache Monatsbetrag der bezogenen Waisenrente gewährt.

§ 1297. Die Renten werden in Teilbeträgen monatlich, auf volle fünf Pfennig aufgerundet, im voraus gezahlt.

X. Wegfall der Leistungen.

§ 1298. Die Witwen- und die Witwerrenten fallen bei der Wiederverheiratung weg.

§ 1299. Die Waisenrente fällt weg, sobald die Waise das fünfzehnte Lebensjahr vollendet

§ 1300. Der Anspruch auf das Witwengeld verfällt, wenn er nicht innerhalb eines Jahres nach dem Tode des Ehemanns geltend gemacht wird.

§ 1301. Für den Sterbemonat und den Monat, der das Ruhen der Rente bringt, wird, vorbehaltlich der §§ 1295, 1318, die Rente voll gezahlt.

Kommt für einen Monatsteil zur Rente des Versicherten noch die der Hinterbliebenen, so haben sie den höheren Betrag zu beanspruchen.

§ 1302. Ist beim Tode des Empfängers die fällige Rente noch nicht abgehoben, so sind nacheinander bezugsberechtigt der Ehegatte, die Kinder, der Vater, die Mutter, die Geschwister, wenn sie mit dem Empfänger zur Zeit seines Todes in häuslicher Gemeinschaft gelebt haben.

§ 1303. Stirbt ein Versicherter oder ein zum Bezug einer Witwen- oder Witwerrente oder eines Witwengeldes Berechtigter, nachdem er seinen Anspruch erhoben hatte, so sind zur Fortsetzung des Verfahrens und zum Bezuge der bis zum Todestage fälligen Beträge nacheinander berechtigt der Ehegatte, die Kinder, der Vater, die Mutter, die Geschwister, wenn sie mit dem Berechtigten zur Zeit seines Todes in häuslicher Gemeinschaft gelebt haben.

Stirbt der zum Bezug einer Waisenaussteuer Berechtigte vor ihrer Auszahlung, so bestimmt das Versicherungsamt nach billigem Ermessen, an wen sie zu zahlen ist.

XI. Entziehung der Rente.

§ 1304. Ist der Empfänger einer Invaliden- oder Witwenrente infolge einer wesentlichen Änderung in seinen Verhältnissen nicht mehr invalide im Sinne der §§ 1255, 1258, so entzieht ihm die Versicherungsanstalt die Rente.

§ 1305. Ist zu erwarten, daß ein Heilverfahren den Empfänger einer Invaliden-, Witwen- oder Witwerrente wieder erwerbsfähig macht, so kann es die Versicherungsanstalt einleiten. Dabei sind die §§ 1270, 1271, 1273 entsprechend anzuwenden. Den Angehörigen der Empfänger von Witwen- oder Witwerrenten wird kein Hausgeld gezahlt.

§ 1306. Entzieht sich ein Rentenempfänger ohne gesetzlichen oder sonst triftigen Grund dem Heilverfahren und verhindert er dadurch die Beseitigung der Invalidität oder entzieht er sich ohne Grund einer Nachuntersuchung oder Beobachtung in einem Krankenhause, so kann ihm die Rente auf Zeit ganz oder teilweise entzogen werden, wenn er auf diese Folge hingewiesen worden ist.

§ 1307. Witwerrenten und Waisenrenten, die nach den §§ 1260 bis 1262 gewährt sind, entzieht die Versicherungsanstalt, sobald die Bedürftigkeit des Empfängers wegfällt.

§ 1308. Ein Bescheid, der die Rente entzieht, wird mit Ablauf des auf die Zustellung folgenden Monats wirksam.

§ 1309. Wird Invaliden- oder Witwenrente von neuem oder an Stelle einer Krankenrente oder wird eine Altersrente bewilligt, so wird die Zeit des früheren Rentenbezugs dem Versicherten ebenso angerechnet wie eine nachgewiesene Krankheitszeit (§ 1394 Abs. 2). Während der Zeit des früheren Rentenbezugs erlischt die Anwartschaft nicht.

§ 1310. Wird nachgewiesen, daß ein Versicherter, der als verschollen galt, noch lebt, so wird die weitere Rentenzahlung eingestellt. Die Versicherungsanstalt braucht die zu Unrecht gezahlten Beträge nicht zurückzufordern.

XII. Ruhen der Rente und Kapitalabfindung.

§ 1311. Die Rente ruht neben einer reichsgesetzlichen Unfallrente, soweit beide zusammen übersteigen würden

1. bei Invaliden- und Altersrenten den siebeneinhalbfachen Grundbetrag der Invalidenrente,
2. bei Witwen- und Witwerrenten den dreieinhalbfachen, bei Waisenrenten den dreifachen Grundbetrag der Invalidenrente, die der Ernährer zur Zeit seines Todes bezog oder bei Invalidität bezogen hätte.

§ 1312. Die Rente ruht, solange der Berechtigte eine Freiheitsstrafe von mehr als einem Monat verbüßt oder in einem Arbeitshaus oder einer Besserungsanstalt untergebracht ist.

Hat er im Inland Angehörige, die er ganz oder überwiegend aus seinem Arbeitsverdienst unterhalten hat, so wird ihnen die Invaliden- oder Altersrente überwiesen.

§ 1313. Die Rente ruht, solange

1. der Berechtigte sich freiwillig gewöhnlich im Ausland aufhält,
2. der berechtigte Ausländer wegen der Verurteilung in einem Strafverfahren aus dem Reichsgebiet ausgewiesen ist. Das Gleiche gilt für einen berechtigten Ausländer, der aus Anlaß der Verurteilung in einem Strafverfahren aus dem Gebiet eines Bundesstaats ausgewiesen ist, solange er sich nicht in einem anderen Bundesstaat aufhält.

§ 1314. Der Bundesrat kann das Ruhen der Rente für ausländische Grenzgebiete oder für solche auswärtigen Staaten ausschließen, deren Gesetzgebung Deutschen und ihren Hinterbliebenen eine entsprechende Fürsorge gewährleistet.

§ 1315. Deutsche Schutzgebiete gelten im Sinne der §§ 1312, 1313 als Inland.

§ 1316. Mit dem dreifachen oder, sofern es sich um eine Waisenrente handelt, mit dem anderthalbfachen Betrage seiner Jahresrente ist abzufinden der berechtigte Ausländer im Falle des § 1313 Nr. 1.

§ 1317. Die gleiche Abfindung kann mit ihrer Zustimmung denjenigen Ausländern gewährt werden, die

1. abgesehen von den Fällen des § 1313 Nr. 2, auf Grund der Anordnung einer deutschen Behörde das Reichsgebiet verlassen haben,
2. zum Bezuge der Rente auf Grund eines vom Bundesrat nach § 1314 erlassenen Beschlusses berechtigt sind.

§ 1318. Treffen die Voraussetzungen für mehrere Renten auf Grund der Invaliden- und Hinterbliebenenversicherung zusammen, so ruht die niedrigere Rente von dem Tage des Zusammentreffens an.

XIII. **Besondere Befugnisse der Versicherungsanstalten.**

§ 1319. Überzeugt sich die Versicherungsanstalt bei erneuter Prüfung, daß die Leistung mit Unrecht abgelehnt, entzogen, eingestellt oder zu niedrig festgestellt worden ist, so kann sie eine neue Feststellung treffen.

§ 1320. Die Versicherungsanstalt braucht Rentenbeträge nicht zurückzufordern, die sie vor rechtskräftiger Entscheidung nach dem Gesetze zahlen mußte.

XIV. **Verhältnis zu anderen Ansprüchen.**

§ 1321. Fabrik-, Seemanns- und ähnliche Kassen können die Invaliden-, Alters- oder Hinterbliebenenunterstützungen, die sie ihren reichsgesetzlich versicherten Mitgliedern geben, um höchstens den Wert der reichsgesetzlichen Bezüge dieser Art ermäßigen. Sie müssen dann alle Beiträge oder, wenn die Arbeitgeber damit einverstanden sind, wenigstens die der Kassenmitglieder entsprechend herabsetzen. Das Gleiche gilt für Knappschaftsvereine oder Knappschaftskassen hinsichtlich der Invaliden- und Altersunterstützungen.

Satzungsmäßige Leistungen, welche die Kasse vor der Entschließung der zuständigen Stellen oder vor dem 1. Januar 1891 bewilligt hat, dürfen nicht vermindert werden.

Die erforderlichen Anordnungen sind von den Kassen durch Satzungsänderung herbeizuführen; diese bedarf der Genehmigung der zuständigen Behörde. Die Behörde kann die Änderung rechtsgültig selbst vornehmen, wenn die Kasse den Antrag der beteiligten Arbeitgeber oder der Mitgliedermehrheit ablehnt.

Die Beiträge brauchen nicht ermäßigt zu werden, wenn die an den Unterstützungen gemachten Ersparnisse entweder nötig sind, um die der Kasse verbleibenden Leistungen zu decken, oder satzungsmäßig mit Genehmigung der Aufsichtsbehörde zu Wohlfahrtseinrichtungen für Betriebsbeamte, Arbeiter oder deren Hinterbliebene verwendet werden.

Der Bundesrat bestimmt das Verfahren vor dem Kaiserlichen Aufsichtsamte für Privatversicherung im Falle des Abs. 3 Satz 2.

§ 1322. Die Unterstützungen, die Knappschaftsvereine oder Knappschaftskassen den Hinterbliebenen ihrer reichsgesetzlich versicherten Mitglieder geben, ermäßigen sich um den halben Wert der reichsgesetzlichen Bezüge der gleichen Art. Die Unterstützungen müssen unter Hinzurechnung der reichsgesetzlichen Bezüge mindestens um den Betrag des Reichszuschusses höher sein, als die satzungsmäßigen Unterstützungen ohne die Ermäßigung sein würden. Entsprechend der Ermäßigung der Unterstützungen sind alle Beiträge oder, wenn die Arbeitgeber damit einverstanden sind, wenigstens die der Mitglieder herabzusetzen. Bei Streit über die Höhe der Beitragsherabsetzung entscheidet die Aufsichtsbehörde.

Die Satzung kann bestimmen, daß die Unterstützungen und entsprechend die Beiträge um einen geringeren Teil oder gar nicht ermäßigt werden.

Satzungsmäßige Leistungen, die vor der Entschließung der zuständigen Stellen oder vor dem Inkrafttreten dieser Vorschrift bewilligt sind, dürfen nicht vermindert werden.

§ 1323. Der § 1281 Nr. 2 und die §§ 1321, 1322 gelten auch für solche zur Invaliden-, Alters- und Hinterbliebenenfürsorge bestimmten Kassen, für die nach Ortsstatut eine Beitrittspflicht besteht.

§ 1324. Die Rentenansprüche dürfen nur aufgerechnet werden auf

Ersatzforderungen für bezogene Unfallrenten und Entschädigungen, soweit der Versicherungsanstalt ein Anspruch darauf nach § 1522 Abs. 3, § 1542 zusteht,

geschuldete Beiträge,
gezahlte Vorschüsse,
zu Unrecht gezahlte Rentenbeträge,
die zu erstattenden Kosten des Verfahrens,
die von den Versicherungsanstalten verhängten Geldstrafen.

§ 1325. Witwengeld und Waisenaussteuer dürfen, vorbehaltlich des § 119 Abs. 2, nicht übertragen, gepfändet, verpfändet oder aufgerechnet werden.

Dritter Abschnitt.

Träger der Versicherung.

A. Versicherungsanstalten.

I. Äußere Verfassung.

1. Errichtung.

§ 1326. Die Versicherungsanstalten werden nach Bestimmung der Landesregierungen für das Gebiet des Bundesstaats, für Gemeindeverbände oder andere Gebietsteile errichtet.

Für mehrere Bundesstaaten oder ihre Gebietsteile sowie für mehrere Gemeindeverbände kann eine gemeinsame Versicherungsanstalt errichtet werden.

Versicherungsanstalten, die nach dem Gesetze vom 22. Juni 1889 errichtet sind, bleiben in ihrem Bestande, vorbehaltlich der nach den §§ 1332 bis 1337 zulässigen Änderungen, erhalten.

§ 1327. Die Errichtung der Versicherungsanstalt bedarf der Genehmigung des Bundesrats. Versagt er die Genehmigung, so kann er nach Anhören der beteiligten Landesregierungen die Errichtung selbst anordnen.

§ 1328. Die Landesregierung bestimmt den Sitz der Versicherungsanstalt. Reicht die Versicherungsanstalt über mehrere Bundesstaaten, so bestimmen die beteiligten Landesregierungen den Sitz.

2. Örtliche Zuständigkeit.

§ 1329. Die Versicherungsanstalt umfaßt alle in ihrem Bezirke Beschäftigten (§§ 153 bis 156), die nicht in Sonderanstalten ihrer Versicherungspflicht genügen. Werden Personen in einem Betriebe beschäftigt, dessen Sitz in dem Bezirk einer anderen Versicherungsanstalt liegt, so können sie mit Zustimmung der beteiligten Versicherungsanstalten auch bei der des Betriebssitzes versichert werden. Mitglieder einer Betriebskrankenkasse müssen auf Antrag des Arbeitgebers dort versichert werden.

§ 1330. Beschäftigt ein Betrieb, der seinen Sitz im Inland hat, vorübergehend Personen im Ausland, so sind sie bei der Versicherungsanstalt des Betriebssitzes versichert.

§ 1331. Für ausländische Binnenschiffe gilt, vorbehaltlich einer anderen Bestimmung des Bundesrats, als Beschäftigungsort der Sitz der Versicherungsanstalt, in deren Bezirk das Schiff bei Überfahren der Grenze zuerst eintritt.

3. Änderung der Bezirke.

§ 1332. Die Bezirke der Versicherungsanstalten können geändert werden, wenn es der Ausschuß (§ 1351) oder ein beteiligter Bundesstaat beantragt und der Bundesrat genehmigt. Vor der Beschlußfassung werden die beteiligten Ausschüsse und Landesregierungen gehört. Bei Versicherungsanstalten für die Bezirke von Gemeindeverbänden können auch deren Vertretungen Änderungen beantragen und müssen sonst vor Änderungen gehört werden.

Versicherungsanstalten können mit Zustimmung des Reichstags zusammengelegt, geteilt oder aufgehoben werden.

§ 1333. Ohne weiteres ändert sich der Bezirk einer Versicherungsanstalt, wenn der Verwaltungsbezirk geändert wird.

§ 1334. Scheiden örtliche Bezirke aus einer Versicherungsanstalt aus, so behält sie ihr Vermögen und die vorhandenen Verbindlichkeiten.

§ 1335. Wird eine Versicherungsanstalt aufgelöst, so können die beteiligten Landesregierungen den aufnehmenden Anstalten das Vermögen mit allen Rechten und Pflichten übertragen oder die Übernahme durch eine andere Anstalt genehmigen. Sonst fällt das Vermögen, bei gemeinsamen Anstalten anteilig, den beteiligten Gemeindeverbänden oder Bundesstaaten zu.

§ 1336. Einigen sich bei Auflösung einer gemeinsamen Versicherungsanstalt die Gemeindeverbände oder Bundesstaaten nicht über die ihnen zufallenden Vermögensanteile, so bestimmt hierüber der Bundesrat oder, wenn nur Gemeindeverbände eines Bundesstaats beteiligt sind, die oberste Verwaltungsbehörde.

§ 1337. Bei Streit zwischen Versicherungsanstalten über die Vermögensauseinandersetzung entscheidet, mangels Verständigung über eine schiedsrichterliche Entscheidung, der Beschlußsenat des Reichsversicherungsamts oder des Landesversicherungsamts (§ 1382).

II. Innere Verfassung.

1. Satzung.

§ 1338. Der Ausschuß beschließt eine Satzung. Sie muß Sitz und Bezirk der Versicherungsanstalt angeben und bestimmen über

1. Namen der Versicherungsanstalt,
2. Zahl der Vertreter der Arbeitgeber und der Versicherten im Vorstand,
3. die Gegenstände, für die im Vorstande die Mitwirkung der Vertreter der Arbeitgeber und Versicherten bei der Beratung und den Beschlüssen erforderlich ist,
4. Mitgliederzahl, Berufung, Rechte und Pflichten des Ausschusses, Bestellung seines Vorsitzenden, Art der Beschlußfassung sowie seine Vertretung nach außen im Falle des § 1354 Abs. 1 Satz 1

5. Form der Willenserklärungen des Vorstandes sowie seiner Unterschrift für die Versicherungsanstalt, Art der Beschlußfassung des Vorstandes und seine Vertretung nach außen,
6. Vertretung der Versicherungsanstalt gegenüber dem Vorstand,
7. Höhe der Vergütungen nach § 21 Abs. 2, 3,
8. Aufstellung des Voranschlags,
9. Aufstellung und Abnahme der Jahresrechnung, soweit darüber nicht die oberste Verwaltungsbehörde bestimmt,
10. Veröffentlichung der Rechnungsabschlüsse,
11. Art der Bekanntmachungen,
12. Änderung der Satzung.

§ 1339. Die Satzung bedarf der Genehmigung des Reichsversicherungsamts oder des Landesversicherungsamts (§ 1382). Soll die Genehmigung versagt werden, so entscheidet über sie der Beschlußsenat; die Gründe der Versagung sind mitzuteilen. Wird die Genehmigung versagt, so entscheidet auf Beschwerde der Bundesrat.

§ 1340. Ist die Genehmigung endgültig versagt, so hat in der vom Reichsversicherungsamt oder Landesversicherungsamt festgesetzten Frist der Ausschuß über eine neue Satzung zu beschließen. Kommt kein Beschluß zustande oder wird auch die neue Satzung endgültig nicht genehmigt, so erläßt das Reichsversicherungsamt oder das Landesversicherungsamt die Satzung und ordnet auf Kosten der Anstalt das zur Ausführung Erforderliche an.

§ 1341. Die Satzung darf nur mit Genehmigung des Reichsversicherungsamts oder des Landesversicherungsamts geändert werden. Soll die Genehmigung versagt werden, so entscheidet über sie der Beschlußsenat; die Gründe der Versagung sind mitzuteilen. Wird die Genehmigung versagt, so entscheidet auf Beschwerde der Bundesrat.

2. Vorstand.

§ 1342. Der Vorstand verwaltet die Anstalt, soweit Gesetz oder Satzung nichts anderes bestimmt.

§ 1343. Er hat die Eigenschaft einer öffentlichen Behörde. Seine Geschäfte führen ein oder mehrere Beamte des Gemeindeverbandes oder Bundesstaats, für den die Versicherungsanstalt errichtet ist.

§ 1344. Der Gemeindeverband oder die oberste Verwaltungsbehörde bestellt nach den landesgesetzlichen Vorschriften die beamteten Vorstandsmitglieder und bezeichnet eines von ihnen als Vorsitzenden.

Reicht die Versicherungsanstalt über mehrere Gemeindeverbände, so tut es die oberste Verwaltungsbehörde oder der von ihr beauftragte Gemeindeverband.

Reicht die Versicherungsanstalt über mehrere Bundesstaaten, so entscheiden über die Bestellung der beamteten Vorstandsmitglieder die beteiligten obersten Verwaltungsbehörden.

§ 1345. Für die dienstlichen Verhältnisse der beamteten Vorstandsmitglieder (§ 1344) gilt § 33 nicht.

§ 1346. Als nichtbeamtete Mitglieder gehören dem Vorstand Vertreter der Arbeitgeber und der Versicherten in gleicher Zahl an; sie müssen im Bezirke der Versicherungsanstalt wohnen.

Ist die Zahl der beamteten Mitglieder größer als die Zahl der nichtbeamteten, so scheiden bei der Beschlußfassung soviel beamtete Mitglieder aus, daß die nichtbeamteten Mitglieder in der Mehrzahl sind. Das Nähere bestimmt die Satzung.

§ 1347. Die Satzung kann bestimmen, daß dem Vorstand noch andere besoldete oder unbesoldete Mitglieder angehören sollen. Für die besoldeten setzt der Ausschuß die Anstellungsbedingungen fest. § 1346 Abs. 2 gilt entsprechend.

§ 1348. Soweit die im Hauptamt beschäftigten Bureau-, Kanzlei- und Unterbeamten der Anstalt nicht nach Landesrecht staatliche oder gemeindliche Beamte sind, überträgt ihnen die Landesregierung die Rechte und Pflichten der staatlichen oder gemeindlichen Beamten.

§ 1349. Die Versicherungsanstalt trägt die Bezüge der Beamten und Unterbeamten sowie ihrer Hinterbliebenen.

§ 1350. Der Vorstand veröffentlicht im Reichsanzeiger und im amtlichen Blatte der obersten Verwaltungsbehörde Namen, Sitz und Bezirk der Versicherungsanstalt sowie den Namen des Vorsitzenden, ebenso die Änderungen.

3. Ausschuß.

§ 1351. Jede Versicherungsanstalt hat einen Ausschuß. Er besteht je zur Hälfte aus Vertretern der beteiligten Arbeitgeber und Versicherten und zählt mindestens zehn Mitglieder.

Diese werden von den Versicherungsvertretern bei den Versicherungsämtern des Bezirkes der Versicherungsanstalt je getrennt von den Arbeitgebern und den Versicherten gewählt.

Sie müssen im Bezirke der Versicherungsanstalt wohnen.

§ 1352. Die oberste Verwaltungsbehörde erläßt eine Wahlordnung und leitet die Wahl durch einen Beauftragten. Reicht die Versicherungsanstalt über mehrere Bundesstaaten, so bestimmen die beteiligten obersten Verwaltungsbehörden, welche von ihnen dazu berufen ist.

Für jeden Vertreter werden mindestens zwei Ersatzmänner gewählt; sie ersetzen ihn, wenn er verhindert ist, und treten, wenn er ausscheidet, für den Rest der Wahlzeit in der Reihenfolge ihrer Wahl ein.

Bei Streit über die Wahlen entscheidet die Behörde, welche die Wahlordnung erlassen hat.

§ 1353. Dem Ausschuß bleibt vorbehalten

1. die nichtbeamteten Vorstandsmitglieder zu wählen,
2. den Voranschlag festzusetzen,
3. die Jahresrechnung abzunehmen,
4. die Satzung zu ändern.

§ 1354. Bei Erwerb, Veräußerung oder Belastung von Grundstücken im Werte von mehr als eintausend Mark wird die Anstalt von dem Vorstand und dem Ausschusse vertreten. Soweit es sich darum handelt, im Zwangsversteigerungsverfahren Grundstücke zu erwerben, die von der Versicherungsanstalt beliehen sind, ist der Vorstand allein zur Vertretung berechtigt.

Der Vorstand bedarf der Zustimmung des Ausschusses zur Bildung von Rückversicherungsverbänden.

§ 1355. Der Voranschlag muß mindestens zwei Wochen, bevor ihn der Ausschuß festsetzt, der Aufsichtsbehörde vorliegen. Sie beanstandet ihn, wenn er gegen Gesetz oder Satzung verstößt oder die Leistungsfähigkeit der Versicherungsanstalt zur Erfüllung der ihr obliegenden gesetzlichen Verpflichtungen gefährdet. Berücksichtigt der Ausschuß die Anstände nicht, so muß der Vorstandsvorsitzende die Aufsichtsbehörde anrufen (§ 8). Er hat dies zu tun, wenn es die Aufsichtsbehörde verlangt. Es entscheidet der Beschlußsenat.

4. Vermögensverwaltung.

§ 1356. Die Versicherungsanstalt muß mindestens ein Viertel ihres Vermögens in Anleihen des Reichs oder der Bundesstaaten anlegen.

Sie kann höchstens die Hälfte ihres Vermögens anders als nach den §§ 26, 27 anlegen. Sie bedarf dazu der Genehmigung des Reichsversicherungsamts oder des Landesversicherungsamts (§ 1382).

Will eine Versicherungsanstalt mehr als den vierten Teil ihres Vermögens nach Abs. 2 anlegen, so bedarf sie dazu außerdem der Genehmigung des Gemeindeverbandes oder der obersten Verwaltungsbehörde. Reicht der Bezirk der Versicherungsanstalt über mehrere Bundesstaaten, so ist die Genehmigung ihrer obersten Verwaltungsbehörden erforderlich.

Eine solche Anlage (Abs. 2, 3) ist nur in Wertpapieren, in anderer Art nur für Verwaltungszwecke, zur Vermeidung von Vermögensverlusten oder für Unternehmungen zulässig, die ausschließlich oder überwiegend den Versicherungspflichtigen zugute kommen.

§ 1357. Der Genehmigung (§ 1356 Abs. 2, 3) bedarf es

zum Erwerbe von Grundstücken im Werte von mehr als fünftausend Mark,

zum Errichten von Gebäuden im Werte von mehr als zehntausend Mark,

zum Anschaffen der zugehörigen Einrichtungsgegenstände im Gesamtwerte von mehr als fünftausend Mark.

Der Genehmigung bedarf es nicht zum Erwerbe von Grundstücken in den Fällen des § 1354 Abs. 1 Satz 2.

§ 1358. Das Reichsversicherungsamt regelt die Art und Form der Rechnungsführung.

Die Versicherungsanstalten haben dem Reichsversicherungsamte nach seiner Anordnung Übersichten über ihre Geschäfts- und Rechnungsergebnisse einzureichen. Dieses stellt alljährlich über die gesamten Rechnungsergebnisse des abgeschlossenen Geschäftsjahrs einen Nachweis auf, der dem Reichstag vorzulegen ist.

5. Allgemeines.

§ 1359. Ist der Vorstand oder Ausschuß noch nicht gebildet oder weigern sie sich, ihre Geschäfte zu führen, so führt sie auf Kosten der Versicherungsanstalt der Vorsitzende des Vorstandes selbst oder durch Beauftragte.

Soweit die Wahl der Vertreter nicht zustande kommt oder sie die Dienste verweigern, beruft sie der Vorsitzende des Versicherungsamts aus den wählbaren Personen.

B. Sonderanstalten.

1. Allgemeines.

§ 1360. Der Bundesrat bestimmt auf Antrag der zuständigen Stelle, welche Anstalten des Reichs, eines Bundesstaats oder eines Gemeindeverbandes als Sonderanstalten zugelassen werden und von welchem Zeitpunkt an.

Der Bundesrat kann auf Antrag auch andere Sonderanstalten zulassen.

Die Sonderanstalten müssen den §§ 1361 bis 1366 genügen.

§ 1361. Die Leistungen der Sonderanstalt müssen den gesetzlichen Leistungen der Versicherungsanstalt mindestens gleichwertig sein.

§ 1362. Die Beiträge der Versicherten für die reichsgesetzlichen Leistungen dürfen die Hälfte des gesetzlichen Betrags (§ 1392) nur übersteigen, wenn es durch die von § 1389 abweichende Berechnungsart der Sonderanstalt notwendig wird. Höher als die der Arbeitgeber dürfen sie auch dann nicht sein.

§ 1363. An der Verwaltung der Sonderanstalten müssen die Versicherten durch Vertreter beteiligt sein, die in geheimer Wahl bestimmt sind. Ihre Zahl muß mindestens dem Verhältnis der Beiträge der Versicherten zu denen der Arbeitgeber entsprechen.

§ 1364. Bei Berechnung der Wartezeit und der Rente muß für den reichsgesetzlichen Anspruch die bei anderen Sonderanstalten und bei Versicherungsanstalten zurückgelegte Beitragszeit angerechnet werden.

§ 1365. Das Verfahren über die den reichsgesetzlichen Leistungen entsprechenden Ansprüche auf Invaliden-, Alters- und Hinterbliebenenbezüge muß nach den Vorschriften dieses Gesetzes geregelt sein.

§ 1366. Wenn die Sonderanstalt besondere oder erhöhte Beiträge für die reichsgesetzlichen Leistungen erhebt, so darf sie diese auf ihre anderen Leistungen nur soweit anrechnen, daß sie auf jede reichsgesetzliche Rente mindestens den Reichszuschuß zahlt.

§ 1367. Die Beteiligung bei einer zugelassenen besonderen Kasseneinrichtung (§§ 8, 10, 11 des Invalidenversicherungsgesetzes) oder bei einer Sonderanstalt gilt der Versicherung in einer Versicherungsanstalt gleich.

§ 1368. Die Sonderanstalten erhalten zu ihren reichsgesetzlichen Leistungen den Reichszuschuß.

§ 1369. Für die Rente der bei einer Sonderanstalt Versicherten gilt für jede Woche der Beteiligung nach dem 1. Januar 1891 die Lohnklasse, der sie bei einer Versicherungsanstalt nach ihrem wirklichen Lohne angehört hätten. Waren sie gleichzeitig Mitglieder einer Krankenkasse oder knappschaftlichen Krankenkasse, so richtet sich die Lohnklasse nach § 1246 Abs. 2 Nr. 1 oder 3 und § 1247.

§ 1370. Wenn eine Sonderanstalt die Beiträge nicht durch Marken erhebt, so bescheinigt sie Austretenden die Dauer ihrer Beteiligung, ihre Lohnklassen sowie die Dauer von Militärdienst- und Krankheitszeiten (§§ 1393, 1394). Der Bundesrat kann Form und Inhalt der Bescheinigung bestimmen.

§ 1371. Versicherungsberechtigte in Betrieben, für die eine Sonderanstalt besteht, können sich nur bei ihr freiwillig versichern und beim Ausscheiden aus der Beschäftigung nur bei ihr die Versicherung fortsetzen (§ 1243). Versicherungspflichtige in solchen Betrieben können sich, wenn sie aus ihrer Beschäftigung ausscheiden, ohne anderswo versicherungspflichtig zu werden, nur bei der Sonderanstalt weiter versichern (§ 1244).

§ 1372. Auf die Sonderanstalten sind entsprechend anzuwenden

I. die Vorschriften des Ersten Buches über

1. die Rechnungsstelle (§ 103),

2. die Rechtshilfe (§§ 115 bis 117),
3. die Übertragung, die Verpfändung und die Pfändung der Ansprüche (§ 119),
4. die Fristen (§§ 124 bis 134),
5. die Gebühren und Stempel (§§ 137, 138);

II. die Vorschriften des Vierten Buches über

6. das Heilverfahren (§§ 1269 bis 1274),
7. die Entziehung von Invaliden-, Witwen- und Witwerrenten (§§ 1304 bis 1309),
8. das Ruhen der Renten und die Kapitalabfindung (§§ 1311 bis 1318),
9. die neue Feststellung und die Rückforderung von Rentenbeträgen (§§ 1319, 1320),
10. das Verhältnis der Ansprüche der reichsgesetzlich Versicherten zu den Ansprüchen aus Knappschaftsvereinen oder Knappschaftskassen, Fabrik-, Seemanns- und ähnlichen Kassen (§§ 1321, 1322),
11. die Aufrechnung (§§ 1324, 1325); die Übertragung, Pfändung und Verpfändung von Witwengeld und Waisenaussteuer (§ 1325),
12. die Änderung der Bezirke (§§ 1332 bis 1337),
13. die Verpflichtung zur Anlegung von mindestens einem Viertel des Vermögens in Anleihen des Reichs oder der Bundesstaaten und die Rechnungslegung gegenüber dem Reichsversicherungsamte (§ 1356 Abs. 1, § 1358 Abs. 2).
14. die Auszahlung durch die Post (§§ 1383 bis 1386), soweit die Sonderanstalten nicht unmittelbar zahlen,

15. die Gemeinlast und die Sonderlast (§§ 1395 bis 1399), die Rückversicherungsverbände (§ 1401),
16. die Verteilung und die Erstattung der Versicherungsleistungen und die Abführung der Beträge an die Post (§§ 1403 bis 1410),
17. die Leistung von Beiträgen für eine zurückliegende Zeit (§§ 1442 bis 1444),
18. die Entscheidung von Streit im Falle des § 1460,
19. die freiwillige Zusatzversicherung (§§ 1472 bis 1483);

III. die Vorschriften des Fünften Buches über
20. die Beziehungen der Träger der Kranken- und der Unfallversicherung zu den Trägern der Invaliden- und Hinterbliebenenversicherung (§§ 1518 bis 1526),
21. die Beziehungen zu anderen Verpflichteten, soweit sie in den §§ 1527, 1531, 1536 bis 1543 geregelt sind.

§ 1373. Das Reich oder der beteiligte Gemeindeverband haftet, je nachdem die Sonderanstalt ihren Betrieben dient, für die Leistungen; sonst haftet der Bundesstaat des Betriebssitzes. Sind mehrere Bundesstaaten beteiligt, so haften sie anteilig nach der Zahl der Versicherten, die am Schlusse des letzten Geschäftsjahrs in den Betrieben beschäftigt waren. Ebenso regelt sich die Haftung bei Auseinandersetzungen des Vermögens (§§ 1334 bis 1336).

§ 1374. Für die Feststellung des Betrags, den die

Sonderanstalt dem Gemeinvermögen zuführt, sind die Beiträge (§ 1392) maßgebend. Die Leistungen der Sonderanstalten werden nur soweit verteilt, als sie den reichsgesetzlichen Vorschriften entsprechen.

Den Sonderanstalten, die ihre Zahlungen ohne Vermittelung der Postanstalten selbst leisten, wird der Reichszuschuß am Schlusse jedes Geschäftsjahrs überwiesen.

2. Sonderanstalt der See-Berufsgenossenschaft.

§ 1375. Auf Beschluß des Bundesrats kann die See-Berufsgenossenschaft unter ihrer Haftung eine den reichsgesetzlichen Vorschriften entsprechende Sonderanstalt einrichten. Sie muß die Personen umfassen, die in den Betrieben der Genossenschaft oder in einzelnen Arten dieser Betriebe beschäftigt werden, und auch die Unternehmer, die gleichzeitig der Unfallversicherung und der Invaliden- und Hinterbliebenenversicherung unterliegen. Beide Gruppen sind in der Sonderanstalt kraft Gesetzes versichert.

§ 1376. Werden die Versicherten zu Beiträgen herangezogen, so sind sie in gleicher Weise wie die Arbeitgeber bei der Verwaltung zu beteiligen.

§ 1377. Der Beitragsanteil der Arbeitgeber darf im Durchschnitt nicht niedriger sein als die Hälfte der gesetzlichen Beiträge (§ 1392). Die Beiträge der Versicherten dürfen nicht höher sein als die der Arbeitgeber.

§ 1378. Werden die Beiträge der Versicherten abgestuft, so sind auch die Renten für die Hinterbliebenen entsprechend abzustufen.

Die Wartezeit darf nicht länger als die reichsgesetzliche sein.

§ 1379. Die Sonderanstalt der See-Berufsgenossenschaft steht im übrigen den anderen Sonderanstalten gleich. Die §§ 1355 bis 1358 gelten für sie ohne Einschränkung. Sie wird vom Reichsversicherungsamte beaufsichtigt.

§ 1380. Die Errichtung der Sonderanstalt, ihre Satzung und deren Änderung bedürfen der Genehmigung des Bundesrats. Er beschließt, nachdem die für den Bereich der See-Unfallversicherung als Vertreter der Arbeitgeber und der Versicherten gewählten nichtständigen Mitglieder des Reichsversicherungsamts gehört worden sind.

Der Bundesrat bestimmt den Zeitpunkt, mit dem die Einrichtung wirksam wird.

Vierter Abschnitt.

Aufsicht.

§ 1381. Das Reichsversicherungsamt führt die Aufsicht über die Versicherungsanstalten.

§ 1382. Ist für einen Bundesstaat ein Landesversicherungsamt errichtet, so führt es die Aufsicht über die Versicherungsanstalten, die nicht über dessen Gebiet hinausreichen.

Fünfter Abschnitt.
Auszahlung der Leistungen. Aufbringung der Mittel.

I. Auszahlung durch die Post.

§ 1383. Die Anstalt zahlt auf Anweisung des Vorstandes durch die Post, und zwar in der Regel durch die Postanstalt, in deren Bezirk der Empfänger zur Zeit des Antrags wohnte. Die Zahlstelle wird ihm vom Anstaltsvorstande mitgeteilt.

Verzieht der Empfänger, so kann er bei der Versicherungsanstalt oder bei der Postanstalt des alten Wohnorts beantragen, daß die Zahlung an die Postanstalt des neuen Wohnorts überwiesen wird.

§ 1384. Jede Person, die berechtigt ist, ein öffentliches Siegel zu führen, ist befugt, die bei den Zahlungen erforderlichen Bescheinigungen zu erteilen und zu beglaubigen.

§ 1385. Die obersten Postbehörden können von jeder Versicherungsanstalt einen Vorschuß einziehen. Er wird nach Wahl der Versicherungsanstalt vierteljährlich oder monatlich an die von der Post bezeichneten Kassen abgeführt und darf den Betrag nicht übersteigen, den die Versicherungsanstalt im laufenden Geschäftsjahr voraussichtlich zu zahlen hat.

§ 1386. Das Reichsversicherungsamt kann bestimmen, wie an Empfänger zu zahlen ist, die sich gewöhnlich im Ausland aufhalten.

II. Aufbringung der Mittel.

1. Allgemeines.

§ 1387. Das Reich, die Arbeitgeber und die Versicherten bringen die Mittel für die Versicherung auf.

Das Reich leistet Zuschüsse für die in jedem Jahre tatsächlich gezahlten Renten, Witwengelder und Waisenaussteuern (§ 1285), die Arbeitgeber und die Versicherten entrichten für jede Woche der versicherungspflichtigen Beschäftigung (Beitragswoche) laufende Beiträge zu gleichen Teilen (§§ 1432, 1439, 1458).

Die Beitragswoche beginnt mit Montag.

2. Höhe der Beiträge.

§ 1388. Die Wochenbeiträge setzt der Bundesrat einheitlich im voraus fest, und zwar zunächst für die Zeit bis zum 31. Dezember 1920, dann nach dem Ausfall des Prüfungsergebnisses (§ 1391) immer für zehn Jahre weiter. Änderungen bedürfen der Zustimmung des Reichstags.

§ 1389. Zur Festsetzung der Höhe der Beiträge wird für die Gesamtheit der Versicherten der jährliche Durchschnittsbeitrag berechnet. Er ist so zu bemessen, daß der Wert aller künftigen Beiträge samt dem Vermögen den Betrag deckt, der nach der Wahrscheinlichkeitsrechnung mit Zins und Zinseszins erforderlich ist, um alle zukünftigen Aufwendungen der Versicherungsanstalten zu bestreiten.

§ 1390. Der Durchschnittsbeitrag wird nach den Lohnklassen abgestuft, im übrigen aber für die Versicherten derselben Lohnklasse nach wöchentlichen Teilbeträgen gleich bemessen.

Die Stufen richten sich nach der Belastung, die sich unter der Annahme ergibt, daß jede Lohnklasse einen der Gesamtheit der Versicherten entsprechenden Versicherungsbestand mit gleicher Gefahr hat, und daß für diesen Bestand die Renten, Witwengelder und Waisenaussteuern in der für die Lohnklasse vorgesehenen Höhe in Ansatz kommen.

§ 1391. Die Rechnungsstelle des Reichsversicherungsamts prüft vorher, ob die Beiträge ausreichen.

Fehlbeträge oder Überschüsse müssen durch die neuen Beiträge ausgeglichen werden.

§ 1392. Bis auf weiteres wird als Wochenbeitrag erhoben

in Lohnklasse	I	16 Pfennig,
" "	II	24 "
" "	III	32 "
" "	IV	40 "
" "	V	48 " .

3. Militärdienst- und Krankheitszeiten.

§ 1393. Als Beitragswochen der Lohnklasse II werden, ohne daß Beiträge entrichtet zu werden brauchen, die vollen Wochen angerechnet, in denen der Versicherte

1. zur Erfüllung der Wehrpflicht in Friedens-, Mobilmachungs- oder Kriegszeiten eingezogen gewesen ist,
2. in Mobilmachungs- oder Kriegszeiten freiwillig militärische Dienstleistungen verrichtet hat,
3. wegen einer Krankheit zeitweise arbeitsunfähig und nachweislich verhindert gewesen ist, seine Berufstätigkeit fortzusetzen.

Diese Wochen werden jedoch nur denen angerechnet, die vorher berufsmäßig nicht nur vorübergehend versicherungspflichtig beschäftigt gewesen sind.

§ 1394. Nicht angerechnet wird eine Krankheit, die sich der Versicherte vorsätzlich oder bei Begehung eines durch strafgerichtliches Urteil festgestellten Verbrechens oder durch schuldhafte Beteiligung bei Schlägereien oder Raufhändeln zugezogen hat.

Wenn die Krankheit ununterbrochen über ein Jahr dauert, wird die weitere Dauer nicht angerechnet.

Die Genesungszeit wird der Krankheit gleichgeachtet. Dasselbe gilt für die Dauer von acht Wochen bei einer Arbeitsunfähigkeit, die durch eine Schwangerschaft oder ein regelmäßig verlaufenes Wochenbett veranlaßt ist.

4. Gemeinlast, Sonderlast.

§ 1395. Die Versicherungsanstalten verwalten ihre Einnahmen und ihr Vermögen (Gemeinvermögen und Sondervermögen) selbständig. Sie decken daraus die Gemeinlast, die alle Träger der Invaliden- und Hinterbliebenenversicherung gemeinsam aufzubringen haben, und die dem einzelnen verbleibende besondere Last.

§ 1396. Die Gemeinlast bilden

die Grundbeträge der Invalidenrenten und die Zuschüsse für Kinderrenten (§ 1291),

die Anteile der Versicherungsanstalten an den Altersrenten, Witwen-, Witwer-, Waisenrenten, Witwengeld und Waisenaussteuer,

die Steigerung der Renten infolge von Militärdienst- und Krankheitswochen und

die Rentenaufrundungen.

Alle übrigen Verpflichtungen bilden, unbeschadet des § 1478, die Sonderlast der Versicherungsanstalt.

§ 1397. Zur Deckung der Gemeinlast scheidet jede Versicherungsanstalt vom 1. Januar 1912 an fünfzig vom Hundert der Beiträge buchmäßig als Gemeinvermögen aus. Ihm schreibt sie für seinen buchmäßigen Bestand die Zinsen gut. Den Zinsfuß bestimmt der Bundesrat für die gleichen Zeiträume wie die Beiträge einheitlich.

§ 1398. Ergibt die Prüfung (§ 1391), daß das Gemeinvermögen zur Deckung der Gemeinlast nicht ausreicht oder nicht erforderlich ist, so setzt der Bundesrat den Teil der Beiträge fest, der im nächsten Zeitraum zum Ausgleich der Fehlbeträge oder der Überschüsse für das Gemeinvermögen buchmäßig auszuscheiden ist.

Erhöht er ihn, so bedarf es der Zustimmung des Reichstags.

§ 1399. Das bei der Prüfung vorhandene Vermögen der Versicherungsanstalten darf zur Deckung der Gemeinlast nur so weit herangezogen werden, als es für sie buchmäßig ausgeschieden ist.

§ 1400. Auf übereinstimmenden Beschluß des Vorstandes und des Ausschusses können die Überschüsse des Sondervermögens über die gesetzlichen Leistungen hinaus zum wirtschaftlichen Nutzen der Rentenempfänger und der Versicherten sowie ihrer Angehörigen verwendet werden.

Dazu bedarf es der Genehmigung des Bundesrats. Er kann sie widerrufen, wenn nach dem Gutachten der Rechnungsstelle das Sondervermögen keine genügend hohen Überschüsse mehr hat.

5. Rückversicherungsverbände.

§ 1401. Mehrere Versicherungsanstalten können vereinbaren, die Lasten der Invaliden- und Hinterbliebenenversicherung ganz oder zum Teil gemeinsam zu tragen.

6. Haftung.

§ 1402. Soweit das Anstaltsvermögen zur Deckung der Verbindlichkeiten nicht ausreicht, haftet den Gläubigern der Gemeindeverband, für den die Versicherungsanstalt errichtet ist. Ist er unvermögend oder ist die Versicherungsanstalt für einen Bundesstaat oder Teile davon errichtet, so haftet dieser. Umfaßt die Anstalt mehrere Bundesstaaten oder Gemeindeverbände, so haften sie nach der Zahl der Einwohner bei der letzten Volkszählung.

7. Verteilung und Erstattung der Versicherungsleistungen. Abführung der Beträge an die Post.

§ 1403. Die Rechnungsstelle des Reichsversicherungsamts verteilt Renten, Witwengelder und Waisenaussteuern auf Reich, Gemeinvermögen und Sondervermögen.

Die Steigerungssätze der Invalidenrenten belasten die Anstalt, der die Beträge dafür zugeflossen sind. Hat sie Leistungen festgestellt, von denen Teile dem Sondervermögen anderer Anstalten zur Last fallen, so erstatten diese ihr die Beträge am Schlusse des Geschäftsjahrs mit ihrem Kapitalwert.

§ 1404. Die Rechnungsstelle ermittelt für jedes Jahr und für jede Versicherungsanstalt den Kapitalwert der noch laufenden Renten, die sie zur Zahlung angewiesen hat, und die Anteile, die davon auf Reich, Gemeinvermögen und Sondervermögen entfallen. Die Berechnung des Kapitalwerts regelt der Bundesrat.

§ 1405. Binnen acht Wochen nach Ablauf jedes Geschäftsjahrs teilen die obersten Postbehörden der Rechnungsstelle die Beträge mit, die auf Anweisung der Versicherungsanstalten im abgelaufenen Geschäftsjahr gezahlt sind. Nach dem im § 1404 gefundenen Maßstabe werden die vorgeschossenen Renten auf das Reich, das Gemeinvermögen und das Sondervermögen verteilt. Die Rechnungsstelle ermittelt ferner den Anteil des Reichs und des Gemeinvermögens an den Witwengeldern und Waisenaussteuern. An der dem Gemeinvermögen zur Last fallenden Summe werden die Versicherungsanstalten, jede nach dem Verhältnis des für die Gemeinlast bestimmten Teils ihres Vermögens, beteiligt.

§ 1406. Die Rechnungsstelle teilt den Versicherungsanstalten die Beträge mit, die sie aus dem für die Gemeinlast bestimmten Teile ihres Vermögens und aus ihrem Sondervermögen zu erstatten haben. Dabei hat die Rechnungsstelle die Zahlungen aus dem Postvorschusse (§ 1385) mit den tatsächlichen Zahlungen auszugleichen und die Kapitalwerte, die nach § 1403 die einzelnen Anstalten einander zu erstatten haben, zu verrechnen.

Die den Berechnungen zu Grunde gelegten Zahlen sind anzugeben. Gegen die Verteilung und Abrechnung ist die Beschwerde an das Reichsversicherungsamt zulässig.

Die Höhe der Beträge, die dem Reich zur Last fallen, ist dem Reichskanzler anzuzeigen.

§ 1407. Die Rechnungsstelle teilt den obersten Postbehörden mit, welche Beträge das Reich und die einzelnen Versicherungsanstalten zu erstatten haben.

§ 1408. Binnen zwei Wochen nach Empfang der Mitteilung muß die Versicherungsanstalt der Post den Betrag aus den bereiten Mitteln zahlen. Sind keine vorhanden, so schießt sie der Gemeindeverband oder der Bundesstaat vor, bei gemeinsamen Versicherungsanstalten nach Verhältnis der Zahl der Einwohner bei der letzten Volkszählung.

§ 1409. Die Höhe des Postvorschusses (§ 1385) wird für jede Versicherungsanstalt nach Eingang der Mitteilung der obersten Postbehörde (§ 1405) durch die Rechnungsstelle für das laufende Geschäftsjahr festgestellt und den Versicherungsanstalten und den obersten Postbehörden mitgeteilt. Bis dahin werden die Teilbeträge des Postvorschusses in der Höhe des Vorjahrs vorläufig weitergezahlt. Sie werden nach der Feststellung des neuen Postvorschusses verrechnet.

§ 1410. Werden die Ansprüche der Post von den Versicherungsanstalten nicht rechtzeitig gedeckt, so leitet das Reichsversicherungsamt oder das Landesversicherungsamt (§ 1382) auf Antrag der Post die Zwangsbeitreibung ein.

Sechster Abschnitt.

Beitragsverfahren.

I. Marken.

§ 1411. Zur Erhebung der Beiträge gibt jede Versicherungsanstalt Marken aus mit der Bezeichnung der Lohnklasse und des Geldwerts.

Das Reichsversicherungsamt bestimmt die Unterscheidungsmerkmale der Marken sowie die Zeitabschnitte, für die sie ausgegeben werden sollen.

Es kann die Gültigkeitsdauer der ausgegebenen Marken beschränken. Innerhalb zweier Jahre nach Ablauf der Gültigkeitsdauer können ungültig gewordene Marken bei den Verkaufsstellen umgetauscht werden.

§ 1412. Die Marken jeder Versicherungsanstalt werden von den Postanstalten ihres Bezirkes und besonderen Verkaufsstellen der Versicherungsanstalten für den Nennwert verkauft.

II. Quittungskarte.

§ 1413. Die Beiträge werden durch Einkleben von Marken in die Quittungskarte des Versicherten entrichtet.

§ 1414. Der Versicherte hat sich die Quittungskarte ausstellen zu lassen und sie zum Einkleben und Entwerten der Marken rechtzeitig vorzulegen. Die Ortspolizeibehörde kann ihn dazu durch Geldstrafen bis zu zehn Mark anhalten. Hat er keine Quittungskarte oder weigert er sich, sie vorzulegen, so kann sie der Arbeitgeber beschaffen und die Kosten bei der nächsten Lohnzahlung einbehalten.

§ 1415. Der Versicherte kann auf seine Kosten stets eine neue Karte gegen Rückgabe der alten verlangen.

§ 1416. Die Quittungskarte enthält Jahr und Tag der Ausstellung und den Inhalt der Vorschriften der §§ 1424, 1425, 1495. Die übrige Einrichtung bestimmt der Bundesrat.

Er kann für die Selbstversicherung und ihre Fortsetzung (§ 1243) besondere Karten vorschreiben und die unbefugte Verwendung anderer mit Strafe bedrohen.

§ 1417. Die Kosten der Karte trägt die Versicherungsanstalt des Ausgabebezirkes, wenn sie nicht für Rechnung des Versicherten zu beschaffen ist (§§ 1414, 1415).

§ 1418. Jede Karte bietet Raum für mindestens zweiundfünfzig Wochenmarken. Die Karten werden für jeden Versicherten fortlaufend beziffert. Die erste Karte wird am Kopfe mit dem Namen der Versicherungsanstalt versehen, in deren Bezirk der Versicherte zur Zeit der Ausstellung beschäftigt ist, jede folgende mit dem Namen der vorhergehenden (Ursprungsanstalt). Weicht die Bezeichnung einer späteren Karte ab, so ist der Name auf der ersten maßgebend.

§ 1419. Die oberste Verwaltungsbehörde bestimmt, unbeschadet des § 1456, die Stellen, welche die Karten ausstellen und umtauschen (Ausgabestellen).

Der Reichskanzler bestimmt die Ausgabestellen in den deutschen Schutzgebieten.

Die Ausgabestellen rechnen, wenn die Karte zurückgegeben wird, nach den eingeklebten Marken die Beitragswochen für die einzelnen Lohnklassen auf. Gleichzeitig ist die Dauer der nachgewiesenen Militärdienste und der bescheinigten Krankheiten anzugeben, die in die Zeit der Geltung der Karte fallen. Die Ausgabestellen bescheinigen dem Inhaber die Endzahlen.

Die Kosten für die Muster der Bescheinigungen über die Aufrechnung trägt die Versicherungsanstalt des Ausgabebezirkes.

Der Reichskanzler bestimmt, wer die Kosten für die Quittungskarten und für die Muster der Bescheinigungen in den deutschen Schutzgebieten zu tragen hat.

§ 1420. Die Karte soll binnen zwei Jahren nach dem

Tage der Ausstellung zum Umtausch eingereicht werden. Ist dies versäumt, so muß im Streitfall der Versicherte beweisen, daß die Anwartschaft erhalten ist.

§ 1421. Verlorene, unbrauchbar gewordene oder zerstörte Quittungskarten werden durch neue ersetzt.

Nachweisbare Beiträge werden beglaubigt übertragen; die beteiligten Versicherungsanstalten werden vorher gehört, wenn nicht die unbrauchbar gewordene Karte vorgelegt wird, und in jedem Falle nachher unterrichtet.

§ 1422. Der Versicherte kann gegen den Inhalt der Bescheinigung (§ 1419 Abs. 3) und gegen die Übertragung oder deren Ablehnung (§ 1421 Abs. 2) Beschwerde beim Versicherungsamt erheben. Gegen die Übertragung (§ 1421 Abs. 2) können es auch die Versicherungsanstalten. Das Versicherungsamt entscheidet endgültig.

§ 1423. Die eingereichten Karten gehen der Versicherungsanstalt des Bezirkes zu. Diese gibt sie nach Prüfung und Berichtigung der Eintragungen auf der Außenseite an die Ursprungsanstalt (§ 1418) weiter.

Die Ursprungsanstalt kann den Inhalt aller Karten desselben Versicherten in Sammelkarten übertragen und sie statt der Einzelkarten aufbewahren.

Der Bundesrat bestimmt das Nähere. Er bestimmt auch, wann und wie sonst Quittungskarten zu vernichten sind.

§ 1424. Die Karte darf nur die gesetzlich vorgeschriebenen Angaben enthalten und keine besonderen Merkmale tragen; vor allem darf aus ihr nichts über

Führung oder Leistungen des Inhabers zu entnehmen sein. Karten, die dagegen verstoßen, hat jede Behörde, der sie zugehen, einzubehalten und durch neue zu ersetzen. Die nachweisbaren Beiträge werden beglaubigt übertragen. Die beteiligten Versicherungsanstalten werden benachrichtigt.

§ 1425. Niemand darf eine Quittungskarte wider den Willen des Inhabers zurückbehalten. Dies gilt nicht für die zuständigen Stellen, wenn sie die Karten zu Zwecken des Umtauschs, der Berichtigung, Aufrechnung, Übertragung, Beitragsüberwachung oder beim Einzugsverfahren zurückbehalten.

Wer Karten dieser Vorschrift zuwider zurückbehält, ist dem Berechtigten für Nachteile hieraus verantwortlich. Die Ortspolizeibehörde nimmt die Karte ab und händigt sie dem Berechtigten aus.

III. Entrichtung der Beiträge durch die Arbeitgeber. Nachweis des Militärdienstes und der Krankheit.

§ 1426. Der Arbeitgeber, der den Versicherten die Beitragswoche hindurch beschäftigt, hat für sich und ihn den Beitrag zu entrichten.

Beschäftigen mehrere Arbeitgeber den Versicherten während der Woche, so zahlt der erste von ihnen den ganzen Betrag. Hat weder er noch der Versicherte selbst den Beitrag entrichtet (§ 1439), so hat der nächste Arbeitgeber den Beitrag zu entrichten, kann aber von dem ersten Ersatz beanspruchen. Ist der Versicherte gleichzeitig von mehreren Arbeitgebern versicherungspflichtig beschäftigt, so haften sie als Gesamtschuldner.

§ 1427. Läßt sich die tatsächliche Arbeitszeit nicht feststellen, so ist der Beitrag für die Zeit zu entrichten, die für die Arbeit annähernd erforderlich ist. Bei Streit entscheidet auf Antrag eines Teiles das Versicherungsamt endgültig.

Die Versicherungsanstalt kann mit Genehmigung des Reichsversicherungsamts oder des Landesversicherungsamts (§ 1382) für die Berechnung besondere Bestimmungen erlassen.

§ 1428. Der Arbeitgeber entrichtet die Beiträge, indem er bei der Lohnzahlung für die Dauer der Beschäftigung Marken nach der Lohnklasse des Versicherten in die Quittungskarte klebt. Sie werden von der Versicherungsanstalt des Beschäftigungsorts ausgegeben.

Der Arbeitgeber hat sie aus eigenen Mitteln zu erwerben.

Wenn eine Lohnzahlung nicht stattfindet, sind die Marken spätestens bei der Beendigung der Beschäftigung einzukleben.

§ 1429. Bei Versicherten, die durch Vertrag für mindestens ein Vierteljahr dem Arbeitgeber zur Arbeit verpflichtet sind, kann der Arbeitgeber die Marken zu anderer Zeit, spätestens in der letzten Woche jeden Vierteljahrs, einkleben. Auf jeden Fall sind die Marken bei Ablauf der Beschäftigung einzukleben.

§ 1430. Die Versicherungsanstalt kann den Arbeitgebern gestatten, die Marken zu anderer Zeit einzukleben.

§ 1431. Die Marken müssen entwertet werden. Als Tag der Entwertung soll der letzte Tag desjenigen Zeitraums angegeben werden, für welchen die Marke gilt. Der Bundesrat bestimmt das Nähere und kann Zuwiderhandlungen mit Strafe bedrohen.

§ 1432. Die Versicherungspflichtigen müssen sich bei der Lohnzahlung die Hälfte der Beiträge und, wer über die gesetzliche Lohnklasse hinaus versichert, ohne die Versicherung in einer höheren Lohnklasse mit dem Arbeitgeber vereinbart zu haben, auch den Mehrbetrag vom Barlohn abziehen lassen. Die Arbeitgeber dürfen nur auf diesem Wege den Beitragsteil der Versicherten wieder einziehen.

Die Abzüge sind auf die Lohnzeiten gleichmäßig zu verteilen.

§ 1433. Sind Abzüge bei einer Lohnzahlung unterblieben, so dürfen sie nur noch bei der nächsten nachgeholt werden, es sei denn, daß der Arbeitgeber ohne sein Verschulden wirksame Beiträge nachträglich entrichtet (§ 1442).

§ 1434. Abschlagszahlungen gelten nicht als Lohnzahlungen im Sinne der §§ 1428, 1432, 1433. Auf jeden Fall sind die Marken in der letzten Woche jeden Vierteljahrs einzukleben.

§ 1435. Arbeitgeber, gegen die eine Anordnung des Versicherungsamts nach § 398 ergangen ist, dürfen, wenn sie die Beiträge in Marken entrichten, Lohnabzüge nur für die Zeit machen, für die sie die geschuldeten Beiträge nachweislich bereits entrichtet haben.

Wo das Einzugsverfahren besteht, gilt die Anordnung nach § 398 auch für die Beiträge zur Invaliden- und Hinterbliebenenversicherung. Die Versicherten haben dann ihren Beitragsteil an den Zahltagen selbst einzuzahlen.

§ 1436. Der Bundesrat regelt die Erhebung der Beiträge für die nach den §§ 1228, 1229 Versicherungspflichtigen.

§ 1437. Die oberste Verwaltungsbehörde kann bestimmen, wie der Beitragsteil Versicherungspflichtiger aus ihrem Entgelt zu erstatten ist, wenn dieser nur aus Sachbezügen besteht oder von Dritten gewährt wird.

§ 1438. Geleistete Militärdienste werden durch die Militärpapiere nachgewiesen.

Krankheitswochen werden durch Bescheinigungen nachgewiesen. Nach Ablauf der Krankenhilfe oder der Fürsorge während der Genesung hat der Vorstand der Krankenkasse, der Ersatzkasse, des Versicherungsvereins auf Gegenseitigkeit oder der auf Grund landesrechtlicher Vorschriften errichteten Hilfskasse die Bescheinigung auszustellen. Im übrigen hat es der Gemeindevorstand zu tun. Das Versicherungsamt kann den Vorstand der Kasse oder des Versicherungsvereins auf Gegenseitigkeit durch Geldstrafen bis zu hundert Mark anhalten, diese Verpflichtung zu erfüllen.

Für die in Reichs- und Staatsbetrieben Beschäftigten kann die vorgesetzte Dienstbehörde die Bescheinigungen ausstellen. In diesen Fällen ist die Krankenkasse von der Verpflichtung zur Ausstellung der Bescheinigungen vom Versicherungsamte zu entbinden.

IV. Entrichtung der Beiträge durch die Versicherten.

§ 1439. Auch der Versicherte kann die vollen Beiträge entrichten. Der Arbeitgeber hat ihm die Hälfte, und zwar der gesetzlichen Beiträge, wenn nicht die Versicherung in einer höheren Lohnklasse vereinbart ist, zu erstatten.

Der Anspruch besteht nur, wenn die Marke vorschriftsmäßig entwertet ist. Er ist spätestens bei der zweitnächsten Lohnzahlung zu erheben, es sei denn, daß der Versicherte ohne sein Verschulden wirksame Beiträge nachträglich entrichtet hat.

§ 1440. Freiwillig Versicherte verwenden, vorbehaltlich des § 1371, Marken der Versicherungsanstalt, in deren Bezirk sie beschäftigt sind oder sich unbeschäftigt aufhalten. Die Wahl der Lohnklasse steht ihnen frei.

Sie können die Versicherung im Ausland fortsetzen und dabei Marken einer beliebigen Versicherungsanstalt verwenden.

Marken der Versicherungsanstalten dürfen zur Fortsetzung der Versicherung bei einer Sonderanstalt nicht verwendet werden (§ 1371).

§ 1441. Auch wer sich während einer entgeltlichen, aber nicht bar bezahlten oder nur vorübergehenden

Beschäftigung (§§ 1227, 1232) freiwillig versichert, hat Anspruch auf den Beitragsteil des Arbeitgebers. Dieser kann es ablehnen, mehr zu erstatten, als er gesetzlich (§§ 1245 bis 1247) verpflichtet ist.

V. Unwirksame Beiträge.

§ 1442. Pflichtbeiträge sind unwirksam, wenn sie nach Ablauf von zwei Jahren, falls aber die Beitragsleistung ohne Verschulden des Versicherten unterblieben ist, nach Ablauf von vier Jahren seit der Fälligkeit entrichtet werden.

Ein Verschulden des Versicherten liegt nicht vor, wenn der Arbeitgeber die Quittungskarte aufbewahrt und sie nicht zur richtigen Zeit ordnungsgemäß umgetauscht hat.

§ 1443. Freiwillige Beiträge und Beiträge über die gesetzliche Lohnklasse hinaus dürfen für mehr als ein Jahr zurück nicht entrichtet werden, ebensowenig nach Eintritt dauernder oder vorübergehender Invalidität oder für die weitere Invalidität.

§ 1444. Der Entrichtung der Beiträge im Sinne der §§ 1442, 1443 steht gleich

1. die von einer zuständigen Stelle an den Arbeitgeber gerichtete Mahnung,
2. die Bereiterklärung des Arbeitgebers oder des Versicherten zur Nachentrichtung gegenüber einer solchen Stelle,

wenn demnächst die Beiträge in einer angemessenen Frist entrichtet werden.

Zeiträume, in denen eine Beitragsstreitigkeit (§§ 1459 bis 1461) oder ein Verfahren über einen Anspruch auf Invaliden-, Alters-, Witwen- oder Witwerrente schwebt, werden in die Fristen (§§ 1442, 1443) nicht eingerechnet.

Diese Tatsachen (Abs. 1, 2) unterbrechen auch die Verjährung rückständiger Beiträge (§ 29).

§ **1445.** Sind die Marken einer richtig ausgestellten und rechtzeitig zum Umtausch eingereichten Quittungskarte ordnungsmäßig verwendet, so wird vermutet, daß während der belegten Beitragswochen ein Versicherungsverhältnis bestanden hat. Dies gilt nicht, wenn die Marken über einen Monat nach Fälligkeit der Beiträge, oder für das Kalenderjahr in größerer Zahl eingeklebt sind, als es Beitragswochen hat.

Der Versicherte kann von der Versicherungsanstalt die Feststellung der Gültigkeit der verwendeten Marken verlangen. Hat die Versicherungsanstalt die Versicherungspflicht oder die Versicherungsberechtigung anerkannt, so kann der Rentenanspruch nicht mit der Begründung abgelehnt werden, daß die Marken zu Unrecht verwendet sind.

Nach Ablauf von zehn Jahren seit Aufrechnung der Quittungskarte kann die rechtsgültige Verwendung der in der Aufrechnung bescheinigten Marken nicht mehr angefochten werden, es sei denn, daß der Versicherte oder sein Vertreter oder ein zur Fürsorge für ihn Verpflichteter die Verwendung der Marken in betrügerischer Absicht herbeigeführt hat.

VI. Irrtümlich geleistete Beiträge.

§ 1446. Beiträge die in der irrtümlichen Annahme der Versicherungspflicht entrichtet worden sind und nicht zurückgefordert werden, gelten als für die Selbstversicherung oder Weiterversicherung entrichtet, wenn das Recht dazu in der Zeit der Entrichtung bestanden hat.

Der Versicherte kann die Beiträge binnen zehn Jahren nach der Entrichtung zurückfordern, wenn ihm nicht schon eine Rente rechtskräftig bewilligt worden ist, und nicht die Verwendung der Marken in betrügerischer Absicht geschehen ist.

Der Arbeitgeber kann die Beiträge nicht mehr zurückfordern, wenn vom Versicherten ihm der Wert seines Anteils erstattet ist oder seit der Entrichtung zwei Jahre verflossen sind.

VII. Einziehung der Beiträge.

§ 1447. Die oberste Verwaltungsbehörde kann nach Anhören der Versicherungsanstalt anordnen, daß Krankenkassen, Knappschaftsvereine oder Knappschaftskassen, andere Stellen, die sie bezeichnet, oder örtliche Hebestellen der Versicherungsanstalt für deren Rechnung die Beiträge aller oder einzelner Gruppen der Versicherungspflichtigen einziehen. Sie kann dabei die Pflicht zur Meldung der Versicherten regeln.

Das Gleiche kann die Versicherungsanstalt selbst mit Genehmigung der obersten Verwaltungsbehörde durch ihre Satzung, ferner eine Gemeinde oder ein Gemeindeverband mit Genehmigung der höheren Verwaltungsbehörde nach Anhören der Anstalt durch Statut bestimmen.

§ 1448. Werden örtliche Hebestellen angeordnet, so muß sie die Anstalt auf eigene Kosten und da errichten, wo es die höhere Verwaltungsbehörde bestimmt.

§ 1449. Die Versicherungsanstalt hat den Einzugsstellen eine Vergütung zu gewähren; falls die Beteiligten sich nicht einigen, setzt sie die oberste Verwaltungsbehörde fest.

§ 1450. Die oberste Verwaltungsbehörde kann mit Zustimmung der Krankenkasse die Beiträge auch für diese von den örtlichen Hebestellen einziehen lassen. Die Kasse übernimmt einen Teil der Kosten. Das Nähere bestimmt die oberste Verwaltungsbehörde nach Anhören der beteiligten Versicherungsanstalten und Krankenkassen.

§ 1451. Die oberste Verwaltungsbehörde regelt die Befugnisse der Versicherungsanstalt gegenüber den nicht von dieser selbst eingerichteten Einzugsstellen.

§ 1452. Für die freiwillige Versicherung kann die Einziehung der Beiträge nicht vorgeschrieben werden.

§ 1453. Die oberste Verwaltungsbehörde kann das Verfahren bei Einziehung, Verwendung und Verrechnung der Beiträge näher regeln.

Die Beiträge werden in der Regel zugleich mit denen der Krankenkasse an deren Fälligkeitstag eingezogen. Für Versicherte, von denen die Krankenkasse keine Beiträge einzieht, bestimmt die Einzugsstelle den Tag. Für die eingezogenen Beiträge werden Marken in die Quittungskarte eingeklebt. § 1414 ist entsprechend anzuwenden.

§ 1454. Auch wo das Einzugsverfahren angeordnet ist, kann die oberste Verwaltungsbehörde oder der Vorstand der Versicherungsanstalt einzelnen Arbeitgebern gestatten, die Beiträge durch Verwendung von Marken nach den §§ 1426 bis 1430 selbst zu entrichten. Die Verfügungen sind der Einzugsstelle mitzuteilen.

Auch Reichs-, Staats- und Gemeindebehörden können sich von dem Einzugsverfahren ausschließen. Es wird der Versicherungsanstalt und der Einzugsstelle mitgeteilt.

§ 1455. Die oberste Verwaltungsbehörde kann anordnen, daß

1. Krankenkassen, Knappschaftsvereine oder Knappschaftskassen oder örtliche Hebestellen der Versicherungsanstalten die Quittungskarten ausstellen und umtauschen,
2. unständig Beschäftigte (§ 441) ihre Beitragshälfte unmittelbar entrichten, die andere der Gemeindeverband oder die Gemeinde auslegt und der Arbeitgeber erstattet; auch kann die entsprechende Anwendung der §§ 453 ff. angeordnet werden.

Die Versicherungsanstalt hat dafür den bezeichneten Stellen besondere Vergütungen zu gewähren, deren Höhe die oberste Verwaltungsbehörde festsetzt.

§ 1456. Für die Mitglieder einer Krankenkasse kann ihre Satzung, für die Mitglieder der Krankenkasse eines Reichs- oder Staatsbetriebs können die zuständigen

Dienstbehörden das Einzugsverfahren anordnen und der Kasse die Ausstellung und den Umtausch der Quittungskarten übertragen.

§ 1449 ist nicht anzuwenden.

§ 1457. Solange jemand im Bezirk einer Einzugsstelle versichert ist, kann er bei ihr seine Quittungskarte hinterlegen.

Die oberste Verwaltungsbehörde kann im Einvernehmen mit der Versicherungsanstalt die Hinterlegung vorschreiben. Das Versicherungsamt kann dann den Versicherten durch Geldstrafe bis zu zehn Mark dazu anhalten.

VIII. Abrundung.

§ 1458. Ergibt die Abrechnung zwischen Arbeitgebern und Versicherten Bruchteile von Pfennigen, so wird der Beitragsanteil der Arbeitgeber auf volle Pfennige aufgerundet, der der Versicherten nach unten auf volle Pfennige abgerundet.

IX. Beitragsstreitigkeiten.

§ 1459. Bei Streit über die Beitragsleistung entscheidet, wenn er nicht bei der Rentenfestsetzung hervortritt, das Versicherungsamt und auf Beschwerde endgültig das Oberversicherungsamt. Diese Behörden sind an die amtlich veröffentlichten grundsätzlichen Entscheidungen des Reichsversicherungsamts gebunden.

Handelt es sich um eine noch nicht feststehende Auslegung gesetzlicher Vorschriften von grundsätzlicher Bedeutung, so gibt das Oberversicherungsamt die Sache unter Begründung seiner eigenen Ansicht an das Reichsversicherungsamt ab, wenn es der Beschwerdeführer innerhalb der Beschwerdefrist beantragt hat. Auch andere Beteiligte können diesen Antrag binnen einer Woche stellen, nachdem sie die Gelegenheit sich zu äußern erhalten haben. Das Reichsversicherungsamt entscheidet in diesen Fällen statt des Oberversicherungsamts.

§ **1460.** Ist es streitig, an welche von mehreren Versicherungsanstalten Beiträge für bestimmte Personen zu entrichten sind, so entscheidet auf Antrag das Reichsversicherungsamt oder das Landesversicherungsamt (§ 1382).

§ **1461.** Allen anderen Streit zwischen Arbeitgebern und Arbeitnehmern über Berechnung und Anrechnung, Erstattung und Ersatz der Beiträge (§ 1426 Abs. 2, §§ 1432 bis 1435, 1437, 1439, 1441) entscheidet das Versicherungsamt endgültig.

§ **1462.** Ist der Streit endgültig entschieden, so sorgt das Versicherungsamt dafür, daß zu wenig erhobene Beiträge nachträglich durch Marken gedeckt werden. Zuviel erhobene, die noch zurückgefordert werden können (§ 1446), zieht es von der Versicherungsanstalt auf Antrag wieder ein und zahlt sie den Beteiligten zurück. Die Marken werden vernichtet und die Aufrechnungen berichtigt.

Vernichtete Marken, die von einer unzuständigen Versicherungsanstalt stammten, müssen durch die der zuständigen ersetzt werden. Ihr Betrag wird der Ausgabeanstalt abgefordert und an die Beteiligten ausgezahlt.

§ 1463. Statt die Marken zu vernichten, kann das Versicherungsamt die Quittungskarte einziehen und das Gültige auf eine neuausgestellte übertragen lassen.

§ 1464. Wenn die Pflicht oder das Recht zur Versicherung endgültig verneint ist, so erhalten die Beteiligten die noch nicht verfallenen Beiträge auf Antrag zurück. § 1446 wird hierdurch nicht berührt.

X. Überwachung.

§ 1465. Die Versicherungsanstalten überwachen die rechtzeitige und vollständige Entrichtung der Beiträge. Das Versicherungsamt kann die Versicherungsanstalten mit ihrer Zustimmung und unter Vereinbarung über die Kosten dabei unterstützen.

§ 1466. Die Arbeitgeber haben dem Versicherungsamt und dem Anstaltsvorstande selbst sowie den Beauftragten beider Auskunft zu geben über die Zahl der Beschäftigten, ihren Arbeitsverdienst und die Dauer ihrer Beschäftigung. Sie haben die Geschäftsbücher oder Listen, aus denen diese Tatsachen hervorgehen, während der Betriebszeit an Ort und Stelle vorzulegen. Auch die Versicherten haben über Ort und Dauer ihrer Beschäftigung sowie ihren Arbeitsverdienst Auskunft zu geben.

Beide Gruppen sind verpflichtet, den bezeichneten Behörden und Beauftragten auf Erfordern die Quittungskarten und Bescheinigungen (§ 1419 Abs. 3) zur Prüfung und Berichtigung gegen Empfangsschein auszuhändigen.

Das Versicherungsamt kann die Arbeitgeber und die Versicherten durch Geldstrafen bis zu je einhundertundfünfzig Mark zur Erfüllung ihrer Pflichten (Abs. 1, 2) anhalten.

§ 1467. Die Versicherungsanstalten können mit Genehmigung des Reichsversicherungsamts oder des Landesversicherungsamts (§ 1382) Überwachungsvorschriften erlassen. Diese Behörden können den Erlaß solcher Vorschriften anordnen und, wenn dies ohne Erfolg bleibt, sie selbst erlassen. Der Anstaltsvorstand kann Arbeitgeber und Versicherte zur pünktlichen Befolgung solcher Vorschriften durch Geldstrafen bis zu je einhundertundfünfzig Mark anhalten.

§ 1468. Entstehen durch die Überwachung bare Auslagen, so können sie dem Arbeitgeber auferlegt werden, wenn er sie durch Pflichtversäumnis verursacht hat. Auf Beschwerde entscheidet das Oberversicherungsamt endgültig.

Die Kosten werden wie Gemeindeabgaben beigetrieben.

§ 1469. Die Quittungskarten werden nach Einwilligung der Beteiligten oder nach Schluß des Streitverfahrens von den überwachenden Behörden oder Beauftragten oder den Einzugsstellen berichtigt.

§ 1470. Das Versicherungsamt kann die Versicherungsanstalten mit ihrer Zustimmung und unter Vereinbarung über die Kosten bei der Überwachung der

Rentenempfänger unterstützen. Hierüber beschließt der Beschlußausschuß. Lehnt er ab, so beschließt auf Beschwerde das Oberversicherungsamt endgültig.

XI. Besondere Vorschriften.

§ 1471. Der Bundesrat kann die Vorschriften dieses Abschnitts für die Besatzung ausländischer Binnenschiffe durch andere Bestimmungen ersetzen.

Siebenter Abschnitt.

Freiwillige Zusatzversicherung.

§ 1472. Alle Versicherungspflichtigen und alle Versicherungsberechtigten können zu jeder Zeit und in beliebiger Zahl Zusatzmarken einer beliebigen Versicherungsanstalt in die Quittungskarte einkleben. Sie erwerben dadurch Anspruch auf Zusatzrente für den Fall, daß sie invalide werden.

Der Wert der Zusatzmarke beträgt eine Mark.

Die durch Zusatzmarken erworbene Anwartschaft erlischt nicht.

§ 1473. Für jede Zusatzmarke, die der Versicherte eingeklebt hat, erhält er als jährliche Zusatzrente soviel mal zwei Pfennig, als beim Eintritt der Invalidität Jahre seit Verwendung der Zusatzmarke vergangen sind.

Gezählt wird von dem Kalenderjahr, in dem die Quittungskarte aufgerechnet worden ist, bis zu dem, wo die Invalidität eintritt. Der Wert der Zusatzmarken, die danach ausfallen, wird dem Versicherten oder seinen Hinterbliebenen (§ 1302) erstattet.

§ 1474. Die Zusatzrente wird gezahlt, solange die Invalidität (§ 1255) dauert. Der Bescheid, der die Rente entzieht, wird mit Ablauf des auf die Zustellung folgenden Monats wirksam.

§ 1254 gilt auch für die Zusatzrenten.

§ 1475. Die Zusatzrente wird stets voll ausgezahlt, und zwar entweder mit der Invalidenrente zusammen oder für sich, monatlich im voraus, jedesmal auf volle fünf Pfennig aufgerundet.

§ 1476. Beträgt die Zusatzrente nicht mehr als sechzig Mark jährlich, so wird auf Antrag eine einmalige Abfindung in Höhe des Kapitalwerts gezahlt.

Geben die Empfänger ihren Wohnsitz im Inland auf, so können sie mit dem Kapitalwert der Zusatzrente abgefunden werden.

Die Berechnung der Kapitalwerte regelt der Bundesrat.

§ 1477. Für die Zahlung der Zusatzrenten und der einmaligen Abfindungen gelten die §§ 1383 bis 1386.

§ 1478. Die Einnahmen aus den Zusatzmarken fließen dem Gemeinvermögen zu. Die Ausgaben für Zusatzrenten bilden einen Teil der Gemeinlast.

Für die Verpflichtungen aus der Zusatzversicherung haftet das Gemeinvermögen.

§ 1479. Um die Verbindlichkeiten zu ermitteln, die aus der Zusatzversicherung erwachsen, stellen die Versicherungsanstalten aus den einlaufenden Quittungskarten besondere Übersichten her, die über Zahl und Art der verwendeten Zusatzmarken unterrichten und der Rechnungsstelle als Unterlage dienen.

§ 1480. Die Rechnungsstelle des Reichsversicherungsamts prüft alle zehn Jahre (§ 1388), wie hoch der Satz der Rente (§ 1473 Abs. 1) sein kann. Danach setzt ihn der Bundesrat für je zehn Jahre fest.

§ 1481. Die Leistungen für die Zusatzrente werden ebenso verteilt und erstattet wie die übrigen (§§ 1403 bis 1410).

§ 1482. Zusatzmarken gibt jede Versicherungsanstalt aus. Das Reichsversicherungsamt bestimmt ihre Unterscheidungsmerkmale. Es kann ihre Gültigkeitsdauer beschränken. Der Bundesrat bestimmt näheres über die Entwertung.

§ 1483. Für das Verfahren bei Feststellung der Zusatzrenten sind die Vorschriften entsprechend anzuwenden, die für die Feststellung der Invaliden- und Hinterbliebenenrenten gelten.

Achter Abschnitt.

Schluß- und Strafvorschriften.

I. Krankenkassen.

§ 1484. Was dieses Buch für Krankenkassen (§ 225) vorschreibt, gilt auch für die knappschaftlichen Krankenkassen.

II. Besondere Vorschriften für Seeleute.

§ 1485. Seeleute (§ 1046 Nr. 1) sind bei der Versicherungsanstalt zu versichern, in deren Bezirke der Heimathafen des Schiffes liegt.

§ 1486. Die Reeder dürfen die Beiträge für Seeleute nach dem Mannschaftsbedarf der einzelnen Schiffe entrichten, wie er für ihre Unfallversicherung abgeschätzt ist. Die Versicherungsanstalt bestimmt das Nähere.

Der Bundesrat kann für die Entrichtung der Beiträge ein anderes Verfahren anordnen, als dieses Buch vorschreibt.

III. Strafvorschriften.

§ 1487. Nehmen Arbeitgeber in die Nachweise oder Anzeigen, die sie nach den Vorschriften des Gesetzes oder den Bestimmungen der Versicherungsanstalt aufzustellen haben, Eintragungen auf, deren Unrichtigkeit sie kannten oder den Umständen nach kennen mußten, oder unterlassen sie die vorgeschriebenen Eintragungen ganz oder teilweise, so kann der Anstaltsvorstand Geldstrafe bis zu fünfhundert Mark gegen sie verhängen.

§ 1488. Unterlassen es Arbeitgeber, rechtzeitig für ihre versicherungspflichtig Beschäftigten die richtigen Marken zu verwenden oder die Beiträge abzuführen, so kann sie der Anstaltsvorstand mit Geldstrafe bis zu dreihundert Mark belegen. Unabhängig von der Strafe und der Nachholung der Rückstände kann der Vorstand dem

Bestraften die Zahlung des Ein- bis Zweifachen dieser Rückstände auferlegen. Der Betrag wird wie Gemeindeabgaben beigetrieben.

Das Gleiche gilt, wenn Arbeitgeber bei Beschäftigung ausländischer Versicherten ihre Pflichten aus § 1233 nicht erfüllen.

Bestreitet der Arbeitgeber seine Beitragspflicht, so ist sie nach § 1459 festzustellen.

§ 1489. Wer seiner Pflicht zuwider Versicherungspflichtige nicht meldet (§ 1447), kann vom Versicherungsamte, falls er vorsätzlich handelt, mit Geldstrafe bis zu dreihundert Mark und, falls er fahrlässig handelt, mit Geldstrafe bis zu einhundert Mark bestraft werden.

§ 1490. Mit Geldstrafe bis zu dreihundert Mark oder mit Haft werden bestraft, wenn nicht nach anderen gesetzlichen Vorschriften härtere Strafe verwirkt ist,

1. Arbeitgeber, die vorsätzlich ihren Beschäftigten höhere Beiträge vom Lohne abziehen, als dieses Gesetz zuläßt,
2. Arbeitgeber, die vorsätzlich der Vorschrift des § 1435 Abs. 1 zuwiderhandeln,
3. Arbeitgeber, die im Falle des § 1435 Abs. 2 Lohnabzüge machen, wenn das Versicherungsamt die Anordnung nach § 398 erlassen hat,
4. Angestellte, die vorsätzlich mehr abziehen, als dieses Gesetz zuläßt,
5. Personen, die dem Berechtigten eine Quittungskarte widerrechtlich vorenthalten.

§ 1491. Mit Geldstrafe bis zu dreihundert Mark oder mit Haft werden bestraft, wenn nicht nach anderen gesetzlichen Vorschriften härtere Strafe verwirkt ist, Versicherte, die vorsätzlich für selbstentrichtete Beiträge vom Arbeitgeber mehr als zulässig oder von mehreren Arbeitgebern den vollen Beitragsteil für dieselbe Woche fordern oder den erhobenen Betrag nicht zur Entrichtung der Beiträge verwenden, oder die Beitragsteile erheben, ohne daß von ihnen die vollen Beiträge entrichtet sind.

§ 1492. Arbeitgeber werden mit Gefängnis bestraft, wenn sie vorsätzlich Beitragsteile, die sie den Beschäftigten vom Lohne abgezogen oder von ihnen erhalten haben, nicht für die Versicherung verwenden.

Daneben kann auf Geldstrafe bis zu dreitausend Mark und Verlust der bürgerlichen Ehrenrechte erkannt werden.

Bei mildernden Umständen kann ausschließlich auf Geldstrafe erkannt werden.

§ 1493. Die gleichen Strafvorschriften gelten

1. wenn eine Aktiengesellschaft, ein Versicherungsverein auf Gegenseitigkeit, eine eingetragene Genossenschaft, eine Innung oder andere juristische Person Arbeitgeber ist, für die Mitglieder des Vorstandes,
2. wenn eine Gesellschaft mit beschränkter Haftung Arbeitgeber ist, für die Geschäftsführer,
3. wenn eine andere Handelsgesellschaft Arbeitgeber ist, für alle persönlich haftenden Gesellschafter,

soweit sie von der Vertretung nicht ausgeschlossen sind,

4. für die gesetzlichen Vertreter geschäftsunfähiger und beschränkt geschäftsfähiger Arbeitgeber sowie für die Liquidatoren einer Handelsgesellschaft, eines Versicherungsvereins auf Gegenseitigkeit, einer eingetragenen Genossenschaft, einer Innung oder einer anderen juristischen Person.

§ 1494. Der Arbeitgeber darf die Pflichten, die ihm dieses Gesetz oder die Satzung auferlegt, Betriebsleitern, Aufsichtspersonen oder anderen Angestellten seines Betriebs übertragen.

Handeln solche Stellvertreter den Vorschriften zuwider, die den Arbeitgeber mit Strafe bedrohen, so trifft sie die Strafe. Neben ihnen ist der Arbeitgeber strafbar, wenn

1. die Zuwiderhandlung mit seinem Wissen geschehen ist, oder
2. er bei Auswahl und Beaufsichtigung der Stellvertreter nicht die im Verkehr erforderliche Sorgfalt beobachtet hat; in diesem Falle darf gegen den Arbeitgeber auf keine andere Strafe als auf Geldstrafe erkannt werden.

Die Zahlung des Ein- bis Zweifachen der rückständigen Beiträge (§ 1488) kann auch dem Stellvertreter auferlegt werden. Neben ihm haftet für diesen Betrag der Arbeitgeber, falls er nach Abs. 2 bestraft ist.

§ 1495. Wer Quittungskarten mit unzulässigen Eintragungen oder mit besonderen Merkmalen versieht, kann vom Versicherungsamte mit Geldstrafe bis zu zwanzig Mark bestraft werden.

Mit der gleichen Strafe kann bestraft werden, wer in Quittungskarten den Vordruck fälschlich ausfüllt oder die zur Ausfüllung des Vordrucks eingetragenen Worte oder Zahlen verfälscht oder wissentlich eine solche Karte gebraucht.

Wer die Eintragungen, Merkmale oder Fälschungen in der Absicht macht, den Inhaber Arbeitgebern gegenüber kenntlich zu machen, wird mit Geldstrafe bis zu zweitausend Mark oder mit Gefängnis bis zu sechs Monaten bestraft. Bei mildernden Umständen kann statt der Gefängnisstrafe auf Haft erkannt werden.

Eine Verfolgung wegen Urkundenfälschung (§§ 267, 268 des Reichs-Strafgesetzbuchs) tritt nur gegen Personen ein, welche die Fälschung in der Absicht begangen haben, sich oder anderen einen Vermögensvorteil zu verschaffen oder anderen einen Schaden zuzufügen.

§ 1496. Mit Gefängnis nicht unter drei Monaten, neben dem auf Verlust der bürgerlichen Ehrenrechte erkannt werden kann, wird bestraft, wer Marken fälschlich anfertigt oder verfälscht, um sie als echte zu verwenden, oder wer zu demselben Zwecke falsche Marken sich verschafft, verwendet, feilhält oder in Verkehr bringt.

§ 1497. Mit der gleichen Strafe (§ 1496) wird bestraft, wer wissentlich bereits verwendete Marken wieder verwendet oder zur Wiederverwendung sich verschafft, feilhält oder in Verkehr bringt. Bei mildernden Umständen darf auf Geldstrafe bis zu dreihundert Mark oder Haft erkannt werden.

§ 1498. In den Fällen der §§ 1496, 1497 ist zugleich auf Einziehung der Marken zu erkennen, auch wenn sie dem Verurteilten nicht gehören. Das muß auch geschehen, wenn keine bestimmte Person verfolgt oder verurteilt werden kann.

§ 1499. Wer ohne schriftlichen Auftrag einer Versicherungsanstalt oder einer Behörde Stempel, Siegel, Stiche, Platten oder andere Formen, die zur Herstellung von Marken dienen können, oder Abdrücke solcher Formen anfertigt, sich verschafft oder einem anderen als der Versicherungsanstalt oder der Behörde überläßt, wird mit Geldstrafe bis zu einhundertundfünfzig Mark oder mit Haft bestraft.

Neben der Geldstrafe oder Haft kann auf Einziehung der Stempel, Siegel, Stiche, Platten oder Formen erkannt werden, auch wenn sie dem Verurteilten nicht gehören.

§ 1500. Auf Beschwerden gegen Strafverfügungen der Anstaltsvorstände und der Versicherungsämter entscheidet das Oberversicherungsamt (Beschlußkammer) endgültig.

Fünftes Buch.

Beziehungen der Versicherungsträger zu einander und zu anderen Verpflichteten.

Erster Abschnitt.

Beziehungen der Versicherungsträger zu einander.

I. Krankenversicherung und Unfallversicherung.

§ 1501. Die Leistungspflicht der Krankenkassen (§ 225) wird dadurch nicht berührt, daß ein Träger der reichsgesetzlichen Unfallversicherung zum Schadenersatz verpflichtet ist.

Leistet eine Krankenkasse pflichtgemäß nach Gesetz oder Satzung infolge eines Unfalls für eine Zeit, für die der Berechtigte infolge des Unfalls auch einen Anspruch auf Unfallentschädigung hatte oder noch hat, so kann sie, jedoch höchstens bis zum Betrage dieses Anspruchs und nur in den Grenzen der §§ 1502 bis 1507, als Ersatz die Unfallentschädigung beanspruchen.

Aus dem Sterbegeld und der Unfallrente kann die Krankenkasse nur Ersatz beanspruchen, soweit dies ausdrücklich zugelassen ist.

§ 1502. Sterbegeld, das die Krankenkasse einem nach § 208 Berechtigten zahlt, ist aus dem Sterbegeld zu ersetzen, das der Träger der Unfallversicherung zu gewähren hat.

§ 1503. Für Krankenpflege sind drei Achtel des Grundlohns zu ersetzen, nach welchem sich das Krankengeld des Berechtigten bestimmt.

Bei Krankenhauspflege gilt das Gleiche für die Krankenpflege. Für den Unterhalt im Krankenhause wird die Hälfte des Grundlohns angesetzt; für diesen Betrag kann Ersatz nur aus der Unfallrente beansprucht werden.

§ 1504. Für Hilfsmittel, die nach § 187 Nr. 3 zu gewähren sind, ist Ersatz in Höhe des Aufwandes zu leisten.

§ 1505. Für andere Leistungen als Sterbegeld, Krankenpflege und Hilfsmittel (§§ 1502 bis 1504) kann Ersatz nur aus der Unfallrente beansprucht werden.

§ 1506. Soweit für Kassenleistungen Ersatz aus der Unfallrente beansprucht werden kann, ist der Anspruch nur begründet bis zum halben Betrage der Rente, die auf die Zeit fällt, für welche die Ansprüche auf Kassenleistungen und Rente zusammentreffen.

Ist dem Kranken während dieser Zeit vollständiger Unterhalt in einer Anstalt gewährt worden, der nach den Vorschriften dieses Buches aus der Unfallrente zu ersetzen ist, so ist für die Dauer dieses Unterhalts der

Anspruch auf Ersatz bis zum vollen Betrage der Rente begründet. Dies gilt entsprechend, wenn der Träger der Unfallversicherung dem Kranken vollständigen Unterhalt in einer Anstalt gewährt hat (§ 607).

Um bei Heilanstaltpflege, die der Träger der Unfallversicherung gewährt, den Umfang zu bestimmen, in welchem der Ersatzanspruch der Krankenkasse für ihre Leistungen begründet ist, wird der Unterhalt in der Heilanstalt gleich der Vollrente gerechnet.

§ 1507. Zur Befriedigung des Ersatzanspruchs der Krankenkasse darf auf rückständige Rentenbeträge und auf solche für die Zeit des vollständigen Unterhalts in einer Anstalt (§ 1506 Abs. 2 Satz 1) bis zu ihrer vollen Höhe, auf andere Rentenbeträge nur bis zu ihrer halben Höhe zugegriffen werden.

§ 1508. Der Anspruch auf Ersatz (§§ 1501 bis 1507) ist ausgeschlossen, wenn er nicht spätestens drei Monate nach Beendigung der Kassenleistungen bei dem Träger der Unfallversicherung geltend gemacht wird.

Hat jedoch die Krankenkasse ohne ihr Verschulden erst nach Ablauf dieser Zeit Kenntnis davon erhalten, daß die Voraussetzungen für einen Ersatzanspruch zutreffen, so kann sie noch innerhalb einer Woche nach dem Tage, an dem sie diese Kenntnis erlangt hat, den Anspruch geltend machen.

§ 1509. Die Krankenkasse kann die Feststellung der Unfallentschädigung betreiben, auch Rechtsmittel einlegen. Der Ablauf von Fristen, die ohne ihr Verschulden verstrichen sind, wirkt nicht gegen sie; dies gilt nicht für Verfahrensfristen, soweit die Krankenkasse das Verfahren selbst betreibt.

§ 1510. Entschädigt ein Träger der Unfallversicherung pflichtgemäß für eine Zeit, für die der Berechtigte auch von einer Krankenkasse Leistungen nach Gesetz oder Satzung beanspruchen kann, so kann die Kasse auf ihre Leistungen für diese Zeit die Unfallentschädigung anrechnen, soweit für die Kasse im Falle des § 1501 wegen dieser Leistungen ein Anspruch auf Ersatz aus der Unfallentschädigung begründet wäre.

§ 1511. Die Satzung der Krankenkasse kann bestimmen, daß bei einer Krankheit, die Folge eines entschädigungspflichtigen Unfalls ist, für die Zeit, für die Unfallrente oder Heilanstaltpflege gewährt wird, Krankengeld nur soweit zu gewähren ist, als es den Betrag der Unfallrente übersteigt. Dabei wird der Unterhalt in der Heilanstalt gleich der Vollrente gerechnet.

§ 1512. Die Krankenkasse hat jede Krankheit, die ein entschädigungspflichtiger Unfall herbeigeführt hat, dem Träger der Unfallversicherung binnen drei Tagen anzuzeigen, sobald genügender Anhalt dafür vorliegt, daß die Erwerbsfähigkeit infolge des Unfalls über die dreizehnte Woche hinaus beschränkt sein wird; ist der Erkrankte nach Ablauf von drei Wochen nach dem Unfall noch nicht wieder hergestellt, so ist die Anzeige längstens bis zum Ende der vierten Woche zu erstatten.

Zu der Anzeige ist der geschäftleitende Angestellte der Kasse verpflichtet, wenn nicht der Vorstand einen anderen damit beauftragt. Die Anzeige an eine Berufsgenossenschaft, die in Sektionen eingeteilt ist, hat an den Sektionsvorstand zu ergehen.

Das Versicherungsamt kann wegen Unterlassung der Anzeige eine Geldstrafe bis zu zwanzig Mark festsetzen. Auf Beschwerde entscheidet das Oberversicherungsamt endgültig.

§ 1513. Bei Krankheit, die ein Unfall herbeigeführt hat, kann der Träger der Unfallversicherung das Heilverfahren übernehmen. Er hat dann für dessen Dauer oder bis zum Ablauf der dreizehnten Woche nach dem Unfall dem Kranken das zu gewähren, was diesem seine Krankenkasse nach Gesetz oder Satzung zu leisten hätte. An Stelle der Krankenpflege und des Krankengeldes kann er Krankenhauspflege und Hausgeld nach den §§ 184, 186 gewähren; er kann mit Zustimmung des Kranken auch Pflege nach § 185 gewähren.

Die Krankenkasse hat dem Träger der Unfallversicherung insoweit Ersatz zu leisten, als der Kranke von ihr nach Gesetz oder Satzung Krankenhilfe beanspruchen könnte und der Träger der Unfallversicherung dann nicht selbst ersatzpflichtig wäre. Dabei gelten als Ersatz für Krankenpflege drei Achtel des Grundlohns, nach welchem sich das Krankengeld des Berechtigten bestimmt.

§ 1514. Der Träger der Unfallversicherung kann die Erfüllung seiner Pflichten gegen den Verletzten und dessen Angehörige der letzten Krankenkasse des Verletzten über die dreizehnte Woche nach dem Unfall hinaus bis zum Ende des Heilverfahrens in dem Umfang übertragen, den er für geboten hält.

Er hat ihr die daraus erwachsenden Kosten zu ersetzen. Als Ersatz für Krankenbehandlung (§ 558 Nr. 1) und für Heilanstaltpflege gelten die im § 1503 bezeichneten Beträge, wenn nicht ein höherer Aufwand nachgewiesen wird. Bei der See-Unfallversicherung gilt für diesen Ersatz der § 1106 Abs. 2.

Für die eigenen Leistungen der Krankenkasse gilt § 1510.

§ 1515. Bei Streit zwischen der Kasse und dem Träger der Unfallversicherung aus der Übertragung seiner Leistungen (§ 1514) entscheidet das Versicherungsamt endgültig, wenn es sich nicht um einen Ersatzanspruch handelt.

Streit über Ersatzansprüche aus den §§ 1501, 1513, 1514 wird im Spruchverfahren entschieden.

§ 1516. Die §§ 1512 bis 1515 gelten auch für knappschaftliche Krankenkassen und für Ersatzkassen. Für die Ersatzkassen ist die Anzeigepflicht in der Satzung zu regeln.

Für Mitglieder von knappschaftlichen Krankenkassen gilt der nach § 180 bestimmte Grundlohn, für Mitglieder von Ersatzkassen der Grundlohn ihrer Krankenkasse.

§ 1517. Die oberste Verwaltungsbehörde kann anordnen, daß Unfallverletzte, die Mitglieder von Krankenkassen, knappschaftlichen Krankenkassen oder Ersatzkassen sind, denen Anstalten mit genügenden Heileinrichtungen zu Gebote stehen, vor Ablauf der dreizehnten Woche nach dem Unfall in einer anderen Heilanstalt nur untergebracht werden dürfen, wenn es die Vorstände der Kassen oder Kassenverbände genehmigen.

II. Krankenversicherung und Invaliden- und Hinterbliebenenversicherung.

§ 1518. Läßt die Versicherungsanstalt ein Heilverfahren eintreten, so hat sie für dessen Dauer dem Kranken das zu gewähren, was diesem seine Krankenkasse (§ 225) nach Gesetz oder Satzung zu leisten hätte. Bringt die Versicherungsanstalt den Kranken in einem Krankenhaus oder in einer Anstalt für Genesende unter, so kann sie ihm für die Dauer dieses Heilverfahrens die Invaliden- oder Witwenrente ganz oder teilweise versagen.

Die Krankenkasse hat der Versicherungsanstalt Ersatz zu leisten, soweit der Kranke von der Kasse nach Gesetz oder Satzung Krankengeld zu beanspruchen hätte.

§ 1519. Die Versicherungsanstalt, die ein Heilverfahren eintreten läßt, kann die Fürsorge für den Kranken seiner letzten Krankenkasse in dem Umfang übertragen, den sie für geboten hält.

Werden dadurch der Kasse Leistungen über den Umfang ihrer gesetzlichen oder satzungsmäßigen Leistungen hinaus auferlegt, so hat die Versicherungsanstalt die Mehrkosten zu ersetzen.

Sie hat der Kasse den Aufwand auch für die Zeit zu ersetzen, für welche die Kasse zu Leistungen nicht mehr verpflichtet war. Dabei gelten als Ersatz für Krankenpflege und für Krankenhauspflege die im § 1503 bezeichneten Beträge, wenn nicht ein höherer Aufwand nachgewiesen wird.

§ 1520. Bei Streit zwischen der Kasse und der Versicherungsanstalt aus der Übertragung der Fürsorge (§ 1519) entscheidet das Versicherungsamt endgültig, wenn es sich nicht um einen Ersatzanspruch handelt.

Streit über Ersatzansprüche aus den §§ 1518, 1519 wird im Spruchverfahren entschieden.

§ 1521. Die §§ 1518 bis 1520 gelten auch für knappschaftliche Krankenkassen und für Ersatzkassen. Der Grundlohn bestimmt sich nach § 1516 Abs. 2.

III. Unfallversicherung und Invaliden- und Hinterbliebenenversicherung.

§ 1522. Der Antrag, eine Invaliden- oder Hinterbliebenenrente festzustellen, kann nicht deshalb abgelehnt werden, weil Invalidität oder Tod Folge eines entschädigungspflichtigen Unfalls ist. Die Rente ist voll zu zahlen, bis die Unfallrente gewährt wird. Wird diese gewährt, so ist nur der sie übersteigende Betrag der Invaliden- oder Hinterbliebenenrente zu zahlen.

Das Gleiche gilt bei Heilanstaltspflege, die der Träger der Unfallversicherung gewährt. Dabei wird der Unterhalt in der Heilanstalt gleich der Vollrente gerechnet.

Ist die Rente für eine Zeit gezahlt, für die der Empfänger einen Anspruch auf Unfallrente hat, so kann die Versicherungsanstalt als Ersatz die Unfallrente beanspruchen, soweit die Rente, die sie gewährt, nicht höher ist. Für den Umfang des Ersatzanspruchs und für das Maß des Zugriffs auf die Unfallrente gelten die §§ 1506, 1507 entsprechend.

§ 1523. Die Versicherungsanstalt kann die Feststellung der Unfallrente betreiben, und zwar auch dann, wenn bei Bezug der Unfallrente die Invaliden-, Alters- und Hinterbliebenenrente ganz oder teilweise ruhen würde. § 1509 gilt entsprechend.

§ 1524. Gewährt die Versicherungsanstalt wegen einer Krankheit, die Folge eines entschädigungspflichtigen Unfalls ist, ein Heilverfahren, das den Eintritt der Invalidität verhindert oder sie beseitigt, so ist der Träger der Unfallversicherung der Versicherungsanstalt ersatzpflichtig für die Kosten des Heilverfahrens, wenn auch er dadurch entlastet worden ist. Für das Maß des Ersatzes gilt dabei § 1503 entsprechend. Ist kein Grundlohn bestimmt, so ist der wirkliche Aufwand zu ersetzen. Für das Heilverfahren während der ersten dreizehn Wochen nach dem Unfall kann die Versicherungsanstalt keinen Ersatz verlangen.

Gewährt die Versicherungsanstalt das Heilverfahren,

so ist dieses für die Entschädigungsansprüche der Berechtigten einem von dem Träger der Unfallversicherung gewährten entsprechenden Heilverfahren gleich zu achten. Der Träger der Unfallversicherung wird von seiner Pflicht zur Gewährung von Angehörigenrente an die Berechtigten frei, soweit die Versicherungsanstalt für diese Hausgeld gezahlt hat. Zahlt die Versicherungsanstalt für eine Zeit des Heilverfahrens eine Invaliden- oder Hinterbliebenenrente, so gilt insoweit § 1522.

§ 1525. Gewährt die Versicherungsanstalt wegen einer Krankheit, die Folge eines entschädigungspflichtigen Unfalls ist, ein Heilverfahren, das zwar nicht den Eintritt der Invalidität verhindert oder sie beseitigt, jedoch den Träger der Unfallversicherung entlastet, so gilt § 1524 entsprechend.

§ 1526. Streit über Ersatzansprüche (§ 1522 Abs. 3, § 1524 Abs. 1, § 1525) wird im Spruchverfahren entschieden.

Zweiter Abschnitt.

Beziehungen zu anderen Verpflichteten.

§ 1527. Unberührt von diesem Gesetze bleiben die gesetzlichen Pflichten der Gemeinden und Armenverbände zur Unterstützung Hilfsbedürftiger und andere auf Gesetz, Satzung, Vertrag oder letztwilliger Verfügung beruhende Pflichten zur Fürsorge für die nach diesem Gesetze Versicherten und ihre Hinterbliebenen.

§ 1528. Leistet ein Knappschaftsverein, eine Knappschaftskasse oder eine Ersatzkasse infolge eines Unfalls pflichtgemäß für eine Zeit, für die der Berechtigte infolge des Unfalls einen Anspruch auf reichsgesetzliche Unfallentschädigung hatte oder noch hat, so kann der Knappschaftsverein oder die Kasse unter entsprechender Anwendung des § 1501 Abs. 2, 3 und der §§ 1502 bis 1507, 1516 Abs. 2 als Ersatz die Unfallentschädigung beanspruchen.

§ 1529. Entschädigt ein Träger der Unfallversicherung pflichtgemäß für eine Zeit, für die der Berechtigte auch Leistungen von einem Knappschaftsverein, einer Knappschaftskasse oder einer Ersatzkasse beanspruchen kann, so können diese die Unfallentschädigung auf ihre Leistungen anrechnen, soweit sie für diese im Falle des § 1528 Ersatz beanspruchen könnten.

§ 1530. § 1511 gilt entsprechend für knappschaftliche Krankenkassen und Ersatzkassen.

§ 1531. Unterstützt eine Gemeinde oder ein Armenverband nach gesetzlicher Pflicht einen Hilfsbedürftigen für eine Zeit, für die er einen Anspruch nach diesem Gesetze hatte oder noch hat, so kann die Gemeinde oder der Armenverband, jedoch nur bis zur Höhe dieses Anspruchs, nach den §§ 1532 bis 1537 Ersatz beanspruchen.

§ 1532. Aus den Leistungen der Krankenkasse (§ 225) kann eine Gemeinde oder ein Armenverband Ersatz nur dann beanspruchen, wenn sie die Unterstützung wegen der Krankheit gewährt hat, auf die sich der Anspruch des Unterstützten gegen die Kasse gründet.

§ 1533. Zu ersetzen sind

1. Begräbniskosten, die bei Tod des Versicherten gewährt worden sind, aus dem Sterbegeld,
2. Unterstützungen bei Krankheit des Versicherten, die der Krankenpflege entsprechen, auch bei Behandlung im Krankenhause, nach § 1503 aus den ihnen entsprechenden Leistungen der Krankenkasse,
3. die übrigen Unterstützungen aus den ihnen entsprechenden Leistungen der Krankenkasse. Dabei wird für den Unterhalt des Unterstützten im Krankenhause die Hälfte des Grundlohns angesetzt. Für den Umfang des Ersatzanspruchs und für das Maß des Zugriffs auf Krankengeld und ähnliche Leistungen laufender Art gelten entsprechend die §§ 1506, 1507.

§ 1534. Aus den Leistungen der Unfallversicherung kann die Gemeinde oder der Armenverband Ersatz nur dann beanspruchen, wenn die Unterstützung infolge des Unfalls gewährt worden ist.

§ 1535. Zu ersetzen sind

1. gewährte Begräbniskosten aus dem Sterbegeld,
2. Unterstützungen, die der Krankenbehandlung entsprechen, welche dem Träger der Unfallversicherung obliegt, auch bei Behandlung im Krankenhause,

nach dem wirklichen Aufwand aus den entsprechenden Leistungen dieses Trägers,

3. die übrigen Unterstützungen aus der Unfallrente. Für den Umfang des Ersatzanspruchs und für das Maß des Zugriffs auf die Rente gelten die §§ 1506, 1507.

§ 1536. Für den Ersatz aus Leistungen der Invaliden- und Hinterbliebenenversicherung können nur die Renten beansprucht werden. Für den Umfang des Ersatzanspruchs und für das Maß des Zugriffs gelten entsprechend die §§ 1506, 1507.

§ 1537. Eine Gemeinde oder ein Armenverband kann auch dann Ersatz beanspruchen, wenn der Hilfsbedürftige, der einen Anspruch auf Invaliden-, Alters- oder Hinterbliebenenrente hat, stirbt, ohne die Rente beantragt zu haben.

§ 1538. Auch die ersatzberechtigten Kassen, Gemeinden und Armenverbände (§§ 1528, 1531) können die Feststellung der Leistungen aus der Reichsversicherung betreiben. § 1509 gilt entsprechend.

Das Gleiche gilt für Knappschaftsvereine und Kassen, die ihre Leistungen nach den §§ 1321 bis 1323 ermäßigen.

§ 1539. Der Anspruch auf Ersatz (§§ 1528, 1531 bis 1537) ist ausgeschlossen, wenn er nicht spätestens sechs Monate nach Ablauf der Unterstützung bei dem Träger der Reichsversicherung geltend gemacht wird.

§ 1540. Streit über Ersatzansprüche aus den §§ 1528, 1531 bis 1537 wird im Spruchverfahren entschieden.

§ 1541. Was in diesem Abschnitt für Gemeinden und Armenverbände vorgeschrieben ist, gilt auch für Betriebsunternehmer und Kassen, die statt solcher Verpflichteten nach gesetzlicher Pflicht Hilfsbedürftige unterstützen.

§ 1542. Soweit die nach diesem Gesetze Versicherten oder ihre Hinterbliebenen nach anderen gesetzlichen Vorschriften Ersatz eines Schadens beanspruchen können, der ihnen durch Krankheit, Unfall, Invalidität oder durch den Tod des Ernährers erwachsen ist, geht der Anspruch auf die Träger der Versicherung insoweit über, als sie den Entschädigungsberechtigten nach diesem Gesetze Leistungen zu gewähren haben. Dies gilt jedoch bei den gegen Unfall Versicherten und ihren Hinterbliebenen nur insoweit, als es sich nicht um einen Anspruch gegen den Unternehmer oder die ihm nach § 899 Gleichgestellten handelt.

Auf das Maß des Ersatzes für Krankenpflege und Krankenhauspflege sowie für Krankenbehandlung und Heilanstaltpflege ist § 1503 entsprechend anzuwenden.

§ 1543. Hat ein ordentliches Gericht über solche Ansprüche (§ 1542) zu erkennen, so ist es an die Entscheidung gebunden, die in einem Verfahren nach diesem Gesetze darüber ergeht, ob und in welchem Umfange der Versicherungsträger verpflichtet ist.

Für die Aussetzung des Verfahrens vor dem ordentlichen Gericht gilt entsprechend § 901 Abs. 2.

§ 1544. Die §§ 1531 bis 1533, 1539 bis 1542 gelten auch für knappschaftliche Krankenkassen und für Ersatzkassen. Der Grundlohn bestimmt sich nach § 1516 Abs. 2.

Sechstes Buch.

Verfahren.

A. Feststellung der Leistungen.

Erster Abschnitt.

Feststellung durch die Versicherungsträger.

I. Einleitung des Verfahrens.

§ 1545. Die Leistungen aus der Reichsversicherung sind festzustellen, und zwar

1. auf dem Gebiete der Unfallversicherung von Amts wegen,
2. im übrigen auf Antrag.

Die Feststellung ist zu beschleunigen.

§ 1546. Wird die Unfallentschädigung nicht von Amts wegen festgestellt, so ist der Anspruch zur Vermeidung des Ausschlusses spätestens zwei Jahre nach dem Unfall bei dem Versicherungsträger anzumelden.

Für die Hinterbliebenen eines Versicherten, der auf einem untergegangenen oder verschollenen Schiffe gefahren ist, wird die Frist von dem Tage gerechnet, an dem nach § 1099 der Anspruch auf Hinterbliebenenrente entstanden ist.

§ 1547. Nach Ablauf der Frist kann der Anspruch noch geltend gemacht werden, wenn

1. eine neue Folge des Unfalls, die einen Entschädigungsanspruch begründet, erst später, oder eine innerhalb der Frist eingetretene Folge erst nach Ablauf der Frist in wesentlich höherem Maße, wenn auch in allmählicher gleichmäßiger Entwicklung des Leidens, bemerkbar geworden ist,
2. der Berechtigte an der Anmeldung durch Verhältnisse verhindert worden ist, die außerhalb seines Willens liegen.

Der Anspruch ist in diesen Fällen binnen drei Monaten anzumelden, nachdem die neue Unfallfolge oder die wesentliche Verschlimmerung bemerkbar geworden oder das Hindernis weggefallen ist.

§ 1548. Stirbt der Verletzte infolge des Unfalls, so ist der Anspruch auf Entschädigung für die Hinterbliebenen, wenn sie nicht von Amts wegen festgestellt ist, zur Vermeidung des Ausschlusses spätestens zwei

Jahre nach dem Tode des Verletzten bei dem Versicherungsträger anzumelden.

Nach Ablauf der Frist kann der Anspruch noch geltend gemacht werden, wenn die Voraussetzung des § 1547 Abs. 1 Nr. 2 vorliegt und der Anspruch binnen drei Monaten nach Wegfall des Hindernisses angemeldet worden ist.

§ 1549. Die Fristen (§§ 1546 bis 1548) werden auch gewahrt, wenn der Anspruch rechtzeitig bei einem nicht zuständigen Träger der Unfallversicherung oder bei einem Versicherungsamt angemeldet wird.

Die Anmeldung ist unverzüglich an die zuständige Stelle abzugeben; der Beteiligte ist zu benachrichtigen.

§ 1550. Gelangen Fälle, in denen freiwillige Leistungen der Versicherungsträger angezeigt scheinen, zur Kenntnis des Versicherungsamts, so benachrichtigt es den Versicherungsträger.

II. Krankenversicherung.

§ 1551. Anträge auf Leistungen der Krankenversicherung sind bei der Krankenkasse oder dem sonst Verpflichteten zu stellen.

Als Leistungen der Krankenversicherung gelten auch

die Leistungen der Krankenkassen, knappschaftlichen Krankenkassen und Ersatzkassen nach den §§ 573, 1083,

die Leistungen der Unternehmer, Arbeitgeber und Träger der anderen Fürsorge nach den §§ 577, 1084, 1085, die Leistungen der Gemeinden und Krankenkassen nach den §§ 942 bis 944, 1087 Abs. 2, § 1088 Abs. 2, § 1089,

die Leistungen der Träger der Unfallversicherung bei Heilverfahren in den Fällen der §§ 580, 946, 1092,

die Leistungen der Krankenkassen, knappschaftlichen Krankenkassen, Ersatzkassen, Gemeinden und des Unternehmers an die Träger der Unfallversicherung nach den §§ 583, 948, 1094,

die Leistungen der Krankenkassen, knappschaftlichen Krankenkassen und Ersatzkassen bei Übertragung der Fürsorge durch Träger der Invaliden- und Hinterbliebenenversicherung nach den §§ 1519, 1521, soweit es sich nicht um Invaliden- oder Hinterbliebenenrente handelt,

die Leistungen der Unternehmer, Gemeinden und Krankenkassen, wenn ihnen die See-Berufsgenossenschaft nach § 1106 oder die Zweiganstalt nach § 1091 die Fürsorge für die ersten dreizehn Wochen übertragen hat.

Als Leistungen der Krankenversicherung gelten ferner die Leistungen der Träger der Unfallversicherung und der Träger der Invaliden- und Hinterbliebenenversicherung, wenn sie in den Fällen der §§ 579, 600, 945, 1086, 1090, 1104, 1513, 1516, 1518, 1521 die Leistungen von den im Abs. 2 bezeichneten Verpflichteten übernehmen.

Dies gilt für die vorbezeichneten Fälle der §§ 1083 bis 1086, 1092, 1094, 1104, 1106 nur, soweit § 1770 für Seeleute nichts anderes bestimmt.

III. Unfallversicherung.

1. Unfallanzeige.

§ 1552. Der Betriebsunternehmer hat jeden Unfall in seinem Betrieb anzuzeigen, wenn durch den Unfall ein im Betriebe Beschäftigter getötet oder so verletzt ist, daß er stirbt oder für mehr als drei Tage völlig oder teilweise arbeitsunfähig wird.

Der Unfall ist binnen drei Tagen anzuzeigen, nachdem der Betriebsunternehmer ihn erfahren hat.

§ 1553. Die Anzeige ist schriftlich oder mündlich der Ortspolizeibehörde des Unfallorts und der durch die Satzung bestimmten Stelle des Versicherungsträgers zu erstatten.

Ereignet sich der Unfall auf der Reise, so kann er auch der inländischen Ortspolizeibehörde angezeigt werden, in deren Bezirke sich der Verletzte zuerst nach dem Unfall aufhält.

Ereignet sich der Unfall im Ausland und ist keine nach Abs. 2 zuständige Behörde im Inland vorhanden, so ist er der Ortspolizeibehörde des inländischen Betriebsitzes anzuzeigen.

§ 1554. Für den Betriebsunternehmer kann der Leiter des Betriebs oder Betriebsteils, in dem sich der Unfall ereignet hat, die Anzeigen erstatten. Er ist dazu verpflichtet, wenn der Unternehmer abwesend oder verhindert ist.

§ 1555. Das Reichsversicherungsamt stellt die Muster für die Unfallanzeigen fest.

§ 1556. Wird der Unfall nicht oder zu spät angezeigt, so kann der Vorstand der Berufsgenossenschaft gegen den Verpflichteten Geldstrafe bis zu dreihundert Mark verhängen.

Dies gilt auch im Falle des § 913 Abs. 1 und der entsprechenden Vorschrift für die landwirtschaftliche Unfallversicherung (§ 1045). § 913 Abs. 2, 3, §§ 1045, 1223 gelten entsprechend.

Auf Beschwerde entscheidet das Oberversicherungsamt (Beschlußkammer) endgültig.

§ 1557. Die Vorstände der vom Reiche oder von einem Bundesstaate verwalteten Betriebe erstatten die Anzeige der vorgesetzten Dienstbehörde nach deren näherer Anweisung.

§ 1558. Die Vorschriften über die Unfallanzeige gelten entsprechend für Unfälle bei einer versicherten Tätigkeit, die keinem versicherten Betriebe zugehört.

2. Unfalluntersuchung.

§ 1559. Ist ein Versicherter getötet oder derart verletzt worden, daß er voraussichtlich nach diesem Gesetze zu entschädigen ist, so untersucht die Ortspolizeibehörde des Unfallorts sobald als möglich den Unfall.

Die Ortspolizeibehörde hat den Unfall auch dann zu untersuchen, wenn es ein nach diesem Gesetze zur Leistung Verpflichteter beantragt.

Der Berechtigte kann die Untersuchung des Unfalls bei dem Versicherungsamte beantragen. Dieses kann die Ortspolizeibehörde ersuchen, dem Antrag zu entsprechen.

§ 1560. Unfälle, die sich auf der Reise oder im Ausland ereignen, untersucht die Ortspolizeibehörde, der sie angezeigt werden.

Die höhere Verwaltungsbehörde kann auf Antrag eines nach § 1562 Beteiligten die Untersuchung einer anderen Ortspolizeibehörde übertragen.

§ 1561. Bei den vom Reiche oder von einem Bundesstaate verwalteten Betrieben bestimmt die vorgesetzte Dienstbehörde, wer den Unfall zu untersuchen hat.

§ 1562. An der Untersuchung können teilnehmen oder sich dabei vertreten lassen

der Verletzte oder seine Hinterbliebenen,
der Träger der Unfall- und der Krankenversicherung,
der Unternehmer,
das Versicherungsamt,
bei Unfällen in Betrieben, die der Gewerbeaufsicht unterliegen, der staatliche Aufsichtsbeamte (§ 139 b der Gewerbeordnung).

§ 1563. Diese Beteiligten werden vom Zeitpunkt der Untersuchung rechtzeitig benachrichtigt.

Ist die Berufsgenossenschaft in Sektionen geteilt, oder hat sie Vertrauensmänner bestellt, so wird der Sektionsvorstand oder der Vertrauensmann benachrichtigt.

Zur Untersuchung sollen auch etwa sonst Beteiligte zugezogen werden.

Der Verletzte oder seine Hinterbliebenen können erwachsene Angehörige oder andere geeignete Personen, die das Verhandeln vor Behörden nicht geschäftsmäßig betreiben, als Beistand zu den Verhandlungen zuziehen.

§ 1564. Die Ortspolizeibehörde stellt den Sachverhalt fest. Sie kann Ermittlungen jeder Art mit Ausschluß eidlicher Vernehmungen anstellen.

Auf Antrag der Versicherungsträger oder des Berechtigten sollen Sachverständige zugezogen werden, die Kosten trägt der Antragsteller.

Soll im Dienstraum einer Behörde oder in einem Fahrzeug der Kaiserlichen Marine Augenschein eingenommen werden, so ist die Genehmigung der zuständigen Dienst- oder Kommandobehörde einzuholen.

§ 1565. Durch die Untersuchung werden namentlich festgestellt

Veranlassung, Zeit, Ort, Hergang und Art des Unfalls,

Name der getöteten oder verletzten Person sowie Tag und Ort ihrer Geburt,

die Art der Verletzung,

der Verbleib des Verletzten,
die Hinterbliebenen des Getöteten und die Angehörigen des Verletzten, die eine Entschädigung nach diesem Gesetze beanspruchen können,
die Höhe von Unterstützungen und Renten, die der Verletzte aus der Reichsversicherung bezieht.

§ 1566. Das Reichsversicherungsamt kann nähere Bestimmungen über die Niederschrift der Untersuchungsverhandlungen erlassen.

§ 1567. Sobald die Untersuchung abgeschlossen ist, übersendet die Ortspolizeibehörde die Verhandlungen dem Versicherungsträger.

Die Beteiligten können Einsicht in die Verhandlungen und Abschrift verlangen.

Für die Abschrift können Schreibgebühren erhoben werden.

3. Entscheidung der Versicherungsträger.

a) Allgemeine Vorschriften.

§ 1568. Die Leistungen der Unfallversicherung werden festgestellt

1. durch den Sektionsvorstand, wenn die Berufsgenossenschaft in Sektionen eingeteilt ist und es sich handelt um

   a) Krankenbehandlung (§ 558 Nr. 1), oder Hauspflege (§ 599),

b) Rente für die Dauer einer voraussichtlich vorübergehenden Erwerbsunfähigkeit,
c) Heilanstaltpflege,
d) Angehörigenrente,
e) Sterbegeld;

2. durch den Genossenschaftsvorstand in allen übrigen Fällen.

§ 1569. Die Satzung der Berufsgenossenschaft kann die Feststellung übertragen

1. in den Fällen des § 1568 Nr. 1
   dem Genossenschaftsvorstand,
   einem Ausschuß des Genossenschafts- oder Sektionsvorstandes,
   besonderen Kommissionen,
   örtlichen Beauftragten (Vertrauensmännern);
2. in den Fällen des § 1568 Nr. 2
   dem Sektionsvorstand,
   einem Ausschuß des Genossenschafts- oder Sektionsvorstandes,
   besonderen Kommissionen.

§ 1570. Die Ausführungsbestimmungen bezeichnen die Behörde, welche die Leistungen feststellt, wenn ein anderer Träger der Unfallversicherung an die Stelle der Berufsgenossenschaft tritt.

§ 1571. Hält der Versicherungsträger die Sache nicht für genügend aufgeklärt, so hat er, vorbehaltlich des § 1572, weitere Ermittlungen anzustellen.

Sollen Zeugen oder Sachverständige im Wege der Rechtshilfe eidlich vernommen werden, so soll das Versicherungsamt ersucht werden. Unterliegt die Beweisaufnahme vor dem Versicherungsamt erheblichen Schwierigkeiten, insbesondere wegen großer Entfernung des Aufenthalts des Zeugen von dem Sitze des Versicherungsamts, oder ist Gefahr im Verzuge, so kann auch das Amtsgericht ersucht werden.

Um eidliche Vernehmung eines Zeugen oder Sachverständigen darf der Versicherungsträger nur ersuchen, wenn er die Vereidigung für notwendig hält, um eine wahre Aussage herbeizuführen.

Wird das Ersuchen um eine Beweisaufnahme von dem Amtsgericht abgelehnt, so entscheidet das Oberlandesgericht endgültig.

§ 1572. Auf Ersuchen des Versicherungsträgers hat der Vorsitzende des Versicherungsamts den gesamten Sachverhalt aufzuklären und sich gutachtlich zu äußern. Er entscheidet nach freiem Ermessen, welche Ermittlungen erforderlich sind.

Für die Zuständigkeit des Versicherungsamts gelten die §§ 1637 bis 1639 entsprechend.

§ 1573. Bei Vernehmung von Zeugen oder Sachverständigen ist den Beteiligten Gelegenheit zur Teilnahme zu gewähren.

§ 1574. Die Vorschriften der Zivilprozeßordnung über die Pflicht, als Zeuge oder Sachverständiger zu erscheinen, sich vernehmen und vereidigen zu lassen, gelten für das Verfahren vor dem ersuchten Richter entsprechend. Die Aussage darf nicht deshalb verweigert werden, weil dieses Gesetz eine Schweigepflicht begründet.

Ob die Aussage oder die Eidesleistung verweigert werden darf, entscheidet der ersuchte Richter. Gegen dessen Entscheidung ist binnen einer Woche Beschwerde an das zunächst höhere Gericht nach den Vorschriften der Zivilprozeßordnung zulässig.

§ 1575. Die Vorschriften des § 1574 gelten auch, soweit die §§ 1576 bis 1579 nichts anderes vorschreiben, für das Verfahren vor dem Versicherungsamt.

§ 1576. Ist das Versicherungsamt um die Vernehmung von Zeugen oder Sachverständigen ersucht, so entscheidet dieses darüber, ob die Aussage oder die Eidesleistung verweigert werden darf. Gegen dessen Entscheidung ist binnen einer Woche Beschwerde an das Oberversicherungsamt zulässig. Das Oberversicherungsamt (Beschlußkammer) entscheidet endgültig.

§ 1577. Gegen Zeugen oder Sachverständige, die
sich nicht einfinden,
ihre Aussage oder die Eidesleistung ohne Angabe eines Grundes oder, nachdem der vorgeschützte Grund rechtskräftig für unerheblich erklärt ist, verweigern,

kann nur eine Geldstrafe bis zu dreihundert Mark verhängt werden.

Die Strafe verhängt das Versicherungsamt. Für die Beschwerde gilt § 1576 Satz 2, 3.

§ **1578.** Militärpersonen, die dem aktiven Heere, der aktiven Marine oder einer der Schutztruppen angehören, werden als Zeugen oder Sachverständige auf Ersuchen von der Militärbehörde geladen.

Verweigern sie das Zeugnis oder den Eid, so verhängt auf Ersuchen das Militärgericht die Geldstrafe.

§ **1579.** Die Zeugen und Sachverständigen erhalten Gebühren wie bei Vernehmungen vor dem ordentlichen Gericht in bürgerlichen Rechtstreitigkeiten.

Auf Beschwerde gegen die Festsetzung der Gebühren entscheidet das Oberversicherungsamt endgültig.

§ **1580.** Verweigert der Unternehmer dem Versicherungsträger die Einnahme des Augenscheins, so entscheidet das Versicherungsamt, ob und in welcher Weise der Augenschein stattfinden soll.

Das Versicherungsamt kann die Einnahme des Augenscheins selbst vornehmen und sich dabei der Mitwirkung der Ortspolizeibehörde bedienen oder die Ortspolizeibehörde darum ersuchen.

Die Beschwerde bewirkt Aufschub.

Für den Augenschein im Dienstraum einer Behörde oder in einem Fahrzeug der Kaiserlichen Marine gilt § 1564 Abs. 3.

Die oberste Verwaltungsbehörde bestimmt, wie weit Abs. 1 bis 3 für Betriebe gilt, die unter bergpolizeilicher Aufsicht stehen.

§ **1581.** Der Unternehmer hat der Genossenschaft auf Verlangen binnen einer Woche den Entgelt nachzuweisen, der für die Berechnung der Entschädigung maßgebend ist. Er hat zu diesem Zwecke fortlaufende Aufzeichnungen über den von den einzelnen Versicherten verdienten Entgelt zu führen. Das nähere bestimmt die Satzung.

Weist der Unternehmer den Entgelt nicht nach, so kann er mit Geldstrafe bis zu dreihundert Mark bestraft werden. Enthält der Nachweis Angaben, deren Unrichtigkeit der Unternehmer kannte oder den Umständen nach kennen mußte, so kann er mit Geldstrafe bis zu fünfhundert Mark bestraft werden.

Die Strafe verhängt der Genossenschaftsvorstand. Auf Beschwerde entscheidet das Oberversicherungsamt endgültig.

Diese Vorschriften gelten auch gegenüber den Personen, die in den §§ 912, 913 Abs. 1, § 1220 und in den entsprechenden Vorschriften für die landwirtschaftliche und die See-Unfallversicherung (§§ 1045, 1222) bezeichnet sind. § 913 Abs. 2, 3, §§ 1045, 1223 gelten entsprechend.

§ 1582. Soll auf Grund eines ärztlichen Gutachtens die Entschädigung abgelehnt oder nur eine Teilrente gewährt werden, so ist vorher der behandelnde Arzt zu hören, wenn er nicht schon ein ausreichendes Gutachten erstattet hat.

Steht der behandelnde Arzt zu dem Versicherungsträger in einem nicht nur vorübergehenden Vertragsverhältnis, so ist auf Antrag ein anderer Arzt zu hören.

b) Bescheid.

§ 1583. Die zur Feststellung berufene Stelle (§§ 1568 bis 1570) erteilt einen schriftlichen Bescheid,

1. wenn eine Entschädigung gewährt oder abgelehnt werden soll,
2. wenn eine Rente wegen Änderung der Verhältnisse (§§ 608, 955, 1115) neu festgestellt werden soll,
3. wenn es sich handelt um
   - Krankenbehandlung (§ 558 Nr. 1) oder Hauspflege (§ 599),
   - Heilanstaltpflege und Angehörigenrente,
   - Feststellung der Leistungen nach Beendigung von Heilanstaltpflege,
   - Sterbegeld,
   - Einstellung einer Unfallrente wegen Ruhens der Rente,
   - Abfindung eines Berechtigten mit einem Kapital.

In dem Bescheide, der eine Kapitalabfindung feststellt, ist der Berechtigte darauf hinzuweisen, daß er nach der Abfindung keinen Anspruch auf Rente mehr habe, auch wenn sich die Unfallfolgen verschlimmern sollten.

§ 1584. Beansprucht der Verletzte wegen Änderung der Verhältnisse die Erhöhung oder Wiedergewährung einer Rente, so hat er seinen Anspruch bei dem Versicherungsträger oder dem Versicherungsamt anzumelden. Das Versicherungsamt gibt den Antrag unverzüglich an den Versicherungsträger ab und teilt ihm den Tag des Eingangs mit.

§ 1585. Kann die Rente eines Verletzten ihrer Höhe nach noch nicht als Dauerrente festgestellt werden, so ist der Versicherungsträger berechtigt, während der ersten zwei Jahre nach dem Unfall vorläufig eine Entschädigung festzustellen und nach Änderung der Verhältnisse zu ändern. In dem Bescheid ist zu bemerken, daß es sich um eine vorläufige Rente handelt. Die Befugnis zur Feststellung einer vorläufigen Entschädigung haben in der gleichen Frist das Oberversicherungsamt und das Reichsversicherungsamt (Landesversicherungsamt), sofern der Versicherungsträger die Entschädigung abgelehnt hat und sie eine Entschädigung zuerkennen. Beansprucht der Verletzte wegen Änderung der Verhältnisse die Erhöhung einer vorläufigen Rente, so ist § 1584 anzuwenden.

Spätestens mit Ablauf von zwei Jahren nach dem Unfall ist die Dauerrente festzustellen. Diese Feststellung setzt eine Änderung der Verhältnisse nicht voraus, auch ist für sie die vorher getroffene Feststellung der Grundlagen für die Rentenberechnung nicht bindend.

§ 1586. Kann der Versicherungsträger nach Ablauf von drei Monaten noch keinen Bescheid erteilen, so hat er dem Berechtigten durch einfaches Schreiben die Gründe mitzuteilen. Die Frist läuft von dem Tage an, an dem der Versicherungsträger vom Unfall, im Falle des später eintretenden Todes vom Tode amtlich

Kenntnis erhalten hat. Bei Hinterbliebenen eines Versicherten, der auf einem untergegangenen oder verschollenen Schiffe gefahren ist, wird die Frist von dem Tage an gerechnet, an dem nach § 1099 der Anspruch auf Rente entstanden ist.

§ 1587. Kann bei Beginn der Entschädigungspflicht die Höhe der Entschädigung noch nicht durch Bescheid festgestellt werden, so hat der Versicherungsträger einen Vorschuß auf die Entschädigung zu gewähren und es dem Berechtigten durch einfaches Schreiben mitzuteilen.

Für Verletzte, die nach Ablauf von dreizehn Wochen nach dem Unfall zur Heilung der Verletzungen noch ärztlich behandelt werden müssen, ist zunächst mindestens die Entschädigung festzustellen, die bis zum Abschluß des Heilverfahrens zu leisten ist.

§ 1588. Wird eine Entschädigung gewährt, so muß der Bescheid ihre Höhe und die Art der Berechnung ersehen lassen. Bei Entschädigungen an Verletzte, denen eine Rente gewährt wird, ist insbesondere anzugeben, welcher Grad der Erwerbsunfähigkeit angenommen wird.

§ 1589. Der Bescheid ist zu begründen und zu unterschreiben. Die Unterschrift des Vorsitzenden genügt.

§ 1590. Der Bescheid muß den Vermerk enthalten, daß er rechtskräftig wird, wenn der Berechtigte nicht rechtzeitig Einspruch erhebt; in dem Bescheid ist die Einspruchsfrist anzugeben und auf die Berechtigungen nach den §§ 1592, 1595, 1596 hinzuweisen.

c) Einspruch.

§ 1591. Gegen den Bescheid findet Einspruch statt. Der Einspruch ist binnen einem Monat nach Zustellung des Bescheides bei dem Versicherungsträger schriftlich zu erheben. § 129 Abs. 2, 3 gilt entsprechend.

Für Seeleute, die sich außerhalb Europas aufhalten, gilt § 128 Abs. 2 entsprechend.

Minderjährige, die das sechzehnte Lebensjahr vollendet haben, können selbständig Einspruch erheben.

§ 1592. Die rechtzeitige Erhebung des Einspruchs begründet das Recht auf persönliches Gehör des Berechtigten. Die für den Erlaß des Bescheides zuständige Stelle bestimmt, ob der Berechtigte vor ihr oder vor dem Versicherungsamt vernommen werden soll. Für die Zuständigkeit des Versicherungsamts gelten die §§ 1637 bis 1639 entsprechend. Solange der Berechtigte vor der zuständigen Stelle noch nicht vernommen ist, kann er jedoch verlangen, daß er vor dem Versicherungsamt vernommen wird, in dessen Bezirk er zur Zeit der Vernehmung wohnt oder beschäftigt ist. Wird der Berechtigte vor dem Genossenschaftsorgan vernommen, so werden ihm bare Auslagen und Versäumnis vergütet. Auf Beschwerde gegen die Kostenfestsetzung entscheidet das Oberversicherungsamt endgültig.

Der Stelle, die den Berechtigten vernehmen soll, sind die Vorverhandlungen vorzulegen.

§ 1593. Der Berechtigte, der den Einspruch erhoben hat, ist vorzuladen.

Erscheint er in dem für seine Vernehmung angesetzten Termine nicht, ohne daß für das Ausbleiben triftige Gründe angegeben werden, so sind die Verhandlungen mit einer Mitteilung hierüber der für die Feststellung zuständigen Stelle unverzüglich zurückzugeben.

§ 1594. Erscheint der Vorgeladene, so wird über seine Äußerungen eine Niederschrift aufgenommen. Hierbei hat die zur Vernehmung berufene Stelle auf tunlichst genaue und vollständige Anführung der für die Feststellung erheblichen Tatsachen und auf Angabe von Beweismitteln hinzuwirken.

§ 1595. Ist nicht schon durch den Versicherungsträger ein Arzt gehört worden, dem der Versicherte nach eigener Wahl seine Behandlung übertragen hat, so hat das Versicherungsamt auf den bei der Vernehmung zu stellenden Antrag des Versicherten das Gutachten eines bisher noch nicht gehörten Arztes einzuholen, wenn das Gutachten nach Ansicht des Versicherungsamts für die Entscheidung von Bedeutung sein kann.

Lehnt der vom Versicherungsamt um sein Gutachten ersuchte Arzt die Erstattung des Gutachtens ab, so entscheidet das Versicherungsamt, ob und von welchem anderen Arzte ein Gutachten einzuholen ist.

§ 1596. Auf Verlangen des Berechtigten ist in allen Fällen, wenn er die Kosten im voraus entrichtet, ein von ihm bezeichneter Arzt als Gutachter zu vernehmen. Lassen sich diese Kosten im voraus nicht bestimmen, so kann das Versicherungsamt einen Pauschbetrag als Sicherheitsleistung für diese Kosten erfordern.

Ist bei der endgültigen Feststellung auf Grund des neuen Gutachtens eine Rente, die im Bescheid abgewiesen war, gewährt oder die im Bescheide festgestellte Teilrente erhöht worden, so sind dem Berechtigten die Kosten zu erstatten, soweit es angemessen ist. Bei Streit über die Erstattung entscheidet auf Beschwerde das Oberversicherungsamt endgültig.

§ 1597. Das Versicherungsamt entscheidet, wie weit dem neuen Gutachter (§§ 1595, 1596) die vorhandenen ärztlichen Gutachten mitzuteilen sind; Einsicht in die übrigen Vorverhandlungen muß ihm auf Verlangen gewährt werden.

§ 1598. Findet die Vernehmung vor dem Versicherungsamte statt, so kann es sich auch zur Sache äußern. Es kann hierzu Ermittlungen anstellen, soweit die Beweismittel bereit oder leicht zu beschaffen sind und erhebliche Kosten nicht entstehen.

§ 1599. Die Verhandlungen über den Einspruch sind mit den Vorverhandlungen an die für die Feststellung zuständige Stelle unverzüglich weiterzugeben.

d) Besonderheiten für den Einspruch bei Änderung von Dauerrenten.

§ 1600. Soll eine Dauerrente wegen Änderung der Verhältnisse (§§ 608, 955, 1115) neu festgestellt werden, so gelten die §§ 1591 bis 1599, soweit die §§ 1601 bis 1605 nichts anderes vorschreiben.

§ 1601. Die Vernehmung des Berechtigten findet vor dem Versicherungsamte statt. Dem Versicherungsamte sind die Vorverhandlungen vorzulegen.

§ 1602. Nach Abschluß der Ermittelungen wird die Sache vor dem Versicherungsamt unter Zuziehung von je einem Vertreter der Arbeitgeber und der Versicherten in mündlicher Verhandlung erörtert. Die Verhandlung ist nicht öffentlich.

§ 1603. Der Vorsitzende des Versicherungsamts bestimmt die Reihenfolge, in der die Versicherungsvertreter zu den Verhandlungen zuzuziehen sind. Das Oberversicherungsamt kann hierüber allgemeine Bestimmungen treffen.

§ 1604. Die Vernehmung des Berechtigten (§ 1594) und die Erhebungen (§ 1598 Satz 2) können mit der mündlichen Verhandlung verbunden werden, wenn dies zweckmäßig erscheint.

Die Genossenschaft kann sich durch einen Vertrauensmann (§§ 678 Nr. 3, 973, 1144) oder ein Mitglied eines andern Organs vertreten lassen; der Berechtigte kann erwachsene Angehörige oder andere geeignete Personen als Beistand zur Verhandlung zuziehen. Der Vertreter der Genossenschaft und der Beistand des Berechtigten dürfen nicht zu solchen Personen gehören, welche das Verhandeln vor Behörden geschäftsmäßig betreiben.

§ 1605. Das Versicherungsamt erstattet ein Gutachten in der Sache. Das Gutachten hat sich über alles auszusprechen, was nach Ansicht des Versicherungsamts für die Entschließung des Versicherungsträgers von Bedeutung ist.

Beruht das Gutachten nicht auf der Übereinstimmung des Vorsitzenden des Versicherungsamts und der Versicherungsvertreter, so sind die abweichenden Meinungen zu vermerken.

e) Endbescheid.

§ 1606. Die nach den §§ 1568 bis 1570 zur Feststellung berufene Stelle erhebt nach Eingang der Verhandlungen über den Einspruch oder nach Mitteilung über das Nichterscheinen des Berechtigten in dem Verhandlungstermine den etwa noch erforderlichen Beweis und erteilt sodann den Endbescheid.

Ist der Einspruch verspätet eingelegt, so wird er durch die im Abs. 1 bezeichnete Stelle mittels Endbescheids als unzulässig verworfen.

§ 1607. Für den Endbescheid gelten die §§ 1588, 1589.

Dem Berechtigten ist von dem Gutachten des Versicherungsamts auf Antrag kostenlos Abschrift zu erteilen. Ferner sind ihm auf Antrag Abschriften der Niederschriften über die Vernehmung von Zeugen und Sachverständigen sowie der ärztlichen Gutachten zu erteilen; die Kosten hat der Antragsteller vorher zu zahlen. Sämtliche Abschriften sind nur zu erteilen, soweit dies mit

Rücksicht auf die Berechtigten zulässig erscheint. Auf Beschwerde entscheidet das Oberversicherungsamt endgültig.

Der Endbescheid muß den Vermerk enthalten, daß er rechtskräftig wird, wenn der Berechtigte nicht binnen einem Monat nach Zustellung des Bescheids die Berufung bei dem Oberversicherungsamt einlegt.

Für Seeleute, die sich außerhalb Europas aufhalten, gilt § 128 Abs. 2 entsprechend.

f) Sonstige Vorschriften.

§ 1608. Erteilt der Versicherungsträger, bevor die frühere Entscheidung über die Höhe der Entschädigung rechtskräftig wird, einen neuen Bescheid, durch den die Rente wegen Änderung der Verhältnisse neu festgestellt wird, so gelten der Einspruch und die Rechtsmittel gegen den früheren Bescheid auch als Einspruch oder Rechtsmittel gegen den neuen Bescheid.

Eine Abschrift des neuen Bescheids ist der Stelle mitzuteilen, bei der das ältere Streitverfahren schwebt. Diese kann das Verfahren über den neuen Bescheid an sich ziehen und bei Entscheidung der älteren Sache darüber befinden, welche Entschädigung für die Zeit nach Erlaß des neuen Bescheids zu gewähren ist.

§ 1609. Soweit die oberste Verwaltungsbehörde von der Befugnis nach § 112 Gebrauch gemacht hat, treten die dort bezeichneten Organe an die Stelle des Versicherungsamts für dessen Aufgaben im Einspruchsverfahren.

§ 1610. Soll eine Unfallentschädigung für solche Verletzte oder deren Hinterbliebene, die sich im Ausland befinden, gewährt, abgelehnt oder wegen Änderung der Verhältnisse neu festgestellt werden, so kann ohne vorhergehenden Bescheid und Einspruch alsbald Endbescheid erteilt werden.

§ 1611. Das Reichsversicherungsamt kann über die Beurkundung der Feststellungsbeschlüsse sowie über die Unterzeichnung und Ausfertigung der Bescheide und Endbescheide Näheres bestimmen.

§ 1612. Das Versicherungsamt benachrichtigt den Versicherungsträger, wenn es erfährt, daß

eine Übernahme des Heilverfahrens durch den Versicherungsträger vor Ablauf der Wartezeit oder eine Übertragung des Heilverfahrens durch den Versicherungsträger auf die Krankenkasse nach Ablauf der Wartezeit angezeigt ist,

eine Unfallrente wegen Änderung der Verhältnisse neu festzustellen oder zu entziehen ist,

eine Rente zu ruhen hat.

IV. Invaliden- und Hinterbliebenenversicherung.

1. Anmeldung der Ansprüche.

§ 1613. Anträge auf die Leistungen der Invaliden- und Hinterbliebenenversicherung sind an das Versicherungsamt zu richten; die Beweisstücke sollen beiliegen.

§ 1614. Für die Zuständigkeit des Versicherungsamts gelten die §§ 1637 bis 1640 entsprechend.

§ 1615. Wird die Zahlung einer der Höhe nach festgestellten Witwenrente beansprucht, so ist das Versicherungsamt des Ortes zuständig, an dem die Witwe zur Zeit des Antrags auf Zahlung wohnt oder beschäftigt ist; dabei gelten die §§ 1639, 1640 entsprechend.

Wird die Voraussetzung für den Bezug einen Waisenaussteuer erst nach dem Tode des Versicherten erfüllt, so richtet sich die Zuständigkeit nach dem Wohnort der Waisen.

§ 1616. Die oberste Verwaltungsbehörde kann anordnen, daß die Ansprüche auch bei einer anderen Behörde mit der Wirkung der §§ 1256, 1263 angemeldet werden dürfen. Diese gibt die Anträge unverzüglich an das zuständige Versicherungsamt weiter.

2. Vorbereitung der Sache durch das Versicherungsamt.

§ 1617. Der Vorsitzende des Versicherungsamts ermittelt nach freiem Ermessen, was zur Klarstellung des Sachverhalts erforderlich ist; dabei gilt § 1652 entsprechend.

Die Erhebungen sollen sich auf alle Fragen erstrecken, die für die Entschließung des Versicherungsträgers von Bedeutung sind, insbesondere auf

die Versicherungspflicht oder die Versicherungsberechtigung,

die Invalidität und den Tag ihres Eintritts,

das Alter der Waisen,

die Bedürftigkeit, wenn es sich um die Witwerrente oder in den Fällen der §§ 1260 bis 1262 um die Waisenrenten handelt.

Auf Antrag des Berechtigten ist das Gutachten eines von ihm benannten Arztes einzuholen, wenn das Gutachten nach Ansicht des Versicherungsamts für die Entscheidung von Bedeutung sein kann; die Kosten hat der Berechtigte vorher zu zahlen. Im übrigen gelten § 1595 Abs. 2, §§ 1596, 1597 entsprechend.

§ 1618. Nach Abschluß der Erhebungen durch den Vorsitzenden wird die Sache vor dem Versicherungsamt unter Zuziehung von je einem Vertreter der Arbeitgeber und der Versicherten in mündlicher Verhandlung erörtert, soweit § 1624 nichts anderes vorschreibt.

§ 1619. Für die Vorbereitung der mündlichen Verhandlung gelten die Vorschriften der §§ 1652, 1655 entsprechend. Namentlich kann der Vorsitzende vor der mündlichen Verhandlung die Untersuchung des Antragstellers und die Begutachtung dessen Gesundheitszustandes durch einen Arzt sowie das persönliche Erscheinen des Antragstellers in der mündlichen Verhandlung anordnen.

§ 1620. Für die Reihenfolge, in der die Versicherungsvertreter zu den Verhandlungen zuzuziehen sind, gilt § 1603 entsprechend.

§ 1621. Für Ausschluß und Ablehnung des Vorsitzenden des Versicherungsamts und der Versicherungsvertreter gelten die §§ 1641 bis 1649 entsprechend.

§ 1622. Die mündliche Verhandlung ist nicht öffentlich. Im übrigen gelten für die mündliche Verhandlung die §§ 1662 bis 1665, 1667, 1669, 1672 entsprechend, jedoch ist § 1654 nicht anzuwenden.

§ 1623. Das Versicherungsamt erstattet ein Gutachten in der Sache; das Gutachten hat sich über alles auszusprechen, was nach Ansicht des Versicherungsamts für die Entschließung des Versicherungsträgers von Bedeutung ist.

Kann wegen Verbrechens oder vorsätzlichen Vergehens (§ 1254) oder wegen Widersetzlichkeit (§§ 1272, 1306) der Anspruch ganz oder teilweise versagt oder entzogen werden, so hat sich das Gutachten auch darüber auszusprechen, wieweit von dieser Befugnis Gebrauch zu machen ist.

Beruht das Gutachten nicht auf der Übereinstimmung des Vorsitzenden des Versicherungsamts und der Versicherungsvertreter, so sind die abweichenden Meinungen mit Angabe der Gründe zu vermerken.

§ 1624. Eine mündliche Verhandlung findet nicht statt, wenn es sich handelt um

Altersrente,
Waisenrente,
Witwengeld und Waisenaussteuer,
Kapitalabfindung (§§ 1316, 1317, 1476),
Fälle, in denen der Versicherungsträger und der Berechtigte einig sind.

Die Kaiserliche Verordnung (§ 35 Abs. 2) kann weitere Fälle bestimmen, in denen eine mündliche Verhandlung nicht stattfindet.

Findet eine mündliche Verhandlung nicht statt, so erstattet der Vorsitzende des Versicherungsamts das Gutachten.

§ 1625. Der Vorsitzende des Versicherungsamts übersendet die Verhandlungen und das Gutachten dem Versicherungsträger (§ 1630).

§ 1626. Die §§ 1617 bis 1625 gelten entsprechend, wenn eine Invaliden-, Hinterbliebenen- oder Zusatzrente entzogen oder eine Rente eingestellt werden soll.

Für die Zuständigkeit des Versicherungsamts gelten die §§ 1637 bis 1640 entsprechend.

Eine mündliche Verhandlung findet nicht statt, wenn es sich um das Ruhen der Rente (§§ 1311 bis 1315, 1318) handelt.

§ 1627. Die oberste Verwaltungsbehörde kann das Verfahren bei Vorbereitung und Begutachtung der Sache durch das Versicherungsamt näher bestimmen, soweit es nicht durch Kaiserliche Verordnung (§ 35 Abs. 2) geregelt ist.

§ 1628. Ist die Vorbereitung und Begutachtung der Sache Organen von Knappschaftsvereinen, Knappschaftskassen oder von Sonderanstalten für Betriebe des Reichs oder der Bundesstaaten übertragen, so gelten die §§ 1617 bis 1627 entsprechend.

Sollen Zeugen oder Sachverständige eidlich vernommen werden, so gelten der § 1571 Abs. 2 bis 4 und die §§ 1573 bis 1579 entsprechend.

§ 1629. Das Versicherungsamt benachrichtigt den Versicherungsträger, wenn es erfährt, daß

ein Versicherter oder eine Witwe durch ein Heilverfahren vor der Invalidität bewahrt werden kann, der Empfänger einer Invaliden-, Witwen-, Witwer- oder Zusatzrente durch ein Heilverfahren wieder erwerbsfähig werden kann,

die Invaliden-, Witwen-, Witwer- oder Zusatzrente zu entziehen ist,

eine Rente zu ruhen hat.

3. Entscheidung der Versicherungsträger.

§ 1630. Die Leistungen aus der Invaliden- und Hinterbliebenenversicherung werden durch den Vorstand der Versicherungsanstalt festgestellt.

Zuständig ist die Versicherungsanstalt für den Bezirk des Versicherungsamts, bei dem der Anspruch anzumelden ist.

§ 1631. Wird der angemeldete Anspruch anerkannt oder abgelehnt, so ist ein schriftlicher Bescheid zu erteilen. Er ist zu begründen und zu unterschreiben. Die Unterschrift des Vorsitzenden genügt. Für die Beurkundung der Feststellungsbeschlüsse und die Ausfertigung der Bescheide gilt § 1611.

Wird der Anspruch abgelehnt, so ist dem Berechtigten von dem Gutachten des Versicherungsamts auf Antrag kostenlos Abschrift zu erteilen. Ferner sind ihm auf Antrag Abschriften der Niederschriften über die Vernehmung von Zeugen und Sachverständigen sowie der ärztlichen Gutachten zu erteilen; die Kosten hat der Antragsteller vorher zu zahlen. Sämtliche Abschriften sind nur zu erteilen, soweit dies mit Rücksicht auf den Berechtigten zulässig erscheint. Auf Beschwerde entscheidet das Oberversicherungsamt endgültig.

Wird eine Rente gewährt, so ist in dem Bescheid ihre Höhe, der Beginn und die Art ihrer Berechnung anzugeben.

Der Bescheid muß den Vermerk enthalten, daß er rechtskräftig wird, wenn der Berechtigte nicht binnen einem Monat nach Zustellung des Bescheids Berufung bei dem Oberversicherungsamt einlegt. Für Seeleute, die sich außerhalb Europas aufhalten, gilt § 128 Abs. 2.

§ 1632. Will der Versicherungsträger dem für die Gewährung einer Rente abgegebenen Gutachten des Vorsitzenden des Versicherungsamts nicht entsprechen, so ist die Sache zur Erörterung und Begutachtung (§ 1623) an das Versicherungsamt zurückzugeben, wenn es sich um die Versicherungspflicht, die Versicherungsberechtigung oder die Invalidität handelt.

§ 1633. Die §§ 1630 bis 1632 gelten entsprechend, wenn eine Rente entzogen oder eingestellt werden soll.

§ 1634. Der Versicherungsträger kann auf Antrag des Versicherungsamts einem Beteiligten in dem Bescheide solche Kosten zur Last legen, die dieser durch Mutwillen, Verschleppung oder Irreführung veranlaßt hat.

Diese Kosten fließen in die Kasse des Versicherungsträgers.

4. Wiederholung von Anträgen.

§ 1635. Ist ein Antrag auf Invalidenrente oder auf Zahlung der Witwenrente endgültig abgelehnt worden, weil dauernde Invalidität nicht nachweisbar war oder ist eine Invalidenrente oder Witwenrente rechtskräftig entzogen, weil Invalidität nicht mehr vorlag, so kann der Antrag erst ein Jahr, nachdem die Entscheidung zugestellt worden ist, vorher aber nur dann wiederholt werden, wenn glaubhaft bescheinigt wird, daß inzwischen Umstände eingetreten sind, die den Nachweis der Invalidität liefern.

Wird die Bescheinigung nicht beigebracht, so weist das Versicherungsamt den vorzeitig wiederholten Antrag zurück. Der Bescheid ist nicht anfechtbar.

Zweiter Abschnitt.

Feststellung im Spruchverfahren.

I. Verfahren vor dem Versicherungsamt.

1. Zuständigkeit des Versicherungsamts.

§ 1636. Bei Streit über die Leistungen aus der Krankenversicherung entscheidet auf Antrag in erster Instanz, vorbehaltlich des § 1661, das Versicherungsamt (Spruchausschuß).

§ 1637. Zuständig ist das Versicherungsamt, in dessen Bezirke der Versicherte zur Zeit des Antrags wohnt oder beschäftigt ist.

§ 1638. Hat der Versicherte keinen Wohn- oder Beschäftigungsort im Inland, oder ist er gestorben oder verschollen, so ist sein letzter inländischer Wohn- oder Beschäftigungsort maßgebend.

Ist ein solcher nicht vorhanden, so ist der Sitz des Betriebs maßgebend, in dem der Versicherte beschäftigt ist oder zuletzt beschäftigt war.

§ 1639. Sind nach den §§ 1637, 1638 mehrere Versicherungsämter zuständig, so gebührt dem der Vorzug, das zuerst angegangen wird.

§ 1640. Hält das Versicherungsamt ein anderes für zuständig, so gibt es die Sache an dieses weiter.

Hält sich auch dieses nicht für zuständig, so entscheidet der Vorsitzende des beiden Ämtern übergeordneten Oberversicherungsamts oder, wenn ein solches nicht vorhanden ist, das Reichsversicherungsamt (Landesversicherungsamt).

Die Entscheidung ist endgültig und bindet die Instanzen.

2. Ausschluß und Ablehnung von Mitgliedern des Spruchausschusses.

§ 1641. Von der Mitwirkung im Spruchausschuß ist ausgeschlossen,

1. wer in der Sache selbst Partei ist,
2. wer einer Partei ersatzpflichtig ist,
3. wer mit einer Partei verheiratet ist oder gewesen ist,
4. wer mit einer Partei in gerader Linie verwandt oder verschwägert oder in der Seitenlinie im

zweiten oder dritten Grade verwandt oder im zweiten Grade verschwägert ist,

5. wer in der Sache als Bevollmächtigter oder Beistand einer Partei zugezogen oder als ihr gesetzlicher Vertreter aufzutreten berechtigt ist oder gewesen ist,
6. wer in der Sache als Zeuge oder Sachverständiger vernommen ist,
7. wer als Mitglied eines Organs des Versicherungsträgers bei dem Beschluß über die Leistung mitgewirkt hat.

§ 1642. Ist der Vorsitzende des Versicherungsamts zugleich Vorsitzender eines Organs eines Versicherungsträgers, so ist er auch in solchen Sachen dieses Versicherungsträgers von der Mitwirkung im Spruchausschuß ausgeschlossen, bei denen er früher nicht mit tätig gewesen ist.

§ 1643. Mitglieder des Spruchausschusses können sowohl aus Gründen, die ihre Ausschließung rechtfertigen, als wegen Befangenheit abgelehnt werden. Die Ablehnung wegen Befangenheit ist begründet, wenn Tatsachen vorliegen, die Mißtrauen gegen ihre Unparteilichkeit rechtfertigen können.

Kein Mitglied kann als befangen abgelehnt werden, wenn die Partei den Ablehnungsgrund schon vorher kennt, aber erst geltend macht, nachdem sie sich in eine Verhandlung vor dem Spruchausschuß eingelassen hat.

§ 1644. Der Vorsitzende des Versicherungsamts ist nicht deshalb von der Mitwirkung im Spruchausschuß ausgeschlossen, weil er im vorbereitenden Verfahren in der Sache amtlich tätig gewesen ist; er kann aus diesem Grunde auch nicht als befangen abgelehnt werden.

§ 1645. Der Ablehnungsgrund muß glaubhaft gemacht werden.

Lehnt die Partei ein Mitglied des Spruchausschusses als befangen ab, nachdem sie sich in eine Verhandlung eingelassen hat, so muß sie glaubhaft machen, daß der Ablehnungsgrund erst später entstanden oder ihr bekannt geworden ist.

§ 1646. Wird ein Versicherungsvertreter abgelehnt, so entscheidet der Vorsitzende. Wird der Vorsitzende abgelehnt, so entscheidet das Oberversicherungsamt endgültig. Einer Entscheidung bedarf es nicht, wenn der Abgelehnte das Ablehnungsgesuch für begründet hält.

§ 1647. Die Entscheidung, die den Antrag für begründet erachtet, ist endgültig.

Die Entscheidung des Vorsitzenden, die den Antrag ablehnt, kann nicht für sich allein, sondern nur mit der Entscheidung in der Hauptsache angefochten werden.

§ 1648. Der § 1646 gilt auch, wenn ein Mitglied des Spruchausschusses selbst eine Tatsache anzeigt, die seine Ablehnung rechtfertigen könnte, oder wenn Zweifel darüber entstehen, ob es aus einem gesetzlichen Grunde ausgeschlossen ist.

§ 1649. Wird eine Versicherungsbehörde nach Ausschluß oder Ablehnung von Mitgliedern beschlußunfähig, so bestimmt die zunächst höhere Spruchbehörde, welche andere Behörde gleicher Ordnung die Sache zu entscheiden hat.

3. Verfahren bis zur mündlichen Verhandlung.

§ 1650. Der Antrag nach § 1636 ist bei dem zuständigen Versicherungsamte (§§ 1637 bis 1640) zu stellen.

Für die Anmeldung bei einer anderen Stelle gilt § 129 Abs. 2, 3 entsprechend.

Minderjährige, die das sechzehnte Lebensjahr vollendet haben, können selbständig den Antrag für sich stellen und ihn selbständig verfolgen.

§ 1651. Der Antrag auf Entscheidung des Versicherungsamts bewirkt Aufschub, wenn es sich um Kapitalabfindung (§§ 217, 218) handelt. Die Abfindung kann im Spruchverfahren nur bestätigt oder aufgehoben werden.

§ 1652. Der Vorsitzende bereitet die Sache vor und kann vor der mündlichen Verhandlung Beweis erheben.

Er kann nach eigenem Ermessen Augenschein einnehmen, Zeugen und Sachverständige, auch eidlich, vernehmen, Gutachten von Ärzten und amtliche Auskünfte jeder Art einholen, auch andere Versicherungsträger beiladen.

Zeugen und Sachverständige werden nur vereidigt,

wenn der Vorsitzende dies für notwendig hält, um eine wahre Aussage herbeizuführen. Der § 1571 Abs. 2 bis 4, die §§ 1573, 1574 Abs. 1, §§ 1575, 1577 bis 1579, 1580 Abs. 2 bis 5 gelten entsprechend; ob die Aussage oder die Eidesleistung verweigert werden darf, entscheidet der Vorsitzende. Gegen seine Entscheidung ist binnen einer Woche Beschwerde an das Oberversicherungsamt zulässig. Das Oberversicherungsamt (Beschlußkammer) entscheidet endgültig.

§ 1653. Den Beteiligten ist der Inhalt und auf Verlangen eine Abschrift der Beweisverhandlungen mitzuteilen.

Der Vorsitzende entscheidet, wie weit ärztliche Zeugnisse und Gutachten mitzuteilen sind. Der Spruchausschuß kann die Mitteilung nachholen.

§ 1654. Hängt der Anspruch von einem familienrechtlichen oder erbrechtlichen Verhältnis ab, so kann der Vorsitzende den Beteiligten aufgeben, das Verhältnis im ordentlichen Rechtsweg feststellen zu lassen.

Er bestimmt zugleich, bis wann die Klage zu erheben ist; die Frist kann auf Antrag verlängert werden.

§ 1655. Der Vorsitzende bestimmt die Verhandlungszeit und teilt sie den Parteien mit.

Der Vorsitzende kann für die mündliche Verhandlung Zeugen und Sachverständige laden und anderes anordnen, besonders auch das persönliche Erscheinen des Antragstellers.

§ 1656. Für die Reihenfolge, in der die Versicherungsvertreter zu den Verhandlungen des Spruchausschusses zuzuziehen sind, gilt § 1603 entsprechend.

§ 1657. Der Vorsitzende kann in allen Sachen ohne mündliche Verhandlung eine Vorentscheidung treffen.

§ 1658. Gegen die Vorentscheidung kann entweder dasjenige Rechtsmittel, welches gegen das Urteil zulässig wäre, eingelegt oder binnen der gleichen Frist der Antrag auf mündliche Verhandlung gestellt werden. Die Vorentscheidung muß hierauf unter Angabe der Frist hinweisen.

Minderjährige, die das sechzehnte Lebensjahr vollendet haben, können selbständig den Antrag auf mündliche Verhandlung stellen.

Ist der Antrag auf mündliche Verhandlung verspätet gestellt, so wird er als unzulässig verworfen.

§ 1659. Ist von beiden Rechtsbehelfen Gebrauch gemacht, so findet die mündliche Verhandlung statt.

Die Vorentscheidung steht für die Rechtsmittel und die Wiederaufnahme des Verfahrens einem Urteil gleich, wenn mündliche Verhandlung nicht beantragt worden ist.

4. Mündliche Verhandlung.

§ 1660. Vor dem Spruchausschuß des Versicherungsamts wird mündlich und öffentlich verhandelt.

Die Öffentlichkeit kann aus Gründen des öffentlichen Wohles oder der Sittlichkeit ausgeschlossen werden; der Beschluß ist öffentlich zu verkünden.

§ 1661. Der Vorsitzende entscheidet in öffentlicher mündlicher Verhandlung allein über Leistungen der Krankenversicherung, wenn es sich handelt um

1. lediglich rechnerische Feststellung der Dauer und Höhe der Krankenhilfe,
2. Gewährung der Krankenhauspflege an Stelle der Krankenhilfe,
3. Sterbegeld,
4. Leistungen im Gesamtwert von weniger als fünfzig Mark.

§ 1662. Der Antragsteller kann selbst erscheinen oder, wie auch der Versicherungsträger, sich vertreten lassen. Die erschienenen Parteien und Parteivertreter sind zu hören.

§ 1663. Das Versicherungsamt kann Bevollmächtigte und Beistände zurückweisen, die das Verhandeln vor Behörden geschäftsmäßig betreiben.

Dies gilt nicht für Rechtsanwälte und solche Personen, welchen das Verhandeln vor Gericht gestattet ist (§ 157 der Zivilprozeßordnung), auch nicht für solche Personen, welche zur geschäftsmäßigen Rechtsvertretung vor den Versicherungsämtern und Oberversicherungsämtern zugelassen sind.

Über die Zulassung entscheidet das Oberversicherungsamt, auf Beschwerde die oberste Verwaltungsbehörde.

Die Zulassung darf nur versagt werden, wenn ein wichtiger Grund vorliegt; sie darf nicht versagt werden aus Gründen, die sich auf die religiöse oder politische Betätigung des Antragstellers stützen.

§ 1664. Die Vorschriften des Gerichtsverfassungsgesetzes über die Aufrechthaltung der Ordnung in der Sitzung (§§ 176 bis 182, 184) gelten entsprechend.

Über Beschwerden gegen Ordnungsstrafen entscheidet das Oberversicherungsamt endgültig.

§ 1665. Hält der Spruchausschuß die Sache noch nicht für genügend aufgeklärt, so beschließt er den erforderlichen Beweis. Die Ausführung des Beschlusses kann er dem Vorsitzenden übertragen.

Für die Beweisaufnahme gelten § 1652 Abs. 2, 3, § 1653, für die nachträgliche Anordnung, ein Rechtsverhältnis im ordentlichen Rechtsweg feststellen zu lassen, gilt § 1654 entsprechend.

§ 1666. Vergleichen sich die Parteien über den streitigen Anspruch und die etwa entstandenen Kosten, so gilt der Streit als erledigt.

§ 1667. Der Spruchausschuß entscheidet nach Stimmenmehrheit.

Bildet sich bei Abstimmung über die Höhe von Beträgen keine Mehrheit, so werden die für den größeren Betrag abgegebenen Stimmen den für den zunächst geringeren so lange hinzugerechnet, bis sich eine Mehrheit ergibt.

§ 1668. Hält der Spruchausschuß den Anspruch für begründet, so stellt er zugleich Betrag und Beginn der Leistung fest.

Wird der Anspruch ausnahmsweise nur dem Grunde nach anerkannt, so ist eine vorläufige Leistung anzuordnen und dem Betrage nach festzustellen. Die Feststellung der vorläufigen Leistung ist endgültig; die vorläufigen Zahlungen werden angerechnet.

§ 1669. Ist der Antragsteller auf Anordnung des Vorsitzenden in der mündlichen Verhandlung erschienen, so werden ihm auf Verlangen bare Auslagen und Zeitverlust vergütet; sie können vergütet werden, wenn er ohne Anordnung erscheint und der Spruchausschuß das Erscheinen für erforderlich hält.

Auf Beschwerde gegen die Verfügung, welche die Vergütung festsetzt oder ablehnt, entscheidet das Oberversicherungsamt endgültig.

War der Antragsteller ohne Anordnung erschienen, so gilt die Vergütung als abgelehnt, wenn der Spruchausschuß nicht ausdrücklich feststellt, daß das Erscheinen erforderlich war. In diesem Falle findet Beschwerde nicht statt.

§ 1670. Bei der Verhandlung wird von Amts wegen geprüft, ob und in welchem Betrage die unterlegene Partei dem Gegner seine Kosten zu erstatten hat.

Die Höhe dieser Kosten wird im Urteil festgesetzt. Sie werden auf Antrag der Partei durch Vermittlung des Versicherungsamts wie Gemeindeabgaben beigetrieben.

§ 1671. Das Urteil des Spruchausschusses wird öffentlich verkündet, auch wenn die Öffentlichkeit der Verhandlung ausgeschlossen war.

Es wird mit Gründen versehen, von dem Vorsitzenden unterschrieben, ausgefertigt und den Parteien zugestellt.

§ 1672. Über die mündliche Verhandlung wird eine Niederschrift aufgenommen.

§ 1673. Schreib- und Rechenfehler und ähnliche offenbare Unrichtigkeiten, die im Urteil vorkommen, sind jederzeit auf Antrag oder von Amts wegen zu berichtigen.

Der Vorsitzende entscheidet ohne mündliche Verhandlung, ob zu berichtigen ist.

Berichtigt er, so wird die Verfügung auf der Urschrift des Urteils und den Ausfertigungen vermerkt. Über die Verfügung kann sich der Beteiligte bei dem Oberversicherungsamte beschweren; das Oberversicherungsamt entscheidet endgültig.

Die Verfügung, die eine Berichtigung ablehnt, ist unanfechtbar.

§ 1674. Hat das Urteil einen von einer Partei erhobenen Haupt- oder Nebenanspruch oder den Kostenpunkt ganz oder teilweise übergangen, so wird es auf Antrag nachträglich ergänzt.

Über den Antrag kann ohne mündliche Verhandlung entschieden werden, wenn es sich um einen Nebenanspruch oder um den Kostenpunkt handelt.

Die ergänzende Entscheidung wird auf der Urschrift des Urteils und den Ausfertigungen vermerkt.

II. Verfahren vor dem Oberversicherungsamt.

§ 1675. Gegen Endbescheide der Träger der Unfallversicherung, ferner gegen Bescheide der Träger der Invaliden- und Hinterbliebenenversicherung sowie gegen Urteile des Versicherungsamts ist das Rechtsmittel der Berufung an das Oberversicherungsamt (Spruchkammer) zulässig.

§ 1676. Über die Berufung entscheidet in Sachen der Krankenversicherung das Oberversicherungsamt für den Bezirk desjenigen Versicherungsamts, welches das angefochtene Urteil oder dessen Vorsitzender die angefochtene Vorentscheidung erlassen hat.

§ 1677. Über die Berufung entscheidet in Sachen der Unfallversicherung dasjenige Oberversicherungsamt, in dessen Bezirk der Versicherte zur Zeit der Erhebung der Berufung wohnt oder beschäftigt ist. Dabei gelten die §§ 1638 bis 1640 entsprechend.

In Sachen der See-Unfallversicherung ist für die Zuständigkeit des Oberversicherungsamts der Heimathafen desjenigen Fahrzeugs oder der Sitz desjenigen Betriebs maßgebend, in welchem sich der Unfall ereignet hat. Ist der Heimathafen nicht im Bezirk eines Oberversicherungsamts belegen, so ist die Berufung bei dem für den Sitz der See-Berufsgenossenschaft zuständigen Oberversicherungsamt zu erheben.

§ 1678. Über die Berufung entscheidet in Sachen der Invaliden- und Hinterbliebenenversicherung das Oberversicherungsamt für den Bezirk desjenigen Versicherungsamts, welches nach den §§ 1617 bis 1627 bei der Vorbereitung der Sache mitgewirkt hat.

Ist die Vorbereitung und Begutachtung der Sache Organen von Knappschaftsvereinen, Knappschaftskassen oder von Sonderanstalten für Betriebe des Reichs oder der Bundesstaaten übertragen, so ist das Oberversicherungsamt zuständig, in dessen Bezirk sich der Sitz dieser Organe befindet.

§ 1679. Für das Verfahren über die Berufung gelten die Vorschriften über das Spruchverfahren vor dem Versicherungsamt entsprechend, soweit nicht die §§ 1680 bis 1693 etwas anderes vorschreiben.

Für die Pflicht zum Nachweis des Entgelts gilt § 1581 entsprechend.

§ 1680. Die Berufung wird in Sachen der Krankenversicherung bei dem Versicherungsamt eingelegt. Das Versicherungsamt hat sie mit den Vorverhandlungen spätestens nach zwei Wochen dem Oberversicherungsamt einzureichen.

§ 1681. Wenn der Versicherte oder seine Hinterbliebenen beantragen, daß ein bestimmter Arzt gutachtlich gehört werde, kann das Oberversicherungsamt, falls es diesem Antrag stattgeben will, diese Anhörung von der Bedingung abhängig machen, daß der Antragsteller die Kosten vorschießt und, falls das Oberversicherungsamt nicht anders entscheidet, sie endgültig trägt.

§ 1682. Die Berufung bewirkt Aufschub, wenn es sich handelt um

Wiederaufnahme des Heilverfahrens nach den §§ 603, 604, 952, 1112,

Kapitalabfindung (§§ 616, 617, 955, 1117, 1316, 1317, 1476).

§ 1683. Wird ein Endbescheid des Versicherungsträgers angefochten, der eine Unfallentschädigung wegen Änderung der Verhältnisse herabgesetzt oder entzieht, so kann der Vorsitzende auf Antrag anordnen, daß der Vollzug des Bescheids einstweilen ganz oder teilweise ausgesetzt wird.

Die Anordnung kann jederzeit wieder aufgehoben werden. Sie kann nicht für sich allein, sondern nur mit der Entscheidung in der Hauptsache angefochten werden.

§ 1684. Die Beisitzer werden zu den Verhandlungen der Spruchkammer nach einer im voraus aufgestellten Reihenfolge zugezogen. Das Nähere bestimmt die oberste Verwaltungsbehörde. Beisitzer, die in die Beschlußkammer gewählt sind, sind entsprechend seltener zu den Verhandlungen der Spruchkammer zuzuziehen.

Will der Vorsitzende von der Reihenfolge aus besonderen Gründen abweichen, so hat er sie in den Akten zu vermerken.

§ 1685. In Sachen der Unfallversicherung sollen außer der Reihe möglichst Beisitzer aus Angehörigen solcher Betriebe zugezogen werden, welche dem Unfallbetriebe technisch und wirtschaftlich nahestehen.

Dies muß geschehen, wenn es sich um Unfälle in der Landwirtschaft oder in Bergbaubetrieben handelt, sofern Angehörige solcher Betriebe als Beisitzer bei dem Oberversicherungsamt vorhanden sind. Ausnahmen sind aus besonderen Gründen zulässig, die in den Akten zu vermerken sind.

§ 1686. Das Oberversicherungsamt (Beschlußkammer) wählt je für vier Jahre am Schlusse des letzten, in der Regel nach Anhören der zuständigen Ärztevertretung, aus seinem Bezirke die Ärzte aus, die es als Sachverständige nach Bedarf zuzieht. In Sachen der Unfallversicherung dürfen keine Ärzte als Sachverständige zugezogen werden, die in einem Vertragsverhältnis zu Trägern der Unfallversicherung stehen oder von ihnen regelmäßig als Gutachter in Anspruch genommen werden. Das Entsprechende gilt für die Invaliden- und Hinterbliebenenversicherung. Mindestens zur Hälfte müssen sie am Sitze des Oberversicherungsamts wohnen.

Die Namen der Gewählten sind öffentlich bekannt zu machen.

Den Sachverständigen ist vor Abgabe ihres Gutachtens Einsicht in die Akten zu gewähren.

Die oberste Verwaltungsbehörde regelt die Durchführung dieser Vorschrift.

§ 1687. Am Streite nicht beteiligte Träger der Unfallversicherung können zur Entschädigung verurteilt werden, wenn sie zur Verhandlung beigeladen worden sind.

§ 1688. Wird eine Unfallrente gemindert, so bestimmt das Oberversicherungsamt endgültig, in welchen Beträgen die einzelnen späteren Rentenbezüge zum Ausgleich gekürzt werden dürfen.

§ 1689. Ein Bescheid oder Endbescheid, der eine Kapitalabfindung nach den §§ 616, 617, 955, 1117, 1316, 1317, 1476 feststellt, kann im Spruchverfahren nur bestätigt oder aufgehoben werden.

§ 1690. Hebt die Spruchkammer den angefochtenen Bescheid oder Endbescheid oder das angefochtene Urteil auf, weil das Verfahren an einem wesentlichen Mangel leidet, so kann sie die Sache an die Vorinstanz oder an den Versicherungsträger zurückverweisen.

Dabei kann sie die Gewährung einer vorläufigen Leistung anordnen.

§ 1691. Die Vorschrift des § 1661 über die Entscheidung durch den Vorsitzenden allein gilt nicht für das Berufungsverfahren.

§ 1692. Steht es fest, daß das Urteil mit der Revision oder dem Rekurse nicht angegriffen werden kann (§§ 1695, 1696, 1700), so vermerkt der Vorsitzende der Spruchkammer unter Hinweis auf die gesetzlichen Vorschriften am Schluß des Urteils, daß hiergegen kein Rechtsmittel mehr zulässig ist.

Wird eine Vorentscheidung erlassen (§ 1679 in Verbindung mit § 1657), so geht der Vermerk dahin, daß nur Antrag auf mündliche Verhandlung vor der Spruchkammer zulässig ist; die Frist hierfür ist zu bezeichnen.

§ 1693. Will das Oberversicherungsamt in einem Falle, in dem die Revision oder der Rekurs ausgeschlossen ist (§§ 1695, 1696, 1700), von einer amtlich veröffentlichten grundsätzlichen Entscheidung des Reichsversicherungsamts abweichen oder handelt es sich in einem solchen Falle um eine noch nicht festgestellte Auslegung gesetzlicher Vorschriften von grundsätzlicher Bedeutung, so hat es die Sache unter Begründung seiner Rechtsauffassung an das Reichsversicherungsamt abzugeben.

Will das Oberversicherungsamt in einem solchen Falle von einer amtlich veröffentlichten Entscheidung des ihm übergeordneten Landesversicherungsamts abweichen, so ist die Sache an dieses abzugeben.

Will das Oberversicherungsamt in derselben Sache von einer amtlich veröffentlichten grundsätzlichen Entscheidung des Reichsversicherungsamts und eines Landesversicherungsamts abweichen, so ist das Reichsversicherungsamt zur Entscheidung zuständig.

Das Reichsversicherungsamt (Landesversicherungsamt) entscheidet in diesen Fällen an Stelle des Oberversicherungsamts. Von der Abgabe der Sache sind die Beteiligten zu benachrichtigen.

III. Verfahren vor dem Reichsversicherungsamt (Landesversicherungsamt).

1. Krankenversicherung, Invaliden- und Hinterbliebenenversicherung.

§ 1694. Gegen die Urteile der Spruchkammern ist in Sachen der Krankenversicherung sowie der Invaliden- und Hinterbliebenenversicherung Revision zulässig.

§ 1695. Bei Ansprüchen auf Leistungen der Krankenversicherung ist die Revision ausgeschlossen, wenn es sich handelt um

1. die Höhe des Kranken-, Haus- oder Sterbegeldes,
2. Unterstützungsfälle, in denen der Kranke nicht oder weniger als acht Wochen arbeitsunfähig war,
3. Wochenhilfe,
4. Familienhilfe,
5. Abfindung,
6. Kosten des Verfahrens.

§ 1696. Bei Ansprüchen auf Leistungen der Invaliden- und Hinterbliebenenversicherung ist die Revision ausgeschlossen, wenn es sich handelt um

1. Höhe, Beginn und Ende der Rente,
2. Kapitalabfindung,
3. Witwengeld,
4. Waisenaussteuer,
5. Kosten des Verfahrens.

§ 1697. Die Revision kann nur darauf gestützt werden, daß

1. das angefochtene Urteil auf der Nichtanwendung oder auf der unrichtigen Anwendung des bestehenden Rechtes oder auf einem Verstoße wider den klaren Inhalt der Akten beruhe.
2. das Verfahren an wesentlichen Mängeln leide.

§ 1698. Für das Verfahren über die Revision gelten die Vorschriften über das Spruchverfahren vor dem Versicherungsamt entsprechend, soweit die §§ 1707 bis 1721 nichts anderes vorschreiben.

Die Vorschriften der §§ 1656 bis 1659, 1661 gelten nicht.

2. Unfallversicherung.

§ 1699. Gegen die Urteile der Spruchkammern ist in Sachen der Unfallversicherung Rekurs zulässig.

§ 1700. Der Rekurs ist ausgeschlossen, wenn es sich handelt um

1. Krankenbehandlung (§ 558 Nr. 1) oder Hauspflege (§ 599),
2. Renten für eine Erwerbsunfähigkeit, die zur Zeit der Entscheidung des Rekursgerichts unstreitig oder nach rechtskräftiger Feststellung vorübergegangen ist,
3. Rententeile, die bei dauernder Erwerbsunfähigkeit für begrenzte und bereits abgelaufene Zeiträume zu gewähren sind,
4. Heilanstaltpflege,

5. Angehörigenrente,
6. Sterbegeld,
7. vorläufige Renten (§ 1585 Abs. 1),
8. Neufeststellung von Dauerrenten wegen Änderung der Verhältnisse,
9. Kapitalabfindung,
10. Kosten des Verfahrens.

§ 1701. Für das Verfahren über den Rekurs gelten die Vorschriften über das Spruchverfahren vor dem Versicherungsamt sowie § 1679 Abs. 2, §§ 1681, 1682 entsprechend, soweit die §§ 1702 bis 1721 nichts anderes vorschreiben.

Die §§ 1656 bis 1659 gelten nicht.

§ 1702. Zu den Verhandlungen werden die aus dem entsprechenden Bereiche der Unfallversicherung gewählten Arbeitgeber und Versicherten zugezogen.

§ 1703. Ein am Streite nicht beteiligter Träger der Unfallversicherung kann im Rekursverfahren beigeladen werden. Er kann auch dann zur Entschädigung verurteilt werden, wenn ein Anspruch gegen ihn bereits rechtskräftig abgelehnt worden ist.

§ 1704. Hat ein Senat des Reichsversicherungsamts die Entschädigungspflicht eines Versicherungsträgers verneint, weil ein anderer Versicherungsträger verpflichtet sei, so kann der Anspruch gegen den anderen Versicherungsträger nicht deshalb abgelehnt werden, weil der im früheren Verfahren befreite Versicherungsträger entschädigungspflichtig sei.

Hat ein Landesversicherungsamt in einem früheren Verfahren die Entschädigungspflicht verneint, und will ein anderes Landesversicherungsamt den Anspruch ablehnen, weil es den im früheren Verfahren befreiten Versicherungsträger für entschädigungspflichtig hält, so ist die Sache an das Reichsversicherungsamt zur Entscheidung abzugeben.

§ 1705. Steht die Entschädigungspflicht eines Versicherungsträgers endgültig fest, so kann das Reichsversicherungsamt (Spruchsenat) auf Antrag ein Verfahren einstellen, das wegen desselben Unfalls gegen einen anderen Versicherungsträger anhängig ist.

An Stelle des Reichsversicherungsamts tritt das Landesversicherungsamt, wenn sich der Bezirk keines der beteiligten Versicherungsträger über das Gebiet des Bundesstaats hinaus erstreckt.

§ 1706. Sind wegen desselben Unfalls Entschädigungsansprüche gegen mehrere Versicherungsträger endgültig anerkannt worden, so hebt das Reichsversicherungsamt (Spruchsenat) die zu Unrecht ergangene Feststellung auf. Die geleisteten Zahlungen sind aus der Entschädigung zu ersetzen; über den Ersatzanspruch wird bei Streit im Spruchverfahren entschieden.

An Stelle des Reichsversicherungsamts entscheidet das Landesversicherungsamt, wenn sich der Bezirk keines der beteiligten Versicherungsträger über das Gebiet des Bundesstaats hinaus erstreckt.

3. Gemeinsame Vorschriften.

§ 1707. Bezieht sich ein im übrigen zulässiges Rechtsmittel einer Partei auch auf Ansprüche, für die das Rechtsmittel ausgeschlossen ist, so darf über diese nur dann entschieden werden, wenn den zulässigen Anträgen ganz oder zum Teil entsprochen wird.

§ 1708. Über das Rechtsmittel entscheidet das Reichsversicherungsamt.

An Stelle des Reichsversicherungsamts entscheidet das Landesversicherungsamt, wenn der Bezirk des beteiligten Versicherungsträgers sich nicht über das Gebiet des Bundesstaats hinaus erstreckt. Soweit jedoch ein Versicherungsträger mitbeteiligt ist, für den das Reichsversicherungsamt oder ein anderes Landesversicherungsamt zuständig ist, entscheidet das Reichsversicherungsamt.

Die Entscheidungen werden durch die Spruchsenate getroffen.

§ 1709. Das Rechtsmittel ist schriftlich einzulegen, es soll die Gründe für die Einlegung angeben.

Der Senat kann das angefochtene Urteil auch aus anderen Gründen ändern, als im Rechtsmittel angegeben sind.

§ 1710. Die Rechtsmittel bewirken außer den Fällen des § 1682 Aufschub, wenn sie von dem Versicherungsträger eingelegt werden, soweit es sich um Beträge handelt, die für die Zeit vor Erlaß des angefochtenen Urteils nachgezahlt werden sollen.

§ 1711. Ist das angefochtene Urteil mit Unrecht als endgültig bezeichnet (§ 1692), so ist das Rechtsmittel zulässig; es ist binnen einem Jahre nach der Zustellung einzulegen.

§ 1712. Wird ein Mitglied des Spruchsenats aus einem Grunde, der seine Ausschließung rechtfertigt, oder wegen Besorgnis der Befangenheit abgelehnt, so entscheidet über das Ablehnungsgesuch der Spruchsenat. Bei der Entscheidung darf der Abgelehnte nicht mitwirken. Bei Stimmengleichheit gilt das Gesuch als abgelehnt.

§ 1713. Ist der Vorsitzende des Senats mit dem Berichterstatter darüber einig, daß das Rechtsmittel unzulässig oder verspätet eingelegt ist, so kann er es ohne mündliche Verhandlung verwerfen. Ist das Rechtsmittel als verspätet verworfen, so kann der Antragsteller binnen einer Woche nach Zustellung der Verfügung die Entscheidung des Spruchsenats anrufen; die Verfügung muß darauf hinweisen.

Sonst wird nach mündlicher Verhandlung in öffentlicher Sitzung entschieden.

§ 1714. Über die Zulassung zur geschäftsmäßigen Rechtsvertretung vor den Senaten (§ 1663 Abs. 3) entscheidet das Reichsversicherungsamt (Landesversicherungsamt). § 1663 Abs. 4 gilt entsprechend.

§ 1715. Wird das angefochtene Urteil aufgehoben, so kann der Senat entweder selbst in der Sache entscheiden oder sie an eine der Vorinstanzen oder den Versicherungsträger zurückverweisen. Dabei kann er die Gewährung einer vorläufigen Leistung anordnen.

Die Stelle, an welche die Sache überwiesen wird, ist an die rechtliche Beurteilung gebunden, die der Aufhebung des angefochtenen Urteils zu Grunde liegt.

§ 1716. Das Reichsversicherungsamt und die Landesversicherungsämter veröffentlichen ihre Entscheidungen, die grundsätzliche Bedeutung haben.

Die Art der Veröffentlichung bestimmt für das Reichsversicherungsamt der Reichskanzler, für das Landesversicherungsamt die oberste Verwaltungsbehörde.

Diese bestimmen auch die früheren Veröffentlichungen, auf welche die §§ 1693, 1717, 1718 anzuwenden sind.

§ 1717. Will in einer grundsätzlichen Rechtsfrage ein Senat des Reichsversicherungsamts von der Entscheidung eines anderen abweichen, so hat er die Sache unter Begründung seiner Rechtsauffassung an den Großen Senat (§ 101) zu verweisen. Das Gleiche gilt, wenn ein Senat von der Entscheidung des Großen Senats selbst abweichen will.

Der verweisende Senat hat eines seiner Mitglieder zu bezeichnen, das für die Entscheidung der Sache als Beisitzer in den Großen Senat an Stelle eines anderen Mitglieds der gleichen Gruppe dieses Senats eintritt. Die Reihenfolge, in der die übrigen Mitglieder des Großen Senats an den Entscheidungen teilzunehmen haben, bestimmt die Kaiserliche Verordnung (§ 35 Abs. 2).

§ 1718. Der § 1717 Abs. 1 gilt entsprechend, wenn ein Spruchsenat eines Landesversicherungsamts von einer amtlich veröffentlichten Entscheidung des Reichsversicherungsamts in einer grundsätzlichen Rechtsfrage abweichen will.

Zu den Verhandlungen des Großen Senats entsendet der verweisende Senat des Landesversicherungsamts eines seiner Mitglieder, das als Beisitzer in den Großen Senat eintritt. Außerdem tritt als Mitglied dieses Senats ein Mitglied eines anderen Landesversicherungsamts hinzu, das nach näherer Bestimmung der Landesregierung für ein Geschäftsjahr im voraus bezeichnet wird. Welches Landesversicherungsamt das zweite Mitglied zu entsenden hat, bestimmt die Kaiserliche Verordnung (§ 35 Abs. 2). Besteht nur ein Landesversicherungsamt, so entsendet dieses zwei Mitglieder.

§ 1719. Die Landesregierung bestimmt, wie zu verfahren ist, wenn ein Senat eines Landesversicherungsamts von der Entscheidung eines anderen Senats desselben Landesversicherungsamts abweichen will.

§ 1720. Die Urteile der Senate werden von dem Vorsitzenden, dem Berichterstatter und einem anderen Mitgliede des Senats unterschrieben.

Ist der Vorsitzende oder der Berichterstatter verhindert, so hat für ihn ein anderes Mitglied des Senats zu unterschreiben.

§ 1721. Die Verfügung, die ein Urteil berichtigt (§ 1673), wird von dem Vorsitzenden und den Mitgliedern des Senats erlassen, die das Urteil unterschrieben haben; die Verfügung ist unanfechtbar.

IV. Wiederaufnahme des Verfahrens.

1. Anfechtungsgründe.

§ 1722. Ein durch rechtskräftiges Urteil abgeschlossenes Verfahren kann wieder aufgenommen werden, wenn

1. die Spruchstelle nicht vorschriftsmäßig besetzt war,
2. eine Person bei der Entscheidung mitgewirkt hat, die von der Mitwirkung aus einem gesetzlichen Grunde ausgeschlossen war, sofern nicht dieses Hindernis durch Ablehnung oder Rechtsmittel ohne Erfolg geltend gemacht worden ist,
3. bei der Entscheidung eine Person mitgewirkt hat, obgleich sie als befangen abgelehnt und die Ablehnung für begründet erklärt worden war,
4. eine Partei in dem Verfahren nicht nach Vorschrift der Gesetze vertreten war, sofern sie nicht die Führung des Streites ausdrücklich oder stillschweigend genehmigt hat.

In den Fällen der Nr. 1, 3 ist die Wiederaufnahme unstatthaft, wenn der Anfechtungsgrund durch ein Rechtsmittel geltend gemacht werden konnte.

§ 1723. Die Wiederaufnahme ist ferner zulässig, wenn

1. eine Urkunde, auf die sich die Entscheidung stützt, fälschlich angefertigt oder verfälscht war,
2. durch Beeidigung eines Zeugnisses oder eines Gutachtens, auf die sich die Entscheidung stützt,

der Zeuge oder Sachverständige vorsätzlich oder fahrlässig die Eidespflicht verletzt hat,

3. der Vertreter der Partei oder der Gegner oder sein Vertreter die Entscheidung durch eine mit öffentlicher Strafe bedrohte Handlung erwirkt hat,
4. eine Person bei der Entscheidung mitgewirkt hat, die bei der Verhandlung ihre Amtspflichten gegen die Partei verletzt hat, sofern diese Verletzung mit öffentlicher Strafe bedroht ist,
5. ein strafgerichtliches Urteil, auf das sich die Entscheidung stützt, durch ein anderes rechtskräftig gewordenes Urteil aufgehoben worden ist,
6. eine Partei nachträglich eine Urkunde, die eine ihr günstigere Entscheidung herbeigeführt haben würde, auffindet oder zu benutzen instand gesetzt wird.

§ 1724. Die Wiederaufnahme ist in den Fällen des § 1723 Nr. 1 bis 4 nur zulässig, wenn

1. wegen der strafbaren Handlung eine rechtskräftige strafgerichtliche Verurteilung ergangen ist,
2. ein gerichtliches Strafverfahren aus anderen Gründen als wegen Mangels an Beweis nicht eingeleitet oder nicht durchgeführt werden konnte.

§ 1725. Die Wiederaufnahme ist in allen Fällen des § 1723 nur zulässig, wenn nicht die Partei ohne ihr Verschulden den Anfechtungsgrund in dem früheren Verfahren, insbesondere durch Einlegung eines Rechtsmittels, geltend machen konnte.

§ 1726. Mit dem Antrag auf Wiederaufnahme können Anfechtungsgründe, durch die eine ältere Entscheidung derselben oder einer unteren Instanz betroffen wird, geltend gemacht werden, wenn die angefochtene Entscheidung auf der älteren beruht.

2. Zuständigkeit.

§. 1727. Über den Antrag entscheidet die Spruchstelle, deren Urteil angefochten wird.

Sind mehrere Urteile angefochten, die von Spruchstellen verschiedener Ordnung erlassen sind, so entscheidet die Spruchstelle höherer Ordnung. An Stelle des Reichsversicherungsamts (Landesversicherungsamt) entscheidet das Oberversicherungsamt, wenn ein in der Revisionsinstanz erlassenes Urteil auf Grund des § 1723 Nr. 1, 2, 5 oder 6 angefochten wird.

3. Gang des Verfahrens.

§ 1728. Der Antrag ist binnen einem Monat zu stellen.

Die Frist beginnt mit dem Tage, an dem die Partei den Anfechtungsgrund erfährt, jedoch nicht bevor das Urteil rechtskräftig geworden ist. Nach Ablauf von fünf Jahren vom Tage der Rechtskraft an ist der Antrag unstatthaft.

Die Vorschriften des Abs. 2 gelten nicht, wenn die Wiederaufnahme wegen mangelnder Vertretung beantragt wird. Die Frist läuft dann von dem Tage, an dem das Urteil der Partei oder, wenn sie nicht fähig war, den Streit selbst zu betreiben, ihrem gesetzlichen Vertreter zugestellt worden ist.

§ 1729. Die Wiederaufnahme kann auch von Amts wegen eingeleitet werden.

§ 1730. Die Vorschrift des § 129 Abs. 2, 3 über Wahrung der Frist gilt auch für die Ausschlußfristen des § 1728 entsprechend.

§ 1731. Ist der Antrag verspätet oder unzulässig, so kann ihn der Vorsitzende der Spruchstelle ohne mündliche Verhandlung durch eine mit Gründen versehene Verfügung verwerfen. Der Vorsitzende des Spruchsenats darf es nur dann, wenn er mit dem Berichterstatter darüber einig ist.

Der Antragsteller kann binnen einer Woche nach der Zustellung die Entscheidung der zuständigen Stelle anrufen. Die Verfügung muß darauf hinweisen.

§ 1732. Ist der Antrag rechtzeitig gestellt worden und zulässig, so wird die Hauptsache, soweit der Anfechtungsgrund sie betrifft, neu verhandelt.

Für das neue Verfahren gelten die Vorschriften, die für diejenige Instanz maßgebend sind, bei welcher das neue Verfahren anhängig geworden ist.

§ 1733. Rechtsbehelfe sind zulässig, soweit solche gegen die Urteile der mit der Wiederaufnahme befaßten Instanzen überhaupt gegeben sind.

4. Schlußvorschriften.

§ 1734. Die Wiederaufnahme des Verfahrens kann durch Kaiserliche Verordnung mit Zustimmung des Bundesrats abweichend von den vorstehenden Vorschriften geregelt werden.

Dritter Abschnitt.

Besondere Arten des Verfahrens.

I. Streit mehrerer Versicherungsträger über die Entschädigungspflicht.

§ 1735. Ist ein Träger der Unfallversicherung der Ansicht, daß zwar ein entschädigungspflichtiger Unfall vorliege, die Entschädigung aber nicht von ihm, sondern von einem anderen Versicherungsträger zu gewähren sei, so hat er dem Berechtigten eine vorläufige Fürsorge zuzuwenden, dem anderen Versicherungsträger die Verhandlungen mitzuteilen und ihn zur Anerkennung der Entschädigungspflicht aufzufordern.

§ 1736. Lehnt der andere Versicherungsträger die Entschädigungspflicht ab oder erklärt er sich nicht binnen sechs Wochen, so ist die Sache dem Reichsversicherungsamte vorzulegen. Dieses entscheidet im Spruchverfahren darüber, welcher Versicherungsträger entschädigungspflichtig ist.

Wo ein Landesversicherungsamt besteht, entscheidet dieses, wenn der Bezirk der beteiligten Versicherungsträger nicht über das Gebiet des Bundesstaats hinaus reicht. Soweit jedoch ein Versicherungsträger mitbeteiligt ist, für den das Reichsversicherungsamt oder ein anderes Landesversicherungsamt zuständig ist, entscheidet das Reichsversicherungsamt.

Die §§ 1701, 1702, 1708 Abs. 2, §§ 1712, 1714, 1716 bis 1721 gelten entsprechend. Die Entscheidung wird den beteiligten Versicherungsträgern und dem Berechtigten zugestellt.

§ 1737. Das Reichsversicherungsamt (Landesversicherungsamt) kann in dem Verfahren nach § 1736 andere Versicherungsträger beiladen. Sie können dann zur Entschädigung verurteilt werden, auch wenn der Anspruch gegen sie bereits rechtskräftig abgelehnt worden ist. Dabei gilt § 1704.

§ 1738. Erkennt der andere Versicherungsträger (§ 1735) seine Entschädigungspflicht an oder wird er von dem Reichsversicherungsamt (Landesversicherungsamt) für entschädigungspflichtig erklärt, so hat er dem Versicherungsträger, der die vorläufige Fürsorge zuzuwenden hat, alle Aufwendungen zu ersetzen. Streit über Ersatzansprüche wird im Spruchverfahren entschieden.

II. Verteilungsverfahren.

§ 1739. Hat die Beschäftigung, bei der sich ein Unfall ereignet hat, für mehrere Betriebe oder Tätigkeiten stattgefunden, die bei verschiedenen Versicherungsträgern versichert sind, so können die beteiligten Versicherungsträger die Entschädigungslast unter sich verteilen.

§ 1740. Einigen sie sich nicht, so kann das Reichsversicherungsamt (Spruchsenat) auf Antrag eines von ihnen nach billigem Ermessen die Entschädigungslast verteilen.

Wo ein Landesversicherungsamt besteht, steht die Befugnis diesem zu, wenn der Bezirk der beteiligten Versicherungsträger nicht über das Gebiet des Bundesstaats hinausreicht. Soweit jedoch ein Versicherungsträger mitbeteiligt ist, für den das Reichsversicherungsamt oder ein anderes Landesversicherungsamt zuständig ist, hat die Befugnis das Reichsversicherungsamt.

Die §§ 1701, 1702, 1712, 1714, 1716 bis 1724 gelten entsprechend.

§ 1741. Ein am Streite nicht beteiligter Träger der Unfallversicherung kann auch dann noch herangezogen werden, einen Teil der Entschädigung aufzubringen, wenn der Anspruch gegen ihn schon rechtskräftig abgelehnt worden ist.

§ 1742. Zum Verfahren über die Höhe der Entschädigung sind alle Versicherungsträger zuzuziehen, die an der Last beteiligt sind.

III. Feststellung der Anwartschaft auf Witwenrente.

§ 1743. Erhebt eine Witwe, ehe sie invalide ist, Anspruch auf Grund der Hinterbliebenenversicherung, so wird auf ihren Antrag die Höhe ihrer Witwenrente festgestellt und die Witwe über ihr Recht belehrt, nach Eintritt der Invalidität ihren Anspruch auf Zahlung anzumelden (Anwartschaftsbescheid).

IV. Anfechtung endgültiger Bescheide der Versicherungsträger.

§ 1744. Gegenüber einem rechtskräftigen Bescheid oder Endbescheid eines Versicherungsträgers kann eine neue Prüfung beantragt oder vorgenommen werden, wenn eine der Voraussetzungen des § 1723 Nr. 1 bis 3, 5 oder 6 vorliegt.

Die §§ 1724 bis 1734 gelten entsprechend.

Vierter Abschnitt.

Besondere Vorschriften für die See-Unfallversicherung.

I. Allgemeine Vorschrift.

§ 1745. Die Vorschriften über die Feststellung der Leistungen gelten, soweit die §§ 1746 bis 1770 nichts anderes vorschreiben, auch für die See-Unfallversicherung.

II. Unfallanzeige.

§ 1746. Ein Unfall, den ein auf einem Seefahrzeuge Beschäftigter während der Reise erleidet und der die im § 1552 Abs. 1 bezeichneten Folgen hat, ist in das Tagebuch (Schiffsjournal, Loggbuch) einzutragen und dort oder in einem Anhang kurz darzustellen.

Ist kein Tagebuch zu führen, so hat der Schiffsführer solche Unfälle in einer besonderen Niederschrift nachzuweisen.

§ 1747. Der Schiffsführer hat von jedem Eintrag dieser Art eine von ihm beglaubigte Abschrift dem Seemannsamte zu übergeben, bei dem es zuerst geschehen kann. Statt dessen kann er auch das Tagebuch oder die Niederschrift dem Seemannsamte zur Abschrift des Eintrags vorlegen.

Das Seemannsamt gibt das Tagebuch oder die Niederschrift binnen vierundzwanzig Stunden zurück.

§ 1748. Ereignet sich der Unfall im Inland vor oder nach der Reise, so hat ihn der Schiffsführer spätestens am dritten Tage, nachdem er ihn erfahren hat, dem Seemannsamt oder, wo keines am Orte ist, der Ortspolizeibehörde sowie dem durch die Satzung bestimmten Genossenschaftsorgan anzuzeigen.

§ 1749. Das Seemannsamt oder die Ortspolizeibehörde übersendet die Abschriften und Anzeigen dem Seemannsamte des Heimathafens.

§ 1750. Bei Kleinbetrieben der Seeschiffahrt wie bei der See- und Küstenfischerei (§§ 1186, 1187) ist die Unfallanzeige an die Ortspolizeibehörde im Inland zu richten, in deren Bezirke sich der Unfall ereignet hat oder der Verletzte sich zuerst danach aufhält.

Besondere Nachweise über Unfälle an Bord sind nicht zu führen.

§ 1751. Das Reichsversicherungsamt stellt die Muster für die Beschreibung der Unfälle und für die Nachweise fest.

§ 1752. Im übrigen gelten für die Unfallanzeige die §§ 1552 bis 1558.

III. Unfalluntersuchung.

§ 1753. Der Unfall ist von einem Seemannsamt oder von einer Ortspolizeibehörde des Inlandes unter entsprechender Anwendung der §§ 1559, 1563 Abs. 4, §§ 1564 bis 1567 zu untersuchen.

An die Stelle der §§ 1560 bis 1562, 1563 Abs. 1 bis 3 treten die §§ 1754 bis 1766.

§ 1754. Ist der Unfall im Ausland zu untersuchen, so hat der Schiffsführer vor dem deutschen Seemannsamte (Konsulate), vor dem es zuerst geschehen kann, unter Zuziehung von zwei Schiffsoffizieren oder anderen glaubwürdigen Personen eine eidesstattliche Erklärung über die Tatsachen abzugeben, die nach § 1565 festzustellen sind.

Das Seemannsamt kann, um den Sachverhalt festzustellen, auch noch andere Personen eidesstattlich vernehmen und andere Beweise erheben.

§ 1755. Ist der Unfall im Inland zu untersuchen, so hat dies der Schiffsführer bei einem Seemannsamt oder, wo keines am Orte ist, bei einer Ortspolizeibehörde des Inlandes zu beantragen.

Die angerufene Behörde hat die Untersuchung zu führen.

§ 1756. Unfälle in inländischen Betrieben schwimmender Docks und anderen Betrieben, die unter § 1046 Nr. 3 fallen, werden von der Ortspolizeibehörde untersucht, der die Unfallanzeige erstattet worden ist.

§ 1757. Auf Antrag Beteiligter kann die höhere Verwaltungsbehörde die Untersuchung einem anderen Seemannsamt oder einer anderen Ortspolizeibehörde übertragen.

§ 1758. Bei den vom Reiche oder von einem Bundesstaate verwalteten Betrieben führt die vorgesetzte Dienstbehörde die Untersuchung. Sie kann einer anderen Behörde übertragen werden.

§ 1759. Auf die Pflicht der Schiffsmannschaft, bei Erklärungen und Verhandlungen zum Zwecke der Unfalluntersuchung mitzuwirken, ist § 42 der Seemannsordnung entsprechend anzuwenden.

§ 1760. Für die Zuziehung der Beteiligten zu der Untersuchung gelten die §§ 1562, 1563 Abs. 1 bis 3, soweit es ausführbar ist.

Sachverständige werden auch auf Antrag des Betriebsunternehmers und des Schiffsführers zugezogen; die Kosten fallen dem Versicherungsträger zur Last.

§ 1761. Eine Verklarung (§ 552 des Handelsgesetzbuchs), die den §§ 1565, 1760 genügt, ersetzt die eidesstattliche Erklärung und die Unfalluntersuchung.

Die Freiheit von Gebühren und Stempel (§ 137) gilt auch für die Verklarung (Abs. 1), die vor inländischen Behörden abgelegt wird, und für die Unfalluntersuchung bei dem Seemannsamte.

§ 1762. Die Behörde übersendet dem Vorstand der Berufsgenossenschaft beglaubigte Abschrift der Untersuchungsverhandlungen oder der Verklarung.

§ **1763.** Für die Unfälle, welche die im § 1559 Abs. 1 bezeichneten Folgen haben, gelten die Vorschriften des Gesetzes, betreffend die Untersuchung von Seeunfällen, über die Pflicht

1. der Gerichte, Hafenbehörden, Strandbehörden, Seemannsämter und Schiffsregisterbehörden, die zu ihrer Kenntnis gelangten Seeunfälle unverzüglich anzuzeigen (§ 14 a. a. O.),
2. der deutschen Seemannsämter im Ausland, bei den zu ihrer Kenntnis gelangten Seeunfällen die unaufschieblichen Ermittelungen und Beweiserhebungen vorzunehmen (§ 15 a. a. O.).

§ **1764.** Die Anzeigen über die Unfälle (§ 1763) sind an den Vorstand der Genossenschaft zu richten.

Die Pflicht, Seeunfälle einem Seeamt anzuzeigen, bleibt daneben bestehen.

§ **1765.** Hat das Seemannsamt des Heimathafens sechs Monate nach der Kunde des Unfalls keine Nachricht über die Untersuchung, so leitet es diese selbst ein.

§ **1766.** Bei Kleinbetrieben der Seeschiffahrt wie bei der See- und Küstenfischerei (§§ 1186, 1187) untersucht den Unfall die Ortspolizeibehörde, der er angezeigt worden ist.

Auf Antrag Beteiligter kann die höhere Verwaltungsbehörde die Untersuchung einer anderen Polizeibehörde übertragen.

IV. Strafvorschriften.

§ 1767. Verletzt der Verpflichtete die Vorschriften über die

Eintragung in das Tagebuch (Schiffsjournal) oder andere Nachweisung der Unfälle,
Mitteilung der Eintragung,
Abgabe eidesstattlicher Erklärungen,
Herbeiführung der Unfalluntersuchung,

so kann der Vorstand der Genossenschaft gegen ihn Geldstrafen bis zu dreihundert Mark verhängen.

Der Reeder haftet für die Strafen, die ihm oder dem Schiffsführer auferlegt sind, nach § 1183.

Auf Beschwerde entscheidet das Oberversicherungsamt endgültig.

V. Zuständigkeit der Feststellungsorgane.

§ 1768. Hat nach § 1568 der Sektionsvorstand die Unfallentschädigung festzustellen, so ist die Sektion zuständig, in deren Bezirke der Heimathafen des Fahrzeugs liegt oder der Betrieb seinen Sitz hat.

§ 1769. Die Satzung der See-Berufsgenossenschaft kann für alle Fälle des § 1568 die Feststellung

einem anderen Organe der Genossenschaft,
einem Ausschusse des Genossenschafts- oder Sektionsvorstandes,
besonderen Kommissionen,
örtlichen Beauftragten (Vertrauensmännern)

übertragen.

VI. Streitsachen.

§ 1770. Auf Streitigkeiten über Ansprüche von Seeleuten aus den §§ 1083 bis 1086, 1092, 1104, 1106 sind die §§ 1108, 1109 anzuwenden.

Das Gleiche gilt für Ansprüche von Seeleuten, die nach § 1094 auf den Versicherungsträger übergegangen sind.

B. Andere Spruchsachen.

I. Allgemeine Vorschrift.

§ 1771. Für Streitigkeiten, die nicht im Feststellungsverfahren, aber nach ausdrücklicher Vorschrift dieses Gesetzes im Spruchverfahren zu erledigen sind, gelten die §§ 1636 bis 1734 entsprechend, soweit die §§ 1772 bis 1779 nichts anderes vorschreiben.

II. Zuständigkeit.

§ 1772. Streitigkeiten der im § 1771 bezeichneten Art entscheidet das Versicherungsamt (Spruchausschuß).

§ 1773. Das Versicherungsamt, das bei Streit über den Hauptanspruch zu entscheiden hat, ist auch zuständig für alle Ersatz-, Erstattungs- und anderen Ansprüche, die aus dem Hauptanspruche hergeleitet werden.

§ 1774. Ist über den Hauptanspruch nicht von einem Versicherungsamt zu entscheiden oder ist der Ersatzanspruch aus der Verpflichtung einer Gemeinde, eines Armenverbandes, eines Betriebsunternehmers oder einer Kasse zur Unterstützung Hilfsbedürftiger (§§ 1531, 1541) entstanden, so ist das Versicherungsamt zuständig, in dessen Bezirke der Versicherte wohnt oder beschäftigt ist.

Hat der Versicherte keinen Wohn- oder Beschäftigungsort im Inland, ist er gestorben oder verschollen, so gilt § 1638.

§ 1775. Bei Streit zwischen einer Krankenkasse, die einem Versicherungsamt untersteht, und einer knappschaftlichen Krankenkasse oder einer Ersatzkasse entscheidet das Versicherungsamt.

III. Sonstige Vorschriften.

§ 1776. Gegen Vorentscheidungen ist nicht der Antrag auf mündliche Verhandlung, sondern nur das Rechtsmittel zulässig.

§ 1777. Gegen die Urteile der Spruchkammern ist nur die Revision zulässig.

§ 1778. Die Revision ist bei Erstattungs- und Ersatzansprüchen ausgeschlossen, wenn es sich um vorübergehende Leistungen handelt.

Sie ist aber zulässig für Erstattungs- und Ersatzansprüche, die im Fünften Buche dieses Gesetzes geordnet sind.

§ 1779. Die Berufung und die Revision bewirken Aufschub, wenn es sich um Ersatzansprüche handelt.

C. Beschlußverfahren.

Erster Abschnitt.

Allgemeine Vorschriften.

§ 1780. Soweit dieses Gesetz nicht das Spruchverfahren vorschreibt, ergehen die Entscheidungen der Versicherungsbehörden im Beschlußverfahren.

§ 1781. Das Gesetz bestimmt, welche Beschlußsachen durch Beschlußausschuß, Beschlußkammer oder Beschlußsenat zu entscheiden sind. Beschlußsachen, die nach Gesetz der Beschlußausschuß zu entscheiden hat, werden, soweit der Rechtszug des Beschlußverfahrens zulässig ist, von Beschlußkammer und Beschlußsenat entschieden. Dies gilt entsprechend für Beschlußsachen, welche die Beschlußkammer nach Gesetz in erster Instanz zu entscheiden hat.

Der Vorsitzende der Beschlußkammer kann ihr auch andere Beschlußsachen überweisen, sofern es sich um Fragen von grundsätzlicher Bedeutung handelt; er hat es zu tun, wenn es bei Meinungsverschiedenheit ein an der Bearbeitung der Sache beteiligtes Mitglied beantragt. Das Entsprechende gilt für den Beschlußsenat.

Zu den Entscheidungen des Beschlußsenats können Mitglieder des Reichsversicherungsamts (Landesversicherungsamts), die mit der Bearbeitung der Sache betraut sind, nach näherer Bestimmung der Verordnungen über das Verfahren (§ 35 Abs. 2, § 109 Abs. 1) zugezogen werden.

Im übrigen bestimmen diese Verordnungen, wer die Beschlußsachen zu erledigen hat.

§ 1782. Zu den Verhandlungen der Beschlußsenate werden in Sachen der Unfallversicherung die aus dem entsprechenden Bereiche der Unfallversicherung gewählten Arbeitgeber und Versicherten zugezogen.

§ 1783. In Sachen der Krankenversicherung ist örtlich zuständig als erste Instanz des Beschlußverfahrens, soweit dieses Gesetz nichts anderes bestimmt, das Versicherungsamt oder Oberversicherungsamt, in dessen Bezirke die beteiligte Kasse ihren Sitz hat.

Sind mehrere Kassen beteiligt, die ihren Sitz im Bezirke verschiedener Versicherungsämter haben, so ist das Versicherungsamt derjenigen von ihnen zuständig, welcher der Versicherte angehört. Gehört er keiner von ihnen an oder handelt es sich um einen Streit nach § 258, so bestimmt das Oberversicherungsamt, welches Versicherungsamt zuständig ist. Haben die Kassen ihren Sitz im Bezirke verschiedener Oberversicherungsämter, so bestimmt die oberste Verwaltungsbehörde das zuständige Versicherungsamt oder Oberversicherungsamt.

§ 1784. In Sachen der Unfallversicherung ist örtlich zuständig als erste Instanz des Beschlußverfahrens, soweit dieses Gesetz nichts anderes ergibt, das Versicherungsamt oder Oberversicherungsamt, in dessen Bezirke der Sitz des Betriebs liegt oder die versicherte Tätigkeit ausgeführt wird.

§ 1785. In Sachen der Invaliden- und Hinterbliebenenversicherung ist örtlich zuständig als erste Instanz des Beschlußverfahrens, soweit dieses Gesetz nichts anderes ergibt, das Versicherungsamt oder Oberversicherungsamt, in dessen Bezirke die Beschäftigung stattgefunden hat, die den Anlaß zur Entscheidung gibt, und bei freiwilliger Versicherung das Versicherungsamt oder Oberversicherungsamt, in dessen Bezirke der Versicherte wohnt.

Bei Ansprüchen der Hinterbliebenen ist auch das Versicherungsamt oder Oberversicherungsamt zuständig, in dessen Bezirke die Hinterbliebenen wohnen.

§ 1786. Hält ein Amt nicht sich, sondern ein anderes für zuständig, so gibt es die Sache an dieses ab.

Hält auch dieses sich nicht für zuständig, so ist § 1640 Abs. 2, 3 anzuwenden.

§ 1787. Bei Streit zwischen einer Krankenkasse und einer knappschaftlichen Krankenkasse oder einer Ersatzkasse ist § 1775 anzuwenden.

§ 1788. Soweit die oberste Verwaltungsbehörde den im § 112 bezeichneten Organen Beschlußbefugnisse übertragen hat, stehen die Entscheidungen dieser Organe für die Rechtsmittel im Beschlußverfahren den Entscheidungen des Versicherungsamts gleich.

§ 1789. Für Ausschluß und Ablehnung von Personen, für die Klarstellung des Sachverhalts sowie für die Beweiserhebung gelten die gleichen Vorschriften wie für das Spruchverfahren.

§ 1790. Die Verhandlungen im Beschlußverfahren sind nicht öffentlich. Für die Abstimmung der Beschlußbehörden gilt, vorbehaltlich des § 78 Abs. 3 für die Beschlußkammer, § 1667 entsprechend.

Die Entscheidung wird den Beteiligten zugestellt.

Zweiter Abschnitt.

Beschwerde.

§ 1791. Soweit dieses Gesetz nichts anderes vorschreibt, ist gegen die Entscheidungen der Versicherungsträger Beschwerde zulässig. Die Beschwerde geht

in Sachen der Kranken-, Invaliden- und Hinterbliebenenversicherung an das Versicherungsamt,

in Sachen der Unfallversicherung an das Oberversicherungsamt.

§ 1792. Gegen die Entscheidungen des Versicherungsamts in erster Instanz ist Beschwerde an das Oberversicherungsamt zulässig, soweit dieses Gesetz nichts anderes vorschreibt.

§ 1793. Gegen die Entscheidungen des Oberversicherungsamts in erster Instanz ist Beschwerde an das Reichsversicherungsamt (Landesversicherungsamt, § 1800) zulässig, soweit dieses Gesetz nichts anderes vorschreibt.

§ 1794. Die Behörde, die über die Beschwerde zu entscheiden hat, kann den Vollzug der angefochtenen Entscheidung aussetzen.

§ 1795. Ist die Beschwerde zulässig und rechtzeitig eingelegt, so werden die Beteiligten gehört.

§ 1796. Ist die Beschwerde begründet, so kann die zur Entscheidung berufene Stelle entweder selbst in der Sache entscheiden oder sie an eine Vorinstanz oder an den Versicherungsträger zurückverweisen, dessen Entscheidung angefochten wird. Dabei ist § 1715 Abs. 2 entsprechend anzuwenden.

Dritter Abschnitt.

Weitere Beschwerde.

§ 1797. Soweit dieses Gesetz nichts anderes vorschreibt, ist gegen die auf Beschwerde erlassene Entscheidung

des Versicherungsamts die weitere Beschwerde an das Oberversicherungsamt,

des Oberversicherungsamts die weitere Beschwerde an das Reichsversicherungsamt (Landesversicherungsamt)

zulässig.

Für das Verfahren gelten die gleichen Vorschriften wie für die Beschwerde.

§ 1798. Die auf weitere Beschwerde erlassenen Entscheidungen des Oberversicherungsamts sind endgültig.

§ 1799. Will das Oberversicherungsamt in einem Falle, in dem es endgültig zu entscheiden hätte, von einer amtlich veröffentlichten grundsätzlichen Entscheidung des Reichsversicherungsamts (Landesversicherungsamts) abweichen oder handelt es sich in einem solchen Falle um eine noch nicht festgestellte Auslegung gesetzlicher Vorschriften von grundsätzlicher Bedeutung, so ist nach § 1693 zu verfahren.

§ 1800. Wo ein Landesversicherungsamt besteht, entscheidet es in Beschlußsachen, wenn der Bezirk der beteiligten Versicherungsträger nicht über das Gebiet des Bundesstaats hinaus reicht. Sonst entscheidet das Reichsversicherungsamt.

Soweit ein Versicherungsträger mitbeteiligt ist, für den nach Abs. 1 das Reichsversicherungsamt oder ein anderes Landesversicherungsamt zuständig ist, entscheidet das Reichsversicherungsamt.

§ 1801. Die Vorschrift des § 1716 über die Veröffentlichung grundsätzlicher Entscheidungen gilt auch für Beschlußsachen.

D. Kosten und Gebühren.

I. Kosten des Verfahrens.

§ 1802. Hat ein Beteiligter durch Mutwillen, Verschleppung oder Irreführung Kosten des Verfahrens veranlaßt, so können die Versicherungsbehörden sie ihm ganz oder teilweise auferlegen.

§ 1803. In Spruchsachen der Krankenversicherung legt das Oberversicherungsamt dem unterliegenden Teile eine Gebühr auf. Sie beträgt je nach dem Werte des Streitgegenstandes eine bis zwanzig Mark und wird in der Entscheidung festgesetzt.

Die Kaiserliche Verordnung über das Verfahren (§ 35 Abs. 2) bestimmt darüber Näheres.

Die oberste Verwaltungsbehörde regelt die Beitreibung.

II. Gebühren der Rechtsanwälte.

§ 1804. Die Vergütung für die Berufstätigkeit der Rechtsanwälte im Verfahren vor den Versicherungsbehörden bestimmt sich nach einer Gebührenordnung.

Die Gebührenordnung wird durch Kaiserliche Verordnung mit Zustimmung des Bundesrats und für das Verfahren vor dem Landesversicherungsamte von der Landesregierung erlassen.

§ 1805. Eine Vereinbarung über höhere Beträge, als die Gebührenordnung vorsieht, ist nichtig.

Urkundlich unter Unserer Höchsteigenen Unterschrift und beigedrucktem Kaiserlichen Insiegel.

Gegeben an Bord M. Y. „Hohenzollern", Balholm, den 19. Juli 1911.

(L. S.) **Wilhelm.**

von Bethmann Hollweg.

Nr. 3922.

Einführungsgesetz zur Reichsversicherungsordnung.

Vom 19. Juli 1911.

(RGBl. 1911 Nr. 42 S. 839—860.)

Abschnitt A.

I. Allgemeine Vorschriften.

Art. 1. Die Reichsversicherungsordnung tritt, soweit es sich um die Maßnahmen zu ihrer Durchführung handelt, sofort in Kraft.

Art. 2. Die Vorschriften ihres Vierten Buches und die zu ihrer Durchführung erforderlichen anderen Vorschriften der Reichsversicherungsordnung treten mit dem 1. Januar 1912 in Kraft.

Mit diesem Tage wird der § 15 des Zolltarifgesetzes vom 25. Dezember 1902 (Reichs-Gesetzbl. S. 303) aufgehoben. Die angesammelten Beträge und Zinsen (Hinterbliebenenversicherungsfonds, Gesetz vom 8. April 1907, Reichs-Gesetzbl. S. 89) sind zu den Zuschüssen des Reichs für die Hinterbliebenenversicherung (§§ 1284, 1285 der Reichsversicherungsordnung) zu verwenden.

Art. 3. Die Verwaltung des Hinterbliebenenversicherungsfonds wird dem Reichskanzler (Reichsschatzamt) unter der Aufsicht der Reichsschuldenkommission übertragen. Das Gesetz, betreffend die Verwaltung des Reichsinvalidenfonds und des Hinterbliebenenversicherungsfonds, vom 1. Juni 1909 (Reichs-Gesetzbl. S. 469) tritt, soweit es sich auf den Hinterbliebenenversicherungsfonds bezieht, mit dem 1. Oktober 1911 außer Kraft.

Art. 4. Die Tage, mit denen die übrigen Vorschriften der Reichsversicherungsordnung in Kraft treten, werden durch Kaiserliche Verordnung mit Zustimmung des Bundesrats festgesetzt.

Für die Zeit bis zum 31. Dezember 1914 kann der Bundesrat über die Amtsdauer der gegenwärtigen Vertreter der Unternehmer oder anderen Arbeitgeber sowie der Versicherten bei Versicherungsbehörden, unteren Verwaltungsbehörden und Versicherungsträgern nach Bedürfnis bestimmen. Dies gilt auch für die nichtständigen Mitglieder des Reichsversicherungsamts. Für die nichtständigen Mitglieder der Landesversicherungsämter steht diese Befugnis den obersten Verwaltungsbehörden zu.

Art. 5. Mit diesen Tagen (Artikel 2, Artikel 4 Abs. 1) tritt, soweit dieses Gesetz nichts anderes vorschreibt, die Reichsversicherungsordnung an die Stelle der entsprechenden Vorschriften

des Krankenversicherungsgesetzes vom 15. Juni 1883 (Reichs-Gesetzbl. S. 73) in der Fassung vom 10. April 1892 (Reichs-Gesetzbl. S. 379) und der Gesetze vom 30. Juni 1900 (Reichs-Gesetzbl. S. 332) und vom 25. Mai 1903 (Reichs-Gesetzbl. S. 233), des Gesetzes, betreffend die Unfall- und Krankenversicherung der in land- und forstwirtschaftlichen Betrieben beschäftigten Personen, vom 5. Mai 1886 (Reichs-Gesetzbl. S. 132), B. Krankenversicherung,

des Gesetzes, betreffend die Abänderung der Unfallversicherungsgesetze, vom 30. Juni 1900 (Reichs-Gesetzbl. S. 573),

des Gewerbe-Unfallversicherungsgesetzes vom 30. Juni 1900 in der Fassung der Bekanntmachung vom 5. Juli 1900 (Reichs-Gesetzbl. S. 585),

des Unfallversicherungsgesetzes für Land- und Forstwirtschaft vom 30. Juni 1900 in der Fassung der Bekanntmachung vom 5. Juli 1900 (Reichs-Gesetzbl. S. 641),

des Bau-Unfallversicherungsgesetzes vom 30. Juni 1900 in der Fassung der Bekanntmachung vom 5. Juli 1900 (Reichs-Gesetzbl. S. 698),

des See-Unfallversicherungsgesetzes vom 30. Juni 1900 in der Fassung der Bekanntmachung vom 5. Juli 1900 (Reichs-Gesetzbl. S. 716),

des Invalidenversicherungsgesetzes in der Fassung der Bekanntmachung vom 19. Juli 1899 (Reichs-Gesetzbl. S. 463).

Art. 6. Die Vorschriften der Reichsversicherungsordnung über die Fristen gelten, vorbehaltlich des Abs. 2 und der Artikel 85 bis 99, auch für die Fristen, deren Lauf vor den nach Artikel 2, 4 bestimmten Tagen begonnen hat, an diesen Tagen aber noch nicht vollendet ist.

Die Frist bestimmt sich nach dem alten Rechte, wenn sie danach länger ist als nach der Reichsversicherungsordnung.

Der Beginn der Fristen bestimmt sich nach dem alten Rechte.

II. Versicherungsbehörden.

Art. 7. Soweit Vorschriften der Reichsversicherungsordnung in Kraft treten, bevor Versicherungsämter und Oberversicherungsämter bestehen, treten für die Aufgaben, die ihnen jene Vorschriften oder dieses Gesetz zuweisen,

bei Spruchsachen an Stelle der Versicherungsämter die unteren Verwaltungsbehörden und an Stelle der Oberversicherungsämter die Schiedsgerichte,

im übrigen die Behörden, welche die oberste Verwaltungsbehörde bestimmt.

Auch für diese Behörden gelten die in den folgenden Artikeln für Versicherungsämter und Oberversicherungsämter gegebenen Vorschriften.

Art. 8. Das Versicherungsamt zieht an Stelle der Versicherungsvertreter die Vertreter der Arbeitgeber und der Versicherten bei der unteren Verwaltungsbehörde oder Rentenstelle (§§ 61, 81, 82 des Invalidenversicherungsgesetzes) zu.

Soweit sich der Bezirk einer vorhandenen Behörde (Artikel 7) nicht mit dem der entsprechenden Versicherungsbehörde deckt, bestimmt die oberste Verwaltungsbehörde über die Zuziehung von Vertretern oder Beisitzern das Nähere. Dasselbe gilt, wo anderen Behörden als den Schiedsgerichten für Arbeiterversicherung diese Aufgaben übertragen werden.

Art. 9. Auf Antrag beteiligter Krankenkassen kann das Versicherungsamt anordnen, daß zu seinen Beschlüssen über Herstellung und Änderung der äußeren und inneren Verfassung der Krankenkassen besondere Vertreter der Arbeitgeber und der Versicherten in gleicher Zahl gewählt werden. Die Wahl richtet sich nach den §§ 61 bis 63 des Invalidenversicherungsgesetzes. Jedoch kann das Versicherungsamt die Zahl der Vertreter nach dem Bedürfnis festsetzen; dabei sind nur die Orts-, Betriebs-, Bau- und Innungskrankenkassen und die Gemeindekrankenversicherungen wahlberechtigt.

Der Gemeindeverband (§§ 526, 527 der Reichsversicherungsordnung) bestellt einen oder mehrere Vertreter, um die Rechte der Gruppen wahrzunehmen, welche die Reichsversicherungsordnung neu in die Krankenversicherung einbezieht.

Die oberste Verwaltungsbehörde kann näheres anordnen.

Art. 10. Bei Annahme von Hilfskräften für die Versicherungsbehörden sollen geeignete Angestellte möglichst berücksichtigt werden, die bei den Versicherungsträgern infolge der Neuordnung entbehrlich werden.

Art. 11. Das Oberversicherungsamt tritt in Rechten und Pflichten an Stelle des Schiedsgerichts für Arbeiterversicherung. Die Akten sind an das Oberversicherungsamt abzugeben. Soweit das Gerät nicht Eigentum des Staates ist, zahlt er dafür eine angemessene Entschädigung. Bei Streit entscheidet ein Schiedsgericht nach §§ 1025 ff. der Zivilprozeßordnung.

Die oberste Verwaltungsbehörde kann näheres anordnen.

Art. 12. Die Versicherungsanstalt hat dem Oberversicherungsamte die Beamten, die sie dem Schiedsgerichte für Arbeiterversicherung zur Verfügung gestellt hat, wenn es die oberste Verwaltungsbehörde anordnet, bis zum 1. April 1912 zu belassen.

Art. 13. - Wird ein Landesversicherungsamt aufgehoben, so regelt der Reichskanzler mit Zustimmung der zuständigen obersten Verwaltungsbehörde den Übergang der Befugnisse auf das Reichsversicherungsamt.

III. Krankenversicherung.

Art. 14. Die Kaiserliche Verordnung (Artikel 4) bestimmt den Tag, bis zu dem alle Gemeindekrankenversicherungen geschlossen sein müssen. Für die Schließung gelten die §§ 282 bis 284, 300 bis 305 der Reichsversicherungsordnung entsprechend. Bestände werden dabei wie Eigentum der Gemeindekrankenversicherung behandelt. Dabei gilt § 294 Abs. 1, 2 und 3 Satz 1 entsprechend, doch wird der Zuschlag zum Sterbegeld für alle Versicherten gezahlt, die in einer Gemeinde mit solchen Sondervermögen beschäftigt werden.

Vorschüsse, die nach § 9 des Krankenversicherungsgesetzes geleistet sind, werden zurückerstattet, soweit nach Abwickelung der Geschäfte (§ 303 der Reichsversicherungsordnung) ein Vermögensbetrag verbleibt.

Art. 15. Hat ein Bezirk, für den nach der Reichsversicherungsordnung eine Ortskrankenkasse zu errichten sein würde, bereits eine gemeinsame Ortskrankenkasse (§ 16 Abs. 4, § 43 des Krankenversicherungsgesetzes), deren Mitgliederkreis alle nach dem Krankenversicherungsgesetz Ortskassenpflichtigen des Bezirkes umfaßt, so kann diese für ihn zur allgemeinen Ortskrankenkasse ausgestaltet werden.

Umfaßt der Mitgliederkreis einer gemeinsamen Ortskrankenkasse bereits einen großen Teil der nach dem Krankenversicherungsgesetz Ortskassenpflichtigen des Bezirks, so kann mit Genehmigung des Oberversicherungsamts diese Kasse zur allgemeinen Ortskrankenkasse ausgestaltet werden.

Der Mitgliederkreis solcher Kassen wird dabei auf alle Versicherten erstreckt, welche die Reichsversicherungsordnung den Ortskrankenkassen zuweist.

Art. 16. Reichen innerhalb der ersten drei Jahre nach dem Inkrafttreten der Reichsversicherungsordnung bei einer neu errichteten Orts- oder Landkrankenkasse die Bestände nicht aus, um die fällig werdenden Ausgaben zu decken, so hat der Gemeindeverband die erforderlichen Vorschüsse zu leisten. Die oberste Verwaltungsbehörde kann hierüber näheres bestimmen sowie den Tag festsetzen, bis zu dem die Vorschüsse zurückerstattet werden müssen.

Art. 17. Die Kaiserliche Verordnung (Artikel 4) bestimmt den Tag, bis zu dem bestehende Ortskrankenkassen für einzelne oder mehrere Gewerbszweige oder Betriebsarten oder allein für Mitglieder eines Geschlechts, sowie bestehende Betriebskrankenkassen und Innungskrankenkassen bei ihrem Versicherungsamte den Antrag auf Zulassung stellen können.

Art. 18. Eine Ortskrankenkasse kann diesen Antrag nur stellen, wenn ihre Generalversammlung ihn mit Stimmenmehrheit beschlossen hat.

Bei einer Betriebskrankenkasse kann der Arbeitgeber nach Anhören von Versicherten den Antrag stellen, bei einer Innungskrankenkasse die Innung nach Anhören des Gesellenausschusses.

Art. 19. Gleichzeitig mit dem Antrag auf Zulassung oder, falls dies nicht geschehen kann, später binnen einer vom Versicherungsamt festgesetzten Frist ist ein Entwurf der Kassensatzung einzureichen, der den Vorschriften der Reichsversicherungsordnung entspricht.

Art. 20. Das Versicherungsamt (Beschlußausschuß) prüft, ob die Voraussetzungen erfüllt sind, unter denen die Kasse zugelassen werden kann, und gibt den Antrag mit der Satzung und einer gutachtlichen Äußerung an das Oberversicherungsamt zur Entscheidung ab. Gegen die Entscheidung steht den Beteiligten binnen einem

Monat die Beschwerde an die oberste Verwaltungsbehörde zu.

Art. 21. Wird die Satzung einer Krankenkasse nicht binnen sechs Monaten nach dem gemäß Artikel 17 bestimmten Tage mit den Vorschriften der Reichsversicherungsordnung in Einklang gebracht oder wird der Antrag auf Zulassung nicht rechtzeitig gestellt, so ist die Kasse zu schließen.

Art. 22. Das Oberversicherungsamt bestimmt, ob eine Baukrankenkasse als Betriebskrankenkasse nach § 249 der Reichsversicherungsordnung fortbestehen soll. Es setzt das Maß ihrer Leistungen fest; wird die Satzung nicht binnen der von ihm gesetzten Frist geändert, so ändert es sie rechtsverbindlich von Amts wegen.

Art. 23. Die Bestände einer Innungskrankenkasse gehen mit der Zulassung in ihr Vermögen über.

Art. 24. Wer bisher freiwilliges Mitglied einer Innungskrankenkasse war, ist berechtigt, die Mitgliedschaft fortzusetzen.

Art. 25. Die Kaiserliche Verordnung (Artikel 4) bestimmt den Tag, mit dessen Ablauf die nach § 75 a des Krankenversicherungsgesetzes den eingeschriebenen Hilfskassen ausgestellten Bescheinigungen ungültig werden.

Dem Antrag auf Zulassung als Ersatzkasse (§ 503 der Reichsversicherungsordnung) kann nur stattgegeben werden, wenn die eingeschriebene Hilfskasse ihn sechs Monate vor diesem Tage gestellt hat.

Art. 26. Der Bundesrat kann auf Antrag und bei Nachweis eines Bedürfnisses genehmigen, daß ein Versicherungsverein auf Gegenseitigkeit nach den §§ 503 ff. der Reichsversicherungsordnung als Ersatzkasse auch dann zugelassen werden kann, wenn dem Verein als eingeschriebener Hilfskasse eine Bescheinigung nach § 75a des Krankenversicherungsgesetzes erst nach dem 1. April 1909 erteilt worden ist.

Art. 27. Als Versicherungsvereine auf Gegenseitigkeit im Sinne des Artikel 26 dieses Gesetzes, der §§ 503 ff. und des § 1438 der Reichsversicherungsordnung gelten bis zum Inkrafttreten eines Gesetzes über die Aufhebung des Gesetzes über die eingeschriebenen Hilfskassen (Reichs-Gesetzbl. 1876 S. 125, 1884 S. 54) die eingeschriebenen Hilfskassen.

Bis zum Inkrafttreten eines solchen Gesetzes treten für die im § 503 Abs. 1 der Reichsversicherungsordnung bezeichneten Hilfskassen und ihre Mitglieder an Stelle

des § 6 Abs. 2 des Hilfskassengesetzes § 504 der Reichsversicherungsordnung,

des § 12 des Hilfskassengesetzes § 508 der Reichsversicherungsordnung,

des § 13 des Hilfskassengesetzes § 509 Abs. 1 bis 3 der Reichsversicherungsordnung,

des § 15 Satz 3 des Hilfskassengesetzes § 511 der Reichsversicherungsordnung,

des § 15 Satz 4, 5 des Hilfskassengesetzes § 512 der Reichsversicherungsordnung.

Art. 28. Eingeschriebene Hilfskassen, die nicht als Ersatzkassen zugelassen werden, haben ihren versicherungspflichtigen Mitgliedern in Unterstützungsfällen, die an dem nach Artikel 25 Abs. 1 bestimmten Tage schweben, die Leistungen für die nach der Satzung vorgeschriebene Zeit fortzugewähren. § 212 der Reichsversicherungsordnung gilt erst nach Ablauf dieser Zeit entsprechend für die Krankenkasse des Versicherungspflichtigen. Streitigkeiten werden im Feststellungsverfahren nach der Reichsversicherungsordnung entschieden.

Art. 29. Sind beim Inkrafttreten der Reichsversicherungsordnung landkassenpflichtige Versicherte Mitglieder einer Orts- oder Betriebs- (Bau-) krankenkasse, so können sie

1. Mitglieder ihrer Kasse bleiben, wenn sie fortbesteht,
2. Mitglieder der Ortskrankenkasse, welche die Mitglieder ihres Berufszweigs aufnimmt, oder mangels solcher Kasse Mitglieder der allgemeinen Ortskrankenkasse werden, wenn ihre frühere Kasse eingeht,
3. der Ortskrankenkasse wieder als Mitglieder beitreten, wenn sie wegen Wechsels der Beschäftigung nicht länger als sechsundzwanzig Wochen einer anderen Ortskrankenkasse, einer Landkrankenkasse, einer Betriebskrankenkasse oder einer Innungskrankenkasse im Bezirke desselben Versicherungsamts angehört haben.

Haben sie von diesem Rechte (Nr. 3) Gebrauch gemacht, so können sie in die Landkrankenkasse mit dem Schlusse eines Geschäftsjahrs übertreten, wenn sie spätestens drei Monate zuvor dem Vorstand ihrer Krankenkasse den Austritt angezeigt haben.

Art. 30. Für Versicherungsfälle, in denen beim Inkrafttreten der Reichsversicherungsordnung die Leistungspflicht der Krankenkasse nach dem alten Rechte noch fortdauert, gelten von diesem Tage ab die Vorschriften der Reichsversicherungsordnung, soweit sie für den Berechtigten günstiger sind.

Art. 31. Statutarische Bestimmungen, die nach § 51 Abs. 2 des Krankenversicherungsgesetzes Arbeitgeber von der Beitragsleistung aus eigenen Mitteln befreien, können bis zu fünf Jahren über den nach Artikel 4 festgesetzten Tag hinaus in Kraft bleiben.

Art. 32. Für Angestellte einer Kasse, die infolge der Neuordnung aufgelöst oder geschlossen wird, verlängert sich die Ablaufsfrist des Vertragsverhältnisses abweichend von § 302 Abs. 1 der Reichsversicherungsordnung auf zwölf Monate. Die Versicherungsträger sollen geeignete Angestellte, die infolge der Neuordnung bei einer Krankenkasse entbehrlich werden, bei Annahme von Hilfskräften möglichst berücksichtigen.

Art. 33. Bei Genehmigung oder Feststellung der Dienstordnung bestimmt das Oberversicherungsamt, wie und bis wann die Dienstordnung den sämtlichen Angestellten der Kasse bekannt gemacht werden muß. Bei der Bekanntmachung sind die Angestellten auf die Vorschriften der Artikel 34 bis 37, 39 hinzuweisen.

Die Dienstordnung tritt mit Ablauf eines Monats seit dem nach Abs. 1 vom Oberversicherungsamte bestimmten Tage in Kraft.

Art. 34. Vorbehaltlich des § 351 Abs. 2 der Reichsversicherungsordnung unterstehen der Dienstordnung auch die bei ihrem Erlasse schon vorhandenen Kassenangestellten, soweit sie nicht nach Landesrecht staatliche oder gemeindliche Beamte sind, oder deren Rechte und Pflichten nach § 359 der Reichsversicherungsordnung erhalten.

Für diese Angestellten gilt alles, was die Reichsversicherungsordnung für die nach ihr der Dienstordnung unterstehenden Angestellten vorschreibt. Die nach der Reichsversicherungsordnung zulässigen Vertragsbestimmungen über Kündigung oder Entlassung, die mit diesen Angestellten vor dem 1. Juli 1910 vereinbart worden sind, bleiben aufrechterhalten, soweit nicht Artikel 35 bis 39 entgegenstehen.

Der Dienstordnung unterstehen nicht die Kassenangestellten, die bis zu deren Inkrafttreten den Dienstvertrag kündigen. Tut dies ein Angestellter, so endigt das Dienstverhältnis mit Ablauf von sechs Monaten oder, wenn er nach dem Vertrage zu einem früheren Tage kündigen kann, mit diesem.

Art. 35. Übersteigen die Bezüge eines Angestellten, der nach Artikel 34 der Dienstordnung unterstellt ist, die Sätze des Besoldungsplans, so sind die Bezüge fortzuzahlen, wenn sie vor dem 1. Januar 1908 oder gemäß einer vor diesem Tage aufgestellten Besoldungsordnung in dieser Höhe vereinbart worden sind, oder wenn es die Dienstordnung bestimmt.

Im übrigen kann das Versicherungsamt (Beschlußausschuß) auf Antrag des Kassenvorstandes genehmigen, daß sie fortgezahlt werden. Der Antrag kann nur binnen einem Monat nach Inkrafttreten der Dienstordnung gestellt werden.

Die Genehmigung ist zu versagen, wenn die Bezüge zu den Sätzen des Besoldungsplans in einem auffälligen Mißverhältnis stehen. Im übrigen kann die Genehmigung versagt werden, soweit der Wert der Bezüge den der Bezüge nach dem Besoldungsplan um mehr als den vierten Teil übersteigt oder erst nach dem 1. Juli 1910 vereinbart worden ist.

Wird die Genehmigung versagt, so hat der Kassenvorstand die Beschwerde an das Oberversicherungsamt (Beschlußkammer). Dieses entscheidet endgültig.

Was hiernach für die Bezüge eines Angestellten gilt, gilt auch für seine Anwartschaft auf Ruhegeld, Wartegeld oder ähnliche Bezüge sowie auf Fürsorge für seine Hinterbliebenen.

Art. 36. Können die höheren Bezüge nach Artikel 35 nicht weitergezahlt werden und erklärt sich der Angestellte nicht bereit, das Vertragsverhältnis nach dem Tage, zu dem ihm frühestens gekündigt oder er entlassen werden kann, unter den Bedingungen des Besoldungsplans fortzusetzen, so hat der Kassenvorstand so zeitig als möglich von seinem Kündigungs- oder Entlassungsrechte Gebrauch zu machen. § 357 Abs. 2 der Reichsversicherungsordnung gilt entsprechend.

Art. 37. Das Versicherungsamt (Beschlußausschuß) kann binnen zwei Jahren nach dem Inkrafttreten der Dienstordnung anordnen, daß einem ihr nach Artikel 34 unterstellten Angestellten, dessen Fachkenntnisse und Leistungen für seine Stelle offenbar nicht ausreichen, im Dienste der Kasse eine andere Stelle zugewiesen wird, die seinen Fachkenntnissen und Leistungen entspricht. Voraussetzung ist, daß nicht der Angestellte in seiner oder einer ähnlichen Stelle bei der Kasse bereits seit länger als fünf Jahren tätig ist. Auf einen Mangel an Fachkenntnissen darf nicht aus dem Umstande geschlossen werden, daß der Angestellte keinen bestimmten Bildungsgang zurückgelegt hat.

Das Versicherungsamt kann zugleich bestimmen, daß dem Angestellten seine höheren Bezüge zu belassen sind, soweit sie nicht in auffälligem Mißverhältnis zu den Sätzen stehen, die der Besoldungsplan für die neu zugewiesene Stelle vorsieht.

Vor Erlaß der Anordnung sind der Kassenvorstand und der Angestellte zu hören; sie ist beiden zuzustellen. Auf Beschwerde entscheidet das Oberversicherungsamt (Beschlußkammer) und auf weitere Beschwerde das Reichsversicherungsamt (Beschlußsenat). Die Frist für die Beschwerde und für die weitere Beschwerde beträgt je einen Monat.

Der Angestellte hat binnen einer Frist von einem

Monat nach Zustellung der endgültigen Anordnung dem Kassenvorstand zu erklären, ob er bereit ist, die Stelle zu übernehmen. Erklärt er sich nicht bereit, so hat ihm der Vorstand das Vertragsverhältnis mit einer Frist von sechs Monaten zu kündigen. Kann er das Vertragsverhältnis schon zu einem früheren Tage lösen, so hat er von seinem Kündigungs- oder Entlassungsrechte so zeitig als möglich Gebrauch zu machen. § 357 Abs. 2 der Reichsversicherungsordnung gilt entsprechend.

Art. 38. Die §§ 349, 350, 354 Abs. 2 bis 6, § 358 der Reichsversicherungsordnung treten sofort in Kraft für alle Angestellten, die künftig der Dienstordnung unterstehen sollen. Dabei treten, solange die Versicherungsämter und die Oberversicherungsämter noch nicht errichtet sind, an Stelle der Versicherungsämter die Schiedsgerichte für Arbeiterversicherung, an Stelle der Oberversicherungsämter das Reichsversicherungsamt (Landesversicherungsamt).

Für das Verfahren und die Fristen gelten entsprechend die Vorschriften der Reichsversicherungsordnung über das Spruchverfahren. Der Reichskanzler kann hierüber näheres bestimmen.

Art. 39. Rechtshandlungen, die nach dem 1. Januar 1908 vorgenommen worden sind, sind unwirksam, soweit sie die Durchführung der Artikel 34 bis 38 vereiteln oder wesentlich erschweren. Das Gleiche gilt für die vor dem Inkrafttreten der Dienstordnung getroffenen Vertragsbestimmungen, welche vermögensrechtliche Streitigkeiten zwischen den Krankenkassen und den Angestellten wegen oder aus Anlaß der Kündigung oder Entlassung den ordentlichen Gerichten entziehen.

Art. 40. Hat ein Angestellter in der Zeit zwischen dem 30. Mai 1911 und dem Inkrafttreten dieses Gesetzes seine Kündigung oder Entlassung erhalten, so hat, wenn er es bis zum vierzehnten Tage nach dem Inkrafttreten dieses Gesetzes beantragt, der Kassenvorstand erneut über die Kündigung oder Entlassung zu beschließen; die frühere Kündigung oder Entlassung wird, falls sie nicht endgültig bestätigt wird, unwirksam.

Art. 41. Vertragsverhältnisse, die beim Inkrafttreten der Reichsversicherungsordnung zwischen Krankenkassen und Krankenhäusern bestehen, enden spätestens zwei Jahre nach diesem Zeitpunkt, soweit sie der Anwendung des § 184 Abs. 5 oder des § 371 Abs. 2 der Reichsversicherungsordnung entgegenstehen.

Art. 42. Landesrechtliche Vorschriften, die den Dienstberechtigten zur Sorge für Kur und Pflege des erkrankten Gesindes verpflichten, werden aufgehoben.

Landesrechtliche Vorschriften, welche die Fortzahlung des Lohnes oder ähnlicher Bezüge in Krankheitszeiten betreffen, bleiben, vorbehaltlich des § 436 der Reichsversicherungsordnung, unberührt.

IV. Unfallversicherung.

Art. 43. Der Bundesrat bestimmt, wieweit für Gewerbszweige, die erst die Reichsversicherungsordnung der

Unfallversicherung unterstellt, neue Berufsgenossenschaften errichtet oder wieweit sie bestehenden Berufsgenossenschaften zugeteilt werden sollen.

Vertreter der beteiligten Gewerbszweige sowie die beteiligten Genossenschaften sind vorher zu hören.

Art. 44. Bis zur Eingliederung der Gewerbszweige, die der Unfallversicherung neu unterstellt sind, in die berufsgenossenschaftliche Organisation kann der Bundesrat nach Anhören der beteiligten Genossenschaftsvorstände Gewerbszweige aus bestehenden Berufsgenossenschaften ausscheiden und einer anderen Berufsgenossenschaft zuteilen, oder für sie eine besondere Berufsgenossenschaft errichten, auch wenn die Voraussetzungen nicht vorliegen, unter denen nach der Reichsversicherungsordnung oder nach altem Rechte der Bestand der Berufsgenossenschaften geändert werden kann.

Art. 45. Wird eine neue Berufsgenossenschaft errichtet, so ist eine Versammlung einzuberufen, die über die Satzung beschließt. Die Versammlung besteht aus Abgeordneten von Handelskammern, Handwerkskammern, Gewerbekammern oder ähnlichen wirtschaftlichen Vertretungen der beteiligten Gewerbszweige.

Die oberste Verwaltungsbehörde bezeichnet die Stellen, die Abgeordnete entsenden können, und bestimmt für jede Stelle nach ihrer wirtschaftlichen Bedeutung die Zahl der Abgeordneten.

Erstreckt sich der Bezirk der Berufsgenossenschaft über das Gebiet eines Bundesstaates hinaus, so bestimmt der

Reichskanzler nach Benehmen mit den beteiligten obersten Verwaltungsbehörden die Stellen und die Zahl ihrer Abgeordneten.

Art. 46. Das Reichsversicherungsamt beruft die Versammlung und leitet ihre Verhandlungen, bis ein vorläufiger Vorstand gewählt worden ist.

Art. 47. Bei neu errichteten Berufsgenossenschaften läuft die erste Wahlzeit der Vertreter der Versicherten an demselben Tage ab, an welchem die Wahlzeit dieser Vertreter bei den bestehenden Berufsgenossenschaften abläuft.

Art. 48. Das Reichsversicherungsamt (Landesversicherungsamt) bestimmt den Tag, bis zu welchem die Berufsgenossenschaften die Änderung ihrer Satzungen nach der Reichsversicherungsordnung zu beschließen haben. Dieser Tag ist so zu bestimmen, daß die Satzungen zu der Zeit gültig werden können, zu welcher die Vorschriften der Reichsversicherungsordnung über die Unfallversicherung in Kraft treten.

Kommt die Berufsgenossenschaft der Anordnung nicht rechtzeitig nach, so ändert das Reichsversicherungsamt (Landesversicherungsamt) die Satzung von Aufsichts wegen.

Art. 49. Jeder Unternehmer eines Betriebs, den erst die Reichsversicherungsordnung der Unfallversicherung unterstellt, hat ihn in einer Frist, die das Reichsversicherungsamt bestimmt und veröffentlicht, bei dem Versicherungsamt anzumelden, in dessen Bezirk der Betrieb seinen Sitz hat. Dabei sind Gegenstand, Art und

Zahl der durchschnittlich beschäftigten Versicherungspflichtigen anzugeben.

Art. 50. Ist die Anmeldung versäumt oder unvollständig, so stellt das Versicherungsamt selbst die Angaben auf oder ergänzt sie nach eigener Kenntnis der Verhältnisse. Es kann die Unternehmer durch Geldstrafen bis zu einhundert Mark anhalten, binnen einer gesetzten Frist Auskunft zu geben.

Auf Beschwerde gegen die Festsetzung der Strafe entscheidet das Oberversicherungsamt endgültig.

Art. 51. Das Versicherungsamt stellt ein Verzeichnis der im Artikel 49 bezeichneten Betriebe seines Bezirkes auf, das Gegenstand und Art des Betriebs sowie die Zahl der beschäftigten Versicherungspflichtigen angibt und nach Gewerbszweigen geordnet ist.

Das Verzeichnis wird dem Oberversicherungsamt eingereicht und von ihm nötigenfalls berichtigt.

Art. 52. Das Oberversicherungsamt reicht die Verzeichnisse dieser versicherungspflichtigen Betriebe seines Bezirkes dem Reichsversicherungsamt ein; dieses überweist die Betriebe den zuständigen Genossenschaftsvorständen.

Art. 53. Die Artikel 49 bis 52 gelten nicht, wenn das Reich, ein Bundesstaat, ein Gemeindeverband, eine Gemeinde oder eine andere öffentliche Körperschaft Versicherungsträger ist.

Art. 54. Solange die Berufsgenossenschaften noch nicht ein Viertel ihres Vermögens in Anleihen des Reichs oder der Bundesstaaten angelegt haben (§ 718 Abs. 1, §§ 984, 1157 der Reichsversicherungsordnung), müssen sie jährlich mindestens ein Drittel ihres Vermögenszuwachses in solchen Anleihen anlegen.

Art. 55. Der Artikel I § 6 des Gesetzes, betreffend Änderungen im Finanzwesen, vom 15. Juli 1909 (Reichs-Gesetzbl. S. 743) wird aufgehoben.

Die Träger der Unfallversicherung können mit Genehmigung des Reichskanzlers innerhalb des ersten Jahres nach dem Inkrafttreten des Dritten Buches der Reichsversicherungsordnung die noch ausstehenden Beträge für Verzinsung und Tilgung der schwebenden Schuld (§§ 779, 1028, 1185 der Reichsversicherungsordnung) in einer Summe an die Post abführen. Für die Berechnung dieser Summe wird eine Verzinsung von $3^1/_2$ vom Hundert zu Grunde gelegt.

Bei Berufsgenossenschaften hat die Genossenschaftsversammlung hierüber zu beschließen.

Art. 56. Haben Unternehmer von Betrieben oder Tätigkeiten, die erst die Reichsversicherungsordnung der Unfallversicherung unterstellt, vor dem Inkrafttreten des Dritten Buches der Reichsversicherungsordnung mit Versicherungsunternehmungen Versicherungsverträge gegen Unfälle der in der Reichsversicherungsordnung bezeichneten Art geschlossen, so übernimmt auf ihren Antrag die Genossenschaft die Rechte und Verbindlichkeiten aus diesen Verträgen. Der Antrag muß binnen sechs Monaten nach dem bezeichneten Tage beim Vorstande gestellt werden. Die Übernahme wirkt von dem Tage, an dem die Unfallversicherung für den Betrieb oder die Tätigkeit in Kraft tritt.

Art. 57. Das Gleiche gilt, wenn Versicherungsunternehmungen solche Verträge vor dem Inkrafttreten des Dritten Buches der Reichsversicherungsordnung mit Versicherten geschlossen haben, die in Betrieben oder Tätigkeiten beschäftigt sind, welche erst die Reichsversicherungsordnung der Unfallversicherung unterstellt hat.

Art. 58. Die Artikel 56, 57 gelten nicht, wenn die Verträge nach der Bekanntmachung der im Artikel 4 bezeichneten Verordnung und in den letzten drei Monaten vor dem Inkrafttreten des Dritten Buches der Reichsversicherungsordnung geschlossen worden sind.

Diese Vorschrift ist nicht anzuwenden, wenn der Vertrag innerhalb der bezeichneten Frist stillschweigend verlängert worden ist.

Art. 59. Die Aufwendungen, die der Genossenschaft aus der Übernahme der Versicherungsverträge erwachsen, werden durch Umlage auf die Mitglieder gedeckt, und, sofern die Tätigkeit bei einer Zweiganstalt gegen Prämie versichert wird, bei der nächsten Festsetzung der Prämien berücksichtigt.

Art. 60. Die Vorschriften der Reichsversicherungsordnung sind, wenn sie für die Berechtigten günstiger ist, vorbehaltlich der Artikel 85, 87 bis 93, 96 bis 99, auf die erste Feststellung von Entschädigungsansprüchen aus Unfällen anzuwenden, die sich vor dem Inkrafttreten des Dritten Buches der Reichsversicherungsordnung ereignet haben. Dies gilt jedoch nur dann, wenn der Berechtigte schon nach altem Rechte einen Entschädigungsanspruch hatte und über diesen an jenem Tage noch nicht rechtskräftig entschieden ist.

Für Entschädigungsansprüche, die im Falle der Tötung erwachsen, gilt Abs. 1 nur, wenn auch der Tod des Verletzten vor dem Inkrafttreten des Dritten Buches der Reichsversicherungsordnung eingetreten ist.

Art. 61. Soweit eine festgestellte Rente nach altem, aber nicht nach neuem Rechte ruht, gelten für sie die Vorschriften der Reichsversicherungsordnung über Ruhen der Rente vom Tage des Inkrafttretens dieser Vorschriften an; in solchen Fällen ist neuer Bescheid zu erteilen.

Art. 62. Die Vorschriften der Reichsversicherungsordnung über Abfindung von Ausländern mit einem dem Werte ihrer Jahresrente entsprechenden Kapital gelten auch für Renten, die vor dem Inkrafttreten dieser Vorschriften festgestellt worden sind.

Wird eine solche Abfindung in den ersten drei Jahren nach Inkrafttreten dieser Vorschriften festgestellt, so kann die Genossenschaft die Mittel hierfür aus der Rücklage entnehmen. Diese ist dann nach Anordnung des Reichsversicherungsamts (Landesversicherungsamts) wieder zu ergänzen.

Art. 63. Der Bundesrat hat im Jahre 1913 dem Reichstag die gesetzlichen Vorschriften über Rücklagen zur erneuten Beschlußfassung vorzulegen.

V. Invaliden- und Hinterbliebenenversicherung.

Art. 64. Werden Versicherte innerhalb der ersten fünf Jahre invalide, nachdem die Versicherungspflicht für ihren Berufszweig in Kraft getreten ist, so wird ihnen auf die Wartezeit für die Invalidenrente (§ 1278 Nr. 1 der Reichsversicherungsordnung) die Dauer derjenigen früheren Beschäftigung angerechnet, für welche die Versicherungspflicht inzwischen eingeführt worden ist.

Die Anrechnung geschieht indessen nur soweit, als die Beschäftigung in die letzten fünf Jahre vor Eintritt der Invalidität fällt, und nur bei Versicherten, die nach dem Inkrafttreten der Versicherungspflicht für ihren Berufszweig mindestens vierzig anrechnungsfähige Beitragswochen auf Grund der Versicherungspflicht nachweisen können.

Die Anrechnungsfähigkeit von freiwilligen und Pflichtbeiträgen, die vor dem Inkrafttreten der Versicherungspflicht des Berufszweigs rechtswirksam verwendet sind, wird hierdurch nicht berührt.

Art. 65. Den Versicherten, die beim Inkrafttreten der Versicherungspflicht für ihren Berufszweig das vierzigste Lebensjahr vollendet haben, werden auf die Wartezeit für die Altersrente für jedes volle Jahr, um das sie an diesem Tage älter als vierzig Jahre waren, vierzig Wochen und für den überschießenden Teil eines solchen Jahres die darauf entfallenden Wochen bis zu vierzig angerechnet.

Die Versicherten müssen nachweisen, daß sie während

der drei Jahre unmittelbar vor dem Inkrafttreten berufsmäßig, wenn auch mit Unterbrechungen, eine Beschäftigung ausgeübt haben, die versicherungspflichtig bereits war oder inzwischen geworden ist. Von dem Nachweis ist befreit, wer für die ersten fünf Jahre nach Eintritt der Versicherungspflicht mindestens zweihundert anrechnungsfähige Beitragswochen auf Grund der Versicherungspflicht nachweisen kann.

Art. 66. In den Fällen der Artikel 64, 65 steht für die Zeit vor der Begründung der Versicherungspflicht eine nach § 30 Abs. 2 bis 6 des Invalidenversicherungsgesetzes oder nach den §§ 1393, 1394 der Reichsversicherungsordnung anrechnungsfähige Militärdienst- oder Krankheitszeit sowie die Zeit des früheren Bezugs einer Invalidenrente (§ 47 Abs. 4 des Invalidenversicherungsgesetzes, § 1309 der Reichsversicherungsordnung) einem Arbeits- oder Dienstverhältnisse gleich.

Das Gleiche gilt für höchstens vier Monate während eines Kalenderjahrs von Zeiten

1. der vorübergehenden Unterbrechung eines ständigen Arbeits- oder Dienstverhältnisses zu einem bestimmten Arbeitgeber,
2. solcher Unterbrechung einer berufsmäßigen Beschäftigung, welche vorübergehend wiederzukehren pflegt (Saisonarbeit),
3. einer des Verdienstes halber geleisteten Beschäftigung mit Spinnen, Stricken oder ähnlichen leichten häuslichen Arbeiten, die bei älteren oder schwächlichen Leuten landesüblich sind.

Art. 67. Sind bei Gewährung von Altersrenten nach Artikel 65 weniger als vierhundert Beitragswochen nachgewiesen, so werden für die fehlenden Wochen Beiträge der Lohnklasse angesetzt, die dem durchschnittlichen Jahresarbeitsverdienste des Versicherten während der im Artikel 65 Abs. 2 Satz 1 bezeichneten drei Jahre entspricht, mindestens aber Beiträge der ersten Lohnklasse.

Sind mehr als vierhundert Beitragswochen nachgewiesen, so wird nach § 1293 der Reichsversicherungsordnung verfahren.

Art. 68. Bis zum 31. Dezember 1930 werden auf die Wartezeit für den Anspruch auf Hinterbliebenenbezüge (§§ 1252, 1278 Nr. 1 der Reichsversicherungsordnung) auch die nach dem Invalidenversicherungsgesetz entrichteten Beiträge angerechnet. Nach diesem Zeitpunkt kommen auf die Wartezeit nur die für die Zeit nach dem 1. Januar 1912 entrichteten Beiträge in Anrechnung.

Art. 69. Für die Bemessung der Hinterbliebenenbezüge (§§ 1292, 1296 der Reichsversicherungsordnung) wird zur Berechnung des Grundbetrages der Invalidenrente die für die Zeit nach dem 1. Januar 1912 an fünfhundert Beitragswochen fehlende Zahl aus den höchsten nach dem Invalidenversicherungsgesetz entrichteten Beiträgen ergänzt. Reicht die Zahl dieser Beiträge hierzu nicht aus, so gilt für die fehlenden die Lohnklasse I. Für die Steigerungssätze sind nur die Beiträge anzurechnen, die für die Zeit nach dem 1. Januar 1912 geleistet worden sind.

Art. 70. Sofern nach dem 1. Januar 1912 die Invalidenversicherung auf Berufszweige neu erstreckt wird, gilt Artikel 64 bei Berechnung der Wartezeit für die Hinterbliebenenansprüche.

Art. 71. Keinen Anspruch auf Fürsorge nach dem Vierten Buche der Reichsversicherungsordnung haben die Hinterbliebenen solcher Versicherten, welche am 1. Januar 1912 bereits verstorben waren.

Das Gleiche gilt für die Hinterbliebenen solcher Versicherten, welche an dem genannten Tage im Sinne des § 5 Abs. 4 des Invalidenversicherungsgesetzes dauernd erwerbsunfähig waren und dann verstorben sind, ohne inzwischen die Erwerbsfähigkeit wieder erlangt zu haben.

Der § 1291 der Reichsversicherungsordnung gilt nur für die Empfänger von Invalidenrenten, deren dauernde Invalidität nach dem 31. Dezember 1911 eingetreten ist oder deren Rente gemäß § 1255 Abs. 3 der Reichsversicherungsordnung nach diesem Tage beginnt.

Art. 72. Für die Zeit nach dem 1. Januar 1912 dürfen Marken in alten Werten (§ 130 des Invalidenversicherungsgesetzes) nicht mehr verwendet werden.

Ungültig gewordene Marken können binnen zwei Jahren nach Ablauf ihrer Gültigkeitsdauer bei den Markenverkaufsstellen gegen gültige Marken im gleichen Geldwert umgetauscht werden.

Art. 73. Nach dem 1. Januar 1912 werden diejenigen wieder versicherungspflichtig, welche gemäß § 5

Abs. 1, 2 des Invalidenversicherungsgesetzes befreit waren, wenn nicht bei ihnen die Voraussetzungen des § 1234 der Reichsversicherungsordnung zutreffen.

Dasselbe gilt für die nach § 6 Abs. 1, § 7 des Invalidenversicherungsgesetzes Befreiten, solange sie nicht nach der Reichsversicherungsordnung neu von der Versicherungspflicht befreit sind.

Art. 74. Hat ein Versicherter, dessen Anwartschaft erloschen ist, vor dem 1. Januar 1912 oder innerhalb eines Jahres nach diesem Tage wieder eine versicherungspflichtige Beschäftigung aufgenommen oder durch freiwillige Beitragsleistung das Versicherungsverhältnis erneuert, so gelten für das Wiederaufleben der Anwartschaft die Vorschriften des § 46 Abs. 4 des Invalidenversicherungsgesetzes weiter, solange nicht die Anwartschaft abermals erlischt.

Art. 75. Der § 43 des Invalidenversicherungsgesetzes behält Geltung für diejenigen, welche vor dem 1. Januar 1912 durch Unfall dauernd erwerbsunfähig im Sinne des § 5 Abs. 4 des Invalidenversicherungsgesetzes geworden sind.

Der § 44 des Invalidenversicherungsgesetzes behält Geltung für die Erstattung der Beiträge von Personen, die vor dem 1. Januar 1912 gestorben sind. Wenn der Todesfall, der den Antrag auf Beitragserstattung begründet, durch einen Unfall herbeigeführt ist, der nach den Unfallversicherungsgesetzen zu entschädigen ist, so ist § 1522 Abs. 1 Satz 1, 2 der Reichsversicherungsordnung entsprechend anzuwenden. Die Versicherungsanstalt kann Ersatz aus der Unfallrente verlangen; dabei gelten die §§ 1507, 1523, 1526 der Reichsversicherungsordnung entsprechend.

Art. 76. Beiträge werden gemäß § 42 des Invalidenversicherungsgesetzes nach dem 1. Januar 1912 nur dann erstattet, wenn der Antrag vor der Verkündung der Reichsversicherungsordnung gestellt worden ist.

Art. 77. Für die Fälle, in denen nach dem 1. Januar 1912 noch Beiträge zu erstatten sind, gilt § 128 Abs. 6 des Invalidenversicherungsgesetzes weiter.

Art. 78. Der Artikel 75 Abs. 2 Satz 2, 3 und der Artikel 77 sind auf die Sonderanstalten entsprechend anzuwenden.

Art. 79. Ansprüche auf Invaliden- oder Altersrenten, über die am 1. Januar 1912 das Feststellungsverfahren noch schwebt, unterliegen, vorbehaltlich des Artikel 71 Abs. 3 und der Artikel 85, 94 bis 99, den Vorschriften der Reichsversicherungsordnung, wenn diese für die Berechtigten günstiger ist. Soweit hiernach die Reichsversicherungsordnung anzuwenden ist, gilt ihre Nichtanwendung auch dann als Revisionsgrund (§ 1697 der Reichsversicherungsordnung), wenn das Schiedsgericht sie noch nicht anwenden konnte.

Art. 80. Der Artikel 61 gilt entsprechend für Invaliden- und Altersrenten.

Art. 81. Die Aufsichtsbehörde bestimmt den Tag, bis zu welchem die Versicherungsanstalten und die zugelassenen besonderen Kasseneinrichtungen (Sonderanstalten) die Änderung ihrer Satzungen nach der Reichsversicherungsordnung zu beschließen haben. Dieser Tag ist so zu bestimmen, daß die Satzungen am 1. Januar 1912 gültig werden können.

Kommt ein Versicherungsträger der Anordnung nicht rechtzeitig nach, so ändert die Aufsichtsbehörde die Satzung.

Art. 82. Der Artikel 54 gilt entsprechend für die Versicherungsanstalten.

Art. 83. Besondere Kasseneinrichtungen, die nach den Gesetzen vom 22. Juni 1889 und vom 13. Juli 1899 zugelassen sind, gelten bis zum 31. März 1912 ohne neue Zulassung durch den Bundesrat als Sonderanstalten nach den §§ 1360 bis 1380 der Reichsversicherungsordnung. Sie müssen vom Inkrafttreten der Hinterbliebenenversicherung an Hinterbliebenenbezüge nach der Reichsversicherungsordnung gewähren.

Die Rechtswirksamkeit der seit dem Inkrafttreten der Hinterbliebenenversicherung bis zum 31. März 1912 entrichteten Beiträge kann nicht deshalb bestritten werden, weil ihre Höhe sich nachträglich als unzureichend erwiesen hat.

Art. 84. Der Bundesrat hat im Jahre 1915 dem Reichstag die gesetzlichen Vorschriften über die Altersrente zur erneuten Beschlußfassung vorzulegen.

VI. Verfahren.

Art. 85. Ist ein Verfahren an dem Tage, an dem die Vorschriften des Sechsten Buches der Reichsversicherungsordnung in Kraft treten, bereits anhängig, so wird es nach den bisher geltenden Vorschriften erledigt, soweit die Artikel 86 bis 99 nichts anderes vorschreiben.

Art. 86. Ist an dem im Artikel 85 bezeichneten Tage ein Verfahren, das nach § 58 (§ 65 Abs. 3, § 72 Abs. 2, 4, § 73 Abs. 1) des Krankenversicherungsgesetzes zu erledigen ist, bei der Aufsichtsbehörde einer Gemeindekrankenversicherung oder Krankenkasse anhängig, so ist die Sache an das Versicherungsamt abzugeben, wenn darüber noch nicht entschieden ist; für das weitere Verfahren gelten die Vorschriften der Reichsversicherungsordnung.

Art. 87. Die Vorschrift des Artikel 86 gilt auch für die Fälle, in denen

1. die Entscheidung an Stelle der Aufsichtsbehörde anderen Behörden übertragen ist (§ 58 Abs. 1 Satz 2, § 84 Abs. 3 des Krankenversicherungsgesetzes),
2. an dem im Artikel 85 bezeichneten Tage nach
   § 136 Abs. 6 des Gesetzes, betreffend die Unfall- und Krankenversicherung der in land- und forstwirtschaftlichen Betrieben beschäftigten Personen, vom 5. Mai 1886,
   § 26 Abs. 2, § 27 des Gewerbe-Unfallversicherungsgesetzes,

§ 29, § 31 Abs. 2, § 32 des Unfallversicherungsgesetzes für Land- und Forstwirtschaft,
§§ 9, 11 des Bau-Unfallversicherungsgesetzes,
§ 30 Abs. 2, §§ 31, 156 des See-Unfallversicherungsgesetzes,
§ 23 Abs. 2 des Invalidenversicherungsgesetzes

ein Verfahren vor der Aufsichtsbehörde anhängig ist.

Art. 88. Für die erstmalige Feststellung von Leistungen der Unfallversicherung gelten die Vorschriften der Reichsversicherungsordnung, wenn an dem im Artikel 85 bezeichneten Tage der Vorbescheid (§ 70 Abs. 1 des Gewerbe-Unfallversicherungsgesetzes, § 76 Abs. 1 des Unfallversicherungsgesetzes für Land- und Forstwirtschaft, § 37 Abs. 1 des Bau-Unfallversicherungsgesetzes, § 75 Abs. 1 des See-Unfallversicherungsgesetzes) noch nicht erteilt ist.

Das Gleiche gilt für die Neufeststellung von Leistungen der Unfallversicherung nach Heilanstaltpflege.

Art. 89. Für die Neufeststellung von Leistungen der Unfallversicherung nach Änderung der Verhältnisse gelten die alten Vorschriften, wenn vor dem im Artikel 85 bezeichneten Tage

dem Berechtigten die Unterlagen mitgeteilt worden sind, auf Grund deren die Rente gemindert oder entzogen werden soll, oder

der Anspruch auf Erhöhung oder Wiedergewährung der Rente angemeldet, oder

der Antrag auf Entscheidung bei dem Schiedsgerichte gestellt worden ist.

Art. 90. In Fällen, in denen

Leistungen der Unfallversicherung eingestellt werden sollen, weil das Recht auf den Bezug der Rente ruht, oder

eine Unfallrente durch Kapitalzahlung abgelöst werden soll,

sind die Vorschriften der Reichsversicherungsordnung anzuwenden, wenn der Versicherungsträger an dem im Artikel 85 bestimmten Tage noch keinen Bescheid erteilt hat.

Das Gleiche gilt für die Fälle, in denen der Träger der Unfallversicherung Heilanstaltpflege gewähren will.

Art. 91. Das Verfahren zur Feststellung des entschädigungspflichtigen Trägers der Unfallversicherung (§ 73 Abs. 2 des Gewerbe-Unfallversicherungsgesetzes, § 79 Abs. 2 des Unfallversicherungsgesetzes für Land- und Forstwirtschaft, § 37 Abs. 1 des Bau-Unfallversicherungsgesetzes, § 78 Abs. 2 des See-Unfallversicherungsgesetzes) richtet sich nach der Reichsversicherungsordnung, wenn der Antrag auf Entscheidung des Reichsversicherungsamts (Landesversicherungsamts) nach dem im Artikel 85 bezeichneten Tage gestellt worden ist.

Das Gleiche gilt für die Verteilung der Entschädigungslast unter mehrere Träger der Unfallversicherung (§ 85 des Gewerbe-Unfallversicherungsgesetzes, § 91 des Unfallversicherungsgesetzes für Land- und Forstwirtschaft,

§ 37 Abs. 1 des Bau-Unfallversicherungsgesetzes, § 89 des See-Unfallversicherungsgesetzes).

Art. 92. Der § 1608 Abs. 2 Satz 2 der Reichsversicherungsordnung ist nicht anzuwenden, wenn sich das neue Verfahren nach der Reichsversicherungsordnung, das frühere Verfahren aber nach den alten Vorschriften richtet.

Art. 93. Die Vorschrift des § 43 Abs. 2 des Unfallversicherungsgesetzes für Land- und Forstwirtschaft bleibt aufrechterhalten, solange nach dem im Artikel 85 bezeichneten Tage auf dem Gebiete der Land- und Forstwirtschaft Streitigkeiten noch nach den alten Vorschriften im Verwaltungsstreitverfahren zu erledigen sind.

Art. 94. Hat die untere Verwaltungsbehörde oder Rentenstelle an dem im Artikel 85 bezeichneten Tage in Sachen der Invalidenversicherung einen Antrag auf Bewilligung, Entziehung oder Einstellung der Leistungen noch nicht begutachtet, so wird die Sache an das Versicherungsamt abgegeben; das weitere Verfahren richtet sich nach der Reichsversicherungsordnung.

Das Gleiche gilt in den Fällen des § 112 Abs. 3 des Invalidenversicherungsgesetzes, wenn die mündliche Verhandlung nachzuholen ist.

Art. 95. Das Verfahren bei Erstattung von Beiträgen (§§ 42 bis 44 des Invalidenversicherungsgesetzes) richtet sich nach den bisher geltenden Vorschriften, jedoch tritt von dem im Artikel 85 bezeichneten Tage an das Versicherungsamt an die Stelle der unteren Verwaltungsbehörde oder Rentenstelle oder der von der obersten Verwaltungsbehörde bestimmten Behörde (§ 128 Abs. 1 des Invalidenversicherungsgesetzes).

Art. 96. Gegen Entscheidungen, die vor dem im Artikel 85 bezeichneten Tage rechtskräftig geworden oder die im Verfahren nach den alten Vorschriften erledigt und nach diesem Tage rechtskräftig geworden sind, findet die Wiederaufnahme des Verfahrens nach der Reichsversicherungsordnung statt.

Art. 97. Zur Erledigung anhängiger Sachen, auf welche die alten Vorschriften anzuwenden sind, treten an die Stelle der Schiedsgerichte die Oberversicherungsämter nach ihrer Errichtung und an die Stelle der alten Senate die neugebildeten Senate des Reichsversicherungsamts (Landesversicherungsamts).

Art. 98. Die oberste Verwaltungsbehörde bestimmt, zu welcher Zeit das Oberversicherungsamt zum ersten Male nach § 1686 der Reichsversicherungsordnung aus seinem Bezirke die Ärzte auswählt, die es als Sachverständige nach Bedarf zuziehen will. Bis zu diesem Zeitpunkt werden die bisher gewählten Ärzte als Sachverständige auch zu denjenigen Sachen hinzugezogen, welche nach den Vorschriften der Reichsversicherungsordnung zu beurteilen sind.

Art. 99. Innerhalb der ersten fünf Jahre nach dem im Artikel 85 bezeichneten Tage soll das Oberversicherungsamt die Sache nach den §§ 1693, 1799 der Reichsversicherungsordnung auch dann an das Reichsversicherungsamt (Landesversicherungsamt) zur Entscheidung abgeben, wenn es in Angelegenheiten der Krankenversicherung von einer Entscheidung des Reichsgerichts oder des höchsten Verwaltungsgerichts des Bundesstaats, in dem es seinen Sitz hat, abweichen will.

VII. Schlußvorschrift.

Art. 100. Der Bundesrat kann noch andere Übergangsbestimmungen erlassen. Die Bestimmungen sind durch das Reichsgesetzblatt zu veröffentlichen und dem Reichstag bei seinem nächsten Zusammentritt zur Kenntnisnahme vorzulegen.

Abschnitt B.

Art. 101. Mit dem nach Artikel 4 festgesetzten Tage fallen die Nr. 5 im § 4 Abs. 1 des Gewerbegerichtsgesetzes (Reichs-Gesetzbl. 1901 S. 353) und die Nr. 5 im § 5 des Gesetzes, betreffend Kaufmannsgerichte, (Reichs-Gesetzbl. 1904 S. 266) weg.

Streitigkeiten, welche vor diesem Zeitpunkt anhängig geworden sind, werden von den bis dahin zuständig gewesenen Stellen erledigt.

Art. 102. Mit dem nach Artikel 4 festgesetzten Tage fällt der § 90 der Gewerbeordnung weg.

Art. 103. Mit dem nach Artikel 4 festgesetzten Tage erhalten

der § 62 Abs. 2,
die §§ 81 a, 81 b und § 95 Abs. 4,
der § 98 Abs. 3,
die §§ 100 l, 100 m und § 100 n Abs. 1

der Gewerbeordnung die nachstehende Fassung:

§ 62 Abs. 2.

Die Erlaubnis ist zu versagen, soweit bei ihnen eine der im § 57 bezeichneten Voraussetzungen zutrifft, oder wenn für sie die nach der Reichsversicherungsordnung erforderlichen Krankenkassenbeiträge nicht entrichtet oder gestundet sind; außerdem darf sie nur dann versagt werden, soweit eine der in den §§ 57 a, 57 b bezeichneten Voraussetzungen vorliegt. Die Erlaubnis wird nach Maßgabe des § 58 durch eine für ihre Erteilung zuständige Behörde zurückgenommen.

§ 81 a.

Aufgabe der Innungen ist:

1. die Pflege des Gemeingeistes sowie die Aufrechterhaltung und Stärkung der Standesehre unter den Innungsmitgliedern;
2. die Förderung eines gedeihlichen Verhältnisses zwischen Meistern und Gesellen (Gehilfen) sowie die Fürsorge für das Herbergswesen und den Arbeitsnachweis;

3. die nähere Regelung des Lehrlingswesens und die Fürsorge für die technische, gewerbliche und sittliche Ausbildung der Lehrlinge, vorbehaltlich der §§ 103e, 126 bis 132a;
4. die Entscheidung von Streitigkeiten der im § 4 des Gewerbegerichtsgesetzes (Reichs-Gesetzbl. 1901 S. 353) bezeichneten Art zwischen den Innungsmitgliedern und ihren Lehrlingen.

§ 81 b.

Die Innungen sind befugt, ihre Wirksamkeit auf andere, den Innungsmitgliedern gemeinsame gewerbliche Interessen als die im § 81a bezeichneten auszudehnen. Insbesondere steht ihnen neben der Errichtung von Innungskrankenkassen (Abs. 2) zu:

1. Veranstaltungen zur Förderung der gewerblichen, technischen und sittlichen Ausbildung der Meister, Gesellen (Gehilfen) und Lehrlinge zu treffen, insbesondere Schulen zu unterstützen, zu errichten und zu leiten, sowie über die Benutzung und den Besuch der von ihnen errichteten Schulen Vorschriften zu erlassen;
2. Gesellen- und Meisterprüfungen zu veranstalten und über die Prüfungen Zeugnisse auszustellen;
3. zur Unterstützung ihrer Mitglieder und deren Angehörigen, ihrer Gesellen (Gehilfen), Lehrlinge und Arbeiter in Fällen der Krankheit, des Todes, der Arbeitsunfähigkeit oder sonstiger Bedürftigkeit Kassen zu errichten;

4. Schiedsgerichte zu errichten, welche berufen sind, Streitigkeiten der im § 4 des Gewerbegerichtsgesetzes bezeichneten Art zwischen den Innungsmitgliedern und ihren Gesellen (Gehilfen) und Arbeitern an Stelle der sonst zuständigen Behörden zu entscheiden;
5. zur Förderung des Gewerbebetriebs der Innungsmitglieder einen gemeinschaftlichen Geschäftsbetrieb einzurichten.

Die Errichtung und die Rechtsverhältnisse der Innungskrankenkassen richten sich nach der Reichsversicherungsordnung.

§ 95 Abs. 4.

Zur Ausführung von Beschlüssen der Innungsversammlung in den im Abs. 2 bezeichneten Angelegenheiten bedarf es der Zustimmung des Gesellenausschusses. Wird die Zustimmung versagt, so kann die Aufsichtsbehörde sie ergänzen. Die Teilnahme des Gesellenausschusses an den Angelegenheiten der Innungskrankenkassen richtet sich nach der Reichsversicherungsordnung.

§ 98 Abs. 3.

Sind mit der Innung andere Unterstützungskassen als Innungskrankenkassen verbunden gewesen, so kann ihnen die höhere Verwaltungsbehörde nach der Auflösung oder Schließung der Innung Korporationsrechte verleihen; in diesem Falle verbleiben den Kassen ihre Bestände.

§ 100 l.

Sind mit einer Innung, die infolge der Errichtung einer Zwangsinnung geschlossen wird, andere Unterstützungkrankenkassen als Innungskrankenkassen verbunden gewesen, so sind die §§ 98, 98 a anzuwenden. Sofern nicht statutarische Bestimmungen oder landesgesetzliche Vorschriften entgegenstehen, kann die Zwangsinnung mit Zustimmung der Vertretung der Unterstützungskasse diese Kasse mit allen Rechten und Verbindlichkeiten übernehmen. In letzterem Falle bleiben die vorhandenen Mitglieder dieser Kasse berechtigt, ihr anzugehören, auch wenn sie der Zwangsinnung nicht angehören.

§ 100 m.

Scheiden infolge der Errichtung einer Zwangsinnung aus einer bestehenden Innung, mit der eine andere Unterstützungskasse als eine Innungskrankenkasse verbunden ist, Mitglieder aus (§ 100 b Abs. 5), so können sie dieser Kasse auch ferner angehören.

§ 100 n Abs. 1.

Zur Teilnahme an anderen Unterstützungskassen als Innungskrankenkassen dürfen Innungsmitglieder gegen ihren Willen nicht verpflichtet werden.

Art. 104. Soweit Gesetze und andere Rechtsnormen auf Vorschriften verweisen, welche die Reichsversicherungsordnung oder dieses Gesetz übernimmt, ändert oder aufhebt, treten an deren Stelle die entsprechenden Vorschriften der Reichsversicherungsordnung oder dieses Gesetzes.

Urkundlich unter Unserer Höchsteigenhändigen Unterschrift und beigedrucktem Kaiserlichen Insiegel.

Gegeben an Bord M. Y. „Hohenzollern", Balholm, den 19. Juli 1911.

(L. S.) **Wilhelm.**

von Bethmann Hollweg.

Sachregister.

(Die Zahlen verweisen auf die Paragraphen oder Artikel. — E bedeutet Einführungsgesetz.)

A.

F.

G.

H.

K.

L.

M.

N.

P.

Q.

R.

S.

T.

Druck von Otto Walter in Berlin S. 14.

Voranzeige

über die Textausgabe mit Anmerkungen und über den Kommentar der

Reichsversicherungsordnung

nebst Einführungsgesetz.

Unter Mitwirkung der Herren

Direktor im Reichsamt des Innern **F. Caspar** und Geh. Ober-Regierungsrat **W. Spielhagen**, Vortr. Rat i. Reichsamt d. Inn.

herausgegeben von

Geh. Ober-Regierungsrat **B. Jaup**, Vortrag. Rat im Reichsamt des Innern,

Geh. Regierungsrat **A. Radtke**, Senatsvorsitzender im Reichsversicherungsamt,

Geh. Regierungsrat, Professor **Dr. L. Laß**, Senatsvorsitzender im Reichsversicherungsamt, z. Z. Hilfsarbeiter im Reichsamt des Innern,

Geh. Regierungsrat **H. Siefart**, Senatsvorsitzender im Reichsversicherungsamt,

Geh. Regierungsrat **H. Follmann**, Ständiges Mitglied des Reichsversicherungsamts.

Von den an der Vorbereitung der Reichsversicherungsordnung und ihrer Vertretung im

Bundesrate und im Reichstage an erster Stelle beteiligten Herren hat sich eine Anzahl zusammengeschlossen, zu denen sich vielleicht noch ein oder der andere Name gesellen wird, um eine Text-Ausgabe mit Anmerkungen in der Guttentag'schen Sammlung Deutscher Reichsgesetze und demnächst einen Kommentar des neuen Gesetzes herauszugeben. Die Namen der Verfasser bieten Gewähr für eine ausgezeichnete und authentische Bearbeitung des Gesetzes, die hinsichtlich der Zweckmäßigkeit und Zuverlässigkeit der Erläuterungen auch den höchsten Anforderungen entsprechen wird. Die Ausgabe wird in einzelnen Teilen erscheinen — jeder Versicherungszweig von einem mit der Materie besonders vertrauten Kenner bearbeitet — und wird in hervorragendem Maße geeignet sein, den zahlreichen Interessenten sowie den mit der Ausführung des Gesetzes betrauten Behörden als zuverlässiger Führer und Berater zu dienen in der

Reichsversicherungsordnung

(Kranken-, Unfall-, Invaliden- und Hinterbliebenen-Versicherung).

Guttentag'sche Sammlung

Deutscher Reichsgesetze.

Text-Ausgaben mit Anmerkungen. Taschenformat.

1. **Verfassung** des Deutschen Reichs. Von Dr. **L. von Rönne.** 9. Aufl. von Landrat **P. von Rönne.** 1904. Mit Abänderungen vom Mai 1906. 2 M. 40 Pf.

2. **Strafgesetzbuch** für das Deutsche Reich. Von Dr. **H. Rüdorff.** 23. Aufl. bearbeitet von Prof. Dr. **Fr. v. Liszt** und Dr. **Ernst Delaquis.** 1910. 1 M. 80 Pf.

3. **Militärstrafgerichtsordnung** nebst Einführungsgesetz Von Wirkl. Geheimen Kriegsrat Dr. jur. **A. Romen** u. Kriegsgerichtsrat Dr. **C. Rissom.** 1910. 6 M.

4. **Handelsgesetzbuch vom 10. Mai 1897 unter Ausschluß des Seerechts.** 14. Aufl. herausgegeben von Geh. Justizrat Prof. Dr. **A. Mosse.** Im Druck.

5. **Wechselordnung.** Kommentar von Justizrat Dr. **J. Stranz** und Rechtsanwalt Dr. **M. Stranz,** und das **Wechselstempelsteuergesetz** von Geh. Regierungsrat **P. Loeck.** 10. Aufl. 1909. 3 M.

5a. **Wechselstempelsteuergesetz** apart. 10. Aufl. 1 M. 25 Pf.

6. **Reichsgewerbeordnung** nebst Ausführungsbestimmungen. Von **Berger** und **Wilhelmi.** 18. ver-

änderte und sehr vermehrte Auflage von Stadtrat Dr. **Karl Flesch** in Verbindung mit Dr. **Friedr. Hiller** u. Dr. **Herm. Luppe.** 1910. 4 M.

7. **Post- und Telegraphen-Gesetzgebung.** Nebst Weltpostvertrag und internationalem Telegraphenvertrag. 6. Aufl. von Geh. Ober-Postrat Dr. **M. König.** 1908. 4 M.

8. Die Reichsgesetze über den **Unterstützungswohnsitz, die Freizügigkeit, den Erwerb und Verlust der Bundes- und Staatsangehörigkeit.** Von Geheimrat Dr. **J. Krech,** Mitglied d. Bundesamtes für das Heimatwesen. 7. Aufl. Mit Anhang: Gesetz für Elsaß-Lothringen v. 1909. 1908. 3 M.

9. **Sammlung kleinerer strafrechtlicher Reichsgesetze.** Von Dr. **N. H. Kriegsmann,** Privatdozent in Kiel. 3. Aufl. 1910. 4 M.

10. **Das Reichsbeamtengesetz** von **J. Pieper.** 2. Aufl. 1901. 4 M. 50 Pf.

— Gesetz von 1907 siehe Nr. 82.

11. **Zivilprozeßordnung mit Gerichtsverfassungsgesetz in den neuesten Fassungen.** Von **R. Sydow.** Fortgeführt von **L. Busch.** 13. Aufl. 8°. 1910. 7 M.

12. **Strafprozeßordnung und Gerichtsverfassungsgesetz** **nebst den Gesetzen, betr.** die Entschädigung der im Wiederaufnahmeverfahren freigesprochenen Personen und die Entschädigung für unschuldig erlittene Untersuchungshaft. Von Dr. **A. Hellweg, Reichsgerichtsrat.** 15. Aufl. 1908. 2 M.

13. **Konkursordnung und Anfechtungsgesetz.** Von **R. Sydow.** Fortgeführt von **L. Busch.** 11. Aufl. 1911. 2 M. 80 Pf.

14. **Gerichtsverfassungsgesetz** mit Einführungsgesetz. Herausgegeben von **R. Sydow.** Fortgeführt von **L. Busch.** 9. Aufl. 1905. Mit Nachtrag v. 1. VI. 1909. 1 M. 50 Pf.

15. **Das Deutsche Gerichtskostengesetz nebst den Gebührenordnungen für Gerichtsvollzieher, Zeugen und Sachverständige.** Von **R. Sydow.** Weiter bearbeitet von **L. Busch.** 8. Aufl. 1907. Mit Nachtrag v. 1. VI. 1909. 2 M.

16. **Rechtsanwaltsordnung.** Von **R. Sydow.** 5. Aufl. von Justizrat **M. Jacobsohn.** 1907. Mit Ergänzungen vom 22. V. 1910. 1 M. 20 Pf.

17. **Die Deutsche Gebührenordnung für Rechtsanwälte und das Preußische Gebührengesetz** vom 27. September / 6. Oktober 1899. **Von R. Sydow.** Fortgeführt **von L. Busch.** 10. Aufl. 1910. In Druck.

18. **Reichsstempelgesetz (Börsensteuer, Frachturkunde, Kraftfahrzeuge, Personenfahrkarte, Tantieme für Aufsichtsratsmitglieder).** Vom 15. Juli 1909. Von **P. Loeck,** Geh. Regierungsrat. 10. Aufl. 1910. Mit Nachtrag v. 1. IV. 1911. 8°. 6 M. (einzeln à 50 Pf.)

19. **Die Seegesetzgebung.** Von Dr. **W. E. Knitschky.** 4. Aufl. bearbeitet von Oberlandesgerichtsrat **Otto Rudorff** in Hamburg. 1908. Mit Anhang vom Januar und Juli 1909. 6 M.

20. **Krankenversicherungsgesetz.** Von weil. Dr. **E. von Woedtke.** 11. Aufl. von Geh. Reg.-Rat Dr. **G. Eucken-Addenhausen.** 1905. 3 M.

21. Die **Konsulargesetzgebung.** Von Professor Dr. **Ph. Zorn.** 3. Aufl. 1911. 4 M. 50 Pf.

22. **Patentgesetz. Nebst Ausführungsbestimmungen, völkerrechtlichen Verträgen und der Patentanwalts-Ordnung.** 7. Aufl. bearbeitet von **R. Lutter,** Geh. Reg.-Rat im Kaiserl. Patentamt. 1908. 2 M. 80 Pf.

23. **Gewerbe-Unfallversicherungsgesetz.** Von weil. Dr. **E. v. Woedtke.** 9. Aufl. von **Franz Caspar,** Direktor im Reichsamt des Innern. 1907. 2 M. 50 Pf.

24. **Aktiengesellschaft und Kommanditgesellschaften auf Aktien.** Von Justizrat Dr. **H. Veit Simon** und Amtsrichter **L. Keyssner.** 1911. 6. Aufl. 3 M.

25. **Brausteuergesetz** vom 15. Juli 1909. Von **A. Düffe**, Oberzollrevisor. 2. Aufl. 1909. 3 M.

26. Die **Reichsgesetzgebung über Münz- und Notenbankwesen**, Papiergeld, Prämienpapiere und Reichsschulden. Von Dr. jur. **R. Koch**, Präsident des Reichsbankdirektoriums. 6. Aufl. 1910. 4 M.

27. Die Gesetzgebung, betr. das **Gesundheitswesen** im Deutschen Reich. Von Dr. jur. **C. Goesch** und Dr. med. **J. Karsten.** 1888. 1 M. 60 Pf.

28. **Bau-Unfallversicherungsgesetz.** Vom 30. Juni 1900. Von **R. Chrzescinski**, Kaiserl. Regierungsrat. 3. Aufl. 1900. 2 M.

29. **Erwerbs- und Wirtschaftsgenossenschaften.** Von **L. Parisius** und Dr. **H. Crüger.** 13. Aufl. von Dr. **H. Crüger.** 1910. 1 M. 50 Pf.

30. **Invalidenversicherungsgesetz** vom 13. Juli 1899. Von weil. Dr. **E. v. Woedtke.** 10. Aufl. von Regierungsrat **H. Follmann.** 1906. 4 M.
Siehe auch Handausgabe von Freund Seite 24.

31. **Gewerbegerichtsgesetz.** Von Stadtrat **L. Mugdan.** 7. Aufl. bearbeitet von **W. Cuno,** Oberbürgermeister zu Hagen i. W. 1911. 2 M. 50 Pf.

32. Reichsgesetz, betr. die **Gesellschaften mit beschränkter Haftung.** Von **L. Parisius** und Dr. **H. Crüger.** 11. Aufl. von Dr. **H. Crüger.** 1910. 1 M. 40 Pf.

33. **Vereins- und Versammlungsrecht.** Von Dr. **E. Ball.** 2. Aufl. von Dr. **F. Friedenthal.** 1907. 2 M. 50 Pf.
Reichs-Vereinsgesetz vom 19. April 1908 vide Nr. 88.

34. Die **Abzahlungsgeschäfte.** Gesetz vom 16. Mai 1894. 3. vermehrte Aufl. besorgt von Dr. **E. Wilke,** Landgerichtsrat. 1910. 1 M. 25 Pf.

35. Die **Reichs-Eisenbahngesetzgebung.** Von **W. Coermann,** Kaiserl. Amtsrichter. 1895. 2 M. 25 Pf.

36. Gesetze, betr. die **privatrechtlichen Verhältnisse der Binnenschiffahrt und der Flößerei.** Von **E. Löwe,** Landgerichtsrat. 4. Aufl. 1909. 3 M.

37. Gesetz gegen den **unlauteren Wettbewerb.** Von Justizrat **Pinner.** 5. Auflage. 1910. 1 M. 25 Pf.

38/39. **Bürgerliches Gesetzbuch nebst Einführungsgesetz** von Dr. **A. Achilles.** In Verbindung mit Professor Dr. **André,** Kammergerichtsrat **Ritgen,** Reichsgerichtsrat Dr. **Strecker,** Ministerialrat Dr. **v. Unzner,** herausgegeben von Geh. Ober-Justizrat **Greiff.** 6. Aufl. 8°. 1909. 6 M. 50 Pf.

40. Gesetz, betr. die **Pflichten der Kaufleute bei Aufbewahrung fremder Wertpapiere (Depotgesetz).** Mit Erläuterungen. Von **F. Lusensky,** Geh. Ober-Regierungsrat. 2. Aufl. 1905. 1 M.

41. **Börsengesetz.** In der Fassung der Novelle vom 8. Mai 1908. 2. Aufl. Von Wirkl. Geh. Ob.-Regierungsrat **Th. Hemptenmacher,** Staatskommissar an der Berliner Börse. 1908. 2 M.

42. **Grundbuchordnung nebst den preußischen Ausführungsbestimmungen.** Mit Einleitung. Von Prof. Dr. **O. Fischer.** 5. Aufl. 1909. 2 M.

43. **Zwangsvollstreckung in das unbewegliche Vermögen im Reiche und in Preußen.** Mit Einleitung, Kosten- und Gebührentabellen. Von Dr. **J. Krech,** Kaiserl. Geh. Regierungsrat und Professor Dr. **O. Fischer.** 6. Aufl. 1910. 2 M.

44. Das Reichsgesetz über das **Auswanderungswesen** vom 9. Juni 1897. Von Professor Dr. **Felix Stoerk.** 1899. 2 M. 25 Pf.

45. Das **Entmündigungsrecht** unter Berücksichtigung der für Preußen geltenden Vorschriften nebst der preußischen Justiz-Ministerial-Verfügung vom 28. November 1899. Von Landgerichtsrat Dr. **P. Koll** in Cöln. 1900. 1 M. 50 Pf.

46. Die Gesetze des Reiches und Preußens über die **freiwillige Gerichtsbarkeit.** Von **Herm. Jastrow,** Amtsgerichtsrat. 4. Aufl. 1906. 3 M.

47. **Das deutsche Vormundschaftsrecht und das preuß.** Gesetz über die Fürsorgeerziehung Minderjähriger nebst den dazu gehörigen preußischen Nebengesetzen. Von **Max Schultzenstein,** Oberverwaltungsgerichtsrat und Amtsgerichtsrat Dr. **Paul Köhne.** 2. Aufl. 1901. 3 M.

48. Gesetze und Verordnungen, betr. den **Drogen-, Gift- und Farbenhandel** außerhalb der Apotheken. Von Dr. **Broh,** Rechtsanwalt. 1899. 1 M. 25 Pf.

49. Deutsche **Kolonialgesetzgebung.** Von Professor Dr. **Philipp Zorn.** 1901. 4 M. 50 Pf.

50. Der **Viehkauf** (Viehgewährschaft) nach dem Bürgerlichen Gesetzbuche. Nebst Verordn. betr. die Hauptmängel und Gewährsfristen beim Viehhandel. Von Rechtsanwalt Dr. **H. Stölzle** und Königl. Kreistierarzt **H. Weiskopf.** 4. Aufl. 1908. 4 M.

51. **Hypothekenbankgesetz** vom 13. Juli 1899. Von Dr. **H. Göppert.** 2. Aufl. Bearbeitet v. Geh. Reg.-Rt. Dr. **Seidel.** 1910. 2 M. 40 Pf.

52. Gesetz, betreffend die gemeinsamen **Rechte der Besitzer von Schuldverschreibungen.** Von Dr. **Heinrich Göppert.** 1900. 2 M.

53. **Reichspreßgesetz** vom 7. Mai 1874. **Kommentar von A. Born,** Erster Bürgermeister. 1911. 2. Aufl. 2 M.

54. **Die Reichsgesetzgebung über den Verkehr mit Nahrungsmitteln, Genußmitteln und Gebrauchsgegenständen.** Von Dr. **Georg Lebbin,** Nahrungsmittelchemiker. 1900. 2 M. 25 Pf.

55. **Das Recht der Beschlagnahme von Lohn- und Gehaltsforderungen.** Von Justizrat **Georg Meyer.** 4. Aufl. 1910. 2 M. 60 Pf.

56. **Gesetz,** betr. die **Bekämpfung gemeingefährlicher Krankheiten.** Nebst **Ausführungsbestimmungen.** Von Dr. **Bruno Burkhardt,** Regierungsrat, Mitglied des Kais. Gesundheitsamts. 1900. 1 M. 40 Pf.

57. **See-Unfallversicherungsgesetz.** Von Dr. **Max Mittelstein,** Oberlandesgerichtsrat in Hamburg. 1901. 2 M.

58. **Das Recht der unehelichen Kinder nach dem BGB.** Von **Hermann Jastrow,** Amtsg.-Rat. 1901. 1 M. 80 Pf.

59. Reichsgesetz über die **Beurkundung des Personenstandes und die Eheschließung.** Von Dr. **F. Fidler,** Amtgerichtsrat. 1901. 1 M. 80 Pf.

60. **Gesetz,** betreffend das **Urheberrecht an Werken der Literatur und der Tonkunst** in der Fassung vom 22. V. 1910. Von Geh. Justizrat **Otto Lindemann.** 3. Aufl. 1910. 1 M. 60 Pf.

61. **Gesetz über das Verlagsrecht.** Von Justizrat **E. Heinitz.** 2. Aufl. Bearbeitet v. Rechtsanwalt Dr. **Br. Marwitz.** 1911. 1 M. 80 Pf.

62. Ges. über **private Versicherungsunternehmungen.** Von **H. Könige,** Reichsgerichtsrat. 2. Aufl. 1910. 4 M. 20 Pf.

63. **Gesetzestafel des Deutschen Reichsrechts.** Systematisch geordnete Nachweisung des z. Z. geltenden Reichsrechts. Ergänzungsband zu der Guttentag'schen Sammlung Deutscher Reichsgesetze. Von **Hugo Bruhns,** Syndikus. 1902. 8°. 2 M. 50 Pf.

64. Gesetzsammlung betr. den **Handel mit Drogen und Giften.** Reichsgesetzl. Bestimmungen und Anhang mit den landesgesetzl. Verordnungen sämtlicher Bundesstaaten. Von Rechtsanwalt **H. Sonnenfeld,** Syndik. d. Berl. Drogisten-Innung. 1902. 3 M.

65. Das **Weingesetz** in der Fassung v. 1909. Mit Ausführungsbestimmungen von Dr. **Georg Lebbin,** Handels- u. Gerichtschemiker. 2. Aufl. 1909. 2 M. 50 Pf.

66. Die **Eisenbahn-Gesetzgebung.** Von **W. Pietsch,** Rechnungsrat im Reichs-Eisenbahn-Amt. 1902. 5 M.

67. **Militär-Strafgesetzbuch.** Von **Romen** u. **Rißom.** In Vorbereitung.

68. Das **Fleischbeschaugesetz.** Vom 3. Juni 1900. Von Dr. **Georg Lebbin,** Gerichtschemiker und Rechtsanwalt Dr. **Georg Baum.** 1903. 4 M.

69. **Reichsgesetz über die Naturalleistungen der bewaffneten Macht im Frieden** nebst den in Preußen geltenden Bestimmungen. Von Regierungsassessor Dr. **Walter v. Hippel.** 1903. 1 M. 25 Pf.

70. **Das Reichs-Haftpflichtgesetz,** vom 7. Juni 1871. Von Regierungsrat Dr. **G. Eger.** 1903. Preis 3 M.

71. **Kinderarbeit in gewerblichen Betrieben,** v. 30. März 1903. Von **H. Spangenberg,** Oberverwaltungsgerichtsrat. 2. Aufl. 1904. 1 M. 60 Pf.

72. **Unfallversicherungsgesetz für Land- und Forstwirtschaft** von weil. Dr. **E. von Woedtke,** fortgesetzt von **Alfred Radtke,** Geh. Regierungsrat und Senatspräs. im Reichsversicherungsamt. 2. Aufl. 1904. 4 M. 50 Pf.

73. **Entschädigung für unschuldig erlittene Verhaftung und Bestrafung.** Nebst Anhang, enth. die dazu gehörigen Nebengesetze über Schadensersatz. Von Dr. jur. **A. Romen,** Wirkl. Geh. Kriegsrat. 1904. 2 M.

74. Die **Kaufmannsgerichte** nebst den preuß. Ausführungsbestimmungen. Von Prof. Dr. **Max Apt,** 3. Aufl. 1905. 2 M.

75. Reichsgesetz über die **Konsulargerichtsbarkeit.** Von Dr. jur. **A. F. Vorwerk,** Rechtsanwalt in Schanghai. 2. Ausgabe, mit dem Schutzgebietsgesetz und der Ausführungsverordnung, betr. die Rechtsverhältnisse in den Schutzgebieten. 1908. 2 M.

76. **Die Rechtshilfe im Verkehr mit den ordentlichen Gerichten nach deutschem Reichsrecht.** Von Landrichter Dr. **A. Friedländer.** 1906. 1 M. 80 Pf.

77. **Das Reichserbschaftssteuergesetz.** Vom 3. Juni 1906. Von **Ulrich Hoffmann,** Rechnungsrat im Kgl. Preuß. Finanzministerium. 2. Aufl. 1911. 5 M.

78. **Zigarettensteuergesetz.** Vom 15. Juli 1909. Von Dr. **Cuno,** Regierungsassessor. 2. Aufl. 1909. In Vorbereitung, nach Erlaß der sämtl. Ausf.-Best.

79. **Die Militärpensionsgesetze** vom 31. Mai 1906 nebst Ausführungsbestimmungen. Zum Gebrauch für Heer, Marine und Schutztruppe von Dr. jur. **A. Romen,** Wirklicher Geheimer Kriegsrat.
a) I. Teil: Offizierpensionsgesetz. 1907. 3 M. 50 Pf.
b) II. Teil: Mannschaftsversorgungsgesetz. 1908. 3 M. 50 Pf.

80. **Reichsgesetzgebung über gerichtliche Registerführung.** Von **Otto Lindemann,** Geh. Justizrat 1906. 3 M.

81. **Gesetz,** betr. **Urheberrecht an Werken der bildenden Künste und der Photographie.** Von Dr. **Ludw. Fuld,** Rechtsanwalt. 1907. 1 M.

82. **Reichsbeamtengesetz** in der Fassung vom 18. Mai 1907 und seine Ergänzungen von Geheimrat Professor Dr. **Ad. Arndt.** 1908. 3 M.

83. Reichsgesetz über **den Versicherungsvertrag** nebst Einführungsgesetz. Von Dr. **Paul Hager** und Dr. **E. Bruck.** 2. vermehrte u. verbess. Aufl. 1910. 5 M.

84. **Sammlung kleinerer privatrechtlicher Reichsgesetze** v. Oberl.-Ger.-R. **Georg Müller.** 1908. 6 M. 50 Pf.

85. **Scheckgesetz** mit Einleitung usw. Von Prof. Dr. **Max Apt.** 5. Aufl. Mit Postscheckordnung v. 6. XI. 1908 und im Anhang „Besteuerung des Schecks". 1909. 2 M.

Postscheckordnung vom 6. XI. 08. Apart mit Erläuterungen u. Ausführungsbestimmungen. (30 Pf.)

86. **Die Auslieferungsverträge des Deutschen Reiches** von Landrichter **A. Cohn.** 1908. 4 M.

87. **Gesetz zum Schutz der Warenbezeichnungen.** Von Geh. Reg.-Rat, Mitgl. des Patentamts Dr. **Freund** u. Rechtsanwalt **Magnus.** 5. Aufl. 1909. 3 M. 50 Pf.

88. **Vereinsgesetz** vom 19. April 1908. Von Dr. jur. **A. Romen,** Wirkl. Geh. Kriegsrat. 2. Aufl. 1908. 1 M. 50 Pf.

89. **Vogelschutzgesetz** vom 30. Mai 1908 nebst den das Flugwild betr. Bestimmungen der Preußischen Jagdordnung von Dr. jur. **Leo von Boxberger.** 1908. 1 M.

90. Die Haager **Abkommen über das Internationale Privatrecht** von Dr. **G. A. E. Bogeng.** 1908. 2 M. 20 Pf.

91. **Eisenbahn-Verkehrsordnung** vom 23. Dez. 1908. Mit Ausführungsbestimmungen. Von Regierungsassessor bei der Eisenbahndirektion Breslau Dr. **Ernst Blume.** 1909. 2 M. 50 Pf.

92. **Verkehr mit Kraftfahrzeugen.** Von Amtsrichter **R. Kirchner.** 2. Ausgabe ergänzt durch Bundesratsverordn. v. 3. Febr. 1910 u. das Intern. Uebereinkommen v. 11. Okt. 1909. 1910. 3 M.

93. **Sicherung der Bauforderungen.** Von Justizrat Dr. **E. Harnier.** 2. Aufl. 1909. 1 M. 30 Pf.

94. **Haftpflicht der Reichs- und Staats-Beamten** v. Dr. **H. Delius.** 2. Aufl. 1909. Mit dem Nachtrag, betr. das Gesetz über die Haftung des Reichs für seine Beamten v. 22. Mai 1910. 3 M. 50 Pf.

95. Die Berner Uebereinkunft über **internationales Urheberrecht** von Dr. **Herm. Dungs,** vortrag. Rat im Reichsjustizamt. 1910. 1 M.

96. **Branntweinsteuergesetz** vom 15. Juli 1909. Unter Berücksichtigung der Ausführungsbestimmungen. Von Geh. Reg. Rat **Johs. Nay,** vortrag. Rat im Reichsschatzamt. 1910. 3 M. 50 Pf.

97. **Schutzgebietsgesetz** nebst Verordn. betr. Rechtsverhältnisse i. d. Schutzgebieten, dem Konsulargerichtsbarkeitsgesetz sowie den Ausführungsbest. u. ergänz. Vorschriften. Von **Johs. Gerstmeyer,** Wirkl. Legationsrat u. Vortrag. Rat im Reichskolonialamt. 1910. 3 M.

98. **Sechs Haager Abkommen** über **Internationales Privatrecht.** Von Dr. **Herm. Dungs.** 1910. 1 M. 50 Pf.

99. **Die Abkommen der Haager Friedenskonferenz** von Dr. jur. **Hans Wehberg.** 1910. 3 M.

100. **Gesetz** über den **Absatz von Kalisalzen.** Von Geh. Bergrat **Carl Voelkel.** 1910. 2 M. 40 Pf.

101. **Wertzuwachssteuer.** Von Reg.-Rat **Cuno.** 1911. Im Druck.

Guttentag'sche Sammlung

Preußischer Gesetze.

Text-Ausgaben mit Anmerkungen. Taschenformat.

1. **Die Verfassungs-Urkunde** für den Preußischen Staat. Mit Einleitung, vollständigem Kommentar. Von Prof. Dr. **Adolf Arndt.** 7. Aufl. 1911. 4 M.

2. Preußische **Beamten-Gesetzgebung.** Enthaltend die wichtigsten Beamtengesetze in Preußen. Von **C. Pfafferoth.** 4., neubearb. Aufl. 1905. Mit Anhang: Abänderung vom 27. Mai 1907. 2 M.

3. **Die Aufnahme des Nottestaments** durch die bestellten Urkundspersonen. Anweisung mit Musterbeispielen und Abriß des Erbrechts von Amtsgerichtsrat **C. Kurtz.** 1904. 1 M. 50 Pf.

4. **Gebührenordnung** für **Notare** vom 25. Juli 1910 4. Aufl. bearbeitet von Justizrat **Rausnitz.** 1910. 2 M. 20 Pf.

5. **Gesetz vom 24. April 1854 (betr. die außerehel. Schwängerung).** Von Dr. **Schulze.** 1873. 75 Pf. Gültiges Recht siehe: Reichsgesetze Nr. 58.

6. **Die Preuß. Ausführungsgesetze und Verordnungen zu den Reichs-Justizgesetzen.** Von **R. Sydow.** 3. vermehrte Aufl. 1895. 2 M. 40 Pf. S. Seite 23, Busch-Eylau, Ausführungsgesetze.

7. **Allg. Gerichtsordnung** und Preuß. **Konkursordnung.** Von **F. Vierhaus.** Vergriffen.

8. **Vormundschaftsordnung.** Von **F. Schultzenstein.** Gültiges Recht siehe: Reichsgesetze Nr. 47.

9. Die Preußische **Grundbuchgesetzgebung.** Von Prof. Dr. **Fischer.** Vergriffen. Siehe: Reichsgesetze Nr. 42.

10. **Einkommensteuergesetz.** Von **A. Fernow,** Geh. Ober-Finanzrat. 7. Aufl. 1908/9. Mit Nachtrag v. 22. III. u. 26. V. 09. 3 M. 25 Pf.

11. **Gewerbesteuergesetz.** Von **A. Fernow,** Geh. Ober-Finanzrat. 5., vermehrte Aufl. 1910. 3 M.

12. **Allgemeines Berggesetz** für die Preußischen Staaten vom 24. Juni 1865. Von **W. Westhoff** und **W. Schlüter.** 2. Aufl. 1907. Mit Nachtrag v. 1909. 5 M.

13. **Ergänzungssteuergesetz** (Vermögenssteuergesetz). Von **A. Fernow,** Geh. Ober-Finanzrat. 4. vermehrte Aufl. 1907. 2 M. 40 Pf.

14. **Kommunalabgabengesetz.** Vom 14. Juli 1893 und Gesetz wegen Aufhebung direkter Staatssteuern. Von Dr. **F. Adickes,** Oberbürgermeister. 5. Aufl. 1911. Im Druck.

15. Die **Kreisordnungen** für den Preußischen Staat. Von **O. Kolisch,** Landgerichtsrat. 1894. 4 M.

16. **Konzessionierung gewerblicher Anlagen.** Preuß. Ausführungs-Anweisung zu §§ 16 u. ff. der Gewerbe-Ordnung. Von Dr. **W. v. Rüdiger,** Geh. Regierungs- u. Gewerberat. 2. Aufl. 1901. 2 M.

17. **Preußisches Gerichtskostengesetz.** Vom 25. Juli 1910. **Mit Kostentabellen.** Von Dr. **P. Siméon,** Kammergerichtsrat. 6. Aufl. 1910. 3 M. 60 Pf.

18. **Preußisches Stempelsteuergesetz vom** 30. Juni 1909. **Mit Ausführungsbestimmungen.** Von **P. Loeck,** Geh. Regierungsrat. 7. **Aufl.** 8°. 1911. 7 M.

19. **Das Jagdscheingesetz. Mit ausführlichen Erläuterungen.** Von **F. Kunze,** Wirklichem Geh. Ober-Regierungsrat. 2. **Aufl.** 1899. 2 M.

20. **Die preußischen Erbschaftssteuergesetze.** Unter Berücksichtigung der Novelle vom 31. Juli 1895. Von **U. Hoffmann,** Rechnungsrat im **Königl.** preuß. Finanzministerium. 1905. 4 M. (Reichs-Erbschaftssteuergesetz s. Reichsgesetze Nr. 77).

21. Gesetz über die **Handelskammern.** Von **F. Lusensky,** Geh. Regierungsrat. 2. Aufl. 1909. 3 M.

22. Gesetz, betr. **Anstellung und Versorgung der Kommunalbeamten.** Von Dr. **W. Ledermann,** Magistratsassessor zu Berlin. 1899. 1 M. 25 Pf.

23. **Ausführungsgesetz zum Bürgerlichen Gesetzbuche.** Von Kammergerichtsrat Dr. **P. Siméon.** 2. Aufl. 1905. 1 M. 80 Pf.

24. Die **Hinterlegungsordnung** in der Fassung des Ausführungsgesetzes z. BGB. v. 20. Sept. 1899 nebst Ausführungsbestimmungen. Von Regierungsrat Dr. **Georg Bartels.** 2. Aufl. 1908. 2 M.

25. **Preußische Kommunalbeamtengesetzgebung.** Von Magistr.-Assess. Dr. **Fr. Kremski**, Berlin. 1901. 3 M.

26. **Gesetze über das Diensteinkommen der Lehrer und Lehrerinnen, Ruhegehalt und Fürsorge für Hinterbliebene.** Tabelle zur Berechnung der Ruhegehalts-, Witwen- u. Waisenbezüge. Von Dr. **Ed. Cremer**, Beigeordneter. 1900. 2 M. 40 Pf.

27. **Gesetz,** betreffend die **Warenhaussteuer.** Von Geh. Ober-Finanzrat Dr. **G. Strutz.** 1900. 1 M. 20 Pf.

28. **Gesetz über die Fürsorgeerziehung Minderjähriger.** Von Landgerichtsdirektor Dr. **P. F. Aschrott.** 2. umgearbeitete Aufl. 1907. 2 M. 80 Pf.

29. **Gesetz,** betr. **die ärztlichen Ehrengerichte, das Umlagerecht und die Kassen der Aerztekammern.** Von Amtsgerichtsrat Dr. **F. Fidler.** 1901. 1 M. 50 Pf.

30. **Das Preußische Staatsschuldbuch** und **Reichsschuldbuch.** Von Wirkl. Geh. Ober-Finanzrat **J. Mücke,** 1902. 2 M.

31a. **Die geltenden Preußischen Gesindeordnungen.** Herausgegeben in zwei Bänden von **Stephan Gerhard,** Rechtsanwalt in Berlin. 1902.

Band I: Gesindeordnung für die altpreußischen Provinzen vom 8. XI. 1810, mit Erläuterungen unter Berücksichtigung der Ergänzungsgesetze und der Rechtsverhältnisse der Gesindevermieter, sowie die Gesindeordnungen für Neuvorpommern und Rügen und für die Rheinprovinz. 2 M. 50 Pf.

31b. **Band II: Gesindeordnungen für Hannover, Schleswig-Holstein, Hessen-Nassau und den Regierungsbezirk Hohenzollern.** 2 M. 50 Pf.
Siehe auch Seite 24: Ratgeber von Grieben.

32. **Die Städteordnung für die sechs östlichen Provinzen Preußens vom 30. Mai 1853. Von Dr. jur. Walter Ledermann,** Stadtrat zu Berlin. 8°. 1902. 6 M.

33. **Rentenguts- und Anerbenrechts-Gesetzgebung in Preußen.** Von Landgerichtsrat **M. Peltasohn** und Rechtsanwalt **Bruno Peltasohn.** 1903. 3 M.

34. **Sammlung der wichtigsten preußischen Strafgesetze nebst Anhang: Gesetz betr. polizeiliche Strafverfügungen vom 23. April 1883. Von Otto Lindemann,** Geheimer Justizrat. 1903. 2 M. 50 Pf.

35. **Geschäftsordnung für Gerichtsvollzieher.** Gerichtsvollzieherordnung und Gebührensätze von Amtsgerichtssekretär **Emil Exner.** 1904. 3 M. 50 Pf.

36. **Polizeiverordnungen in Preußen.** Von **Otto Lindemann,** Geh. Justizrat. 1904. 1 M. 50 Pf.

37. **Gesetz über die Enteignung von Grundeigentum** vom 11. Juni 1874. **Von** Oberlandesgerichtsrat **O. Meyer.** 2. Aufl. 1911. 2 M. 25 Pf.

38. **Kreis- und Provinzial-Abgabengesetz. Vom 23. April 1906. Von Fr. Schmidt, Gemeindevorsteher.** 1906. 1 M. 25 Pf.

39. **Gesetz betr. die Unterhaltung der öff. Volksschulen.** Von **Dr. A. Marcks,** Reg.-Rat. 1906. 2 M.

40. **Verwaltungsstrafverfahren** bei Zuwiderhandlungen gegen die Zollgesetze und indirekte Reichs- und Landesabgaben, sowie die Bestimmungen über die Schlacht- und Wildpretsteuer v. 26. VII. 1897. Von **Dr. R. Katzenstein.** 1907. 3 M. 60 Pf.

41. **Die preußischen Jagdpolizeigesetze.** Von **Fr. Kunze,** Wirkl. Geh. Oberregierungsrat und **R. Kühnemann,** Rechtsanwalt. 2. Aufl. 1907. 3 M. 60 Pf.

42. Die Gesetzgebung über die **Allgemeine Landesverwaltung** und über die **Zuständigkeit der Verwaltungs- und Verwaltungsgerichtsbehörden.** Von Rechtsanwalt **Dr. Karl Friedrichs.** 1908. 3 M.

43. **Zulassung einer Verschuldungsgrenze** für land- u. forstwirtschaftliche Grundstücke v. 20. VIII. 06 nebst Ausführungsvorschriften. Von Dr. jur. **R. Leweck,** Syndikus der Ostpreuß. Landschaft. 1908. 2 M. 40 Pf.

44. **Quellenschutzgesetz** vom 14. Mai 1908 nebst den Ausführungsbestimmungen. Von **Carl Voelkel,** Geheimer Bergrat. 1909. 1 M.

45. **Rechtsverhältnisse der Juden in Preußen.** Von Rechtsanwalt Dr. **Max Kollenscher.** 1910. 2 M. 40 Pf.

46. **Austritt aus der Landeskirche** v. 14. V. 1873. Von Gerichtsass. **Hrch. Chr. Caro.** 1911. 2 M. 40 Pf.

47. **Feuerbestattungsgesetz.** Von Amtsgerichtsrat **Dr. W. Lohmann.** Im Druck.

Guttentag'sche Sammlung von
Text-Ausgaben mit Sachregister ohne Anmerkungen.

Taschenformat, elegant in Leinen gebunden.

Reichsversicherungsordnung. Text-Ausgabe mit ausführl. Sachregister. 1911. 2 M. 50 Pf.

Zivilprozeßordnung mit **Gerichtsverfassungsgesetz** und **Einführungsgesetzen.** Neue Fassung von 1909 mit Ergänzungen v. 22. Mai 1910. 2 M.

Konkursordnung mit **Einführungsgesetz.** 80 Pf.

Bürgerliches Gesetzbuch nebst **Einführungsgesetz.** 10. Abdruck. 2 M. 50 Pf.

Handelsgesetzbuch nebst **Einführungsgesetz** u. **Seerecht.** 8. Abdruck. 1910. 1 M. 80 Pf.

Ausführungsanweisung zur Gewerbeordnung vom 1. Mai 1904 nebst der preuß. technischen Anleitung. 2 M.

Militärstrafgerichtsordnung nebst **Einführungsgesetz** u. Ges., betr. Dienstvergehen der richterlichen Militärjustizbeamten u. unfreiwillige Versetzung derselben usw. **Militär-Strafgesetzbuch** *) mit Abdruck der entsprechenden Bestimmungen des Reichs-Strafgesetzbuchs. 2. Aufl. 1 M. 50 Pf. *) Ist auch einzeln zu haben. Preis 1 Mk.

Wechselordnung in der Fassung der Bekanntmachung v. 3. Juni 1908. Mit Anhang: **Wechselprozeß und Ausführungsanweisung.** 1908. 1 M.

Die Preußischen Ausführungsgesetze zum Bürgerlichen Gesetzbuche und Nebengesetze. Text-Ausgabe ohne Anmerkungen. 5. Aufl. Taschenformat. Geb. in ganz Leinen Preis 1 M. 80 Pf.

Reichsfinanzgesetze v. 15. Juli 1909 einschließlich der **Reichsstempelgesetze** u. des **Erbschaftssteuergesetzes.** 1909. Geb. in ganz Leinen. 2 M.

Invalidenversicherungsgesetz vom 13. Juli 1899. Handausgabe mit Anmerkungen herausgegeben von Dr. Richard Freund, Vorsitzendem der Landes-Versicherungsanstalt Berlin. 3 Aufl. geb. 5 M.

Wie leitet man eine Versammlung? Geschäftlicher Handweiser für Vorsitzende. Von einem Mitgliede des deutschen Reichstages und des preußischen Abgeordnetenhauses. 2. Aufl. 1908. kart. 1 M.

Praktischer Ratgeber für Dienstherrschaften nach dem Preuß. Gesinderecht unter Berücksichtigung der neueren Entscheidungen bearbeitet von H. Grieben, Verwaltungsdir. a. D. u. Bürgermeister. 1908. 1 M.

Das Recht der Handlungsgehilfen und Handlungslehrlinge. Von Rechtsanwalt Hugo Horrwitz. 2. Aufl. 1905. (203 S.) Geb. in Leinen 3 M.

Die Registratur. 2. Auflage. 1906. Von Hermann Kollrack, Kgl. Polizeisekretär am Berliner Polizeipräsidium. 8°. (84 S.) Kart. 1 M. 40 Pf.

Die Pflichten des Waisenrates. Ein praktischer Leitfaden für Waisenräte und Verwaltungsbeamte. Von F. Baum, Geh. Justizrat und Vormundschaftsrichter. Achte vermehrte und verbesserte Auflage. 1906. 8°. (46 S.) 60 Pf.

Der Vormund, Gegenvormund, Pfleger u. Familienrat. Nach dem Bürgerlichen Gesetzbuch, dem Reichsgesetz über die Angelegenheiten der freiwilligen Gerichtsbarkeit und dem Ausführungsgesetz zum BGB. Ein praktischer Leitfaden. Von F. Baum, Geh. Justizrat und Vormundschaftsrichter. 1899. 8°. (64 S.) 50 Pf.

Schlagwort-Register.

R. = Nummer der Sammlung Deutscher Reichsgesetze
P. = Nummer der Sammlung Preußischer Gesetze.
S. = Seite.

---

8. 65 000. VII. 11.

FSC
www.fsc.org
MIX
Papier | Fördert
gute Waldnutzung
FSC® C083411

Kolibri 360 GmbH
Ferdinand-Jühlke-Straße 7
99095 Erfurt, Deutschland
produktsicherheit@kolibri360.de